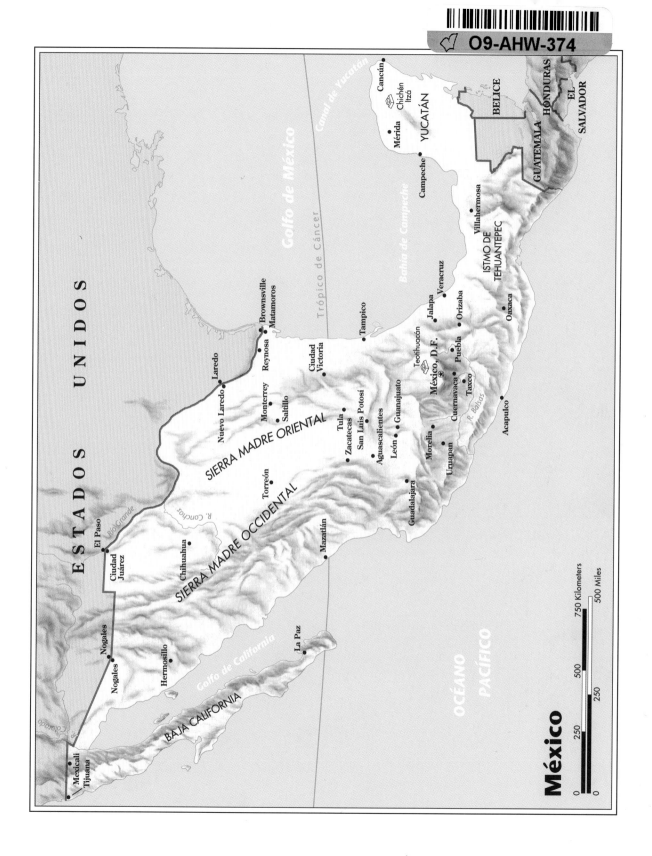

México

ESTADOS UNIDOS

OCÉANO PACÍFICO

Golfo de México

Golfo de California

BAJA CALIFORNIA

SIERRA MADRE OCCIDENTAL

SIERRA MADRE ORIENTAL

ISTMO DE TEHUANTEPEC

Canal de Yucatán

Bahía de Campeche

Trópico de Cáncer

YUCATÁN

BELICE

GUATEMALA

HONDURAS

EL SALVADOR

Tijuana
Mexicali
Nogales
Nogales
Hermosillo
La Paz
Ciudad Juárez
El Paso
R. Colorado
Río Grande
R. Conchos
Chihuahua
Torreón
Mazatlán
Nuevo Laredo
Laredo
Monterrey
Saltillo
Reynosa
Matamoros
Brownsville
Ciudad Victoria
Tampico
San Luis Potosí
Zacatecas
Tula
Aguascalientes
León
Guanajuato
Guadalajara
Morelia
Uruapan
Taxco
Cuernavaca
Acapulco
R. Balsas
México, D.F.
Teotihuacán
Puebla
Orizaba
Jalapa
Veracruz
Oaxaca
Villahermosa
Campeche
Mérida
Chichén Itzá
Cancún

0   250   500   750 Kilometers
0   250   500 Miles

INSTRUCTOR'S ANNOTATED EDITION

¡Hola, amigos!
Fifth Edition

Ana C. Jarvis
Chandler-Gilbert Community College

Raquel Lebredo
California Baptist College

Francisco Mena-Ayllón
University of Redlands

Houghton Mifflin Company   Boston   New York

Director, World Languages: New Media and Modern Language Publishing: Beth Kramer
Senior Development Editor: Sandra Guadano
Senior Project Editor: Rosemary R. Jaffe
Senior Production/Design Coordinator: Carol Merrigan
Manufacturing Manager: Florence Cadran
Marketing Manager: Tina Crowley Desprez

Cover design: Rebecca Fagan
Cover illustration: Jennie Oppenheimer

Credits for photographs are found following the index at the back of the book.

Printed in the U.S.A.

Student Text ISBN: 0-618-01183-8

Instructor's Annotated Edition ISBN: 0-618-01184-6

Library of Congress Catalog Card Number: 00-133904

123456789-DOC-04 03 02 01 00

Contents

Introduction to the Annotated Edition   T-3

I. Instructor's Guide   T-3
Components of the Program   T-3
New to the Fifth Edition   T-4
Objectives of the Program   T-5
Organization of the Textbook: Features and Suggestions for
   Presentation   T-7
   Preliminary Lesson   T-7
   Lesson Features   T-7
   End-of-Unit Features   T-10
   Additional Features   T-11

II. Supplementary Materials   T-11
III. Sample Lesson Plan   T-15
IV. Answers to Text Exercises   T-18

Introduction to the Annotated Edition

¡Hola, amigos!, Fifth Edition, is a complete, fully integrated program for beginning students of Spanish at both two-year and four-year colleges and universities. The purpose of this Annotated Edition is to acquaint the instructor with the features of the Student's Edition and of the other program components, and to offer suggestions for implementing the program effectively. To accomplish this aim the Annotated Edition is divided into two parts. The first part describes the program and its objectives, offers teaching suggestions for implementing the various components, presents a sample lesson plan, and provides an answer key to the discrete-answer exercises in the text. The remainder of the Annotated Edition consists of a complete Student Edition, with annotations printed in color offering suggested teaching strategies, supplementary cultural information, and additional activities to enhance students' oral and written communicative skills.

I. Instructor's Guide

Components of the Program

The varying needs of foreign language programs in colleges and universities on two-semester and three-quarter schedules, with wide fluctuations in contact hours per week, demand flexibility in the instructional materials used. The broad range of ability levels often encountered in the foreign language classroom further heightens this need. In developing **¡Hola, amigos!,** Fifth Edition, our intention has been to provide a complete, adaptable beginning Spanish program that responds to the requirements of both the student and the instructor.

The complete program consists of:

- Student's Text with Free Student Cassette or Audio CD

- Instructor's Annotated Edition

- Workbook/Laboratory Manual/Video Manual

- Audio Program (cassettes or audio CDs)

- Computerized Test Bank (Windows®, Macintosh®)

- Computer Study Modules 2.0 dual-platform CD-ROM and Lab Disk

- **¡Hola, amigos!** Video

- **¡Hola, amigos!** Web Site and WebCT epack

- Instructor's Resource Kit
  Instructor's Resource Manual: Printed Testing Program/Audioscript/
      Videoscript/**¡Hola, amigos!** Transparency Masters
  Spanish Overhead Transparencies Kit
  Situation Cards Kit
  Spanish History Booklet
  ¡Hola, amigos! *NOW!* CD-ROM

All components are fully integrated, yet flexible enough to accommodate a range of scheduling factors, contact hours, and ability levels without sacrificing coverage of the key grammatical structures essential to communication in Spanish.

New to the Fifth Edition

The **¡Hola, amigos!** program continues to offer proven, flexible materials designed to develop students' ability to communicate effectively in Spanish. In preparing this Fifth Edition, we have kept in mind suggestions from reviewers and from users of the previous edition. The following lists highlight the major changes in the Student's Edition and in the components designed to respond to these needs.

■ The Student's Edition

- The grammatical scope and sequence of the beginning lessons has been revised to introduce possessive adjectives, expressions with **tener**, and demonstrative adjectives and pronouns earlier.

- **Amplíe su vocabulario** sections from the end of the units have been integrated into the unit lessons to more actively promote vocabulary building.

- Readings and reading strategies at the end of each unit have been revised to enhance reading skill development. Literary readings, including two new readings, are presented in Units IV–VII.

- Cultural readings have been updated and resequenced to correlate with the new video.

- True/false exercises for dialogues and cultural readings are now included in the student text to check students' comprehension.

- New activities have been added following grammar presentations and in the end-of-lesson **Y ahora, ¿qué?** sections and activity formats have been diversified to increase opportunities for personalized and pair/group communication practice.

■ The Components

- New exercises have been added to the Workbook and Laboratory Manual and realia-based readings and writing strategies have been included in the workbook section. Revisions have also been made to reflect changes in the student text.

- The new **¡Hola, amigos!** video, specifically designed for the Fifth Edition, features footage of locations presented in the cultural readings and interview segments coordinated with lesson themes and functions. New pre-viewing, post-viewing, and expansion activities correlated to the video are included in the Workbook/Laboratory Manual/Video Manual.

- The testing program has been updated to reflect student text changes, reading and writing exercises have been added, and culture questions have been expanded.

- The new Instructor's Resource Manual incorporates the printed testing program, videoscript, tapescript, and text-specific transparency masters in one convenient component.

- The new Computer Study Modules 2.0 Lab Disk allows networking of the Computer Study Modules and features an authoring tool and a monitoring capability for instructors to track students' progress.

- The new **¡Hola, amigos!** Web Site includes web-search activities and self-tests for each lesson.

- The new **¡Hola, amigos!** WebCT epack provides support materials and exercises for distance learning courses.

All of the components of **¡Hola, amigos!,** Fifth Edition, are fully integrated with the Student's Edition and are described in greater detail on the following pages. The extent to which each will be used in any given course will vary in accordance with such factors as schedule requirements and student ability and motivation. It is hoped that this range of teaching resources will give instructors the flexibility they require to meet these varying needs as well as the instructional goals of their curricula.

Objectives of the Program

¡Hola, amigos! is a balanced four-skills introduction to Spanish that endeavors to prepare students to use the language in a natural way for communication in a variety of situations. The basic structures of Spanish are presented as the tools without which communication ultimately breaks down, and they are practiced in a range of activities designed to prepare students to express themselves effectively in Spanish. Because our teaching experience has led us to conclude that no single method works as well in practice as a variety, we have chosen an eclectic approach that draws upon strategies associated with many different methodological trends. A prime consideration in making this decision was the need to use varied presentation strategies and provide an array of content formats to maintain students' interest in the language-learning process. The implementation of this program will vary with the goals of the course and the individual instructor's preferences. However, for courses meeting at least four hours weekly for approximately twenty-six weeks, the following are reasonable goals for each of the skill areas listed.

■ Speaking

- Pronunciation of all of the sounds of Spanish with sufficient accuracy to be understood by a native speaker of the language.

- Expression of ideas with the vocabulary covered in simple sentences, demonstrating control of the past, present, and future tenses and the most common subjunctive forms.

- Occasional use of subordinate clauses in spontaneous speech.

■ Listening

- Perception of all Spanish sounds and their distinction from one another.

- Comprehension of ideas expressed within the framework of the vocabulary and grammatical structures presented.

■ Reading

- Understanding of simple nonliterary Spanish prose on nontechnical, high-frequency topics. Understanding of the main ideas in short literary Spanish poetry and prose selections.

- Intelligent guessing at new vocabulary items based on context.

- Ability to demonstrate comprehension by answering questions on reading passages.

■ Writing

- Creating in class—and without a dictionary—a paragraph in Spanish on topics covered by the text with sufficient clarity to be understood without difficulty by a native speaker. (Major errors like verb or adjective agreement may appear.)

- Preparing at home a paragraph in Spanish without major errors on any topic covered by the text, with sufficient clarity to be understood upon first reading by a native speaker.

■ **Culture**

- Elementary knowledge of important aspects of culture in the Spanish-speaking world, such as climate and geography, family life, school and university life, rural and urban life, and how they differ from American culture.

- Elementary knowledge of cultural customs such as mealtimes, **el abrazo**, and shades of formality and appreciation of cultural differences.

Organization of the Textbook: Features and Suggestions for Presentation

¡Hola, amigos! consists of seven units, each but the first containing two thematically related lessons. A preliminary lesson is followed by fifteen regular lessons, and an optional lesson covers the future perfect and conditional perfect tenses and the compound subjunctive tenses. Self-test review sections appear at the end of each unit. Reference materials at the end of the text include an appendix on pronunciation, a summary of regular and irregular verb conjugations, a glossary of grammatical terms, the dialogue translations, an answer key to the unit review sections, Spanish-English and English-Spanish vocabularies, and an index to the grammatical topics covered by the text.

■ **Preliminary Lesson**

The **Lección preliminar** is designed to enable students to begin communicating immediately in Spanish using greetings and other common high-frequency situations. It departs from the standard structure of the remaining lessons as dictated by the requirements of the material presented. Because the topics in the **Lección preliminar** are highly interactive in nature, this lesson represents an important opportunity to accustom students to communicating with the instructor and one another during class time rather than passively listening to a lecture. Creating a nonthreatening environment for interaction at this time will foster students' willingness to participate in communicative activities and strongly enhance their skills development throughout the program.

■ **Lesson Features**

Dialogues: To develop communicative competence, students must be exposed to language samples that function in realistic contexts of everyday situations. The dialogues serve this role as they introduce the vocabulary and structures that will be practiced throughout the remainder of the lesson. They may be introduced in class or given as a listening assignment outside of class. While they are not intended for memorization, it is important that students speak the lines aloud, preferably more than once (choral and individual repetition) and with a partner (roleplaying the dialogues). Point out that the headphone icon indicates that the dialogues are recorded on the student cassette or audio CD accompanying the text as well as the Laboratory Program. Also explain to students that the dialogues illustrate how the grammatical structures of the chapter are used for communication and that the grammatical explanations often draw upon the vocabulary from the dialogues in their example sentences. As students' familiarity with the dialogues and oral abilities increase, you may wish to encourage ad-libbing as students work with the dialogues in pairs.

Alternative methods of presenting the dialogues are (1) use of advance organizers (overhead transparencies or sketches on the board depicting the main action of the dialogue accompanied by questions, sentence completions, or other types of comprehension checks) that preview the content of the dialogue before students read it; (2) personalized questions related to the topic of the dialogue; (3) a brief brainstorming session in which students guess from the dialogue title or the accompanying illustrations where, when, and why the action takes place and who or what is involved; (4) use of realia or visuals to introduce key vocabulary; (5) a brief summary of the dialogue in Spanish by the instructor, followed by students' descriptions in simple sentences of the persons speaking, the location of the action, and other key information; and (6) assignment of the dialogue for individual listening and rehearsal before class.

Dialogue Translations: The dialogue translations in Appendix D are functional equivalents of the Spanish dialogues in idiomatic American English, not word-for-word translations. Alert students to this fact and explain that the translations' purpose is to convey an immediate sense of the dialogues' meaning before the formal presentation of new structures, but they should try to guess the meaning of the new words and structures from context.

Vocabulario: This list contains all the new vocabulary used in the dialogues. It is organized by grammatical functions to assist students in associating the various items with their role in communication. This list must be memorized because all items in it will be used in the lesson's subsequent grammatical explanations, activated in practice exercises, and reentered in later lessons. The **Amplíe su vocabulario** section that follows expands on the thematic vocabulary introduced in the dialogues.

To check vocabulary acquisition, multiple-choice questions, open-ended completion statements, realia, and visual aids such as the **¡Hola, amigos!** Transparency Masters and the Spanish Overhead Transparencies may be used. The following variation of "Bingo" is both a useful comprehension check and a welcome diversion. Have students fill in a 25-block grid with words chosen from the vocabulary list; then call out words from the list at random, telling students to mark these words with an "X" if they have them on their grids, until a student wins the game. This is also an excellent activity to check and improve comprehension of numbers.

Notas culturales: The cultural notes have several goals. First, they expose students to geographic, ethnic, and sociocultural aspects of a particular area of the Spanish-speaking world. They also offer practical information on culturally conditioned behavioral norms and customs as they affect daily life in the Spanish-speaking world at large. These are thematically related to the situation portrayed by the dialogues. The notes are all written in Spanish to provide opportunities for students to use reading strategies such as skimming, scanning, getting the gist, and identifying cognates.

Pronunciación: Lessons 1–7 contain pronunciation and linking exercises designed to acquaint students with basic Spanish sounds, with those sounds that pose problems for English speakers, and with the ways that words in Spanish are combined in natural speech. Because these factors will strongly influence students' listening comprehension and oral abilities, it is important to spend sufficient time to ensure that all students are thoroughly familiarized with the material these sections contain. Point out that the headphone icon indicates that these sections are recorded on the student cassette or audio CD so they can easily practice on their own outside of class. Students should also be referred to Appendix A of the text for additional information on Spanish pronunciation and spelling.

Puntos para recordar and ¡Vamos a practicar!:   The **Puntos para recordar** section presents the grammatical topics of the lesson succinctly and clearly enough to be readily understood by students. Charts and diagrams are used wherever possible to provide visual summaries of the structures presented. English explanations and Spanish examples define and illustrate both the formation of the new structure and its potential communicative value to the learners. When appropriate, new structures are compared and contrasted with previously learned Spanish structures or with English equivalents. Areas of potential interference between Spanish and English are also pointed out.

To the extent possible, no unknown language is used in these structural presentations or in the examples that illustrate their use. However, students should be advised that in certain cases, for example, telling time, describing the weather, and giving the days of the week and dates, the material covered dictates the introduction of new vocabulary items for which they are responsible.

Students should be asked to read these sections on their own, so that as little class time as possible will be spent on explaining grammar. You may wish to set aside five minutes at the beginning of the class following this assignment to answer students' questions or offer any necessary clarification.

Following each grammar point, the **¡Vamos a practicar!** sections provide immediate practice and reinforcement with activities that range from highly controlled to more open-ended, creative use of language. Among the many types of exercises featured in these sections are substitution drills, transformations, fill-ins, matching, translations, open-ended sentence completions, personalized questions, and illustration-based activities. Many of these exercises are designed to be done either orally or in writing at the instructor's discretion. Suggestions for variations of these activities and follow-up communicative activities are provided in the instructor annotations for additional practice. Once students have demonstrated control over the structure in the earlier manipulative activities, it is advisable to proceed to communicative, though still controlled, tasks to maintain students' interest.

Whenever possible, selection of the activities to be used during class should be based on the opportunities they provide for allowing students to work in pairs or small groups. Depending on your mix of students, you may find that pair work functions best in the early stages of practice since it is generally perceived by students as less threatening. Small group activities are often more complex, demanding a higher degree of familiarity with vocabulary and structures, and should largely be deferred to later parts of the lesson.

Y ahora, ¿qué?:   This final section of the lesson consists of several activities that employ a variety of strategies to recombine and synthesize the various grammatical topics and lexical items introduced in the lesson. **Palabras y más palabras** provides a general review of new vocabulary and structures through a variety of formats. Additional activities for promoting vocabulary acquisition are (1) word association games in which students must respond to a stimulus word with a related vocabulary item; (2) team generation of crossword puzzles to be solved by classmates individually or in pairs, with simple definitions, cognates, synonyms, and antonyms as cues; (3) an adaptation of the TV game "Jeopardy" in which rival teams select four or five categories and generate questions and answers for each; students on rival teams then individually pick a category, are shown the answer, and must supply the question to earn points for their team.

¡Vamos a conversar! offers two interview activites, **Para conocerse mejor** and **Una encuesta**, that allow students to ask and answer questions related to the lesson theme and structures as well as relate the lesson material to their own experience. Follow-up activities may include having students report on selected questions from their pair work, a class sharing of results of the poll activity, or reporting of responses for selected items.

Situaciones places students in a variety of high-frequency situations to be resolved through creative use of the language. As the course progresses, you may wish to copy the **Situaciones** on cards, combining them with those from previous lessons for more sustained speaking practice and added review. These cards may also be used for individual oral testing.

The photo-, realia-, or illustration-based activities in the **¿Qué pasa aquí?** and **¿Qué dice aquí?** sections develop speaking, writing, or reading skills in a creative, communicative manner.

Para escribir affords the opportunity to use Spanish in some form of free written communication, such as a letter or a journal entry.

The authentic, popular sayings (**Un dicho** or **Un refrán**) at the end of the lesson enhance students' knowledge of Hispanic culture through cross-cultural comparison of language.

■ **End-of-Unit Features**

Lectura: In the final lesson of each unit, the **Lectura** sections feature reading selections based on authentic materials and, in Units IV–VII, literary selections. The pre-reading activity, **Estrategia de lectura,** is designed to help students predict and anticipate content based on the nature of the reading, visuals, and titles. You may want to encourage students to look for cognates when reading and to focus on general meaning rather than trying to understand every word. Ask questions based on information obtained from the title of the reading as well as from skimming through the passage. Also encourage students to read the questions in **Vamos a leer** prior to reading to help focus their reading or have them scan for answers to key questions before reading. Finally, an important part of the reading experience is the degree of personalization of material read. This is provided in the **Díganos** activity following each selection.

Tome este examen: This comprehensive review section concludes the end-of-unit materials. The exercises are grouped by lesson, and their titles clearly indicate whether their purpose is to check vocabulary control or mastery of a specified grammatical structure or cultural concept. A complete answer key to these review sections is provided in Appendix E so that students may immediately verify their responses. Upon completion of each review section, learners will know precisely which of the unit objectives they have attained and which they must review in greater detail. While these exercises are of necessity manipulative in nature, every effort has been made to ensure that the correct response entails natural use of Spanish.

■ Additional Features

Un poco más: Material suplementario: Following Lesson 15, this section presents and provides practice in using the future perfect and conditional perfect tenses and the compound tenses of the subjunctive for programs that cover these structures at the introductory level. As the name of the section implies, this material is offered as an option and, therefore, is not covered in the remaining components of the **¡Hola, amigos!** program.

Vocabularies: The Spanish-English vocabulary contains all active vocabulary items from the **Vocabulario** and **Puntos para recordar** sections, as well as all optional vocabulary items from the **Notas culturales** and **Lectura** sections not activated elsewhere in the text. The English-Spanish vocabulary contains the same items, with English entries and Spanish equivalents. Each vocabulary item is followed by the number of the lesson in which it is introduced.

II. Supplementary Materials

Audio Program

The Audio or Laboratory Program accompanying **¡Hola, amigos!,** Fifth Edition, is designed to be used in conjunction with the Laboratory Manual portion of the Workbook/Laboratory Manual/Video Manual. An introductory section presents and practices pronunciation of the entire Spanish system of sounds at the outset of the course. In addition, the following recorded material is provided for each lesson:

- Pronunciation exercises, with pauses for student repetition.

- The lesson dialogues recorded once at natural speed and once with pauses for student repetition.

- Questions concerning the content of the dialogues, which serve to verify comprehension.

- Structured, mechanical exercises (approximately four per lesson), which reinforce the grammar concepts.

- A series of high-frequency questions that emphasize the use of Spanish in real-life situations.

- Multiple-choice exercises linked to illustrations in the Laboratory Manual.

- A series of statements that checks students' comprehension of lesson vocabulary and structures.
- A dictation of sentences covering the target lesson vocabulary and structures.

The final cassette or audio CD contains a comprehensive review section of questions. The Student Cassette or Audio CD, packaged with the text, contains the dialogues and pronunciation exercises from the textbook.

The ¡Hola, amigos! *NOW!* CD-ROM

Developed in collaboration with Transparent Language, Inc., this text-specific CD-ROM provides a self-paced, learner-centered interactive environment for further practice of the language and cultural information presented in **¡Hola, amigos!** The textbook's vocabulary and grammatical points are used in context throughout, while specially created activities and games expose students to native-speaker speech, hone their listening and reading skills, and help them improve their pronunciation and intonation.

The ¡Hola, amigos! Video

This new video, specifically designed for the Fifth Edition, features footage of locations presented in the cultural readings and interview segments coordinated with lesson themes and functions. In general, each odd-numbered lesson features a cultural segment; each even-numbered lesson features thematic material, with the following exceptions: Lesson 1 includes a combination of cultural footage and interviews, Lessons 12 and 13 both feature thematic material related to travel, and Lessons 14 and 15 contain cultural footage on Spain. The fifteen video lessons, each ranging from three to four minutes in length, develop students' listening skills and cultural awareness as they present diverse images of the Hispanic world and Hispanic life and lifestyles.

Pre-viewing, post-viewing, and expansion activities correlated to the video are included in the Workbook/Laboratory Manual/Video Manual.

Workbook/Laboratory Manual/Video Manual

The Laboratory Manual section of this component is organized to support the audio program. For the students' convenience, the pronunciation exercises and textbook dialogues are reproduced here. In addition, direction lines and models for the structure exercises, drawings for the listening comprehension activities, and fill-in lines for the dictations are provided for the remaining activities in the audio program.

The Workbook portion of this component features a variety of exercises designed to develop and reinforce control of each lesson's new vocabulary and structures. They are intended to extend students' contact with Spanish beyond the limits of the classroom and to provide writing practice. Strategies employed in this section include completion exercises, sentence development, crossword puzzles, illustration-based exercises, and writing strategies and topics. Each workbook lesson includes a reading passage with a comprehension exercise, designed to combine both reading and writing skills at a more complex level.

Realia-based readings, each accompanied by a comprehension exercise, are included in even-numbered lessons beginning in Lesson 4.

The activities in the Video Manual expand upon and enhance students' cultural knowledge of the Hispanic world. The three activity sections—**Preparación** (pre-viewing), **Comprensión** (post-viewing comprehension), and **Ampliación** (post-viewing expansion)—are pedagogically designed to fully exploit the video footage and to give students the support they need to comprehend natural speech.

Instructor's Resource Manual

This component contains the printed testing program, audioscript, videoscript, and text-specific transparency masters. Complete transcripts of the audio and video programs are provided.

The testing program provides quizzes for each of the fifteen regular lessons, two midterm exams, and two final exams in the form of copy masters. For instructors' convenience, A and B versions of each test and quiz are provided. Each quiz of 100 points contains a variety of activities that test listening comprehension, grammar concepts, vocabulary, and reading or writing skills, plus an additional bonus item based on cultural content. An answer key is included for each quiz and exam.

The thirty-five transparency masters of artwork reproduced from the textbook in this booklet enable instructors to make overhead transparencies that will allow them to present the dialogues and to conduct exercises with books closed. This has the benefit of focusing students' attention on the spoken, rather than the printed word, and emphasizing the need to listen carefully to arrive at meaning, an important skill for beginning language learners to develop.

Computerized Test Bank

The Computerized Test Bank (CTB), available in Windows® and Macintosh® versions, contains the same lesson quizzes and tests as the printed testing program. Instructors can print them as is or modify them by adding, deleting, or rearranging items and their point values. The CTB also allows instructors to create their own quizzes and tests, and gives them the option to randomly select questions from the quiz and test items. It also permits instructors to post exams to the Web or local area network (LAN) so that students can take them from any computer with WWW access. The CTB includes a program CD, data disks with the test files, and a comprehensive User's Manual.

Computer Study Modules 2.0 CD-ROM and Lab Disk

The dual-platform CD-ROM offers additional, computer-aided practice using structures and vocabulary from the textbook. Cue-response and fill-in exercises focus on lesson vocabulary and grammar. Multiple-choice completion of mini-conversations and fill-in paragraphs and conversations provide reading comprehension practice. Help boxes with verb conjugations or word lists offer immediate assistance to students as they work.

The Computer Study Modules 2.0 Lab Disk, available in Windows® and Macintosh® versions, allows networking of the Computer Study Modules 2.0 and contains an authoring tool and a monitoring feature for instructors to track students' progress.

The ¡Hola, Amigos! Web Site and Spanish Web Resources

This new web site features web-search activities related to the content of the lessons in the textbook. A self-test for each lesson serves as an additional check for students of their progress in Spanish. In addition, the Spanish Web Resources page provides links to authentic Spanish sites, maps of the Spanish-speaking world, and downloadable generic transparencies. The web sites are accessible at <http://college.hmco.com>, select Spanish.

Spanish Overhead Transparencies Kit

This package of thirty-two full-color thematic visuals depicts situations involving vocabulary and structures commonly presented in first-year Spanish courses. Topics include clothing, weather and seasons, food, and pastimes. In crafting the visuals, great care was taken to place each scene in a culturally authentic, situational context that can be exploited in many ways beyond mere presentation of vocabulary items. In addition, a series of maps, each of which is accompanied by an overlay, covers the Spanish-speaking areas of the world, including the United States. The accompanying Instructor's Resource Manual features a wealth of activities, teaching suggestions, and cultural information specific to each overhead transparency to assist instructors in maximizing the usefulness of this package.

Spanish Situation Cards Kit

This set of 120 cards written in English with an accompanying Instructor's Guide enables instructors to monitor students' progress toward course proficiency objectives. The cards may be used in class to provide additional speaking opportunities or in tests to evaluate students' speaking skills.

Spanish History Booklet

This booklet contains information on the history, politics, and cultures of Spain and Latin America and may be used as a resource to supplement the cultural information in the textbook.

Instructor's Resource Kit

This conveniently boxed, supplement package component contains the Instructor's Resource Manual, the Spanish Overhead Transparencies Kit, the Situation Cards Kit, the Spanish History Booklet, and the **¡Hola, amigos!** *NOW!* CD-ROM.

¡Hola, amigos! WebCT epack

The WebCT epack is designed primarily for distance learning courses; it may also be used to supplement regular courses. Student materials, used in conjunction with the textbook, include oral and written practice for each lesson. Students write or record answers to selected exercises and send the results to the instructor via e-mail. Instructor materials include a sample syllabus, suggestions on how to manage the course, and tests.

III. Sample Lesson Plan

The following lesson plan assumes an elementary Spanish class meeting four times a week over a fourteen-week semester, for a total of fifty-six contact hours to cover the **Lección preliminar** and the first seven lessons. This schedule allows for an average of six to seven hours per lesson, with ample time for review, quizzes, and major exams, as well as for the inclusion of video and other components in the program. Institutions organized on the quarter system can use this syllabus as a guide. Classes meeting three times weekly, for a total of forty-two contact hours, will devote five hours per lesson.

Instructors may reduce or eliminate activities in order to cover material in a semester. Activities skipped in class may be assigned as written exercises. Pronunciation exercises from the textbook are recorded on the student cassette or audio CD and may form part of a language laboratory assignment. This sample lesson represents a six-hour presentation of Lesson 8.

For additional resources and sample syllabi, refer to the instructor resources located on the **¡Hola, amigos!** Web Site accessible at <http://college.hmco.com>, select Spanish.

Lesson 8

■ Day 1

1. Warm up with a review of the concepts presented in Lesson 7 to prepare for work on irregular and stem-changing verbs in the preterit and direct and indirect object pronouns used together. Explain the communicative goals of Lesson 8.
2. Present the two dialogues with choral repetition. Check comprehension using the true/false exercise.
3. Present the vocabulary in **Amplíe su vocabulario**. Have students do the exercise orally.
4. Have students read **Notas culturales** and do the comprehension check. Have students describe what they see in the photo.

Homework: Have students review the dialogues and vocabulary and read **Puntos para recordar 1** and **2**. Students should write the answers to Exercises A and B, page 182, and Exercises A and B, pages 184–185.

■ Day 2

1. Divide the class into pairs and have students role-play the dialogues.
2. Present **Puntos para recordar 1,** Preterit of some irregular verbs, following the suggestions in the annotations.
3. Go over the answers to Exercises A and B, page 182, or have students check their answers against those written on an overhead transparency.

4. Do Exercises C and D on pages 182–183 orally as a class or in pairs.
5. Present **Puntos para recordar 2**, Direct and indirect object pronouns used together, following the suggestions in the annotation on page 183.
6. Review Exercises A and B as necessary; have students do Exercises C, D, E, and F orally.

Homework: Have students write answers to Exercise C or D, page 185, read **Puntos para recordar 3** and **4**, and write Exercise A, page 187.

■ Day 3

1. Warm up by asking students questions involving irregular verbs in the preterit and object pronouns used together.
2. Have individual students write answers to Exercise C or D, page 185, on the chalkboard.
3. Present **Puntos para recordar 3**, Stem-changing verbs in the preterit, following the teaching suggestions in the annotation.
4. Have students give answers to Exercise A, page 187.
5. Have students do Exercises B and C, pages 187–188, in pairs, and Exercise D, page 188, in groups.
6. Begin to present **Puntos para recordar 4**, The imperfect tense, following the teaching suggestions in the annotations.

Homework: Have students write the answers to Exercise B, page 191, and read **Puntos para recordar 5**.

■ Day 4

1. Warm up by asking students questions using the imperfect. Complete presentation, if necessary, and do a quick review of Exercise A.
2. Have students do Exercises B, C, and D on page 191 in pairs. Complete Exercise D as a class, and do Exercise E in groups.
3. Present **Puntos para recordar 5**, Formation of adverbs. Have students do Exercises A and B on page 192 orally in class, and Exercise C in pairs.
4. Have students do **Palabras y más palabras**, page 193, in pairs and then check their answers.
5. Have students do **¡Vamos a conversar!**, Exercise A, page 193, in pairs.
6. Have students do **¡Vamos a conversar!**, Exercise B, page 194.

Homework: Have students prepare the **Situaciones,** page 194, and write the **Para escribir**, page 194.

■ Day 5

1. Have students work in pairs on the **Situaciones**, then role-play one of them for the class.
2. Have students work in groups on the **¿Qué pasa aquí?** activity, page 195. Each group presents its story to the class.

Homework: Assign the exercises for Lesson 8 in the **Tome este examen**, pages 219–220. Instruct students to check their answers by comparing them to the answer key in Appendix E. Tell students to prepare for a quiz on Lesson 8 for the next class.

■ **Day 6**

1. Administer Lesson 8 quiz.
2. Introduce the dialogue and vocabulary in Lesson 9.

IV. Answers to Text Exercises

Lección preliminar

¿Qué diría usted?, p. 4. 1. Buenos días, Inés. ¿Qué hay de nuevo? 2. Muchas gracias. Hasta mañana. 3. ¿Cuál es tu número de teléfono? 4. Perdón. 5. ¿Cómo? (¿Mande?) 6. ¿Qué tal? 7. Hasta luego. Saludos a... 8. Adiós. (Chau.) 9. Más despacio, por favor. 10. Pase. 11. Tome asiento. 12. Permiso.

¿Verdadero o falso?, p. 5. 1. F 2. V 3. V 4. V

Ejercicio A, p. 6. 1. efe-be-i 2. ce-i-a 3. u-ese-a 4. te-doble ve-a 5. de-ce

Ejercicio B, p. 6. *Answers will vary.*

Ejercicio A, p. 7. 1. jueves 2. miércoles 3. martes 4. viernes 5. domingo 6. lunes 7. sábado

Ejercicio B, p. 7. 1. No, hoy es martes. 2. No, hoy es sábado. 3. No, hoy es jueves. 4. No, hoy es lunes. 5. No, hoy es viernes. 6. No, hoy es miércoles.

Ejercicio A, p. 8. María Luisa Pagán: tres-dos-cinco-cuatro-dos-siete-cero José María Pereyra: cuatro-siete-seis-cero-tres-ocho-nueve Teresita Peña: siete-dos-uno-cuatro-seis-nueve-tres Amanda Pidal: tres-nueve-seis-siete-cinco-cuatro-ocho Ángel Pardo: cuatro-ocho-dos-tres-nueve-cinco-siete Benito Paredes: tres-nueve-seis-uno-cinco-nueve-ocho Raquel Parra: cuatro-siete-seis-ocho-cinco-tres-nueve Tito Paz: siete-dos-uno-cero-seis-cinco-tres David Pizarro: cuatro-ocho-dos-siete-nueve-ocho-seis María Inés Pinto: tres-nueve-seis-ocho-cinco-uno-cero

Ejercicio B, p. 8. *Answers will vary.*

Ejercicio A, p. 9. 1. anaranjado 2. rojo 3. marrón (café) y verde 4. marrón (café) 5. gris 6. amarillo 7. negro 8. amarillo 9. gris 10. negro 11. rosado 12. morado 13. *Answers will vary.* 14. rojo, blanco y azul 15. *Answers will vary.*

Ejercicio B, p. 9. *Answers will vary.*

Lección 1

¿Recuerda usted?, p. 14. 1. F 2. F 3. F 4. V 5. V 6. F 7. F 8. V 9. V 10. V

¿Qué necesitamos? Ejercicio A, p. 16. 1. el papel (el cuaderno, la pizarra) 2. la luz 3. el lápiz (la pluma, el bolígrafo, la tiza) /el borrador 4. la silla 5. la tablilla de anuncios 6. el cesto de papeles

7. la mochila 8. el mapa 9. la computadora 10. el reloj

Ejercicio B, p. 16. *Answers will vary.*

¿Verdadero o falso?, p. 18. 1. F 2. V 3. F 4. V 5. F 6. V 7. F 8. F

Ejercicio, p. 19. 1. masc. 2. fem. 3. masc. 4. fem. 5. fem. 6. fem. 7. fem. 8. masc. 9. fem. 10. fem. 11. fem. 12. masc. 13. masc. 14. masc. 15. masc. 16. fem. 17. fem. 18. masc.

Ejercicio, p. 20. 1. mapas 2. profesores 3. tizas 4. lápices 5. ventanas 6. mochilas 7. lecciones 8. escritorios 9. borradores 10. días. 11. luces 12. papeles

Ejercicio, p. 21. 1. la (una) pizarra 2. el (un) estudiante 3. el (un) cuaderno 4. los (unos) libros 5. el (un) mapa 6. las (unas) estudiantes 7. las (unas) sillas 8. el (un) escritorio 9. la (una) puerta 10. los (unos) relojes

Ejercicio A, p. 22. 1. yo 2. tú 3. nosotros 4. nosotras 5. ellos 6. ustedes 7. él 8. ella 9. usted

Ejercicio B, p. 23. 1. usted 2. ustedes 3. tú 4. tú (usted) 5. tú 6. ustedes

Ejercicio A, p. 24. *Answers will vary. Verb forms:* 1. soy 2. es 3. somos 4. eres 5. soy 6. son 7. somos 8. es

Ejercicio B, p. 24. *Answers will vary.*

Ejercicio C, p. 24. *Answers will vary.*

Ejercicio A, p. 26. 1. Los lápices son azules. 2. Las alumnas son mexicanas. 3. Las mujeres son felices. 4. Las señoritas son cubanas. 5. La puerta es blanca. 6. Hay unas sillas negras. 7. Son unas mujeres trabajadoras. 8. El doctor es español.

Ejercicio B, p. 26. *Answers will vary.*

Ejercicio A, p. 27. 1. seis, ocho, diez, doce, catorce, dieciséis 2. siete, nueve, once, trece, quince 3. veinte, veintitrés, veintiséis 4. quince, veinte, veinticinco 5. treinta, cuarenta, cincuenta, sesenta, setenta, ochenta, noventa

Ejercicio B, p. 27. 1. veinte 2. veintinueve 3. noventa y cinco 4. dieciocho 5. treinta y dos 6. sesenta 7. cien 8. cuarenta y cinco 9. setenta y dos 10. sesenta y dos 11. once 12. cuarenta

Ejercicio C, p. 27. *Answers will vary.*

Palabras y más palabras, p. 27. 1. llamas 2. quiere 3. dice 4. gusto 5. habla 6. cubana 7. norteamericanos 8. eres 9. está 10. alumnos(as) (estudiantes) 11. chico (muchacho) 12. compañeros 13. Cómo 14. Hay 15. llamo

¡Vamos a conversar!, Ejercicio A, p. 28. *Answers will vary.*

Ejercicio B, p. 28. *Answers will vary.*

Situaciones, p. 29. 1. Buenas tardes, señora García. ¿Cómo está Ud.? 2. Profesor, ¿cómo se dice "I'm sorry" en español? 3. ¿Cómo te llamas? 4. ¿Cómo es el (la) estudiante nuevo(a)? 5. ¿De dónde eres (tú)? 6. Profesor, ¿qué quiere decir "delgado"?

Para escribir, p. 29. *Answers will vary.*

¿Qué pasa aquí?, p. 29. *Answers will vary.*

Lección 2

¿Recuerda usted?, p. 32. 1. V 2. V 3. F 4. F 5. F 6. V 7. V 8. F 9. V 10. V

¿Qué deciden?, Ejercicio A, p. 35. 1. b 2. b 3. a 4. c 5. b

Ejercicio B, p. 35. Necesito tomar... 1. danza aeróbica 2. administración de empresas 3. *Answers will vary.* 4. antropología, psicología y sociología 5. *Answers will vary.*

¿Verdadero o falso?, p. 37. 1. F 2. V 3. V 4. V 5. V 6. F 7. F 8. F 9. F 10. F

Ejercicio A, p. 39. 1. estudias / Estudio 2. termina 3. trabajan / tomamos 4. hablan 5. desea / deseo 6. necesita

Ejercicio B, p. 39. *Answers will vary. Verb forms:* 1. estudiamos 2. hablas 3. toma 4. desea 5. necesitan 6. tomamos 7. conversan 8. termino 9. trabajamos 10. hablan

Ejercicio C, p. 40. *Answers will vary.*

Ejercicio, p. 41. *Answers will vary. Possible answers:* 1. ¿Estudian Uds. en la biblioteca? 2. ¿Tomas historia este semestre? 3. ¿Trabajas por la tarde? 4. ¿Trabajan ellos en el verano? 5. ¿Tomas café? 6. ¿Deseas un vaso de leche?

Ejercicio A, p. 42. 1. No, no necesito el libro; necesito el horario de clases. 2. No, no tomo café; tomo Pepsi. 3. No, no necesitan muchos libros; necesitan dos. 4. No, Rebeca no es norteamericana; es cubana. 5. No, Elsa no termina a las ocho; termina a las siete. 6. No, ellos no hablan español; hablan inglés. 7. No, la clase de geografía no es difícil; es fácil.

Ejercicio B, p. 42. *Answers will vary.*

Ejercicio A, p. 44. 1. su / su / sus 2. Nuestra 3. Sus / su 4. nuestros 5. Su / su

Ejercicio B, p. 45. *Answers will vary.*

Ejercicio, p. 45. 1. la televisión 2. el café 3. los idiomas 4. las universidades 5. la lección 6. el telegrama 7. la noche 8. el borrador

Ejercicio A, p. 48. 1. Son las doce (en punto). 2. Es la una y cuarto. 3. Son las cinco (en punto). 4. Son las siete menos veinte. 5. Son las seis menos cinco. 6. Es la una y media. 7. Es la una y veinte. 8. Son las seis menos diez. 9. Son las siete menos cuarto. 10. Son las dos menos cuarto. 11. Son las seis y cinco. 12. Son las once menos cuarto.

Ejercicio B, p. 49. *Answers will vary.*

Ejercicio A, p. 50. 1. el cuatro de julio 2. el treinta y uno de octubre 3. el primero de enero 4. el veintidós de febrero (*may vary*) 5. el veinticinco de diciembre 6. el veintiuno de marzo (*may vary*) 7. el primero de abril 8. el once de noviembre (*may vary*)

Ejercicio B, p. 50. 1. el invierno 2. el verano 3. la primavera 4. el invierno 5. el otoño 6. el verano 7. la primavera 8. el otoño

Ejercicio C, p. 50. *Answers will vary.*

Ejercicio D, p. 50. *Answers will vary.*

Palabras y más palabras, p. 50. 1. asignaturas 2. español 3. taza 4. horario 5. laboratorio 6. asignatura 7. Cuántas 8. horas 9. hora 10. vaso 11. cuarto 12. primavera/otoño

¡Vamos a conversar!, Ejercicio A, p. 51. *Answers will vary.*

Ejercicio B, p. 51. *Answers will vary.*

Situaciones, p. 52. *Answers will vary.*

Para escribir, p. 52. *Answers will vary.*

¿Qué dice aquí?, p. 52. 1. Virginia tiene la clase de historia los lunes y miércoles a las siete (de la noche). 2. Tiene una clase por la noche: historia. 3. Tiene la clase de biología. 4. Estudia japonés los lunes, martes, miércoles y jueves. 5. Estudia con el grupo los lunes, miércoles y viernes a las diez (de la mañana). 6. Almuerza a las doce en la cafetería. 7. Trabaja en la biblioteca. 8. Trabaja diez horas por semana. 9. (Las clases de) biología y japonés incluyen laboratorio. 10. Los sábados estudia cibernética.

Lección 3

¿Recuerda usted?, p. 56. 1. V 2. F 3. V 4. V 5. F
6. F 7. F 8. V 9. V 10. F

¿Qué idioma tenemos que hablar?, p. 58. 1. Tenemos
que hablar ruso. 2. Tenemos que hablar chino.
3. Tenemos que hablar portugués. 4. Tenemos que
hablar italiano. 5. Tenemos que hablar japonés.
6. Tenemos que hablar alemán.

¿Qué necesita hacer?, p. 58. *Answers will vary. Possible
answers:* 1. Necesito usar la computadora personal.
2. Necesito usar la impresora. 3. Necesito (tener)
acceso a la red. / Necesito mirar la pantalla. 4. Nece-
sito archivar la información. 5. Necesito (usar) la mi-
crocomputadora. 6. Necesito tener acceso a la red.

¿Verdadero o falso?, p. 60. 1. V 2. V 3. F 4. V
5. V 6. F 7. F 8. V

Ejercicio A, p. 61. 1. como / bebo 2. debe 3. vives
4. corremos 5. escriben 6. deciden 7. recibi-
mos (escribimos)

Ejercicio B, p. 62. *Answers will vary. Verbs:* 1. escribo
2. deciden 3. comen 4. debes 5. vivimos
6. corro 7. debemos 8. escribe

Ejercicio C, p. 62. *Answers will vary.*

Ejercicio A, p. 63. 1. el novio de Marta 2. el número
de teléfono de la señorita Martínez 3. los libros de
Elena 4. el escritorio de la profesora

Ejercicio B, p. 64 1. Roberto es el secretario de Elena.
2. Sergio, Daniel y Luis son los alumnos de la profe-
sora Fernández. 3. Marisa es la novia de Jorge.
4. Alicia es la secretaria de la señora Gutiérrez.
5. Marcos es el novio de Diana. 6. La doctora Vélez
y la doctora Mena son las profesoras de Eva.
7. David es el amigo de José Luis. 8. Silvia y Mónica
son las compañeras de cuarto de Marta.

Ejercicio A, p. 65. 1. vienen / viene / vengo / vienes /
vengo 2. vienes / tengo 3. tienen / tenemos
4. vienes / vengo / tienes

Ejercicio B, p. 65. *Answers will vary.*

Ejercicio A, p. 66. *Possible answers:* 1. Yo tengo que
pagar la matrícula. 2. Uds. tienen que tomar
química. 3. Nosotros tenemos que escribir en la
pizarra. 4. Tú tienes que comprar dos libros.
5. Ellos tienen que venir a las cuatro. 6. Ella tiene
que comer en la cafetería. 7. Ud. tiene que beber
mucha leche. 8. Él tiene que hablar con el profesor.

Ejercicio B, p. 66. *Answers will vary.*

Ejercicio A, p. 66. 1. Porque tengo frío. (Porque no
tengo calor.) 2. Porque tengo prisa. 3. Porque no

tengo hambre. 4. Porque no tengo sed. 5. Porque
tengo calor.

Ejercicio B, p. 67. 1. Elena tiene sueño. 2. Yo tengo
hambre. 3. Nosotros tenemos miedo. 4. Él tiene
calor. 5. Ellos tienen prisa. 6. Tú tienes frío.

Ejercicio C, p. 67. 1. Tienen calor y tienen sed.
2. Tiene hambre. 3. Tiene miedo. 4. Tienen prisa.
5. Tiene frío.

Ejercicio A, p. 68. 1. trescientos setenta y ocho
2. trescientos ochenta y ocho 3. mil 4. sete-
cientos veintinueve 5. quinientos 6. quinientos
cincuenta 7. novecientos ochenta 8. cuatro-
cientos 9. trescientos ochenta 10. novecientos
cincuenta y cinco

Ejercicio B, p. 68. 1. Cuesta doscientos cincuenta y
nueve pesos. 2. Cuesta ochocientos sesenta y
ocho pesos. 3. Cuesta trece mil quinientos pesos.
4. Cuesta veintidós mil pesos. 5. Cuesta siete mil
setecientos cincuenta pesos. 6. Cuesta nueve mil
cuatrocientos ochenta y tres pesos. 7. Cuesta
cuarenta y cinco mil novecientos noventa y siete
pesos. 8. Cuesta tres mil doscientos pesos.

Palabras y más palabras, p. 69. 1. italiano / francés /
chino 2. residencia 3. último / pagar 4. comen /
beben 5. dólares / aceptan 6. Aquí 7. escribe /
personal 8. debo / cada 9. licencia / identificación
10. idioma / portugués 11. Como / hambre
12. novio 13. estado 14. rato 15. cerca

¡Vamos a conversar! Ejercicio A, p. 69. *Answers will
vary.*

Ejercicio B, p. 70. *Answers will vary.*

Situaciones, p. 70. 1. ¿Cuándo es el último día para
pagar la matrícula? ¿Cuánto debo pagar por cada
unidad? 2. ¿Aceptan cheques? ¿Necesito identifi-
cación? ¿Mi licencia para conducir es suficiente?
3. *Answers will vary.* Yo soy de...; vivo en...; este se-
mestre tomo.... 4. ¿Tiene(s) hambre? ¿Tiene(s) sed?
¿Tiene(s) calor? ¿Tiene(s) frío?

Para escribir, p. 71. *Answers will vary.*

¿Qué pasa aquí?, p. 71. *Answers will vary.*

Lectura, Ejercicio A, p. 71. *Answers will vary.*

Ejercicio B, p. 71. 1. El estudiante debe revisar su ho-
rario de clases. 2. Debe notificar cualquier error.
3. Debe recibir la aprobación de la Administración
para tomar más de 18 unidades. 4. Sí, debe asistir a
todas las clases. 5. El carnet de estudiante debe
tener su nombre, su número de identificación y su
foto. 6. Debe pagar la matrícula antes del primer día
de clases. 7. Debe llenar una solicitud en la Oficina

de Administración si necesita un plan de pago especial.   8. Debe hablar con un consejero si necesita cambiar una clase.

Ejercicio C, p. 72. *Answers will vary.*

Lección 4

¿Recuerda usted?, p. 82. 1. V   2. F   3. F   4. V   5. V
6. F   7. F   8. F   9. V   10. V

¿Con quién vamos?, p. 83. *Answers will vary. Relationships are:* 1. mi prima   2. mi sobrino   3. mi suegra
4. mi cuñado   5. mi tío   6. mi abuela   7. mi yerno
8. mi nuera   9. mi nieta   10. mi sobrina

¿Verdadero o falso?, p. 86. 1. F   2. F   3. F   4. V
5. F   6. V

Ejercicio A, p. 88. 1. a. estas mesas b. este reloj
c. esta chica (muchacha) d. estos vasos   2. a. esa
casa b. esas tazas c. ese mapa d. esos hombres
3. a. aquellas sillas b. aquel teléfono c. aquella computadora d. aquellos lápices

Ejercicio B, p. 89. a. Necesito esta mochila, ese mapa y aquel cesto de papeles.   b. Necesito estos libros, esas frutas y aquellas botellas.

Ejercicio C, p. 89. 1. ésos   2. Ésta   3. Éstos / aquéllos
/ Ésos.   4. Ésta / ésa / Aquélla.

Ejercicio A, p. 90. 1. a   2. —   3. a   4. —   5. —
6. a / a   7. a   8. —

Ejercicio B, p. 90. *Answers will vary.*

Ejercicio A, p. 91. 1. a la   2. del   3. a la   4. al (del)
5. del   6. al   7. de la (a la)   8. del   9. a las, de la
10. al

Ejercicio B, p. 91. *Answers will vary.*

Ejercicio A, p. 92. *Answers will vary. Verb forms:*
1. damos   2. estoy   3. van   4. estamos   5. dan
6. van   7 das   8. estás

Ejercicio B, p. 93. *Answers will vary.*

Ejercicio C, p. 93. *Answers will vary.*

Ejercicio A, p. 93. *Answers will vary.*

Ejercicio B, p. 94. *Answers will vary. Possible answers:*
1. Voy a estudiar.   2. Vamos a tomar algo.   3. Va a comer algo.   4. Van a bailar.   5. Va a llamar (por teléfono) a su novio.   6. Ud. va (tú vas) a nadar.

Ejercicio C, p. 94. *Answers will vary.*

Ejercicio A, p. 95. *Answers will vary. Verb forms:*
1. ¿Sabes? / Sé   2. ¿Conoces? / Conozco
3. ¿Conoces? / Conozco   4. ¿Sabes? / Sé

5. ¿Conoces? / Conozco   6. ¿Sabes? / Sé
7. ¿Sabes? / Sé   8. ¿Sabes? / Sé

Ejercicio B, p. 95. *Answers will vary.*

Palabras y más palabras, p. 95. 1. algo   2. siguiente
3. sé   4. ganas   5. tomar   6. rato   7. varias /
semana   8. café / libre   9. bailar   10. cine
11. gusta   12. piscina   13. llamar   14. refresco
15. invitada

¡Vamos a conversar!, Ejercicio A, p. 96. *Answers will vary.*

Ejercicio B, p. 96. *Answers will vary.*

Situaciones, p. 96. *Answers will vary.*

Para escribir, p. 97. *Answers will vary.*

¿Qué pasa aquí?, p. 97. *Answers will vary.*

Lección 5

¿Recuerda usted?, p. 100. 1. F   2. V   3. F   4. V
5. F   6. V   7. F   8. F   9. V   10. F

¿Adónde vamos?, p. 101. Vamos a ir... 1. a la playa.
2. a un partido de básquetbol.   3. a un parque de diversiones.   4. a bailar (a un club nocturno).
5. a cenar.   6. al museo.   7. de picnic.   8. a un club nocturno.   9. a esquiar.   10. a montar a caballo.

¿Verdadero o falso?, p. 103. 1. V   2. F   3. F   4. V
5. V   6. F

Ejercicio A, p. 104. 1. Tú estás bailando con Sergio.
2. Adela y Jorge están conversando en la cafetería.
3. Pablo está comiendo ensalada.   4. Mi primo y yo estamos bebiendo cerveza.   5. Yo estoy pensando dar una fiesta.   6. Mis amigos están sirviendo ponche.   7. Ellos están durmiendo aquí.   8. Ud. está leyendo un libro.

Ejercicio B, p. 105. 1. Tú estás comiendo (un sándwich).   2. Yo estoy escribiendo.   3. Ellos están bailando.   4. Eva está sirviendo café.   5. La profesora está leyendo un libro.   6. Nosotros estamos hablando por teléfono y el chico está durmiendo.

Ejercicio C, p. 105. Preguntas: 1. ¿Qué está haciendo Luis?   2. ¿Qué está sirviendo Estela?   3. ¿Con quién está bailando Pablo?   4. ¿Qué están bebiendo Eva y Pablo?   5. ¿Qué está comiendo Juan?   6. ¿Qué están pidiendo Olga y Estela?   7. ¿Qué está tocando la orquesta? **Respuestas:** *Answers will vary.*

Ejercicio A, p. 107. *Answers will vary.*

Ejercicio B, p. 107. es / Es / es / está / Son / es / es / estás / es

Ejercicio C, p. 108. *Answers will vary.* 1. es moreno / es 2. está en la caja. (es rica)   3. está en la universidad (es inteligente / es profesor de matemáticas).   4. estoy cansada.   5. es el seis de mayo (es lunes).   6. están en la clase.   7. Es la una.   8. somos americanas.

Ejercicio D, p. 109. *Answers will vary.*

Ejercicio E, p. 109. *Answers will vary.*

Ejercicio A, p. 110. piensas / quiero / prefiero / quieren / empieza / Comienza / queremos / pensamos / piensan

Ejercicio B, p. 110. 1. Quiero una taza de café.   2. Empieza a las nueve.   3. Queremos ir a la biblioteca. 4. Prefiere comer ensalada.   5. Comienzan en septiembre.   6. Cierran la biblioteca a las ocho. 7. Preferimos beber ponche.   8. Empieza en diciembre.   9. Pienso ir con Tito.

Ejercicio C, p. 111. *Answers will vary.*

Ejercicio A, p. 113. 1. más alta que   2. menos de 3. tan mal como   4. menos inteligente que 5. mucho menor que   6. el mejor   7. mucho más delgado(a) que   8. tan simpático como   9. tantas invitaciones como   10. tantos discos compactos como

Ejercicio B, p. 114. 1. El Hotel Hilton es mejor que el Motel 5.   2. Einstein es más inteligente que yo. (Yo soy menos inteligente que Einstein.)   3. Mi novio(a) es más (menos) delgado(a) que tu novio(a). 4. Maine es más pequeño que Texas.   5. Charles Barkley es más alto que Danny De Vito.   6. Mi tío es mayor que yo.   7. Brasil es más grande que Cuba. 8. Mi hermana es menor que mi tía.

Ejercicio C, p. 114. 1. Mario es el mejor estudiante. Lolo es el peor estudiante.   2. Juan es el mayor de los tres. Raúl es el menor de los tres.   3. Rosa es más inteligente que Beto. Lolo es menos inteligente que Beto. Rosa es la más inteligente de los tres. Lolo es el menos inteligente de los tres.

Ejercicio D, p. 114. *Answers will vary.*

Ejercicio, p. 115. 1. contigo   2. mí / ella   3. nosotros(as)   ellos(as)   5. con Uds. / conmigo   6. él / ti

Palabras y más palabras, p. 116. 1. invitación   2. ojos 3. teléfono   4. cómo   5. próximo   6. Hasta 7. seguro(a)   8. hermosa   9. rico   10. joven 11. quiere   12. rubio   13. importante 14. tocando   15. de

¡Vamos a conversar!, Ejercicio A, p. 116. *Answers will vary.*

Ejercicio B, p. 116. *Answers will vary.*

Situaciones, p. 117. *Answers will vary.*

Para escribir, p. 117. *Answers will vary.*

¿Qué pasa aquí?, p. 118. *Answers will vary.*

Lectura, Ejercicio A, p. 118. *Answers will vary.*

Ejercicio B, p. 118. 1. La boda tuvo lugar en la iglesia de San Miguel el 13 de agosto.   2. El esposo de Alina se llama Marcos Rafael Vargas Peña.   3. Los padres de la novia ofrecieron un banquete en el Club Unión de Asunción.   4. La pareja va a ir de luna de miel a Río de Janeiro.   5. La fiesta de compromiso tuvo lugar en el Club Centenario.   6. Los jóvenes son paraguayos. 7. Marisol es estudiante de sicología y Esteban es estudiante de medicina.   8. Planean la boda para el mes de diciembre.   9. La señora Ana María Vásquez de Rojas va de vacaciones a Europa.   10. Va a visitar París y Londres con sus padres.   11. Celebraron el cumpleaños de Isabelita con una gran fiesta infantil. La fiesta tuvo lugar en la residencia de sus padres. 12. La cigüeña visitó el hogar del matrimonio Reyes-Cortesi. El bebé se llama José Luis.

Ejercicio C, p. 120. *Answers will vary.*

Lección 6

¿Recuerda usted?, p. 128. 1. F   2. F   3. V   4. V 5. F   6. V   7. V   8. F

¿Qué necesito o qué tengo que hacer?, p 129. 1. Tengo que solicitar (pedir) un préstamo.   2. Necesito el saldo.   3. Necesito un plan de ahorros.   4. Necesito la libreta de ahorros.   5. Necesito una cuenta conjunta.   6. Necesito una caja de seguridad.   7. Tengo que ir a la casa central.   8. Tengo que firmar el cheque.   9. Tengo que fechar el cheque.

¿Verdadero o falso?, p. 131. 1. F   2. F   3. F   4. V 5. F

Ejercicio A, p. 132. vuelven / vuelvo / vuelve / Puede / puede / podemos / recuerdas / recuerdo / encuentro / Podemos / cuesta

Ejercicio B, p. 133. *Answers will vary.*

Ejercicio A, p. 134. 1. piden / pido / pide / Consigues 2. dices / digo / dice / sirven / sirvo / sirve

Ejercicio B, p. 134. *Answers will vary.*

Ejercicio A, p. 136. 1. lo / lo   2. La / las   3. te / Me 4. lo   5. los (las) / nos

Ejercicio B, p. 136. 1. Sí, puedo llevarte. (Sí, te puedo llevar.)   2. Sí, puedo llevarlos (los puedo llevar). 3. Sí, puedo llevarla (la puedo llevar).   4. Sí, puedo llevarlas (las puedo llevar).   5. Sí, puedo llevarlos (los puedo llevar).   6. Sí, puedo llevarlas (las puedo llevar).

Ejercicio C, p. 136. 1. Te llamo a las cinco. 2. Los llevo a un restaurante. 3. No, no lo recuerdo. 4. Sí, la tengo. 5. Voy a llamarlas (Las voy a llamar) más tarde. 6. No, no nos conoce.

Ejercicio D, p. 136. *Possible answers:* 1. Las escribimos. 2. Los pedimos. 3. Lo mandamos (enviamos). 4. Lo solicitamos (pedimos). 5. La abrimos. 6. Lo buscamos. 7. La pedimos. 8. Los firmamos (depositamos; cobramos). 9. Lo tomamos. 10. Las (Los) llevamos a casa.

Ejercicio E, p. 137. 1. Lo llama a las ocho y media. 2. Tiene que llamarla (La tiene que llamar) mañana. 3. No, no puede llevarlos (no los puede llevar). 4. Los tiene en la mesa. 5. Juan lo bebe. 6. Esteban lo sirve. 7. Paco la abre. 8. Eva las tiene.

Ejercicio A, p. 139. 1. Yo nunca voy a ese banco. 2. Yo no tengo ningún disco compacto en español. 3. Yo no tomo (ni) té ni café. 4. Nosotros nunca vamos al cine tampoco. 5. Yo no quiero hablar con nadie. 6. Yo nunca compro nada. 7. Yo no tengo ninguna amiga española. 8. Ella no necesita ninguna cinta.

Ejercicio B, p. 140. *Answers will vary.*

Ejercicio C, p. 140. *Answers will vary.*

Ejercicio D, p. 140. *Answers will vary.*

Ejercicio A, p. 141. 1. Hace veinte minutos que Marta y Alfredo bailan. 2. Hace tres años que Elisa vive en la calle Lima. 3. Hace una hora que Ana, Luis y Paco hablan (conversan). 4. Hace dos horas que José estudia. 5. Hace seis meses que Elena trabaja en el Banco Nacional. 6. Hace cinco días que Pablo está en el hospital San Lucas.

Ejercicio B, p. 142. *Answers will vary.*

Ejercicio C, p. 142. *Answers will vary.*

Palabras y más palabras, p. 142. 1. cuenta 2. interés 3. cualquier / parte 4. cobrar / efectivo 5. buscar 6. solicitar (pedir) 7. cola / gente 8. importa 9. pidiendo 10. servirle 11. vía / certificadas 12. postal 13. cuestan 14. estampillas 15. ventanilla 16. cajero

¡Vamos a conversar!, Ejercicio A, p. 142. *Answers will vary.*

Ejercicio B, p. 143. *Answers will vary.*

Situaciones, p. 143. 1. Quiero abrir una cuenta de ahorras. ¿Qué interés pagan? ¿Puedo usar el cajero automático para sacar mi dinero en cualquier momento? 2. Necesito cobrar un cheque. Quiero depositar... dólares en mi cuenta corriente y quiero... dólares en efectivo. 3. Necesito enviar (mandar) al-gunas cartas y tarjetas postales a los Estados Unidos. Quiero enviar las cartas por vía aérea y certificadas. ¿Cuánto cuesta?

Para escribir, p. 144. *Answers will vary.*

¿Qué dice aquí?, p. 144. 1. El banco se llama Metropolitan Trust Bank. 2. La dirección de la sucursal del banco es 1768 SW 32 St., Atlanta. 3. Ud. puede depositar automáticamente su cheque del Seguro Social en su cuenta corriente o en su cuenta de ahorros. 4. También puede depositar automáticamente sus cheques de Pensión Federal o de Veteranos. 5. No, no necesita ir al banco para hacer el depósito. 6. Este servicio es gratis.

Lección 7

¿Recuerda usted?, p. 148. 1. F 2. F 3. V 4. F 5. F 6. V 7. F 8. V 9. F 10. V

¿Qué se ponen?, p. 150. *Carlos:* 1. el chaleco 2. el calzoncillo 3. la camiseta 4. el cinturón 5. el pijama 6. los guantes 7. el sombrero 8. las zapatillas *Elena:* 1. el suéter (la bufanda, la chaqueta, los guantes) 2. el camisón (el pijama) 3. la combinación 4. el traje de baño 5. la bata (las zapatillas) 6. las zapatillas 7. la bufanda Los dos ponen el dinero en la billetera.

¿Verdadero o falso?, p. 152. 1. F 2. V 3. F 4. F 5. V 6. F

Ejercicio A, p. 154. 1. volvieron / volví / volvió / volviste 2. Leyó / leí / sacó / compró / saqué 3. empezaste / Empecé / llegaste / Llegué 4. hablaron / hablé / habló

Ejercicio B, p. 154. *Answers will vary. Verb forms:* 1. hablé 2. escribí 3. estudiaste 4. compró 5. tomaron 6. comimos 7. salió 8. volvieron 9. llegué 10. empecé

Ejercicio C, p. 154. *Answers will vary.*

Ejercicio A, p. 155. 1. fuiste / Fui / Fueron / Fuimos 2. dieron / di / dio / fue / fueron 3. fue / fueron / fuimos

Ejercicio B, p. 156. *Answers will vary.*

Ejercicio C, p. 156. *Answers will vary.*

Ejercicio A, p. 158. 1. Mamá me compró un vestido. 2. Mamá nos compró corbatas. 3. Mamá le compró una falda a ella. 4. Mamá te compró un traje. 5. Mamá le compró calcetines a Ud. 6. Mamá les compró zapatos a ellos. 7. Mamá les compró pantalones a Uds. 8. Mamá le compró un par de botas a él. 9. Mamá le compró ropa a Rodolfo. 10. Mamá le compró pantimedias a Sofía.

Ejercicio B, p. 158. *Answers will vary.*

Ejercicio C, p. 158. 1. Boris te habla ruso. / Tú le hablas ruso a él. 2. Giovanni les habla italiano a ellos. / Ellos le hablan italiano a él. 3. John me habla inglés. / Yo le hablo inglés a él. 4. El Sr. Toyota les habla japonés a Uds. / Uds. le hablan japonés a él. 5. Monique y Pierre nos hablan francés. / Nosotros les hablamos francés a ellos. 6. Hans le habla alemán a Ud. / Ud. le habla alemán a él. 7. Nelson le habla portugués a él. / Él le habla portugués a Nelson (él). 8. Rosa y José le hablan español a ella. / Ella les habla español a ellos.

Ejercicio D, p. 159. *Answers will vary.*

Ejercicio A, p. 160. 1. Nos gustan más estos vestidos. 2. Te gusta ir de compras. 3. (A ellos) Les gusta mucho Buenos Aires. 4. Me gusta usar sombrero. 5. (A él) No le gustan mucho estos pantalones. 6. (A Uds.) Les gustan las sandalias rojas. 7. (A ella) Le gusta ese suéter. 8. Me gustan los restaurantes italianos. 9. (A Uds.) No les gusta la música de jazz. 10. (A mi mamá) Le gusta esta falda.

Ejercicio B, p. 160. *Answers will vary.*

Ejercicio C, p. 161. *Answers will vary.*

Ejercicio D, p. 161. 1. A Inés le gusta bailar. 2. A Jorge y a Mario no les gusta el café. 3. Me gustan las frutas. 4. Nos gusta jugar al tenis. 5. Te gusta la blusa pero no te gusta la falda. 6. A Ud. le gustan el cine y el teatro. 7. A Carmen le gusta nadar y patinar.

Ejercicio E, p. 162. *Answers will vary.*

Ejercicio A, p. 164. 1. Ella se prueba el vestido verde. 2. ¿Ud. siempre se levanta temprano? 3. Nosotros podemos bañarnos y vestirnos en diez minutos. 4. Yo siempre me afeito por la tarde. 5. ¿Dónde se sientan Uds.? 6. Tú quieres quitarte los zapatos. 7. Él se lava la cabeza.

Ejercicio B, p. 164. *Answers will vary.*

Ejercicio C, p. 164. *Answers will vary. Verb forms:* 1. se levantó 2. te bañaste 3. se despertó. 4. se probaron 5. se sentó 6. nos quitamos 7. se afeitó 8. se acostaron 9. te aburriste

Ejercicio D, p. 164. 1. Yo me levanto a las siete. 2. Mi papá se levanta a las cinco. 3. Yo me baño por la mañana. 4. Nosotros no nos afeitamos los sábados. 5. Mamá se viste a las siete y media. 6. Elena se viste a las ocho y veinte de la mañana. 7. Nosotros nos sentamos. 8. Yo me acuesto a las diez. 9. ¿Tú te acuestas a las doce?

Ejercicio E, p. 165. *Answers will vary.*

Ejercicio, p. 166. Les / les / Ella / los / yo / le / Uds. / Me / me / ti / ti / te / mí / la / le / ella / le / me / me / los / lo

Palabras y más palabras, p. 166. 1. probador 2. estrechos 3. tamaño 4. grandes 5. calzas 6. liquidación 7. el traje 8. talla 9. caballeros 10. aprietan 11. poner 12. bolsa 13. cinco 14. ir 15. botas

¡Vamos a conversar!, Ejercicio A, p. 167. *Answers will vary.*

Ejercicio B, p. 167. *Answers will vary.*

Situaciones, p. 168. *Answers will vary.*

Para escribir, p. 168. *Answers will vary.*

¿Qué dice aquí?, p. 168. 1. Se llama El Corte Inglés. 2. Las rebajas son en agosto. 3. Puede comprarle playeros en distintos colores y camisetas lisas y estampadas. 4. Los mocasines en piel de búfalo con piso de suela están en liquidación. 5. Puede comprarle pantalones de sport y de vestir. 6. Puede comprarles bañadores y bikinis. 7. Puede comprar vestidos lisos y estampados.

Lectura, Ejercicio A, p. 168. *Answers will vary.*

Ejercicio B, p. 168. 1. El propósito de la cuenta es ahorrar dinero para las fiestas navideñas. 2. Los depósitos son efectuados automáticamente por medio de depósitos mensuales. 3. El saldo completo se deposita en el mes de noviembre de cada año. 4. Los planes de ahorro están asegurados hasta $100,000. 5. Tiene que tener $1,500 o más.

Ejercicio C, p. 170. *Answers will vary.*

Lección 8

¿Recuerda usted?, p. 178. 1. F 2. V 3. F 4. V 5. F 6. V 7. V 8. F

¿Qué les servimos?, p. 179. 1. Le servimos helado de fresas o de vainilla. 2. Le servimos chuletas de ternera. 3. Les servimos espaguetis. 4. Les servimos gambas, langosta o cangrejo. 5. Le servimos piña, aguacate, etc. 6. Le servimos pastel de cerezas. 7. Le servimos frutas y vegetales. 8. Le servimos pollo y vegetales. 9. Le servimos una hamburguesa o un perro caliente.

¿Verdadero o falso?, p. 181. 1. V 2. F 3. F 4. V 5. F 6. F

Ejercicio A, p. 182. 1. trajeron 2. tradujo 3. viniste 4. vine 5. hicimos 6. estuvo 7. puso 8. dijeron 9. pude 10. tuvimos

Ejercicio B, p. 182. *Answers will vary. Verb forms:*
1. condujo 2. hicimos 3. viniste 4. trajeron
5. estuve 6. quiso 7. puse 8. tuvimos

Ejercicio C, p. 182. *Answers will vary.*

Ejercicio D, p. 183. *Answers will vary.*

Ejercicio A, p. 184. 1. Yo se las traigo. 2. Ellos no me las van a comprar. / Ellos no van a comprármelas.
3. ¿Te los doy? 4. ¿Uds. nos la trajeron? 5. ¿Me lo puedes comprar? / ¿Puedes comprármelo? 6. Ud. no se lo trajo. 7. Yo te las di. 8. Ellos nos lo están sirviendo. / Ellos están sirviéndonoslo.

Ejercicio B, p. 185. 1. No te los traje porque no pude.
2. No se las mandé porque no fui al correo. 3. No me lo compró porque no quiso. 4. No nos lo dio porque no vino a casa. 5. Me la escribió en inglés porque no sabe español. 6. No se lo llevé porque no tuve tiempo.

Ejercicio C, p. 185. 1. Sí, puedo dártelos (te los puedo dar). 2. Sí, puedo comprársela (se la puedo comprar). 3. Sí, puedo traértelas (te las puedo traer).
4. Sí, puedo vendérselos (se los puedo vender).
5. Sí, puedo buscárselas (se las puedo buscar).
6. Sí, puedo llevárselos (se los puedo llevar).

Ejercicio D, p. 185. 1. Sí, me la escribió. 2. Se lo pedí a mi papá. 3. Se las traje a mi mamá. 4. Se lo compré a mi hermana. 5. Mi hermano me lo dio. 6. Sí, se la traje. 7. No, no se las compré. 8. Se lo compré en la panadería.

Ejercicio E, p. 185. 1. Yo se lo limpio. 2. Yo se las compro. 3. Yo te lo presto. 4. Yo se los compro.
5. Yo te las puedo mandar (puedo mandártelas).
6. Yo se la llevo. 7. Yo se la doy. 8. Yo se lo traigo(doy).

Ejercicio F, p. 186. *Answers will vary. Pronouns will include:* 1. se la compra 2. se lo busca 3. se las da
4. se las compra 5. se la hace 6. se los lleva

Ejercicio A, p. 187. 1. durmieron / dormí / durmió
2. pidieron / pidió / pidieron 3. siguieron / Seguimos 4. sirvieron / Servimos 5. Se divirtieron / me divertí / se divirtió 6. Consiguieron / consiguieron 7. murió

Ejercicio B, p. 187. *Answers will vary. Verb forms:*
1. durmió 2. sirvieron 3. consiguieron
4. pidió 5. se divirtieron 6. murieron

Ejercicio C, p. 188. 1. Arturo durmió. 2. Mirta y Rafael se divirtieron mucho. 3. El mozo sirvió café.
4. Ernesto le pidió dinero a Daniel. 5. Rosa se sintió mal. 6. Pilar consiguió trabajo. 7. Paco siguió a su madre.

Ejercicio D, p. 188. *Answers will vary.*

Ejercicio A, p. 190. *Answers will vary. Verb forms:*
1. vivía 2. hablábamos 3. comíamos 4. se divertían 5. veía 6. ibas 7. daba 8. me gustaban 9. nadaba 10. se levantaba

Ejercicio B, p. 191. *Answers will vary.*

Ejercicio C, p. 191. *Answers will vary.*

Ejercicio D, p. 191. *Answers will vary.*

Ejercicio E, p. 191. *Answers will vary.*

Ejercicio A, p. 192. 1. realmente 2. completamente
3. raramente 4. frecuentemente 5. posiblemente
6. generalmente 7. francamente 8. normalmente

Ejercicio B, p. 192. *Answers will vary. Possible answers:*
1. clara y lentamente 2. frecuentemente 3. generalmente 4. Francamente 5. posiblemente
6. claramente 7. Realmente 8. normalmente

Ejercicio C, p. 192. *Answers will vary.*

Palabras y más palabras, p. 193. 1. uvas 2. farmacia
3. carnicería / pescado 4. azúcar 5. tiempo
6. higiénico 7. quedarnos 8. lechuga 9. mantequilla 10. docena / supermercado 11. duraznos (melocotones) / manzanas / peras / naranjas / uvas (plátanos, piña, sandía) 12. vegetales 13. libre
14. apurarnos 15. mal / gastan (gastaron)
16. mariscos

¡Vamos a conversar!, Ejercicio A, p. 193. *Answers will vary.*

Ejercicio B, p. 194. *Answers will vary.*

Situaciones, p. 194. *Answers will vary.*

Para escribir, p. 194. *Answers will vary.*

¿Qué pasa aquí?, p. 195. *Answers will vary.*

Lección 9

¿Recuerda usted?, p. 198. 1. V 2. V 3. F 4. F
5. V 6. V 7. F 8. F 9. F 10. V

¿Qué necesitan?, p. 200. 1. el cuchillo y el tenedor
2. la taza 3. la copa 4. la cuchara 5. el mantel
6. la pimienta y la sal

Hablando del tiempo, p. 200. *Answers will vary. Possible answers:* 1. a. Es frío. b. Es seco. c. Es húmedo. d. Es cálido. e. Es templado. 2. Está nublado. 3. Está despejado. 4. Hace... grados.
5. a. huracanes b. terremotos c. tornados d. ciclones e. nevadas

¿Verdadero o falso?, p. 202. 1. V 2. F 3. V 4. V 5. V 6. F 7. V

Ejercicio A, p. 203. 1. Por / por 2. Para / para / por 3. Para / por / por 4. por / para / para / por / para / por 5. para

Ejercicio B, p. 204. 1. por tren 2. por la ventana 3. para Ana 4. por un mes 5. $35 por 6. por la mañana

Ejercicio C, p. 204. *Answers will vary.*

Ejercicio A, p. 206. 1. Llueve (Está lloviendo). 2. Hace mucho frío. 3. Hace calor y hace sol. 4. Hace mucho viento. 5. Hace buen tiempo (Hace sol). 6. Nieva (Está nevando). 7. Hay niebla.

Ejercicio B, p. 207. 1. está lloviendo 2. hace calor (no hace frío) 3. llueve 4. calor 5. hace sol 6. hace mucho frío 7. nieva (está nevando) 8. lluvia 9. niebla

Ejercicio C, p. 207. *Answers will vary.*

Ejercicio A, p. 208. 1. fueron / pidió / comió / dijo / era / pidieron / gustó 2. Eran / hacía / llegó / estaba / se sentía / se levantó / hizo 3. era / vivía / iba / vivían / nos mudamos / vinieron

Ejercicio B, p. 209. *Answers will vary. Possibilities will include:* 1. Yo vivía en... 2. Yo hablaba... 3. Sí, estudiaba (No, no estudiaba)... 4. Mi primer(a) novio(a) era... 5. Comencé... 6. Hablé de... 7. Sí, estudié (No, no estudié)... 8. Era(n) la(s)... cuando llegué. 9. Yo... cuando él (ella) llegó. 10. Me dijo que tenía que estudiar...

Ejercicio C, p. 209. *Answers will vary.*

Ejercicio D, p. 210. *Answers will vary.*

Ejercicio E, p. 210. *Answers will vary.*

Ejercicio A, p. 211. 1. Hace dos meses que los García celebraron su aniversario de bodas. 2. Hace cinco horas que yo almorcé. 3. Hace tres días que Esteban salió para México. 4. Hace quince minutos que pedimos el postre. 5. Hace diez años que vinimos a California. 6. Hace tres horas que ellos empezaron a estudiar.

Ejercicio B, p. 211. *Answers will vary.*

Ejercicio A, p. 212. 1. nuestro 2. suya (la de ellos) 3. suyos (los de él) 4. mía 5. tuyos 6. nuestra 7. suyos (los de ustedes) 8. suyos (los de ella)

Ejercicio B, p. 213. Sí, es mía. 2. Sí, son míos. 3. Sí, es suya (de ella). 4. Sí, es tuyo. 5. Sí, son nuestras. 6. Sí, es nuestro.

Ejercicio C, p. 213. *Answers will vary. They will include:* 1. ¿Dónde está la tuya? La mía... 2. ¿De dónde son los tuyos? Los míos... 3. ¿Cómo se llama el tuyo (la tuya)? El mío (La mía)... 4. ¿De qué nacionalidad son los tuyos? Los míos... 5. ¿Dónde están los tuyos? Los míos... 6. ¿Dónde viven las tuyas? Las mías...

Palabras y más palabras, p. 213. 1. bodas 2. tocino 3. casi / listo(a) 4. mermelada 5. pedido 6. propina 7. pedazo (trozo) / riquísimo 8. preguntar 9. papas / postre 10. horno 11. almorzar 12. menú / recomendó 13. cuenta 14. mismo 15. cocinar 16. desde 17. frío 18. cuchara

¡Vamos a conversar!, Ejercicio A, p. 214. *Answers will vary.*

Ejercicio B, p. 215. *Answers will vary.*

Situaciones, p. 215. *Answers will vary.*

Para escribir, p. 216. *Answers will vary.*

¿Qué dice aquí?, p. 216. 1. Hay una cena y rumba de año nuevo. 2. Podemos comer ceviche de camarón, pavo Bellavista, lomo al Oporto, arroz con coco y pasas, alcachofas y espárragos vinagreta, ensalada de frutas y postre de Navidad. 3. Debemos llamar al 610 46 64 o al 236 53 36. 4. Podemos bailar o podemos ir al casino o al bar. 5. Hay "show" en el restaurante Costa Vasca. Hay show flamenco. 6. El show comienza a las diez de la noche. 7. Debemos pagar 50 dólares. 8. Porque está abierto de martes a domingo. Está cerrado los lunes. 9. Sirven el almuerzo de 12 a 3 de la tarde.

Lectura, Ejercicio A, p. 217. *Answers will vary.*

Ejercicio B, p. 217. 1. Hace calor. Es verano. 2. Descubrió un racimo de uvas. 3. Estaban en una vid que crecía enrollada a una rama muy alta. 4. Tenía sed. 5. Retrocedió unos pasos, corrió y saltó. 6. No, no las alcanzó. 7. Se dio por vencida y se marchó del huerto. 8. La moraleja de la fábula es: "Cuando no se puede conseguir algo, es fácil desdeñarlo."

Ejercicio C, p. 218. *Answers will vary.*

Lección 10

¿Recuerda usted?, p. 226. 1. V 2. F 3. F 4. V 5. V 6. V 7. F 8. F

¿Qué sabes de anatomía?, p. 227. 1. la nariz 2. la oreja 3. la boca 4. el diente 5. la lengua 6. la cara 7. el pecho 8. el estómago 9. el dedo 10. la rodilla 11. la muñeca 12. el dedo del pie 13. el pie 14. el codo 15. el cuello 16. la cabeza

¿Verdadero o falso?, p. 229. 1. F 2. F 3. V 4. F 5. V

Ejercicio A, p. 230. 1. dicho   2. cerrado   3. hecho
4. bebido   5. muerto   6. puesto   7. vivido
8. visto   9. recetado   10. vuelto   11. ido
12. tenido   13. roto   14. abierto   15. comprado
16. sido   17. escrito   18. estado   19. leído
20. salido

Ejercicio B, p. 230. 1. está parado   2. están dormidos
3. está abierta   4. está rota   5. está cerrado
6. está escrita   7. están hechos   8. está abierto
9. está sentada

Ejercicio A, p. 232. 1. El médico le ha enyesado
la pierna.   2. La enfermera le ha puesto una
inyección.   3. Yo he limpiado su apartamento.
4. Nosotros le hemos escrito una carta a su supervi-
sora.   5. Ellos han puesto sus libros en el escritorio.
6. Tú has hablado con el médico.   7. Uds. han
abierto la ventana de su cuarto.   8. Su mamá le ha
hecho la cena.

Ejercicio B, p. 233. *Answers will vary.*

Ejercicio C, p. 233. *Answers will vary.*

Ejercicio A, p. 234. 1. habíamos traído   2. había
dicho   3. había puesto   4. había dado   5. se
habían dormido   6. habías roto   7. habían vuelto
8. había conducido   9. había hecho   10. había
visto   11. había pedido   12. había venido

Ejercicio B, p. 235. *Answers will vary.*

Ejercicio C, p. 235. *Answers will vary. Verb forms:*
1. Habías abierto / había abierto   2. Habías
trabajado / había trabajado   3. Habías tenido /
había tenido   4. Habías vivido / había vivido
5. Habías estudiado / había estudiado

Ejercicio A, p. 236. 1. Vuelvan mañana.   2. Pida turno.
3. Estén aquí a las tres.   4. Hable con el enfermero.
5. Espere un momento.   6. Vengan más tarde.
7. Dé su nombre.   8. Deje su número de teléfono.
9. Llame a su esposo.   10. Tome estas pastillas.

Ejercicio B, p. 237. 1. Estudien la Lección 3.   2. Es-
criban en la pizarra.   3. Vengan por la tarde.   4. Es-
tén aquí a las siete.   5. Compren un diccionario.
6. Usen el libro de física.   7. Vayan al laboratorio
de lenguas.   8. Vuelvan a las cuatro.   9. Tomen
inglés y matemáticas.   10. Empiecen a las cinco.
11. Llamen al profesor de historia.   12. Esperen
en la biblioteca.

Ejercicio C, p. 237. 1. Sí, mándelas hoy.   2. No, no las
compren.   3. No, no las traiga.   4. Sí, cómprenlo.
5. Sí, llámela.   6. No, no la limpien.   7. No, no la
haga.   8. Sí, pídalo.   9. Sí, llámenos.   10. No, no
lo tomen.

Ejercicio D, p. 237. 1. Escríbales al Sr. López y al Sr.
Smith. Escríbale al Sr. López en español y escríbale al
Sr. Smith en inglés. Dígales que los libros están aquí.
Mándeles las cartas hoy.   2. Cómpreme papel y lá-
pices.   3. Déle al Sr. Gómez mi número de teléfono,
pero no le dé mi dirección.   4. No les hable a los em-
pleados de la fiesta de la compañía.   5. Llévele los
documentos al Sr. Soto, pero no le lleve los cheques.

Ejercicio E, p. 237. *Answers will vary.*

Palabras y más palabras, Ejercicio A, p. 238. 1. acci-
dente / ambulancia / sala   2. inyección   3. cayó
4. fractura   5. muletas   6. conocimiento   7. ven-
dar / mismo   8. autobús (ómnibus)   9. torció
10. pasó / alguna   11. paró   12. dolía / recetó
13. enyesar   14. seguro   15. chocó   16. esperar /
vida   17. estómago   18. boca / lengua

Ejercicio B, p. 238. 1. el ojo   2. el pelo   3. la espalda
4. el brazo   5. la mano   6. la pierna   7. el tobillo

¡Vamos a conversar!, Ejercicio A, p. 239. *Answers will
vary.*

Ejercicio B, p. 239. *Answers will vary.*

Situaciones, p. 240. *Answers will vary.*

Para escribir, p. 240. *Answers will vary.*

¿Qué pasa aquí?, p. 240. *Answers will vary.*

Lección 11

¿Recuerda usted?, p. 244. 1. F   2. V   3. F   4. V
5. F   6. V   7. F   8. F   9. V   10. F

¿Qué debo tomar?, p. 245. Debe tomar. . .   1. un an-
tiácido.   2. un sedativo.   3. vitaminas.   4. un cal-
mante   5. un antibiótico.

¿Qué especialista debo ver?, p. 245. Debe ver a... 1. un
pediatra.   2. un ginecólogo.   3. un oculista.   4. un
cirujano.   5. un cardiólogo.   6. un dermatólogo.

¿Verdadero o falso?, p. 247. 1. F   2. F   3. V   4. V
5. V

Ejercicio, p. 248. 1. coma / venga / hable / haga /
salga   2. digas / veas / traigas / trabajes / escribas
3. viva / aprenda / salga / estudie / vea   4. escriba-
mos / caminemos / pongamos / deseemos / tenga-
mos   5. salgan / hagan / lleven / conozcan / vean

Ejercicio, p. 249. 1. duerma / vaya / cierre / sienta /
sea   2. mientas / vuelvas / vayas / des / recuerdes
3. esté / sepa / pierda / duerma / sea   4. pense-
mos / recordemos / demos / muramos / cerremos
5. prefieran / den / vayan / sepan / duerman

Ejercicio A, p. 251. 1. vayamos / ir / acostar / tomes / tomar　2. recete / pongan / recete　3. escribamos / escribir / hagas / recibir　4. compre / ir / vayas　5. pidas / comer　6. vuelvas / acuestes / levantemos / estemos

Ejercicio B, p. 252. *Answers will vary. Verb forms:* 1. hablar　2. tomen　3. quieren　4. *Answers will vary.*　5. vayan　6. nos dé　7. quiero　8. *Answers will vary.*　9. se acuesten　10. hagamos

Ejercicio C, p. 253. 1. Ana quiere que Luis vaya al banco.　2. Te sugiero que veas al Dr. Soto.　3. Te aconsejo que tomes pastillas.　4. Olga quiere que Paco le ponga unas gotas en la nariz.　5. La doctora le recomienda que tome jarabe.　6. Pablo no quiere que el enfermero le ponga una inyección.

Ejercicio D, p. 253. *Answers will vary.*

Ejercicio E, p. 253. *Answers will vary.*

Ejercicio A, p. 255. 1. vaya / esté / mejore　2. estar / estés / diviertas　3. haya / esté　4. poder / visiten / vayas　5. pueda / sean

Ejercicio B, p. 255. *Answers will vary.*

Ejercicio C, p. 255. *Possible answers:* 1. Espero que se mejore pronto.　2. Me alegro de que tu papá esté mejor.　3. Siento que no puedas ir conmigo.　4. Temo que no llegues a tiempo.　5. Espero que el banco te dé un préstamo.　6. Me alegro de que vayas a México.

Ejercicio D, p. 255. *Answers will vary.*

Palabras y más palabras, p. 256. 1. consultorio　2. alérgico　3. grados / baje　4. gotas　5. antes　6. receta　7. embarazada / examinar　8. mal / garganta　9. madrugada　10. cerca / farmacéutico　11. caro　12. caso　13. grave (seria)　14. cirujano　15. antibiótico

¡Vamos a conversar!, Ejercicio A, p. 256. *Answers will vary.*

Ejercicio B, p. 257. *Answers will vary.*

Situaciones, p. 257. *Answers will vary.*

Para escribir, p. 257. *Answers will vary.*

¿Qué dice aquí?, p. 258. 1. Debe ver a la Dra. Isabel Rivera.　2. La Dra. Paván es dermatóloga.　3. El Dr. Araújo es ginecólogo obstetra.　4. Una mujer debe hacerse una mamografía.　5. El Dr. Cortés ofrece exámenes completos de la vista, anteojos y lentes de contacto, cirugía de cataratas y glaucoma.　6. *Answers will vary.*　7. Le aconsejo que vea a la Dra. Rivera porque su especialidad es la medicina general.　8. No puede ir al Centro el sábado porque

está cerrado.　9. La dirección es calle Estrella 492, Asunción, y el número de teléfono es 25-39-48.

Lectura, Ejercicio A, p. 259. *Answers will vary.*

Ejercicio B, p. 259. 1. Un inglés deletrea su apellido.　2. Una palabra puede escribirse de mil maneras.　3. Sí, es más difícil.　4. Como tesis fundamental, se puede decir que toda palabra inglesa es un jeroglífico.　5. El título de su libro en español es *El caballero de El Dorado*. En inglés, es *The Knight of El Dorado*.　6. Porque en inglés, *"knight"* y *"night"* se pronuncian de la misma manera.　7. "Hoy da una conferencia sobre la América Latina el doctor Arthur Nagus."　8. La dificultad del inglés está en la emisión de los sonidos.　9. Dice que cada una de las vocales se pronuncia de cuatro o cinco modos distintos.　10. Causa una gran fatiga.　11. Deja una impresión de dolor o de gran torpeza.　12. Dice que él no es bobo; es que no sabe inglés.

Ejercicio C, p. 260. *Answers will vary.*

Lección 12

¿Recuerda usted?, p. 268. 1. F　2. V　3. F　4. F　5. V　6. V　7. V　8. F　9. V　10. F

¿Qué hago? ¿Adónde voy?, p. 269. 1. cancelar　2. primera clase　3. lugares　4. documento　5. confirmar　6. cambio / moneda　7. espera　8. balneario / crucero　9. maletín　10. regla

¿Verdadero o falso?, p. 271. 1. V　2. V　3. F　4. V　5. F　6. F　7. V

Ejercicio A, p. 272. 1. sirva / sirve　2. dé / dé　3. tenga　4. sepa / habla

Ejercicio B, p. 272. *Answers will vary. Possibilities:* 1. Sí, hay una persona que vende su casa. (No, no hay nadie que venda su casa.)　2. Sí, hay un restaurante que sirve comida cubana. (No, no hay ningún restaurante que sirva comida cubana.)　3. Sí, hay una señorita que habla español y quiere trabajar de secretaria. (No, no hay nadie que sepa español y quiera trabajar de secretario[a].)　4. Sí, hay un mercado que vende productos cubanos. (No, no hay ningún mercado que venda productos cubanos.)　5. Sí, sé de una agencia que necesita empleados. (No, no sé de ninguna agencia que necesite empleados.)　6. Sí, conozco a alguien que necesita un coche. (No, no conozco a nadie que necesite un coche.)

Ejercicio C, p. 273. *Answers will vary. Possible verb forms:* 1. que tenga　2. que sea　3. que salga　4. que hable　5. que regrese

Ejercicio D, p. 273. *Questions:* 1. juegue al béisbol 2. viaje a México todos los veranos 3. baile muy bien 4. tenga una piscina en su casa 5. sea rico(a) 6. celebre su aniversario de bodas este mes 7. conozca Buenos Aires 8. hable japonés 9. sepa varios idiomas 10. viva en el campo 11. sea médico(a) 12. trabaje para una aerolínea 13. sea empleado de banco 14. se levante de madrugada 15. fume mucho

Ejercicio E, p. 273. *Answers will vary.*

Ejercicio A, p. 275. 1. Llámame este fin de semana. 2. Tráenos el desayuno. 3. Ten paciencia con él. 4. Dile que no venga entre semana. 5. Ve a la agencia de viajes y compra los pasajes. 6. Sal en seguida. 7. Haz cola ahora. 8. Ven dentro de quince días.

Ejercicio B, p. 276. 1. Levántate temprano y báñate. 2. Prepara el desayuno. 3. No tomes refrescos. 4. Haz la tarea. 5. No le abras la puerta a nadie. 6. Limpia tu cuarto. 7. No mires la televisión y no traigas a tus amigos a la casa. 8. Trae pan y ponlo en la mesa. 9. Ve al mercado y compra frutas. 10. Llama a papá y dile que venga temprano.

Ejercicio C, p. 276. *Answers will vary.*

Ejercicio A, p. 278. a / de / de / a / de / a / En / a / de / a / a / a / a / a / a / en / de / en / de / en

Ejercicio B, p. 278. 1. viajar en avión. 2. hablando de la clase de español. 3. de ojos azules. 4. en su casa. 5. a bailar. 6. a la una y cuarto. 7. el más alto del 8. a Caracas mañana.

Ejercicio C, p. 279. *Answers will vary.*

Palabras y más palabras, p. 280. 1. agencia de viajes 2. el pasaporte 3. equipaje 4. salida 5. un bolso de mano 6. vuelo 7. caro 8. semana 9. pasajeros 10. pidas 11. hace escala 12. incluye 13. al aeropuerto 14. en la sección de no fumar 15. dentro 16. viaje 17. moneda 18. confirmar

¡Vamos a conversar!, Ejercicio A, p. 280. *Answers will vary.*

Ejercicio B, p. 281. *Answers will vary.*

Situaciones, p. 281. *Answers will vary.*

Para escribir, p. 282. *Answers will vary.*

¿Qué dice aquí?, p. 282. 1. Salen de Miami. 2. No, antes no tenían vuelos desde esta ciudad. 3. No, no tenemos que hacer escala. 4. Comienzan el 15 de diciembre. 5. Podemos consultar a nuestro agente de viajes o llamar por teléfono. 6. No, no tenemos que pagar. Es libre de cargos. 7. El

número de teléfono es 1-800-633-3711. 8. Sí, podemos llamar cualquier día de la semana y a cualquier hora. Lo sé porque contestan 24 horas al día, 7 días a la semana.

Lección 13

¿Recuerda usted?, p. 286. 1. F 2. V 3. V 4. F 5. V 6. F 7. F 8. F 9. F 10. V

¿Cuál es la solución?, p. 287. *Answers will vary.*

¿Verdadero o falso?, p. 289. 1. F 2. V 3. F 4. V 5. V 6. F

Ejercicio A, p. 289. 1. ... el agente nos da los comprobantes ahora. 2. ... haya vuelos por la mañana. 3. ... haga escala en Panamá. 4. ... tienen asiento de ventanilla. 5. ... tengan habitaciones con baño privado. 6. ... ellos necesiten reservación.

Ejercicio B, p. 290. *Answers will vary.*

Ejercicio C, p. 290. *Answers will vary.*

Ejercicio, p. 291. 1. No es verdad que Argentina sea más grande que Brasil. 2. No es verdad que las pensiones sean más caras que los hoteles. 3. Es verdad que Brasilia es la capital de Brasil. 4. No es verdad que en esta clase estudiemos francés. 5. No es verdad que los Andes estén en México. 6. Es verdad que hoy hace mucho frío. (No es verdad que hoy haga mucho frío.) 7. Es verdad que hoy está lloviendo. (No es verdad que hoy esté lloviendo.) 8. No es verdad que yo tenga un millón de dólares.

Ejercicio A, p. 292. 1. Creo que el baño tiene ducha y bañadera. 2. No creo que todos los cuartos tengan aire acondicionado. 3. No creo que tengan que desocupar el cuarto al mediodía. 4. Creo que cobran mucho. 5. Creo que él necesita la llave. 6. No creo que el cuarto tenga vista a la calle.

Ejercicio B, p. 292. *Answers will vary.*

Ejercicio C, p. 292. *Answers will vary. Possibilities:* 1. le dé diez mil dólares 2. pueda (sepa) manejar 3. tenga dinero 4. es muy caro 5. tenga bañadera 6. sea puntual

Ejercicio D, p. 293. *Answers will vary.*

Ejercicio A, p. 295. 1. desocupen / llegue 2. den 3. llegues / traigan 4. llame 5. termine 6. hable / vea 7. sirvo 8. se vaya / salga (salga / se vaya)

Ejercicio B, p. 295. *Answers will vary.*

Ejercicio A, p. 296. *Answers will vary.*

Ejercicio B, p. 297. *Answers will vary. Command forms:*
1. Vamos   2. Viajemos   3. Salgamos   4. Llevemos
5. Hospedémonos   6. Pidamos   7. Quedémonos
8. Comamos   9. Dejemos   10. Regresemos

Ejercicio, p. 298. *Answers will vary.*

Palabras y más palabras, p. 298. 1. Ilógico. Cuando tengo frío pongo la calefacción.   2. Lógico.   3. Lógico.   4. Ilógico. Generalmente sirven el almuerzo entre las doce y las dos de la tarde.   5. Ilógico. Hay muchos baños que tienen ducha y bañadera. 6. Lógico.   7. Ilógico. Sirven el desayuno por la mañana.   8. Lógico.   9. Lógico.   10. Ilógico. Las habitaciones interiores no tienen vista a ningún lugar. 11. Lógico.   12. Ilógico. La pensión completa incluye todas las comidas.   13. Lógico.   14. Lógico. 15. Ilógico. Para ver una película vamos al cine, no al correo.

¡Vamos a conversar!, Ejercicio A, p. 299. *Answers will vary.*

Ejercicio B, p. 299. *Answers will vary.*

Situaciones, p. 300. *Answers will vary.*

Para escribir, p. 300. *Answers will vary.*

¿Qué dice aquí?, p. 300. 1. Se llama Hotel Sol Bariloche.   2. Está en San Carlos de Bariloche. 3. No, el hotel es grande. Tiene salas de convenciones con capacidad para 1200 personas, sala de juegos, sauna, peluquería, panadería, repostería y un restaurante con capacidad para 1000 personas.   4. Todas las habitaciones tienen baño privado.   5. Puedo dejarlas en una caja de seguridad.   6. Sí, puedo cortarme el pelo en la peluquería y salón de belleza. 7. Sirven comida internacional en el restaurante. 8. Mil personas pueden comer en el restaurante. 9. Sí, hay garaje.   10. Sí, el hotel tiene salas de convenciones con capacidad para 1200 personas.

Lectura, Ejercicio A, p. 301. *Answers will vary.*

Ejercicio B, p. 301. 1. Nació en 1853.   2. Murió en Cuba en 1895 en un campo de batalla.   3. Los temas principales son la libertad, la justicia, la independencia de su patria y la defensa de los pobres y los oprimidos.   4. Se describe como un hombre sincero. 5. Quiere echar sus versos del alma.   6. Dice que su verso es de un verde claro y de un carmín encendido. También dice que su verso es un ciervo herido que busca amparo en el monte.   7. Quiere echar su suerte con los pobres de la tierra.   8. Cultiva la rosa blanca.   9. Cultiva la rosa para los dos.   10. Simboliza el amor.   11. No, no los odia.

Ejercicio C, p. 302. *Answers will vary.*

Lección 14

¿Recuerda usted?, p. 310. 1. F   2. F   3. V   4. V 5. F   6. F   7. F   8. V   9. V   10. F

¿Qué necesitamos?, p. 311. 1. una lavadora   2. una secadora   3. una plancha   4. un lavaplatos   5. una sartén   6. una tostadora   7. una licuadora   8. un horno de microondas   9. una cacerola   10. un tazón   11. un colador   12. una cafetera

¿Verdadero o falso?, p. 314. 1. V   2. V   3. F   4. F 5. F   6. F

Ejercicio A, p. 316. *Verb forms:* 1. diré   2. tendrá 3. servirán   4. pondremos   5. bañará   6. hará 7. saldrás   8. dirás   9. vendrán   10. hará

Ejercicio B, p. 316. *Answers will vary.*

Ejercicio C, p. 317. *Answers will vary.*

Ejercicio D, p. 317. *Answers will vary.*

Ejercicio A, p. 319. 1. Yo se lo diría a la criada. 2. Nosotros pasaríamos la aspiradora.   3. Ángel lavaría el pantalón en seco.   4. ¿Ud. fregaría los platos?   5. Ellos vendrían por la noche.   6. ¿Tú los invitarías a la fiesta?   7. Yo limpiaría el refrigerador. 8. Ella no plancharía el mantel y las servilletas.   9. Yo saldría mañana.   10. Uds. pondrían la mesa ahora.

Ejercicio B, p. 319. *Answers will vary.*

Ejercicio C, p. 320. *Answers will vary.*

Ejercicio D, p. 320. *Answers will vary.*

Ejercicio A, p. 321. *Answers will vary.*

Ejercicio B, p. 321. 1. Marisa decidió casarse con Daniel.   2. Mirta y Raul se comprometen. 3. Graciela no se acuerda del número de teléfono de Pepe.   4. Marisol se alegra de ver a Tito. 5. Rodolfo entra en la casa de Eva.   6. Pedro insiste en ir con Alina.

Ejercicio, p. 322. *Answers will vary.*

Palabras y más palabras, Ejercicio, p. 323. 1. refrigerador   2. aspiradora   3. césped   4. la escoba 5. pantalón   6. fregar   7. sacar   8. prisa 9. fijarme   10. aceite   11. horno   12. perro 13. licuadora   14. tocan   15. el florero   16. libre

¡Vamos a conversar!, Ejercicio A, p. 323. *Answers will vary.*

Ejercicio B, p. 324. *Answers will vary.*

Situaciones, p. 324. *Answers will vary.*

Para escribir, p. 325. *Answers will vary.*

¿Qué pasa aquí?, p. 325. *Answers will vary.*

Lección 15

¿Recuerda usted?, p. 328. 1. F 2. V 3. V 4. V 5. V 6. F 7. V 8. V 9. F 10. F

¿Cómo se relacionan?, p. 329. 1. Rosa Carreras es la madrastra de Esteban y Esteban es su hijastro. 2. Teresa y Marina son las hijastras de Carlos Vega y él es su padrastro. 3. Ramiro y Sergio son medio hermanos 4. Sergio y Marina son hermanastros. 5. El Sr. Luis Vega es el bisabuelo de Sergio y él es su bisnieto.

¿Verdadero o falso?, p. 332. 1. V 2. V 3. V 4. F 5. F 6. F 7. F 8. V 9. F

Ejercicio, p. 333. 1. llenara / comiera / viviera / dijera / fuera / admitiera 2. dejaras / atendieras / abrieras / pusieras / estuvieras / eligieras 3. volviera / durmiera / pidiera / tuviera / alquilara / trajera 4. viéramos / fuéramos / entráramos / supiéramos / hiciéramos / pidiéramos 5. leyeran / salieran / llegaran / se sentaran / aprendieran / pudieran

Ejercicio A, p. 334. 1. Dudaba que consiguieras ese puesto. 2. No era verdad que necesitara cortinas. 3. Era difícil que ellos alquilaran ese piso. 4. Quería que me escuchara. 5. Le dije que no comprara esa cómoda. 6. Me sugirió que no fuera a la boda. 7. Le pedí que me alquilara su casa. 8. Sentí que tu padrino no pudiera venir.

Ejercicio B, p. 334. 1. Le dijo a Marta que no estacionara el coche allí y que no fuera al centro hoy. 2. Le dijo a Pablo que barriera el piso de la cocina y que limpiara la sala de estar. 3. Le dijo a Luis que pusiera el anuncio en el periódico, que llamara a su padre y que le dijera que trajera frutas. 4. Le dijo a Ana que hiciera la comida. 5. Le dijo a Inés que comprara el regalo para su madrina. 6. Les dijo a Inés y a Ana que le pasaran la aspiradora a la alfombra. 7. Les dijo a los chicos que no le abrieran la puerta a nadie.

Ejercicio C, p. 335. *Answers will vary.*

Ejercicio D, p. 335. *Answers will vary.*

Ejercicio A, p. 336. 1. pudiera 2. tengo 3. supiera 4. fuera 5. estuviera 6. ven 7. viene 8. tuviéramos 9. quisiera 10. diera

Ejercicio B, p. 336. *Possibilities:* 1. Si tuvieran hambre, comerían. 2. Si pudiéramos estudiar hoy, estudiaríamos. 3. Si no tuvieras que trabajar, dormirías. 4. Si fueran a la fiesta, bailarían. 5. Si no fuera sábado, iría a la biblioteca. 6. Si no funcionara, lo llevaría al mecánico. 7. Si estuviera enferma, iría al médico. 8. Si tuviera el periódico, lo leería.

Ejercicio C, p. 337. *Answers will vary.*

Ejercicio D, p. 337. *Answers will vary.*

Ejercicio, p. 339. estén / vuelvan / ir / pudieran / está / deciden / puedan / es / cocine / llegue / hagas / pudiera / escriba / cuente

Palabras y más palabras, p. 340. 1. k 2. o 3. i 4. a 5. m 6. b 7. j 8. d 9. p 10. c. 11. n 12. f 13. h 14. e 15. g 16. r 17. l 18. q

¡Vamos a conversar!, Ejercicio A, p. 340. *Answers will vary.*

Ejercicio B, p. 341. *Answers will vary.*

Situaciones, p. 341. *Answers will vary.*

Para escribir, p. 341. *Answers will vary.*

¿Qué dice aquí?, p. 342. 1. Sí, el conjunto residencial de Tiana está cerca de la ciudad de Barcelona. Tiene cuatro dormitorios y piscina. 2. Sí, el centro de Blanes queda cerca de la playa. La dirección es calle Murala, número 3, Blanes. Los apartamentos son pequeños. Sí, se puede estacionar coches allí (hay plazas de parking). 3. Sí, hay apartamentos junto al Parque Guinardo. Se pueden ver por la tarde de 5:30 a 8:30. 4. Los apartamentos junto al Parque Guinardo y el conjunto residencial de Tiana tienen terraza. 5. El conjunto residencial de Tiana tiene un club social.

Lectura, Ejercicio A, p. 343. *Answers will vary.*

Ejercicio B, p. 343. 1. Hoy cree en Dios porque ha visto a la mujer que ama. 2. Los ojos de la mujer son azules. 3. La mujer le pregunta, "¿Qué es poesía?" 4. El poeta le contesta "Poesía... eres tú." 5. El poeta daría un mundo por una mirada. 6. Daría un cielo por una sonrisa. 7. Lo más maravilloso sería un beso. 8. Compara los suspiros con el aire y las lágrimas con el agua que va al mar.

Ejercicio C, p. 344. *Answers will vary.*

Un poco más *(Material suplementario)*

Ejercicio A, p. 349. 1. habremos vuelto / habrá llegado 2. habré servido / habrán comido 3. habrás terminado 4. habrán leído 5. habrá escrito

Ejercicio B, p. 349. *Answers will vary.*

Ejercicio C, p. 349. *Answers will vary.*

Ejercicio A, p. 350. 1. habría venido 2. habría comprado 3. habríamos vuelto 4. habrías terminado 5. habrían pedido 6. habrían llamado

Ejercicio B, p. 350. *Answers will vary. Verb forms:* 1. habría comido 2. habrías salido 3. habrían

preparado   4. habríamos estado   5. habría invitado
6. habrían escrito

Ejercicio C, p. 350. *Answers will vary.*

Ejercicio, p. 351. 1. haya escuchado / haya oído /
me haya divertido / haya dicho   2. hayas llenado /
te hayas despertado / hayas vuelto / hayas pedido
3. haya celebrado / haya puesto / haya estacionado /
haya escrito   4. hayamos hecho / hayamos deci-
dido / nos hayamos vestido / hayamos ayudado
5. hayan conversado / hayan abierto / hayan muerto
/ se hayan ido

Ejercicio A, p. 352. 1. Dudo que haya estado aquí sólo
un momento.   2. Espero que hayan comprado una
casa nueva.   3. No creo que haya podido celebrar su
aniversario.   4. Es posible que hayas perdido parte
del interés.   5. Siento que no hayamos comprado la
alfombra.   6. No es verdad que me haya divertido
mucho en la fiesta.   7. Me alegro de que hayan
pasado unos días felices.   8. Espero que le hayan
dado la dirección del teatro.   9. No creo que le hayan
mandado el dinero.   10. No es cierto que hayan ido
al concierto.

Ejercicio B, p. 352. 1. hayan vuelto / hayan regresado /
hayan tenido   2. haya estado / haya ido   3. hayan

podido / hayamos terminado   4. hayan alquilado
5. hayas conseguido

Ejercicio C, p. 352. *Answers will vary.*

Ejercicio A, p. 353. 1. Nosotros sentíamos que hubieras
estado solo en Lima.   2. Yo esperaba que Uds. hu-
bieran hecho el trabajo.   3. Sintió que yo no hubiera
podido venir el sábado.   4. No creí que hubieras
comprado esas sábanas.   5. Me sorprendió que no
hubieras cambiado el pasaje.   6. Me alegré de que
hubiéramos conseguido la reservación.   7. Era pro-
bable que ellos hubieran tenido que trasbordar.
8. No era verdad que él hubiera llegado tarde.

Ejercicio B, p. 354. 1. Esperábamos que ellos hubieran
hecho el trabajo.   2. Sentí (Sentía) que Ud. hubiera
(tú hubieras) estado enfermo(a).   3. Se alegraron de
que él hubiera comprado los pasajes (billetes) para el
viaje.   4. No pensé (pensaba) que ellos no hubieran
conseguido un descuento.   5. Nos alegramos de que
Ud. hubiera traído su (tú hubieras traído tu) licencia
para conducir.

Ejercicio C, p. 354. *Answers will vary.*

¡Hola, amigos!

¡Hola, amigos!
Fifth Edition

Ana C. Jarvis
Chandler-Gilbert Community College

Raquel Lebredo
California Baptist College

Francisco Mena-Ayllón
University of Redlands

Houghton Mifflin Company   Boston   New York

Director, World Languages: New Media and Modern Language Publishing: Beth Kramer
Senior Development Editor: Sandra Guadano
Senior Project Editor: Rosemary R. Jaffe
Senior Production/Design Coordinator: Carol Merrigan
Manufacturing Manager: Florence Cadran
Marketing Manager: Tina Crowley Desprez

Cover design: Rebecca Fagan
Cover illustration: Jennie Oppenheimer

Credits for photographs are found following the index at the back of the book.

Printed in the U.S.A.

Student Text ISBN: 0-618-01183-8

Instructor's Annotated Edition ISBN: 0-618-01184-6

Library of Congress Catalog Card Number: 00-133904

123456789-DOC-04 03 02 01 00

Preface

¡**Hola, amigos!,** Fifth Edition, is a complete, flexible program designed for beginning college and university students. It presents the basic grammar of Spanish using a balanced, eclectic approach that stresses all four skills—listening, speaking, reading, and writing. Because the program emphasizes the active, practical use of Spanish for communication in high-frequency situations, a special effort has been made to provide up-to-date, practical insights into the cultural diversity of the contemporary Spanish-speaking world. The program's goal is to help learners achieve linguistic proficiency and cultural awareness, and to motivate them to continue their study of the Spanish language and the many cultures in which it is spoken.

Since it is essential to understand the underlying philosophy and organization of the program to use it to greatest advantage, the student's text and other components are described in detail below.

The Student's Text

¡**Hola, amigos!,** Fifth Edition, is divided into seven units of thematically related lessons.

- The **Lección preliminar** introduces basic concepts such as greetings and farewells, the alphabet, numbers from one to ten, colors, and days of the week, enabling students to communicate in Spanish from the outset of the course.

- Each of the fifteen regular lessons focuses on one or two real-life situations and contains the following features:

■ Objectives

Each unit begins with a list of communicative objectives for the ensuing lessons to focus students' attention on important linguistic functions.

■ Dialogues

New vocabulary and grammatical structures are first presented in the context of two brief conversations in idiomatic Spanish dealing with high-frequency situations that are the lesson's central themes. Each conversation is illustrated and English translations are provided in Appendix D to encourage deducing meaning from context. A headphone icon indicates that the dialogue is recorded on the student cassette or audio CD accompanying the text as well as the Audio Program.

■ **Vocabulario**

All new words and expressions introduced in the conversations are listed by parts of speech or under the general headings **Cognados** and **Otras palabras y expresiones.** Entries in these lists are to be learned for active use. The **Amplíe su vocabulario** section that follows expands on the thematic vocabulary introduced in the dialogues.

■ **Notas culturales**

These cultural sections, written in easy-to-read Spanish, provide information on at least two topics. The first note (**De aquí y de allá**) offers an overview of the locale in which the introductory dialogues were set, with attention to such details as climate, points of interest, customs, politics, economy, and inhabitants. A map highlighting important geographic locations accompanies each note. Subsequent notes (**De esto y aquello**) inform students about prevailing customs in the Spanish-speaking world that relate to the lesson theme. Color photos depict visually the country or custom(s) discussed.

■ **Pronunciación**

Lessons 1–7 present and practice the sounds of the Spanish language with special attention to features that pose difficulty for English speakers. A headphone icon indicates that the section is recorded on the student cassette or audio CD.

■ **Puntos para recordar and ¡Vamos a practicar!**

Each new grammatical structure featured in the dialogue is explained clearly and concisely in English so that the explanations may be used independently as an out-of-class reference. All explanations are followed by examples of their practical use in natural Spanish and some are illustrated by a cartoon. After each explanation, the activities in **¡Vamos a practicar!** offer immediate reinforcement through a variety of structured and communicative exercises. Flexible in format and expanded for the Fifth Edition, the majority of the activities may be done orally in class or assigned as written practice outside of class.

■ **Rodeo**

The **Rodeo** sections in Lessons 7, 13, and 15 summarize and practice major grammatical topics such as pronouns, commands, and the subjunctive.

■ **Y ahora, ¿qué?**

This final section provides for the recombination and synthesis of the lesson's new vocabulary and grammatical structures in a series of communicative activities. Because language is best learned through interpersonal communication, most of these exercises are designed to be done orally and require student interaction.

      Palabras y más palabras reviews new vocabulary presented in the lesson. **¡Vamos a conversar!** features personalized questions for pair interviews and a class poll. **Situaciones** involves pairs or small groups of students in using new structures and vocabulary in brief conversational exchanges. With an increasing degree of freedom, **Para escribir** guides students to express themselves in writing in a variety of formats such as letters, conversations, and descriptions. To provide additional communicative practice, photo-, realia-, or illustration-based activities appear in each lesson. For cultural enrichment, each lesson ends with a thematically related popular saying (**Un dicho** or **Un refrán**).

■ Lectura

A reading section in the final lesson of each unit contains authentic, theme-related material from Hispanic newspapers or magazines and, in Units IV–VII, literary selections. Activities include a pre-reading activity that emphasizes development of reading strategies and comprehension and personalized questions.

■ Tome este examen

At the end of each unit, the self-tests review and synthesize important vocabulary and grammatical structures introduced in the unit. And because cultural awareness is as important as linguistic competence, the self-tests also check students' knowledge of cultural concepts. Organized by lesson, the self-tests quickly enable students to determine what material they have mastered and which concepts to target for further review. An answer key for immediate verification is provided in Appendix E.

■ Material suplementario

This optional lesson at the end of the text presents grammatical structures often considered beyond the scope and sequence of an introductory Spanish program: the future and conditional perfect tenses and the compound tenses of the subjunctive. Inclusion of these materials increases the program's overall flexibility by enabling individual instructors to establish the needs of their students and to tailor the course appropriately to varying time constraints and scheduling considerations.

■ Reference Materials

The following sections provide learners with useful reference tools throughout the course.

- Maps: Up-to-date maps of the Hispanic world appear on the inside front and back covers of the textbook for quick reference.

- Appendixes: Appendix A summarizes the sounds and key pronunciation features of the Spanish language, with abundant examples. Conjugations of high-frequency regular, stem-changing, and irregular Spanish verbs constitute Appendix B. Appendix C is a glossary of all grammatical terms used in the text, with examples. Appendix D provides English translations for all the lesson dialogues. Appendix E is the answer key to the **Tome este examen** exercises.

- Vocabularies: Spanish-English and English-Spanish glossaries list all active, core vocabulary introduced in the dialogues and the **Amplíe su vocabulario** and grammar sections, as well as the passive vocabulary employed in the readings and the **Notas culturales.** The number following each entry indicates the lesson in which it first appears.

- Index: An index provides ready access to all grammatical structures presented in the text.

Supplementary Materials for the Student

■ Student Cassette or Audio CD

A free ninety-minute cassette or audio CD containing recordings of the dialogues and pronunciation sections from all textbook lessons is packaged with each copy of the student's text. This cassette or CD is designed to maximize learners' exposure to the sounds of natural spoken Spanish and improve their pronunciation.

■ Workbook/Laboratory Manual/Video Manual

Each lesson of the Workbook and Laboratory Manual sections is correlated to the corresponding lesson in the student's text. The Workbook section offers an array of writing activities—sentence completion, matching, sentence transformation, and illustration-based exercises—that provide further practice and reinforcement of concepts presented in the textbook. All lessons include a crossword puzzle for vocabulary review and a reading comprehension passage. Writing strategies and topics appear in each lesson to further skill development in that area. The Laboratory Manual section opens with an Introduction to Spanish Sounds designed to make learners aware of the differences between Spanish and English pronunciation. Each regular lesson of the Laboratory Manual includes pronunciation, structure, listening-and-speaking practice, illustration-based listening comprehension, and dictation exercises to be used in conjunction with the audio program. An answer key for all written exercises in both sections is provided for self-correction.

The Video Manual activities expand upon and enhance students' cultural knowledge of the Hispanic world and reinforce textbook content. The three activity sections—**Preparación** (pre-viewing), **Comprensión** (post-viewing comprehension), and **Ampliación** (post-viewing expansion)—are pedagogically designed to fully exploit the video footage and to give students the support they need to comprehend natural speech.

■ Audio Program

Pronunciation exercises at the beginning of each lesson feature practice of isolated sounds in the Preliminary Lesson and Lessons 1–7; global pronunciation practice is provided in Lessons 8–15. The textbook dialogues then appear as listening and pronunciation exercises in each lesson; they are dramatized once at natural speed, then reread with pauses for student repetition. They are followed by comprehension questions on the dialogues, structured grammar exercises (one for each point in the lesson), a listening comprehension activity, and a dictation. A comprehensive review section of questions follows Lesson 15. Answers to all exercises, except the dictation, are provided on the cassettes or audio CDs.

■ The ¡Hola, amigos! Video

The video features footage of locations presented in the **Notas culturales** and interview segments coordinated with lesson themes and functions. The fifteen video lessons, each ranging from approximately three or four minutes in length, develop students' listening skills and cultural awareness as they present diverse images of the Hispanic world and Hispanic life and lifestyles. Pre-viewing, post-viewing, and expansion activities correlated to the video are included in the Workbook/Laboratory Manual/Video Manual.

■ ¡Hola, amigos! *NOW!* CD-ROM

Developed in collaboration with Transparent Language, Inc., this interactive CD-ROM provides a self-paced, learner-centered environment for further practice of the language and cultural information presented in **¡Hola, amigos!** The textbook's vocabulary and grammatical points are used in context throughout, while specially created activities and games present native-speaker speech, develop listening and reading skills, and help improve pronunciation and intonation.

■ Computer Study Modules 2.0 CD-ROM

The dual-platform CD-ROM offers additional, computer-aided practice using structures and vocabulary from the textbook. Cue-response and fill-in exercises focus on lesson vocabulary and grammar. Multiple-choice completion of mini-conversations and fill-in paragraphs and conversations provide reading comprehension practice. Help boxes with verb conjugations or word lists offer immediate assistance to students as they work.

■ The ¡Hola, amigos! Web Site

The text web site features varied web-search activities related to the content of the lessons. A self-test for each lesson serves as an additional check for students of their progress in Spanish. The site may be accessed at <http://college.hmco.com>, select Spanish.

We would like to hear your comments on and reactions to **¡Hola, amigos!**, Fifth Edition. Reports on your experiences using this program would also be of great interest and value to us. Please write us care of Houghton Mifflin Company, 222 Berkeley Street, Boston, Massachusetts, 02116-3764.

Acknowledgments

We wish to express appreciation to the users of **¡Hola, amigos!** who have provided feedback on their experience with the program and to the following colleagues for the many valuable suggestions they offered in their reviews of the Fourth Edition.

Lydia Bernstein, Bridgewater State College
Linda Burk, Manchester Community Technical College
Dimitrios Karayiannis, Southern Illinois University
David Korn, Anderson College
Barbara Kruger, Finger Lakes Community College
Ping Mei Law, McMaster University
Denis Mohan, University of Guelph
Stephen Richman, Mercer County Community College
Mercedes Rowinsky, Wilfred Laurier University
Virginia Vigil, Austin Community College at Rio Grande

We also extend our sincere appreciation to Rosario Mercado (Riverside Community College) for reviewing proof; Marisa Garman for writing the video activities; Sylvia Madrigal for writing the video narrations; and the World Languages Staff of Houghton Mifflin Company, College Division: Beth Kramer, Director; Amy Baron, Sponsoring Editor; Sandra Guadano, Senior Development Editor; Julie Lane, Project Editor; Rosemary Jaffe, Senior Project Editor; and the design, production, and art staff who assisted with the program.

Ana C. Jarvis
Raquel Lebredo
Francisco Mena-Ayllón

Contents

¡Hola, amigos!   1

    Lección preliminar: Saludos y despedidas   2

        NOTAS CULTURALES: México   5

        • The alphabet   6
        • Days of the week   7
        • Numbers 0–10   8
        • Colors   9

        Tome este examen: Lección preliminar   10

UNIDAD I La vida universitaria   11

    Lección 1: El primer día de clase   12

        NOTAS CULTURALES: Puebla   17

        Pronunciación: Las vocales   18
        • Gender of nouns, Part I   18
        • Plural forms of nouns   20
        • Definite and indefinite articles   20
        • Subject pronouns   22
        • Present indicative of **ser**   23
        • Forms of adjectives and agreement of articles,
           nouns, and adjectives   25
        • Numbers 11–100   26

    Lección 2: ¿Qué clases tomamos?   30

        NOTAS CULTURALES: Los Ángeles, California   36

        Pronunciación: Linking   37
        • Present indicative of **-ar** verbs   37
        • Interrogative and negative sentences   40
        • Possessive adjectives   43
        • Gender of nouns, Part II   45
        • Telling time   46
        • Months and seasons   49

Lección 3: El día de matrícula   54

NOTAS CULTURALES: San Antonio, Texas   59

Pronunciación: Las consonantes b, v   60
- Present indicative of **-er** and **-ir** verbs   60
- Possession with **de**   62
- Present indicative of **tener** and **venir**   64
- Use of **tener que** + infinitive   65
- Expressions with **tener**   66
- Numbers over 200   67

Lectura: *Universidad Nacional*   71

Tome este examen: Lecciones 1–3   73

UNIDAD II   La familia y los amigos   79

Lección 4:   Actividades para un fin de semana   80

NOTAS CULTURALES: Miami, Florida   85

Pronunciación: La consonante c   86
- Demonstrative adjectives and pronouns   86
- Personal **a**   89
- Contractions: **al** and **del**   90
- Present indicative of **ir, dar,** and **estar**   92
- **Ir a** + infinitive   93
- **Saber** vs. **conocer**   94

Lección 5:   Una fiesta de bienvenida   98

NOTAS CULTURALES: Puerto Rico   102

Pronunciación: Las consonantes g, j, h   103
- Present progressive   103
- Uses of **ser** and **estar**   106
- Stem-changing verbs: **e>ie**   109
- Comparative and superlative adjectives, adverbs, and nouns   111
- Pronouns as objects of prepositions   114

Lectura: *Sociales*   118

Tome este examen: Lecciones 4–5   121

UNIDAD III   Diligencias y compras   125

Lección 6:   En el banco y en la oficina de correos   126

NOTAS CULTURALES: Panamá   130

Pronunciación: Las consonantes ll, ñ   131
- Stem-changing verbs: **o>ue**   131
- Stem-changing verbs: **e>i**   133
- Direct object pronouns   134
- Affirmative and negative expressions   138
- **Hace...que**   140

Lección 7:   De compras   146

NOTAS CULTURALES: Costa Rica   151

Pronunciación: Las consonantes l, r, rr   152
- Preterit of regular verbs   152
- Preterit of **ser, ir,** and **dar**   155
- Indirect object pronouns   156
- The verb **gustar**   159
- Reflexive constructions   162

RODEO: Summary of the pronouns   165
Lectura: *Sección financiera*   168

Tome este examen: Lecciones 6–7   171

UNIDAD IV   Las comidas   175

Lección 8:   En el supermercado   176

NOTAS CULTURALES: Perú   180
- Preterit of some irregular verbs   181
- Direct and indirect object pronouns used together   183
- Stem-changing verbs in the preterit   186
- The imperfect tense   188
- Formation of adverbs   191

Lección 9:   En el restaurante   196

NOTAS CULTURALES: Colombia   201
- Some uses of **por** and **para**   202
- Weather expressions   205
- The preterit contrasted with the imperfect   207
- **Hace** . . . meaning *ago*   210
- Possessive pronouns   211

Lectura: *La zorra y las uvas* (fábula de Esopo)   217

Tome este examen: Lecciones 8–9   219

UNIDAD V   La salud   223

   Lección 10:   En un hospital   224

      NOTAS CULTURALES: Chile   228
      • Past participles   229
      • Present perfect tense   231
      • Past perfect (pluperfect) tense   233
      • Formal commands: **Ud.** and **Uds.**   235

   Lección 11:   En la farmacia y en el consultorio del médico   242

      NOTAS CULTURALES: Ecuador   246
      • Introduction to the subjunctive mood   247
      • Uses of the subjunctive   249
      • Subjunctive with verbs of volition   250
      • Subjunctive with verbs of emotion   254
      Lectura: *Lecciones de inglés* (Germán Arciniegas)   259

      Tome este examen: Lecciones 10–11   261

UNIDAD VI   Las vacaciones   265

   Lección 12:   De viaje a Buenos Aires   266

      NOTAS CULTURALES: Argentina   270
      • Subjunctive to express indefiniteness and nonexistence   271
      • Familiar commands   273
      • Some uses of the prepositions **a, de,** and **en**   276

   Lección 13:   ¿Dónde nos hospedamos?   284

      NOTAS CULTURALES: Paraguay   288
      • Subjunctive to express doubt, denial, and disbelief   289
      • Subjunctive with certain conjunctions   293
      • First-person plural commands   296
      RODEO: Summary of the command forms   297
      Lectura: *Versos sencillos* (José Martí)   301

      Tome este examen: Lecciones 12–13   303

UNIDAD VII   En el hogar   307

   Lección 14:   Un día muy ocupado   308

      NOTAS CULTURALES: Madrid   312
      • Future tense   314
      • Conditional tense   317
      • Verbs and prepositions   320
      RODEO: Summary of the tenses of the indicative   322

Lección 15: Buscando apartamento   326

NOTAS CULTURALES: Sevilla   330

• Forms of the imperfect subjunctive   332
• Uses of the imperfect subjunctive   333
• *If*-clauses   335

RODEO: Summary of the uses of the subjunctive   338
Lectura: *Rimas* (Gustavo Adolfo Bécquer)   343

Tome este examen: Lecciones 14–15   345

Un poco más (Material suplementario)   348
• Compound tenses of the indicative   348
    Future perfect   348
    Conditional perfect   349
• Compound tenses of the subjunctive   351
    Present perfect subjunctive   351
    Pluperfect subjunctive   353

APPENDIXES   355

A. Spanish Sounds   355
B. Verbs   363
C. Glossary of Grammatical Terms   376
D. English Translations of Dialogues   378
E. Answer Key to *Tome este examen*   385

VOCABULARIES (Spanish-English and English-Spanish)   391

INDEX   419

PHOTO CREDITS   421

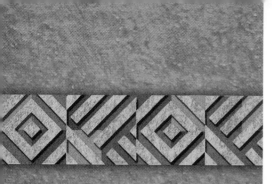

¡Hola, amigos!

Estudiantes universitarios, México.

Lección preliminar: Saludos y despedidas

By the end of this lesson, you will be able to:

- greet and say good-bye to others
- name the days of the week
- identify colors
- request and give phone numbers

Saludos y despedidas

Use the **¡Hola, amigos!** transparency masters to create overheads of scenes from selected textbook dialogues and exercises. The overheads can be used for presentation and/or review with students.

For presentation of dialogues, see Introduction, Instructor's Annotated Edition. All English dialogue translations appear in Appendix D. Students can listen to the dialogues on the student cassette or audio CD for additional practice.

Have students repeat or read the dialogues in pairs, replacing the characters' names with their own.

You may wish to prepare name tags for students to wear until they know each other's names, so that they can greet each other after learning the appropriate vocabulary. For example: **Yo me llamo…. ¿Y tú?**

Have students turn to and greet the person next to them.

En el parque de Chapultepec, en la Ciudad de México.

Por la mañana

— Buenos días, José Luis.
— Buenos días, Inés. ¿Cómo estás?
— Bien, ¿y tú?
— Muy bien, gracias. ¿Qué hay de nuevo?
— No mucho…

Contrast **¿Cómo estás?** and **¿Cómo está usted?** and briefly explain the difference between **tú** and **Ud.**

Por la tarde

— Buenas tardes, Amelia.
— Hola, Lupe. ¿Qué tal?
— Bien. Oye, ¿cuál es tu número de teléfono?
— Cinco-cero-siete-cuatro-dos-nueve-ocho.

Write the phone number with numerals on the board to convey meaning.

Por la noche

— Hasta mañana, Raúl.
— Adiós y buenas noches. Saludos a Verónica.
— Gracias. Nos vemos.

Encourage students to use the appropriate greetings as they enter and leave class each day.

Explain that **buenas noches** may be used both for greeting and for taking leave. The shortened form, **buenas,** and **muy buenas** may also be used. Also discuss the appropriate time of day for each greeting.

96 Vocabulario

Algunos saludos y despedidas (*Some greetings and farewells*)

Buenos días.   Good morning.
Buenas tardes.   Good afternoon.
Buenas noches.   Good evening; Good night.
Hola.   Hello; Hi.
¿Qué hay de nuevo?   What's new?
¿Qué tal?   How is it going?
Adiós.   Good-bye.
Hasta mañana.   (I'll) see you tomorrow.
Nos vemos.   (I'll) see you.

Otras palabras y expresiones (*Other words and expressions*)

bien   fine, well
¿Cómo estás?   How are you?
¿Cuál es tu número de teléfono?   What's your phone number?
en   at, in, on
en el parque   in the park
en la Ciudad de México   in Mexico City
gracias   thanks, thank you
muy   very
muy bien   very well; just fine
por la mañana   in the morning
por la noche   in the evening; at night
por la tarde   in the afternoon
Saludos a...   Say hi to . . .
¿Y tú?   And you?

96 Amplíe su vocabulario
(*Expand your vocabulary*)

Más despedidas (*More farewells*)

Chau.	*Bye.*
Hasta la vista.	*(I'll) see you around.*
Hasta luego.	*(I'll) see you later.*

Algunas expresiones de cortesía (*Some polite expressions*)

¿Cómo? ¿Mande? (*Mex.*)	*Pardon?* (when one doesn't understand or hear what is being said)
De nada.	*You're welcome.*
Más despacio, por favor.	*Slower, please.*
Muchas gracias.	*Thank you very much.*
Pase.	*Come in.*
Perdón.	*Sorry.*
Permiso.	*Excuse me.*
Tome asiento.	*Have a seat.*

¿Qué diría usted? (*What would you say?*)

What would you say in each of the following situations? What might the other person say?

1. You greet your friend Inés in the morning. You want to catch up on the latest news.
2. You are very grateful for a favor. You will see your friend tomorrow.
3. You ask a classmate his/her phone number.
4. You stepped on someone's foot.
5. You didn't understand what someone said.
6. You want to know how things are going for your friend.
7. You expect to see someone later on. You tell that person to say hi to your best friend.
8. You are waving good-bye.
9. Your Spanish-speaking friend is talking too fast.
10. Someone knocks on your door.
11. You offer someone a seat.
12. You are going through a crowded room.

NOTAS CULTURALES

Point out Mexico City and Guadalajara on the Spanish Overhead Transparency (SOT) of Mexico and Central America.

DE AQUÍ Y DE ALLÁ
(*From here and there*)

 La capital de México es una de las ciudades más antiguas del Hemisferio Occidental. La población es de unos 17 millones de habitantes. Un aspecto fascinante de la Ciudad de México es el contraste entre (*between*) lo antiguo y lo nuevo, especialmente entre la arquitectura indígena, española y ultramoderna.

Otra ciudad importante es Guadalajara, famosa por sus mariachis. La ciudad tiene (*has*) hermosos (*beautiful*) parques, monumentos y avenidas.

¿Verdadero o falso?
(*True or false?*)

1. La Ciudad de México es muy moderna.
2. En México hay 23 millones de habitantes.
3. La arquitectura de México es indígena, española y ultramoderna.
4. Guadalajara es famosa por sus mariachis.

Plaza del Zócalo, Ciudad de México.

▣ Puntos para recordar
(*Points to remember*)

1. The alphabet (*El alfabeto*)[1]

Letter[2]	Name	Letter	Name	Letter	Name
a	a	j	jota	r	ere
b	be	k	ka	rr	erre
c	ce	l	ele	s	ese
ch	che	ll	elle	t	te
d	de	m	eme	u	u
e	e	n	ene	v	ve
f	efe	ñ	eñe	w	doble ve
g	ge	o	o	x	equis
h	hache	p	pe	y	i griega
i	i	q	cu	z	zeta

¡Atención!   **Ch** and **ll** are not treated as separate letters in new dictionaries.

¡Vamos a practicar! (*Let's practice!*)

A. Read the following abbreviations aloud in Spanish.

1. FBI
2. CIA
3. USA
4. TWA
5. D.C.

B. In groups of four, ask each person in the group how to spell his/her last name. Ask: **¿Cómo se deletrea tu apellido?**

---

[1]For a complete introduction to Spanish sounds, see Appendix A, p. 355, which appears on the lab recording before the Preliminary Lesson.
[2]All letters are feminine: **la a, la b,** and so on.

2. Days of the week (*Días de la semana*)

ENERO 2001						
lunes	martes	miércoles	jueves	viernes	sábado	domingo
1	2	3	4	5	6	7
8	9	10	11	12	13	14
15	16	17	18	19	20	21
22	23	24	25	26	27	28
29	30	31				

Give a day of the week. Have individual students say the day before and after.

Personalize the calendar by asking students to give days of familiar events.

¿Cuál es tu día favorito?
¿Qué día es tu clase de…
   (inglés, historia,
   psicología, etc.)?

Additional questions you may want to use:

¿Qué día es hoy? ¿mañana?
Si hoy es lunes, ¿qué día es mañana?
Si hoy es lunes, ¿qué día es pasado mañana?

Use an authentic T.V. guide from a Spanish magazine or newspaper to elicit a response to the question: ¿Qué día es el programa…? Copy and distribute a weekly schedule to each student and ask them to scan for the names of specific programs.

■ In Spanish-speaking countries, the week begins on Monday.

■ Note that the days of the week are not capitalized in Spanish.

■ The days of the week are masculine in Spanish. The masculine definite articles **el** and **los** are used with them to express *on*: **el lunes, los martes,** etc.

■ To ask "What day is today?" say: **¿Qué día es hoy?**

You may want to bring a Spanish calendar to class. Emphasize that, except for **sábado** and **domingo**, the names of the days have the same form in the singular and in the plural.

¡Vamos a practicar!

A. Look at the preceding calendar and say the day that corresponds to each of the following dates.

1. el 11 de enero
2. el 31 de enero
3. el 9 de enero
4. el 12 de enero
5. el 7 de enero
6. el 29 de enero
7. el 20 de enero

B. The person asking the following questions is always a day ahead. Respond according to the model.

MODELO: Hoy es lunes, ¿no?
No, hoy es domingo.

1. Hoy es miércoles, ¿no?
2. Hoy es domingo, ¿no?
3. Hoy es viernes, ¿no?
4. Hoy es martes, ¿no?
5. Hoy es sábado, ¿no?
6. Hoy es jueves, ¿no?

3. Numbers 0 to 10 (*Números 0 a 10*)

■ Learn the Spanish numbers from zero to ten. You will then be able to give your phone number in Spanish.

0	cero	6	seis
1	uno	7	siete
2	dos	8	ocho
3	tres	9	nueve
4	cuatro	10	diez
5	cinco		

■ To ask someone for his or her phone number, say:

¿Cuál es tu número de teléfono?   *What is your phone number?*

¡Atención!   **Uno** changes to **un** before a masculine, singular noun: **un libro** (*one book*).
Uno changes to **una** before a feminine singular noun: **una silla** (*one chair*).

¡Vamos a practicar!

A. Say the telephone number of each of the following people.

NOMBRES	TELÉFONOS
María Luisa Pagán	325-4270
José María Pereyra	476-0389
Teresita Peña	721-4693
Amanda Pidal	396-7548
Ángel Pardo	482-3957
Benito Paredes	396-1598
Raquel Parra	476-8539
Tito Paz	721-0653
David Pizarro	482-7986
María Inés Pinto	396-8510

B. Ask three or four of your classmates for their phone numbers. Write down the response and show it to each one, asking **¿Está bien?** (*Is it okay?*). He or she will say **sí** or **no** and will correct any mistakes.

4. Colors (*Colores*)

Make sure that you have all colors represented in visual aids. You may want to add **claro** (*light*) and **oscuro** (*dark*).

Learn the names of the different colors that you see in the classroom. They are:

amarillo gris rojo

anaranjado marrón (café) rosado

azul morado verde

blanco negro

Name a color and then have students point to an object in the classroom or to items in the text showing that color. Also have students say how **verde, rosado, anaranjado, morado,** and **gris** can be obtained by mixing other colors.

I — **Azul y amarillo.**
S — **Verde.**

¡Vamos a practicar!

A. Review the colors you have just learned. What color(s) do you associate with each of the following objects?

1. an orange
2. blood
3. a tree
4. coffee
5. an elephant
6. a banana
7. coal
8. a canary
9. a cloudy sky
10. the night
11. rosy cheeks
12. a violet
13. your clothes
14. the American flag
15. your favorite sports team

B. To ask someone whether he or she likes something, you say: **"¿Te gusta...?"**[1] To say that you like something, say: **"Me gusta..."** Conduct a survey of your classmates to find out which color is the most popular in class, following the model.

MODELO: — ¿Qué color te gusta?
— *Me gusta **el color rojo**.*

[1]When addressing someone as **usted,** use **"¿Le gusta...?"**

Lección preliminar

A. The alphabet

Spell the following last names in Spanish.

1. Vera   3. Soto   5. Barrios
2. Paz   4. Laredo   6. Núñez

B. Days of the week

Write the names of the missing days.

lunes, _____, _____, jueves, _____, _____, domingo

C. Numbers 0–10

Write the following numbers in Spanish.

1. 8 _____   5. 5 _____   9. 2 _____
2. 4 _____   6. 10 _____   10. 7 _____
3. 6 _____   7. 3 _____   11. 9 _____
4. 1 _____   8. 0 _____

D. Colors

What colors do you associate with each of the following objects?

1. a banana   4. a clear sky   7. an orange
2. coffee   5. an elephant   8. snow
3. grass   6. a dark night   9. plums

E. Vocabulary

Complete the following sentences, using vocabulary from **Lección preliminar.**

1. _____ días, Lupe. ¿_____ estás?
2. Hola, Sergio. ¿Qué _____ de _____?
3. — ¿Cuál _____ tu _____ de _____?
   —Es 467-2205.
4. Hasta la _____. _____ a María Inés.
5. Más _____, por favor.
6. Pase y _____ _____.

F. Cultura

Circle the correct answer, based on the **Notas culturales** you have read.

1. La capital de México es una de las ciudades más (modernas/antiguas) del Hemisferio Occidental.
2. Guadalajara es una ciudad (ultramoderna/hermosa).

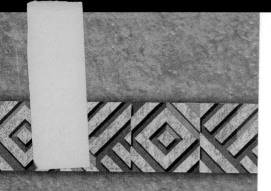

UNIDAD

La vida universitaria

Estudiantes de la Universidad Ibero Americana, Ciudad de México.

Lección 1: **El primer día de clase**
Lección 2: **¿Qué clases tomamos?**
Lección 3: **El día de matrícula**

By the end of this unit, you will be able to:

- introduce yourself
- request and give the correct time
- discuss the courses you and your classmates are taking
- talk about your activities and what you have to do
- express possession
- give and request information regarding nationality and place of residence
- describe people
- talk about how you feel

El primer día de clase

For presentation of dialogues, see Introduction, Instructor's Annotated Edition.

En la Universidad de Puebla, en México.

La profesora Vargas[1] habla con María Inés Vega, una alumna.

MARÍA INÉS	— Buenas tardes, señora.
PROFESORA	— Buenas tardes, señorita. ¿Cómo se llama usted?
MARÍA INÉS	— Me llamo María Inés Vega.
PROFESORA	— Mucho gusto, señorita Vega.
MARÍA INÉS	— El gusto es mío.

Remember to use the **¡Hola, amigos!** transparency masters for presentation or review of dialogues and exercises.

En la clase, María Inés habla con Pedro.

PEDRO	— Hola. ¿Cómo te llamas?
MARÍA INÉS	— Me llamo María Inés Vega. ¿Y tú?
PEDRO	— Pedro Morales.
MARÍA INÉS	— ¿De dónde eres, Pedro? ¿De México?
PEDRO	— Sí, soy mexicano. ¿Y tú eres norteamericana?
MARÍA INÉS	— No, yo soy cubana. Soy de La Habana.

---

[1]When you are speaking *about* (not *to*) a person both by name and by title, use of the definite article is required.

Es **el** doctor Martínez.

El profesor Vega habla con **el** señor Ramírez.

12 Doce

Daniel habla con Sergio.

DANIEL — ¿Cómo es tu nueva compañera de clase?

SERGIO — ¿Ana? Es una chica alta y delgada. Es bonita,[1] inteligente y muy simpática.

DANIEL — ¿Es mexicana?

SERGIO — Sí, es de Guadalajara.

El doctor Martínez habla con los estudiantes.

ROBERTO — Buenos días, profesor. ¿Cómo está usted?

PROFESOR — Bien, ¿y usted?

ROBERTO — Muy bien. Profesor, ¿cómo se dice "de nada" en inglés?

PROFESOR — Se dice *"you're welcome"*.

MARÍA — ¿Qué quiere decir *"I'm sorry"*?

PROFESOR — Quiere decir "lo siento".

MARÍA — Muchas gracias.

PROFESOR — De nada. Hasta mañana.

MARÍA — ¿Hay clases mañana, profesor?

PROFESOR — Sí, señorita.

[1]When referring to men, **guapo** (*handsome*) is used.

¿Recuerda usted? (*Do you remember?*)

With a partner, decide whether the following statements about the dialogues are true (**verdadero**) or false (**falso**).

1. María Inés Vega es profesora.
2. María Inés habla con Daniel.
3. Pedro Morales es cubano.
4. María Inés es de La Habana.
5. Ana es bonita y muy simpática.
6. Ana es norteamericana.
7. De nada quiere decir *I'm sorry.*
8. Ana es la compañera de clase de Sergio.
9. El doctor Martínez es profesor.
10. Mañana hay clases.

🔲 Vocabulario

Títulos (*Titles*)[1]

doctor (Dr.)   doctor (*m.*)
doctora (Dra.)   doctor (*f.*)
profesor(a)   professor
señor (Sr.)   Mr., sir, gentleman
señora (Sra.)   Mrs., Madam, lady
señorita (Srta.)   Miss, young lady

Nombres (*Nouns*)

el, la alumno(a)   student
la chica, la muchacha   young girl
el chico, el muchacho   young man
la clase   class
el, la compañero(a) de clase   classmate
el, la estudiante   student
la universidad   university

Adjetivos (*Adjectives*)

alto(a)   tall
bonito(a)   pretty
cubano(a)   Cuban
delgado(a)   slender, thin
guapo(a)   handsome, good looking
inteligente   intelligent
mexicano(a)   Mexican
norteamericano(a)   North American (from the U.S.)[2]
nuevo(a)   new
simpático(a)   charming, nice

Otras palabras y expresiones

¿Cómo?   How?
¿Cómo es?   What is he/she like?
con   with
De nada.   You're welcome.
en inglés   in English[3]
habla   he/she speaks
hay   there is, there are
La Habana   Havana
no   no, not
ser   to be
sí   yes
tu   your

---

[1]In Spanish, titles are not capitalized when used with a last name unless they are abbreviated:
señor Fernández but **Sr. Fernández.**
[2]In documents and formal situations, **estadounidense** is used to denote U.S. citizenship.
[3]**En español** = in Spanish.

Expresiones de cortesía (*Polite expressions*)

Mucho gusto.   It's a pleasure to meet you; How do you do?

El gusto es mío.   The pleasure is mine.

Lo siento.   I'm sorry.

Preguntas y respuestas útiles (*Useful questions and replies*)

¿Cómo está usted?   How are you?

No muy bien.   Not very well.

¿Cómo se dice...?   How do you say . . . ?

Se dice...   You say . . .

¿Cómo se llama usted?   What is your name? (*formal*)

¿Cómo te llamas?   What is your name? (*familiar*)

Me llamo...   My name is . . .

¿De dónde eres?   Where are you from?

Soy de...   I'm from . . .

¿Qué quiere decir...?   What does . . . mean?

Quiere decir...   It means . . .

96 Amplíe su vocabulario

Vocabulario para la clase (*Vocabulary for the class*)

Present and practice the vocabulary by pointing to class objects.

You may want to use a picture of any of these objects not found in your classroom to help students relate each object directly to its Spanish name.

Divide the class into two teams. A member of one team points to an object and selects a member of the opposite team to identify it. You might also have students spell the name of the object to practice the alphabet.

[1]**El ordenador** in Spain.

¿Qué necesitamos? (*What do we need?*)

A. Explain what object or objects you and your classmates need for each purpose listed. Begin each sentence with **Necesitamos.**

1. to write on
2. to see when the room is dark
3. to write with and to erase with
4. to sit in class
5. to place or post ads, notices, or bits of news
6. to throw away used papers
7. to carry books and notebooks
8. to study geography
9. to send e-mail
10. to know what time it is

B. Work with a partner and ask each other whether you need certain objects. Name ten items. When asking, point to or offer the item. When answering, tell what you do need if you answer **no.** Follow the model.

MODELO: — *¿Necesitas el mapa?*   (Do you need the map?)
— *Sí, necesito el mapa.*
(*No, necesito el lápiz.*)

NOTAS CULTURALES

DE AQUÍ Y DE ALLÁ

A poco más de (*a little more than*) 80 millas al sur de la Ciudad de México está situada la pintoresca ciudad de Puebla, una de las primeras ciudades coloniales de América. Está diseñada en la forma tradicional de las ciudades coloniales españolas: al centro hay una gran plaza rodeada (*surrounded*) por la catedral y los principales edificios del gobierno (*government*). Entre sus muchos lugares (*places*) de interés están, además de la catedral, una de las más grandes (*biggest*) del hemisferio occidental, La Casa de Alfeñique, una ostentosa mansión colonial convertida en museo, la Universidad Autónoma de Puebla y un teatro del siglo (*century*) XVIII, posiblemente el más antiguo (*the oldest*) de América del Norte.

Point out Mexico City on the SOT transparency of Mexico and Central America.

Una plaza en la ciudad de Puebla, México.

DE ESTO Y AQUELLO
(*Of this and that*)

• **María** es un nombre muy popular en España y en Latinoamérica. Se usa (*It's used*) frecuentemente con otros nombres: **Ana María, María Isabel,** etc. También (*Also*) se usa como segundo nombre para los hombres: **José María, Jesús María,** etc.

• En muchos países hispanos, los abogados (*lawyers*) y otros profesionales que tienen el equivalente de un *Ph.D.* tienen el título de **doctor** o **doctora.**[1]

---

[1]**Licenciado** in Mexico.

Have students read the cultural notes and discuss the content before viewing Module 1 of the **¡Hola, amigos!** video. Each odd-numbered module includes footage of the location described in the notes. For more about the video, see Introduction, Instructor's Annotated Edition.

¿Verdadero o falso?

1. Puebla es una ciudad muy moderna.
2. En las ciudades coloniales españolas siempre hay una plaza.
3. No hay muchos lugares de interés en Puebla.
4. La Casa de Alfeñique es hoy un museo.
5. El teatro de Puebla es muy moderno.
6. En Puebla hay una universidad autónoma.
7. María no es un nombre popular en España.
8. En muchos países hispanos sólo (*only*) los abogados tienen el título de doctor.

Pronunciación (*Pronunciation*)

Las vocales (*vowels*) *a, e, i, o, u*[1]

Stress the importance of using the lab program to develop good pronunciation skills. Refer students to Appendix A in this text and the student cassette/audio CD. You may want to add as additional practice: **Ana lava la sábana. / El nene bebe té. / Mimí dice que es difícil. / Yo no lo conozco. / Hugo usa su uniforme.**

Spanish vowels are constant, clear, and short. To practice the sound of each vowel, repeat the following words.

a	mapa	sábado	hasta mañana
	hablar	trabajar	de nada
e	mes	leche	estudiante
	este	Pepe	semestre
i	silla	libro	universidad
	tiza	lápiz	señorita
o	doctor	Soto	los profesores
	donde	borrador	domingo
u	mujer	alumno	universidad
	gusto	lunes	computadora

Puntos para recordar

1. Gender of nouns, part I (*Género de los nombres, parte I*)

- In Spanish, all nouns—including those denoting non-living things—are either masculine or feminine in gender.[2]

---

[1]See Appendix A for a complete introduction to Spanish pronunciation.
[2]See Appendix C for a glossary of grammatical terms.

Point to various objects and people in the classroom and have students identify them using **el** or **la** to show gender.

Tell students to close their books. Pick nouns from the vocabulary lists in random order. Say each word and ask students to provide the definite article plus the noun.

I — tiza   S1 — la tiza
I — día   S2 — el día

¡Atención!

Divide the class into groups of three or four and appoint a leader for each group. This person should refer to the vocabulary lists and ask the other members of the group to identify nouns by asking, "¿Cómo se dice *the chalkboard?*" Students should take turns giving a complete response: "Se dice *la pizarra.*" The group leader should check each response for accuracy and comment, "**correcto**" or "**incorrecto.**"

You may want to assign this as homework.

Masculine		Feminine	
el hombre	man	**la mujer**	woman
el profesor		**la profesora**	
el cuaderno		**la tiza**	
el lápiz		**la ventana**	

- Most nouns that end in **-o** or denote males are masculine: **cuaderno, hombre.**

- Most nouns that end in **-a** or denote females are feminine: **ventana, mujer.**

Some common exceptions include the words **día** (*day*) and **mapa** (*map*), which end in **-a** but are masculine, and **mano** (*hand*), which ends in **-o** but is feminine.

■ Here are some helpful rules to remember about gender.

- Some masculine nouns ending in **-o** have a corresponding feminine form ending in **-a: el secretario / la secretaria.**

- When a masculine noun ends in a consonant, you often add **-a** to obtain its corresponding feminine form: **el profesor / la profesora.**

- Some nouns have the same form for both genders: **el estudiante / la estudiante.** In such cases, gender is indicated by the article **el** (masculine) or **la** (feminine).

¡Vamos a practicar!

Tell whether the following nouns are feminine or masculine.

1. mapa
2. tiza
3. escritorio
4. secretaria
5. silla
6. profesora
7. pizarra
8. libro
9. mujer
10. puerta
11. ventana
12. bolígrafo
13. hombre
14. día
15. secretario
16. mano
17. computadora
18. profesor

2. Plural forms of nouns (*Formas del plural de los nombres*)

Write several examples of singular nouns ending in a vowel and singular nouns ending in a consonant. Make the nouns plural and ask students what rule is used in each case. Include nouns ending in z: **cruz, raíz, pez.**

Spanish singular nouns are made plural by adding **-s** to words ending in a vowel and **-es** to words ending in a consonant. When a noun ends in **-z,** change the **z** to **c** and add **-es.**

Singular	Plural
silla	sillas
estudiante	estudiantes
profesor	profesores
borrador	borradores
lápiz	lápices

¡Atención!

When an accent mark falls on the *last* syllable of a word that ends in a consonant, it is omitted in the plural form:

Make sure students visualize what they are saying by using objects in the classroom to elicit singular and plural forms.

lec**ción** → lec**ciones**[1]

¡Vamos a practicar!

Give the plural of the following nouns.

1. mapa
2. profesor
3. tiza
4. lápiz
5. ventana
6. mochila
7. lección
8. escritorio
9. borrador
10. día
11. luz
12. papel

3. Definite and indefinite articles (*Artículos determinados e indeterminados*)

To illustrate gender and number agreement, write the definite articles on the board in colored chalk to highlight them. Use different colors for masculine, feminine, singular, and plural; then write nouns next to them.

■ The definite article[2]

Spanish has four forms that are equivalent to the English definite article *the.*

	Singular	Plural
Masculine	**el**	**los**
Feminine	**la**	**las**

el profesor	**los** profesores
el lápiz	**los** lápices
la profesora	**las** profesoras
la pluma	**las** plumas

[1]For an explanation of written accent marks, refer to Appendix A.
[2]See Appendix C.

¡Atención! Always learn new nouns with their corresponding definite articles—this will help you remember their gender.

■ The indefinite article[1]

The Spanish equivalents of *a* (*an*) and *some* are as follows:

		Singular		*Plural*
Masculine	**un**	a, an	**unos**	some
Feminine	**una**	a, an	**unas**	some

un libro	**unos** libros
un profesor	**unos** profesores
una silla	**unas** sillas
una ventana	**unas** ventanas

¡Vamos a practicar!

For each of the following illustrations, identify the noun together with its corresponding definite and indefinite articles.

1. 2. 3.

4. 5. 6.

7. 8. 9. 10.

Divide the class into two or more teams. (Smaller teams offer more individual practice.) A member of one team must give a definite or indefinite article of either gender and number. If the opposing team responds with a noun that agrees with the article, it earns one point and gives the next article. If the opposing team cannot respond, the original team may give an appropriate noun to earn the point and then give the next article.

Have students close their books and practice changing the nouns from the vocabulary lists from singular to plural or vice versa, identifying the appropriate articles.

I — profesor
S1 — el profesor,
    un profesor
S2 — los profesores,
    unos profesores

[1]See Appendix C.

4. Subject pronouns (*Pronombres personales usados como sujetos*)[1]

Write the subject pronouns on the board, then pronounce them while pointing to yourself and/or to one or more students, as appropriate. This method should help you later to elicit the pronouns through gestures. Note that the use of **vosotros** forms in this text is optional.

Illustrate the uses of **tú** and **usted** with pictures of people of different ages, including well-known figures, asking students how they would address each person.

Tell students that in some Hispanic families children use **Ud.** with parents and/or grandparents.

Singular		Plural	
yo	I	**nosotros**	we (*m.*)
		nosotras	we (*f.*)
tú	you (*familiar*)	**vosotros**	you (*m., familiar*)
		vosotras	you (*f., familiar*)
usted	you (*formal*)	**ustedes**	you (*formal, familiar*[2])
él	he	**ellos**	they (*m.*)
ella	she	**ellas**	they (*f.*)

- Use the **tú** form as the equivalent of *you* when addressing a close friend, a relative, or a child. Use the **usted** form in *all* other instances. In most Spanish-speaking countries, young people tend to call each other **tú,** even if they have just met.

- In Latin America, **ustedes** (abbreviated **Uds.**) is used as the plural form of both **tú** and **usted** (abbreviated **Ud.**). In Spain, however, the plural form of **tú** is **vosotros(as).**

- The masculine plural forms **nosotros, vosotros,** and **ellos** can refer to the masculine gender alone or to both genders together:

    Juan y Roberto → **ellos**   Juan y María → **ellos**

- Unlike English, Spanish does not generally express *it* or *they* as separate words when the subject of the sentence is a thing.

    Es una mesa.   *It is a table.*

¡Vamos a practicar!

A. What subject pronouns do the following pictures suggest to you?

1. _____   2. _____   3. _____

[1]See Appendix C.
[2]In Latin America.

4. _____   5. _____   6. _____

7. _____   8. _____   9. _____

Write a list of names on the board and ask students to give the pronoun that would be used to refer to those persons.

Teresa y José	(ellos)
Enrique y yo	(nosotros)
María y Linda	(ellas)

B. What pronoun would you use to address the following people?

1. the president of the university
2. two strangers
3. your best friend
4. your mother
5. a new classmate
6. your neighbor's children

5. Present indicative of *ser* (*Presente de indicativo del verbo* ser)[1]

The verb **ser** (*to be*) is irregular. Its forms must therefore be memorized.

Acquaint students with some important uses of the verb **ser**.
1. *Origin:* ¿**De dónde es Ud.?**
2. *Nationality:* **María y Elena son mexicanas.**
3. *Profession:* **Él es profesor.**
4. *Description:* **Ana es alta y delgada.**

yo	**soy**	I am
tú	**eres**	you (*fam.*) are
Ud.		you (*form.*) are
él	**es**	he is
ella		she is
nosotros(as)	**somos**	we are
vosotros(as)	**sois**	you (*fam.*) are
Uds.		you are
ellos	**son**	they (*masc.*) are
ellas		they (*fem.*) are

---

[1]See Appendix C.

Bring, or have students bring, photos of famous people (historical figures, actors, scientists, etc.) to class. Have students take turns asking each other questions about the photos. You may need to provide additional vocabulary for nationalities and professions.

¿Quién es? (*su nombre*)
¿De dónde es? (*lugar*)
¿Qué es? (*actor, presidente, etc.*)

— Ud. **es** el doctor Rivas, ¿no?
— No, **soy** el profesor Vera.

— ¿De dónde son Uds.?
— **Somos** de Puebla. ¿De dónde **eres** tú?
—**Soy** de Guanajuato.

*"You **are** Dr. Rivas, aren't you?"*
*"No, **I am** Professor Vera."*

*"Where **are** you from?"*
*"**We are** from Puebla. Where **are** you from?"*
*"**I'm** from Guanajuato."*

¡Vamos a practicar!

Have students ask one another where they are from, and then report to you.

A. Complete each of the following sentences in a logical manner.

1. Carlos es de Colorado y yo...
2. Ellas son estudiantes y el doctor Alvarado...
3. Ellos son cubanos y nosotros...
4. José es de Utah y tú...
5. Ella es María Vega y yo...
6. Marcos es de Argentina y Uds. ...
7. Elsa es de Lima y tú y yo...
8. Ellos son doctores y Ud. ...

B. Answer the following questions.

1. ¿Qué día es hoy?
2. ¿De dónde es Ud.?
3. ¿De dónde es el profesor (la profesora)?
4. ¿Uds. son norteamericanos?
5. ¿Cuál es su número de teléfono?

C. In groups of three, ask each other where you are from. Be prepared to have one person report to the class.

6. Forms of adjectives and agreement of articles, nouns, and adjectives
(La formación de adjetivos y la concordancia de artículos, nombres y adjetivos)

A. Forms of adjectives[1]

■ Most adjectives in Spanish have two basic forms: the masculine form ending in **-o** and the feminine form ending in **-a.** Their corresponding plural forms end in **-os** and **-as,** respectively.

profesor cuban**o**	profesores cuban**os**
profesora cuban**a**	profesoras cuban**as**
chic**o** alt**o**	chic**os** alt**os**
chic**a** alt**a**	chic**as** alt**as**

■ When an adjective ends in **-e** or a consonant, the same form is normally used with both masculine and feminine nouns.

libro verd**e**	pluma verd**e**
lápiz azul	tiza azul

■ The only exceptions are as follows:

- Adjectives of nationality that end in a consonant have feminine forms ending in **-a.**

señ**or** español *(Spanish)*	señ**ora** español**a**
señ**or** inglés *(English)*	señ**ora** ingles**a**

- Adjectives ending in **-or, -án, -ón,** or **-ín** have feminine forms ending in **-a.**

el alumno trabajad**or**	
la alumna trabajad**ora**	*the hardworking student*

■ In forming the plural, adjectives follow the same rules as nouns.

mexican**o** → mexican**os**
feli**z** *(happy)* → feli**ces**
azul → azul**es**

B. Position of adjectives

■ In Spanish, adjectives that describe qualities *(tall, good,* and so on) generally *follow* nouns, while adjectives of quantity precede them.

Estela es una mujer **alta.**	*Estela is a **tall** woman.*
Hay **tres** plumas.	*There are **three** pens.*

C. Agreement of articles, nouns, and adjectives

■ In Spanish, the article, the noun, and the adjective agree in gender and number.

el muchach**o** simpátic**o**	**los** muchach**os** simpátic**os**
la muchach**a** simpátic**a**	**las** muchach**as** simpátic**as**

---

[1]See Appendix C.

¡Vamos a practicar!

A. Rewrite the following sentences according to the cues given in parentheses. Make all necessary changes.

1. *La pluma* es azul.   (lápices)
2. *El alumno* es mexicano.   (alumnas)
3. *El hombre* es feliz.   (mujeres)
4. *El señor* es cubano.   (señoritas)
5. *Las ventanas* son blancas.   (puerta)
6. Hay *una silla* negra.   (sillas)
7. Es *un hombre* trabajador.   (mujeres)
8. *La doctora* es española.   (doctor)

B. With a partner describe the following people.

1. Ricky Martin
2. Cameron Díaz y Julia Roberts
3. Bill Cosby
4. Einstein
5. Leonardo DiCaprio y Antonio Banderas
6. Gwyneth Paltrow

7. Numbers 11 to 100 (*Números 11 a 100*)

11 once	20 veinte	30 treinta
12 doce	21 veintiuno	31 treinta y uno
13 trece	22 veintidós	32 treinta y dos
14 catorce	23 veintitrés	40 cuarenta
15 quince	24 veinticuatro	41 cuarenta y uno
16 dieciséis[1]	25 veinticinco	50 cincuenta
17 diecisiete	26 veintiséis	60 sesenta
18 dieciocho	27 veintisiete	70 setenta
19 diecinueve	28 veintiocho	80 ochenta
	29 veintinueve	90 noventa
		100 cien[2]

---

[1]The numbers sixteen to nineteen and twenty-one to twenty-nine can also be spelled with a **y** (*and*): **diez y seis, diez y siete… veinte y uno, veinte y dos,** and so on. The pronunciation of each group of words, however, is identical to the corresponding word spelled with the **i.**
[2]When counting beyond 100, **ciento** is used: **ciento uno.**

¡Vamos a practicar!

A. Complete the following series of numbers.

A game of Bingo is a fun way to practice numbers.

> MODELO: tres, seis, ..., quince
> *tres, seis, nueve, doce, quince*

1. dos, cuatro, ..., dieciocho
2. uno, tres, cinco, ..., diecisiete
3. once, catorce, diecisiete, ..., veintinueve
4. cinco, diez, ..., treinta
5. diez, veinte, ..., cien

B. Learn the following mathematical terms; then solve the problems.

+ más   – menos   = son

1. $7 + 13 =$	5. $52 - 20 =$	9. $16 + 56 =$
2. $17 + 12 =$	6. $90 - 30 =$	10. $40 + 22 =$
3. $90 + 5 =$	7. $65 + 35 =$	11. $21 - 10 =$
4. $5 + 13 =$	8. $80 - 35 =$	12. $100 - 60 =$

C. Ask three or four classmates their phone number. To give a phone number, say the first number alone and the rest in pairs. This pattern is common in many Spanish-speaking countries.

> MODELO: — *¿Cuál es tu número de teléfono?*
> — *Es 9-24-85-37.*

Y ahora, ¿qué? (*And now, what?*)

Palabras y más palabras (*Words and more words*)

Internet

For more practice with lesson topics, see the related activities on the **¡Hola, amigos!** web site (http://www.hmco.com/college).

Complete each sentence using vocabulary from **Lección 1.**

1. ¿Cómo te _____ tú? ¿María?
2. ¿Qué _____ decir "lo siento"?
3. ¿Cómo se _____ "*window*" en español?
4. El _____ es mío, señora.
5. La profesora _____ con los alumnos en español.
6. Ella es de La Habana. Es _____.
7. Ellos son de Utah; son _____.
8. ¿De dónde _____ tú? ¿De México?
9. ¿Cómo _____ Ud.? ¿Bien?
10. En la clase hay un profesor y veinte _____.

11. Ramiro es un _____ muy simpático.
12. Ellos son mis (*my*) nuevos _____ de clase.
13. ¿ _____ es Olga? ¿Bonita?
14. _____ 20 alumnos en la clase.
15. Me _____ Marisa Robles.

¡Vamos a conversar! (*Let's talk!*)

A. Para conocerse mejor (*To know each other better*) Get to know your partner better by asking each other the following questions.

1. ¿Cómo te llamas?
2. ¿Eres norteamericano(a)?
3. ¿De dónde eres?
4. ¿Cuál es tu número de teléfono?
5. ¿Quién (*who*) es tu profesor(a) favorito(a)?
6. ¿Cómo es tu mejor amigo(a) (*best friend*)?
7. ¿Cómo estás?

B. Una encuesta (*A survey*) Interview your classmates to identify who fits the following descriptions. Include your instructor, but remember to use the **Ud.** form when addressing him/her.

If needed, practice questions (**¿Eres muy paciente?**). Encourage students to get names for as many of the adjectives as possible. Tell them that once they receive an affirmative response and record a person's name they must talk to another classmate. Discuss results of the survey by asking students: **¿Quién es muy paciente?**, etc.

	Nombre	
1. Es muy paciente.		
2. Es inteligente.		
3. Es muy liberal.		
4. Es conservador(a).		
5. Es popular.		
6. Es eficiente.		
7. Es perfeccionista.		
8. Es atlético(a).		
9. Es optimista.		
10. Es pesimista.		

Situaciones (*Situations*)

This exercise may be assigned as homework or done orally by pairs of students.

What would you say in the following situations? What might the other person say? Act out the scenes with a partner.

1. You meet Mrs. García in the evening and you ask her how she is.
2. You ask Professor Vega how to say "I'm sorry" in Spanish.
3. You ask a young girl what her name is.
4. You ask a classmate what the new student is like.
5. You ask a classmate where he or she is from.
6. You ask your professor what "slender" means.

 ## Para escribir (*To write*)

Complete the following dialogue in which Dr. Rivera talks with a student.

DR. RIVERA — _____

ESTUDIANTE — Me llamo Daniel Menéndez.

DR. RIVERA — _____

ESTUDIANTE — El gusto es mío, profesor.

DR. RIVERA — _____

ESTUDIANTE — Sí, soy de Guadalajara. ¿Y usted, profesor? ¿Es de Cuba?

DR. RIVERA — _____

¿Qué pasa aquí? (*What's going on here?*) With a partner, look at the photograph on page 11 and create a dialogue between two of the people in the photo. The two people should greet each other, introduce themselves and tell where they're from.

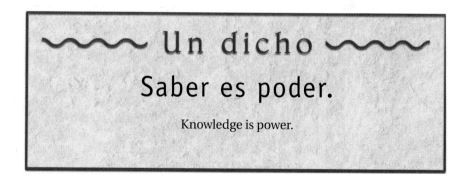

~~~ Un dicho ~~~

Saber es poder.

Knowledge is power.

¿Qué clases tomamos?

🎧 *Cuatro estudiantes de Latinoamérica hablan en la Universidad de California en Los Ángeles.*

Pedro habla con su amigo Jorge.

PEDRO — ¿Qué asignaturas tomas este semestre, Jorge?

JORGE — Tomo matemáticas, inglés, historia y química. ¿Y tú?

PEDRO — Yo estudio biología, física, literatura y español.

JORGE — ¿Es difícil tu clase de física?

PEDRO — No, todas mis clases son fáciles.

JORGE — ¿Tú trabajas en la cafetería?

PEDRO — No, trabajo en el laboratorio de lenguas.

JORGE — ¿Y Adela? ¿Dónde trabaja ella?

PEDRO — Ella y Susana trabajan en la biblioteca.

JORGE — ¿Cuántas horas trabajan?

PEDRO — Tres horas al día.

JORGE — ¿Trabajan en el verano?

PEDRO — No, en junio, julio y agosto no trabajan.

For presentation of dialogues, see Introduction, Instructor's Annotated Edition. Remind students that they can listen to the dialogues on the student cassette or audio CD.

Elsa y Dora conversan en la cafetería.

ELSA — ¿Qué deseas tomar?

DORA — Una taza de café. ¿Y tú?

ELSA — Un vaso de leche.

DORA — Oye, necesito mi horario de clases.

ELSA — Aquí está. ¿Cuántas clases tomas este semestre?

DORA — Cuatro. A ver..., ¿A qué hora es la clase de historia?

ELSA — Es a las nueve.

DORA — ¿Qué hora es?

ELSA — Son las ocho y media.

DORA — ¡Caramba! Me voy.

ELSA — ¿Por qué?

DORA — Porque ya es tarde.

ELSA — ¿A qué hora terminas hoy?

DORA — Termino a la una. Ah, ¿con quién estudias hoy?

ELSA — Con Eva, mi compañera de cuarto.

Have students review the lesson dialogues and vocabulary prior to viewing Module 2 of the ¡**Hola, amigos!** video. Each even-numbered lesson includes scenes and interviews related to the functional and thematic content of the lesson.

¿Recuerda usted?

With a partner, decide whether the following statements about the dialogues are true (**verdadero**) or false (**falso**).

1. Pedro, Jorge, Elsa y Dora son latinoamericanos.
2. Jorge y Pedro son amigos.
3. Todas las clases de Jorge son difíciles.
4. Susana y Adela trabajan en el laboratorio de lenguas.
5. Las chicas trabajan en el verano.
6. Elsa habla con Dora.
7. Dora desea tomar café.
8. Dora no toma clases este semestre.
9. La clase de historia es por la mañana.
10. Eva es la compañera de cuarto de Elsa.

Remind students that the **Vocabulario** for each lesson appears on the student cassette/audio CD.

Vocabulario

Cognados	
agosto August	**junio** June
la biología biology	**Latinoamérica** Latin America
la cafetería cafeteria	**la literatura** literature
la física physics	**las matemáticas** mathematics
la historia history	**el semestre** semester
julio July	

Nombres (*Nouns*)	
el (la) amigo(a) friend	**la informática, la cibernética** computer science
la asignatura, la materia course, subject	**el inglés** English (*language*)
la biblioteca library	**el laboratorio de lenguas**[1] language lab
el café coffee	**la leche** milk
el (la) compañero(a) de cuarto roommate	**la química** chemistry
el español Spanish (*language*)	**la taza** cup
la hora hour	**el vaso** (drinking) glass
el horario de clases[1] class schedule	**el verano** summer

Consider the example of *a Spanish teacher:* Does he teach Spanish or was he born in Spain? Contrast **Profesor de español** (teaches Spanish) and **Profesor español** (teacher is from Spain). You may want to offer additional examples (**libro de español, clase de inglés,** and so on).

[1]Spanish uses prepositional phrases that correspond to the English adjectival use of nouns: **horario de clases** (*class schedule*); **laboratorio de lenguas** (*language lab*).

Verbos (*Verbs*)

conversar   to talk, converse
desear   to wish, want
estudiar   to study
hablar   to speak
necesitar   to need
terminar   to end, finish, get through
tomar   to take (*a class*); to drink
trabajar   to work

Adjetivos

difícil   difficult
fácil   easy
todos(as)   all

Otras palabras y expresiones

a   at (*with time of day*)
a ver...   let's see . . .
al día   a day, per day
¿A qué hora...?   (At) what time . . . ?
Aquí está.   Here it is.
¡Caramba!   Wow! Gee!
¿Con quién?   With whom?
¿Cuántos(as)?   How many?
de   of
¿Dónde?   Where?
este semestre   this semester
hoy   today
Me voy.   I'm leaving.
oye...   listen . . .
¿Por qué...?   Why . . . ?
porque   because
¿Qué?   What?
¿Qué hora es?   What time is it?
¿Quién? (¿Quiénes?)   Who?
y media   half past
ya es tarde   it's (already) late

🔢 Amplíe su vocabulario

Para pedir bebidas (*Ordering drinks*)

Deseo una taza de

café	
té	*tea*
chocolate caliente	*hot chocolate*
café con leche	*coffee and milk*

Deseo un vaso de

agua con hielo	*ice water*
leche	
cerveza	*beer*
té helado, té frío	*iced tea*

Deseo jugo[1] de
$\begin{cases} \text{manzana} \\ \text{naranja} \\ \text{tomate} \\ \text{toronja} \\ \text{uvas} \end{cases}$
apple
orange

grapefruit
grapes

Deseo una copa de vino (*wine*)
$\begin{cases} \text{blanco} \\ \text{rosado} \\ \text{tinto} \end{cases}$

rosé
red

Deseo una botella (*a bottle*) de agua mineral

Más asignaturas (*More course subjects*)

la administración de empresas	*business administration*
la antropología	*anthropology*
el arte	*art*
las ciencias políticas	*political science*
la contabilidad	*accounting*
la danza aeróbica	*aerobic dance*
la geografía	*geography*
la geología	*geology*
la música	*music*
la psicología	*psychology*
la sociología	*sociology*

---

[1]**Zumo** in Spain.

¿Qué deciden?

A. Choose what you will have to drink according to the circumstances described in each case. Then indicate your choice, using **Voy a tomar...**

1. You are allergic to citrus fruit.

   a. un vaso de jugo de toronja
   b. un vaso de jugo de manzana
   c. un vaso de jugo de naranja

2. You are very hot and thirsty.

   a. una taza de chocolate caliente
   b. un vaso de té helado
   c. una taza de café

3. You don't drink alcohol.

   a. una botella de agua mineral
   b. una botella de cerveza
   c. una copa de vino tinto

4. You're having breakfast in Madrid.

   a. una copa de vino rosado
   b. un vaso de agua con hielo
   c. una taza de café con leche

5. It's a cold winter night.

   a. un vaso de jugo de uvas
   b. una taza de chocolate caliente
   c. un vaso de leche fría

Now would be a good time to find out if students need additional Spanish vocabulary for other courses of interest to them. What do they need in order to graduate? **Necesito tomar...**

B. Say what class(es) you need according to the following situations. Start by saying **Necesito tomar...**

1. You need to get in shape.
2. You would like to get a job in the business world.
3. You need two humanities classes.
4. You need three social science classes.
5. You know very little about other countries.

NOTAS CULTURALES

DE AQUÍ Y DE ALLÁ

 Los Ángeles fue fundada (*was founded*) por los españoles en 1771. El nombre original de la ciudad era (*was*) Pueblo de Nuestra Señora de la Reina de los Ángeles. En 1847, la ciudad pasó a formar parte (*became part*) de los Estados Unidos después de la Guerra (*War*) México-Americana. En Los Ángeles, como (*as*) en toda California, la influencia española es evidente en los nombres de las calles (*streets*) y en la arquitectura.

Gran parte de la población de Los Ángeles es hispana, principalmente de origen mexicano. La influencia mexicana se nota especialmente en la calle Olvera, una de las más antiguas de la ciudad. En este centro turístico con numerosos mercados, restaurantes y tiendas (*shops*), los turistas encuentran (*find*) un pequeño (*little*) México.

En 1998 los californianos eligieron (*chose*) al primer vicegobernador de origen hispano, Cruz Bustamante.

Use transparency showing map of the United States (SOT). Point out that since the United States has one of the largest Spanish-speaking populations in the world, students need not leave their country to use Spanish. Emphasize the long-standing influence of Hispanic culture in the United States by pointing out place names of Spanish origin: Colorado, Montana, Florida, Texas, Rio Grande, Sierra Nevada, etc.

DE ESTO Y AQUELLO

- En la mayoría de los países hispanos, el año escolar (*school year*) no se divide en semestres o trimestres; dura (*it lasts*) nueve meses. Hay pocas (*few*) asignaturas electivas. Los requisitos generales se toman en la escuela secundaria. Al nivel universitario, los estudiantes se concentran en sus propios campos (*their own fields*): arquitectura, ingeniería, medicina, ciencias económicas, etc.

- En las notas (*grades*) se usan números en vez de (*instead of*) letras como en los Estados Unidos y muchas veces los exámenes son orales.

Mural de Roberto Delgado en Aliso Pico, en el este de Los Ángeles.

¿Verdadero o falso?

1. La ciudad de Los Ángeles fue fundada por los mexicanos.
2. La influencia española es evidente en California.
3. La población hispana en Los Ángeles es muy numerosa.
4. La calle Olvera es un centro turístico.
5. La mayor parte de la población hispana de Los Ángeles es de origen mexicano.
6. El primer vicegobernador de origen hispano fue elegido en 1989.
7. Hay muchas asignaturas electivas en los países hispanos.
8. El año escolar dura doce meses.
9. En los países hispanos se usan letras para las notas.
10. Los estudiantes hispanos no toman exámenes orales.

Pronunciación

Linking[1]

Practice linking by reading aloud the following sentences.

1. Hoy es el último día.

2. Juan habla con Norma.

3. Necesita una identificación.

4. ¿A qué hora es su clase?

5. Deseo un vaso de agua.

Puntos para recordar

1. Present indicative of -*ar* verbs (*Presente de indicativo de los verbos terminados en* -ar)

■ Spanish verbs are classified according to their endings. There are three conjugations:[2] **-ar, -er,** and **-ir.**[3]

---

[1]See Appendix A for an explanation of linking.
[2]See Appendix C.
[3]The infinitive (unconjugated form) of a Spanish verb consists of a stem and an ending. The stem is what remains after the ending (**-ar, -er,** or **-ir**) is removed from the infinitive.

hablar (*to speak*)		
Singular		
	Stem Ending	
yo	habl- **o**	Yo **hablo** español.
tú	habl- **as**	Tú **hablas** español.
Ud.	habl- **a**	Ud. **habla** español.
él	habl- **a**	Juan **habla** español. Él **habla** español.
ella	habl- **a**	Ana **habla** español. Ella **habla** español.
Plural		
nosotros(as)	habl- **amos**	Nosotros(as) **hablamos** español.
vosotros(as)	habl- **áis**	Vosotros(as) **habláis** español.
Uds.	habl- **an**	Uds. **hablan** español.
ellos	habl- **an**	Ellos **hablan** español.
ellas	habl- **an**	Ellas **hablan** español.

— Rosa, tú **hablas** inglés, ¿no?   *"Rosa, you speak English, don't you?"*
— Sí, **hablo** inglés y español.   *"Yes, I speak English and Spanish."*

— ¿Qué idioma **hablan** Uds. con el profesor?   *"What language do you speak with the professor?*
— **Hablamos** español.   *"We speak Spanish."*

■ Native speakers usually omit subject pronouns in conversation because the ending of each verb form indicates who is performing the action described by the verb. The context of the conversation also provides clues as to whom the verb refers. However, the forms **habla** and **hablan** are sometimes ambiguous even in context. Therefore, the subject pronouns **usted, él, ella, ustedes, ellos,** and **ellas** are used in speech with greater frequency than the other pronouns.

■ Regular verbs ending in **-ar** are conjugated like **hablar.** Other verbs conjugated like **hablar** are **conversar, desear, estudiar, necesitar, terminar, tomar,** and **trabajar.**

— ¿A qué hora **terminan** Uds. hoy?   *"What time do you finish today?"*
— **Terminamos** a las tres.   *"We finish at three o'clock."*

— ¿Que **necesitas**?   *"What do you need?"*
— **Necesito** el horario de clases.   *"I need the class schedule."*

¡Atención!   In Spanish, as in English, when two verbs are used together, the second verb remains in the infinitive.

Deseo **hablar** con Roberto.   *I want to speak with Roberto.*

■ The Spanish present tense has three equivalents in English.

Yo hablo. $\begin{cases} \textit{I speak.} \\ \textit{I am speaking.} \\ \textit{I do speak.} \end{cases}$

¡Vamos a practicar!

A. Complete the following exchanges using the present indicative of the verbs in the list. Then act them out with a partner.

hablar   desear   estudiar   necesitar   terminar   tomar   trabajar

1. — ¿Con quién _____ tú historia?
   — _____ con Carlos.

2. — ¿A qué hora _____ la clase?
   — A las dos.

3. — ¿Uds. _____ en el verano?
   — No, _____ clases.

4. — ¿Qué idioma _____ (ellos) en Chile?
   — Español.

5. — ¿Qué _____ tomar Ud.?
   — Yo _____ tomar té helado.

6. — ¿Qué _____ Teresa?
   — Un vaso.

B. Complete each of the following sentences.

MODELO: — Yo trabajo en el laboratorio de lenguas y María...
— *Yo trabajo en el laboratorio de lenguas y María trabaja en la biblioteca.*

1. Jorge estudia química y nosotros...
2. Yo hablo inglés y tú...
3. Ud. toma un vaso de leche y ella...
4. Tú deseas una taza de café y Raúl...
5. Roberto necesita el horario de clases y Uds. ...
6. Este semestre ella toma física y nosotros...
7. Yo converso con el profesor y ellos...
8. Tú terminas en agosto y yo...
9. Él trabaja tres horas al día y nosotros...
10. Nosotros hablamos español y ellos...

C. Interview a partner, using the following questions.

1. ¿Cuántas clases tomas este semestre?
2. ¿Qué asignaturas tomas?
3. ¿Estudias en la biblioteca o en el laboratorio de lenguas?
4. ¿Trabajas en la universidad?
5. ¿Cuántas horas al día trabajas?
6. ¿Deseas una taza de café o (*or*) un vaso de agua?
7. ¿Con quién estudias?

2. Interrogative and negative sentences (*Oraciones interrogativas y negativas*)

A. Interrogative sentences

■ In Spanish, there are three ways of asking a question to elicit a *yes/no* response.

¿Elena habla español?
¿Habla **Elena** español?   Sí, Elena habla español.
¿Habla español **Elena?**

■ These three questions ask for the same information and have the same meaning. The subject may be placed at the beginning of the sentence, after the verb, or at the end of the sentence. Note that written questions in Spanish begin with an inverted question mark.

— **¿Trabajan Uds.** en la biblioteca?   *"**Do you work** in the library?"*
— No, trabajamos en el laboratorio   *"No, we work in the language*
de lenguas.   *lab."*

— **¿Habla** español **la profesora?**   *"**Does the professor speak** Spanish?"*
— Sí, y también habla inglés.   *"Yes, and she also speaks English."*

— **¿Carmen es** de Venezuela?   *"**Is Carmen** from Venezuela?"*
— Sí, es de Caracas.   *"Yes, she's from Caracas."*

¡Atención! Spanish does not use an auxiliary verb, such as *do* or *does*, in an interrogative sentence.

¿Habla Ud. inglés?   ***Do you speak** English?*
¿Necesita él el libro?   ***Does he need** the book?*

¡Vamos a practicar!

You may want to pair students for this exercise.

Complete the following dialogues by supplying the questions that would elicit the responses given.

1. — ¿_____ ?
   — Sí, estudiamos en la
   biblioteca.

2. — ¿_____ ?
   — No, este semestre tomo
   sociología.

3. — ¿_____ ?
   — No, trabajo por la noche.

4. — ¿_____ ?
   — Sí, ellos trabajan en el
   verano.

5. — ¿_____ ?
   —No, tomo jugo.

6. — ¿_____ ?
   — No, deseo una taza de
   chocolate.

B. Negative sentences

■ To make a sentence negative in Spanish, simply place the word **no** in front of the verb.

Write a short sentence builder on the board. Ask students to make as many negative sentences as possible in three to five minutes.

Yo / Ellas / Tú —trabajar / hablar / estudiar— hospital / inglés / cafetería

Yo tomo café.   *I drink coffee.*
Yo **no** tomo café.   *I **don't** drink coffee.*

■ If the answer to a question is negative, the word **no** appears twice: once at the beginning of the sentence, as in English, and again before the verb.

—¿Trabajan Uds. por la noche?   *"Do you work at night?"*
—**No,** nosotros **no** trabajamos   *"No, we don't work at night."*
   por la noche.

¡Atención!   Spanish does not use an auxiliary verb, such as the English *do* or *does*, in a negative sentence.

Ella no estudia inglés.   *She does not study English.*
Yo no estudio hoy.   *I do not study today.*

¡Vamos a practicar!

Make a statement about your-
self to a student and have
him/her state whether that is
true about him/her.
Teacher: **Yo soy cubano.**
Student: **Yo no soy cubano.**

A. This person has the wrong information. Use the cues provided to give him the right information.

MODELO: ¿Ud. es de Chile?   (México)
No, no soy de Chile; soy de México.

1. ¿Tú necesitas el libro?   (el horario de clases)
2. ¿Tú tomas café?   (Pepsi)
3. ¿Necesitamos muchos libros?   (dos)
4. ¿Rebeca es norteamericana?   (cubana)
5. ¿Elsa termina a las ocho?   (a las siete)
6. ¿Ellos hablan español?   (inglés)
7. ¿Es difícil la clase de geografía?   (fácil)

This could be done as a
whole-class activity by having
students ask questions and
asking other students to an-
swer them.

B. Write a list of five original *yes/no* questions, and ask a partner to answer them.

3. Possessive adjectives (*Adjetivos posesivos*)

Forms of the Possessive Adjectives		
Singular	*Plural*	
mi	**mis**	my
tu	**tus**	your (*fam.*)
su	**sus**	your (*form.*) his her its their
nuestro(a)	**nuestros(as)**	our
vuestro(a)	**vuestros(as)**	your (*fam. pl.*)

■ Possessive adjectives[1] always precede the nouns they introduce. They agree in number (singular or plural) with the nouns they modify.

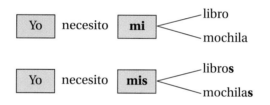

■ **Nuestro** and **vuestro** are the only possessive adjectives that have the feminine endings **-a** and **-as.** The others take the same endings for both genders.

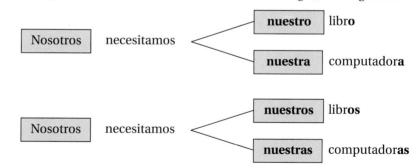

Be sure students understand what is meant by "agreement."

You might want to teach the saying **Mi casa es su casa,** which illustrates not only possessive adjectives but also the Hispanic tradition of hospitality.

■ Possessive adjectives agree with the thing possessed and *not* with the possessor. For instance, two male students would refer to their female professor as **nuestra profesora,** because **profesora** is feminine.

[1]See Appendix C.

■ Because **su** and **sus** have several possible meanings, the forms **de él, de ella, de ellos, de ellas, de Ud.,** or **de Uds.** can be substituted to avoid confusion. Use this pattern: *article + noun + de + pronoun.*

— ¿Es la amiga **de él?**   *"Is she **his** friend?"*
— Sí, es **su** amiga.   *"Yes, she is **his** friend."*

¡Vamos a practicar!

A. Complete the following exchanges using the appropriate possessive adjectives. Then act them out with a partner.

1. — ¿Tu necesitas _____ bolígrafo rojo?
   — Sí, necesito _____ bolígrafo rojo y _____ lápices negros.

2. — ¿De dónde es la profesora de Uds.?
   — _____ profesora es de Los Ángeles.

3. — ¿Qué necesita Roberto?
   — _____ cuadernos y _____ libro de español.

4. — Los alumnos de Uds., ¿son mexicanos?
   — No, _____ alumnos son de Cuba.

5. — ¿Qué necesita Ana? ¿_____ mochila?
   — No, necesita _____ reloj.

B. With a partner, ask each other the following questions.

1. ¿De dónde es tu mejor amigo(a)?
2. ¿Tus padres (*parents*) son de California?
3. ¿Necesitas tus libros hoy?
4. ¿Son fáciles tus clases?
5. ¿Es simpático(a) tu compañero(a) de cuarto?

4. Gender of nouns, part II (*Género de los nombres, parte II*)

You may summarize the endings on the board thus:

-a
-sión (ción) ⎱
-tad   ⎰ femenino
-dad

-o   ⎱
-ma (*words of* ⎰ masculino
Greek origin*)

Ask students to guess the meaning of cognates they have never seen before (**corporación, medicina,** etc.).

Have students close their books and practice changing the nouns you give them from singular to plural, adding the appropriate definite and indefinite articles. Go quickly around the room.

l — pared
S1 — la pared
S2 — las paredes
S3 — una pared
S4 — unas paredes... etc.

Here are practical rules to help you determine the gender of those nouns that do not end in **-o** or **-a.** There are also a few important exceptions.

■ Nouns ending in **-ción, -sión, -tad,** and **-dad** are feminine.

la lec**ción**	*lesson*	**la** liber**tad**	*liberty*
la televi**sión**	*television*	**la** universi**dad**	*university*

■ Many words that end in **-ma** are masculine.

el telegra**ma**	*telegram*	**el** idio**ma**	*language*
el progra**ma**	*program*	**el** cli**ma**	*climate*
el siste**ma**	*system*	**el** proble**ma**	*problem*

■ The gender of nouns that have other endings and that do not refer to males or females must be learned. Remember that it is helpful to memorize a noun with its corresponding article.

el español	**la** clase
el inglés	**la** tarde
el café	**la** noche
el borrador	**la** luz
el reloj	

¡Vamos a practicar!

For each illustration or set of words, give the Spanish noun together with its corresponding definite article.

1. _____ _____   2. _____ _____

3. francés, italiano, portugués

4. Harvard, Yale, Stanford

_____ _____

_____ _____

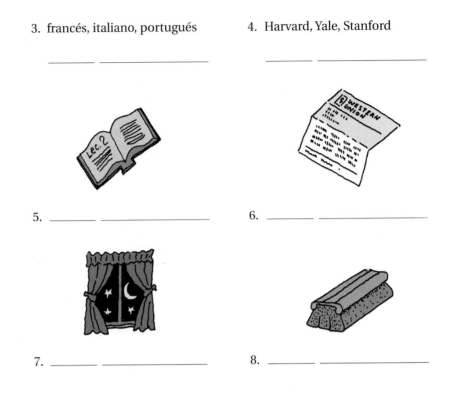

5. _____ _____

6. _____ _____

7. _____ _____

8. _____ _____

5. Telling time (*La hora*)

A clock with movable hands may be used to provide practice in telling time. Add **el mediodía** (noon) and **la medianoche** (midnight) to vocabulary. Point out the use of the 24-hour system in many Spanish-speaking countries for schedules and invitations (i.e., **las catorce horas = las dos de la tarde**), using authentic schedules if available.

■ The following word order is used for telling time in Spanish:

Es la   **y**

or + *hour* + **or** + *minutes*

Son las   **menos**

Es la una y veinte.

Son las cinco menos diez.

■ **Es** is used with **una.**

Es la una y cuarto.   *It is a quarter after one.*

Son is used with all the other hours.

Son las dos y cuarto.   *It is a quarter after two.*
Son las cinco y diez.   *It is ten after five.*

Have students convert the times to the 24-hour system. Ask at what time different programs are on.

Programación de Telecaribe

VIERNES

6:00	Telecaribe	9:00	Noticiero Televista
6:50	Noticiero Cartagena T.V.	9:30	Las Amazonas
7:00	Champagne	10:00	Amor Gitano
7:30	Esta sí es la Costa	11:00	Noticiero Cartagena T.V.
8:00	Coralito	11:10	Cierre

■ The feminine definite article is always used before the hour, since it refers to **la hora.**

Es **la** una menos veinticinco.   *It is twenty-five to one.*
Son **las** cuatro y media.   *It is four-thirty.*

■ The hour is given first, then the minutes.

Son las **cuatro** y **diez.**   *It is **ten** after **four.*** (literally, "four and ten")

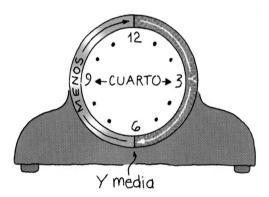

■ The equivalent of *past* or *after* is **y.**

Son las doce **y** cinco.   *It is five **after** twelve.*

■ The equivalent of *to* or *till* is **menos.** It is used with fractions of time up to a half hour.

Son las ocho **menos** veinte.   *It is twenty **to** eight.*

Emphasize the difference be-
tween *it's* (**es, son**) and *at* (**a
la, a las**).

¡Atención! To find out at what time an event will take place, use **¿A qué hora...?** as shown below. Observe that in the responses the equivalent of *at* + *time* is **a** + **la(s)** + *time*.

— **¿A qué hora** es la clase de arte? *"**What time** is art class?"*
— **A la** una. *"**At** one o'clock."*

— **¿A qué hora** termina Julio hoy? *"**What time** does Julio finish today?"*
— **A las** cinco y media. *"**At** five-thirty."*

■ Note the difference between **de la** and **por la** in expressions of time.

• When a specific time is mentioned, **de la (mañana, tarde, noche)** should be used. This is the equivalent to the English A.M. and P.M.

Estudiamos a las **cuatro de la tarde.** *We study at **4 P.M.***

• When no specific time is mentioned, **por la (mañana, tarde, noche)** should be used.

Yo trabajo **por la mañana** y ella trabaja **por la noche.** *I work **in the morning** and she works **at night.***

¡Vamos a practicar!

You may want to specify A.M. or P.M.

A. Give the time indicated on the following clocks, writing out the numerals in Spanish. Start with clock number one, then read the times aloud.

B. With a partner, ask each other the following questions.

1. ¿A qué hora es tu primera (*first*) clase?
2. ¿A qué hora termina?
3. ¿Estudias por la mañana, por la tarde o por la noche?
4. ¿A qué hora trabajas?
5. ¿A qué hora terminas de trabajar?

6. Months and seasons (*Los meses y las estaciones*)

Los meses del año

enero	*January*	mayo	*May*	septiembre	*September*
febrero	*February*	junio	*June*	octubre	*October*
marzo	*March*	julio	*July*	noviembre	*November*
abril	*April*	agosto	*August*	diciembre	*December*

¡Atención! In Spanish, months are not capitalized.

Las estaciones del año

la primavera	*spring*	el otoño	*autumn*
el verano	*summer*	el invierno	*winter*

■ Note that all the seasons are masculine except **la primavera.**

■ In South America, the seasons are the reverse of those in North America; that is, summer starts on December 21, and winter on June 21.

■ To ask for the date, say:

¿Qué fecha es hoy?   ***What's the date today?***

■ When telling the date, always begin with the expression **Hoy es el...**

Hoy es el veinte de mayo.   ***Today is*** *May twentieth.*

■ Note that the number is followed by the preposition **de** (*of*), and then the month.

el quince de mayo	*May fifteenth*
el diez de septiembre	*September tenth*
el doce de octubre	*October twelfth*

■ The ordinal number **primero** (*first*) is used when referring to the first day of the month.[1]

el primero de febrero   *February first*

— ¿Qué fecha es hoy, **el**   *"What's the date today,* ***October***
   primero de octubre?   ***first?"***
— No, hoy es **el dos de**   *"No, today is* ***October second."***
   octubre.

---

[1]In Spain today, many people say **el uno de: el uno de febrero.**

¡Vamos a practicar!

A. On what dates do the following annual events take place?

1. Independence Day
2. Halloween
3. New Year's Day
4. Washington's birthday
5. Christmas
6. the first day of spring
7. April Fool's Day
8. Veteran's Day

Have students memorize this poem:

Treinta días trae noviembre con abril, junio y septiembre. De veintiocho, sólo hay uno y los demás treinta y uno.

B. In which season does each of these months fall?

1. febrero
2. agosto
3. mayo
4. enero
5. octubre
6. julio
7. abril
8. noviembre

C. On what dates do the following events occur?

1. your mother's birthday
2. your father's birthday
3. your best friend's birthday
4. your birthday
5. the first day of classes this semester
6. the end of classes

Pool results to find out which months have the most birthdays.

D. Ask four or five classmates when their birthday is. Ask: **¿Cuándo es tu cumpleaños?**

Y ahora, ¿qué?

Palabras y más palabras

Internet

For more practice with lesson topics, see the related activities on the **¡Hola, amigos!** web site.

Complete each sentence, using vocabulary from **Lección 2.**

1. ¿Qué _____ toma tu amiga?
2. En Madrid hablan _____.
3. ¿Deseas una _____ de café?
4. Necesito el _____ de clases.
5. Trabajo en el _____ de lenguas.
6. Un sinónimo de **materia** es _____.
7. ¿_____ clases tomas? ¿Tres o cuatro?
8. ¿Trabajan cuatro _____ al día?
9. ¿Qué _____ es? ¿Las dos y media?

10. Yo deseo un _____ de leche.
11. ¿Quién es tu compañero de _____?
12. Las estaciones del año son la _____, el verano, el _____ y el invierno.

¡Vamos a conversar!

A. Para conocerse mejor. Get to know your partner better by asking each other the following questions.

1. ¿Qué asignaturas tomas tú este semestre?
2. ¿Cuál es tu clase favorita?
3. ¿Conversas con tus amigos en la cafetería? ¿Tomas café con ellos?
4. ¿Cuántas horas al día estudias? ¿Cuántas horas trabajas?
5. ¿Qué clases deseas tomar el próximo (*next*) semestre?
6. ¿Tomas clases en el verano?
7. ¿Qué estación te gusta?
8. ¿Deseas tomar café, leche, té o jugo?

B. Una encuesta. Interview your classmates to identify who does the following activities. Include your instructor, but remember to use the **Ud.** form when addressing him/her.

	Nombre
1. Trabaja por la noche.	
2. Trabaja cuatro horas al día.	
3. Toma clases en el verano.	
4. Toma mucho café.	
5. Toma cerveza o vino.	
6. Estudia los domingos.	
7. Estudia en la biblioteca.	
8. Toma danza aeróbica.	
9. Toma una clase de psicología.	
10. Desea tomar una clase de arte.	

Point out that **psicología** is also written without the "p": **sicología**.

Situaciones

What would you say in the following situations? What might the other person say? Act out the scenes with a partner.

1. You want to ask a friend what subjects he or she is taking this semester.
2. You want to tell someone what subjects you are taking.
3. You want to ask someone where he or she works.
4. You want to order something to drink.
5. You want to know the time.

Para escribir

Work with a partner to create a schedule for him/her. Use the following questions to ask about your partner's schedule.

¿Qué clases tomas?
¿Qué días es la clase de...? ¿A qué hora?
¿Trabajas? ¿Qué días? ¿A qué hora?

¿Qué dice aquí? (What does it say here?)

With a classmate, study Virginia's schedule and answer the following questions.

1. ¿Qué días tiene (has) Virginia la clase de historia? ¿A qué hora?
2. ¿Cuántas clases tiene Virginia por la noche?
3. ¿Qué clases tiene ella los (on) lunes, miércoles y viernes a las ocho?
4. ¿Qué idioma estudia Virginia? ¿Qué días?
5. ¿Cuándo estudia con el grupo?
6. ¿A qué hora almuerza Virginia (does Virginia have lunch)? ¿Dónde?
7. ¿Dónde trabaja Virginia?
8. ¿Cuántas horas trabaja por (per) semana?
9. ¿Qué clases incluyen laboratorio?
10. ¿Qué estudia Virginia los sábados?

Horario de Virginia

	Lunes	Martes	Miércoles	Jueves	Viernes	Sábado
8:00	Biología		Biología		Biología	
9:00	Japonés	Japonés	Japonés	Japonés		
10:00	Estudiar con el grupo		Estudiar con el grupo		Estudiar con el grupo	Cibernética
11:00		Educación física		Educación física		
12:00	Cafetería	Cafetería	Cafetería	Cafetería	Cafetería	
1:00		Biología (Laboratorio)		Japonés (Laboratorio)		
2:00	Trabajar en la biblioteca ⟶					
3:00						
4:00	↓	↓	↓	↓	↓	
5:00						
6:00						
7:00	Historia		Historia			
8:00	↓		↓			

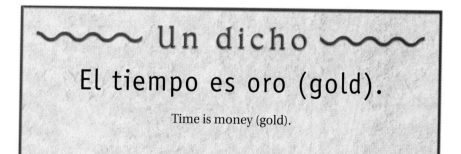

~~~~~~ Un dicho ~~~~~~

El tiempo es oro (gold).

Time is money (gold).

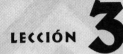

El día de matrícula

En una universidad en San Antonio, Texas.

Hoy es el último día para pagar la matrícula. Juan habla con la cajera.

JUAN — ¿Cuánto debo pagar por cada unidad?
CAJERA — ¿Es usted residente del estado?
JUAN — Sí, soy residente.
CAJERA — Tiene que pagar ochenta y cinco dólares por unidad.
JUAN — ¿Aceptan cheques?
CAJERA — Sí, pero necesita una identificación.
JUAN — ¿Mi licencia para conducir es suficiente?
CAJERA — Sí. Aquí tiene su recibo.

Juan escribe su horario de clases en su cuaderno y después decide ir a su casa para ver si tiene algún mensaje electrónico.

Como Juan y Roberto tienen mucha hambre, deciden comer en la cafetería. Al rato viene Olga, la novia de Roberto.

ROBERTO	— ¿De dónde vienes, Olga?
OLGA	— Vengo de la librería. Ya tengo todos los libros que necesito.
JUAN	— ¿Tú vives en la residencia universitaria?
OLGA	— No, vivo en un apartamento, cerca de la universidad.
JUAN	— ¿Qué clases tomas este trimestre?
OLGA	— Matemáticas, francés, informática y contabilidad.
JUAN	— Tomas informática...¿Te gusta navegar la red?
OLGA	— Sí, y recibo muchos mensajes electrónicos de mis amigos.
ROBERTO	— Bueno... ¿qué comemos? ¿Sándwiches y ensalada?
OLGA	— Sí, y limonada, porque tengo mucha sed. Oye, Roberto, ¿a qué hora corremos mañana por la mañana?
ROBERTO	— A las seis, como siempre. Juan, tú también corres, ¿no?
JUAN	— ¿Yo? ¡No! Siempre tengo sueño por la mañana.

Point out that navegar por el Internet, e-mail, and correo electrónico are also used.

¿Recuerda usted?

With a partner, decide whether the following statements about the dialogues are true (**verdadero**) or false (**falso**).

1. Juan es residente de San Antonio.
2. La cajera no acepta cheques.
3. La licencia para conducir es una identificación.
4. Juan recibe mensajes electrónicos.
5. Juan y Roberto tienen sed.
6. Olga es la novia de Juan.
7. Olga vive en la residencia universitaria.
8. Olga navega la red.
9. Roberto y Olga corren por la mañana.
10. Olga bebe café.

Vocabulario

Cognados

el apartamento apartment	**la limonada** lemonade
el cheque check	**el mensaje** message
el dólar dollar	**el, la residente** resident
la ensalada salad	**el sándwich** sandwich
el estado state	**suficiente** sufficient
la identificación identification	**la unidad** unit

Nombres

el, la cajero(a)   cashier
la casa house
el francés French (*language*)
la informática computer science
la librería bookstore
la licencia para conducir (manejar)
  driver's license
la matrícula registration
el mensaje electrónico   e-mail

la novia girlfriend (*steady*)
el novio   boyfriend (*steady*)
el recibo receipt
la residencia universitaria
  dormitory
el trimestre   quarter, trimester

Verbos

aceptar   to accept
beber   to drink
comer   to eat

correr   to run
deber   must, to have to, should
decidir   to decide
escribir   to write
ir   to go[1]
pagar   to pay
recibir   to receive
tener   to have
venir   to come
ver (yo veo)   to see
vivir   to live

Adjetivos

muchos(as)   many
último(a)   last

Otras palabras y expresiones

al rato   a while later
algún   any
Aquí tiene...   Here is . . .
Bueno.   Okay.
cada   each, every
cerca (de)   near
como   since, being that

como siempre   as usual, as always
¿Cuánto...?   How much . . . ?
después, luego   then, afterwards
el último día para...   the last day
  to . . .
mañana por la mañana   tomorrow
  morning
navegar la red   to surf the net
para   in order to
pero   but
por   for, per
que   that
si   if
siempre   always
también   also, too
tener (mucha) hambre   to be (very)
  hungry
tener (mucha) sed   to be (very)
  thirsty
tener (mucho) sueño   to be (very)
  sleepy
tener que + *infinitivo*   to have to +
  infinitive
ya   already

96 Amplíe su vocabulario

Otros idiomas (*Some other languages*)

el alemán	*German*
el chino	*Chinese*
el italiano	*Italian*
el japonés	*Japanese*
el portugués	*Portuguese*
el ruso	*Russian*

---

[1]Conjugated in **Lección 4.**

Más sobre las computadoras (*More about computers*)

Additional vocabulary: **entrar al sistema, guardar, la dirección electrónica, mandar por correo electrónico, el disco, el sitio web.**

la memoria	*memory*
la microcomputadora	*laptop*
el ordenador personal,	*personal computer*
** la computadora personal**	
archivar la información	*to store information*
diseñar programas	*to design, write programs*
tener acceso a la red	*to have access to the Internet*

¿Qué idioma tenemos que hablar?

Tell what languages you and your friends have to speak with different exchange students.

> MODELO: Vienen de París.
> *Tenemos que hablar francés.*

1. Vienen de Moscú.
2. Vienen de Pekín.
3. Vienen de Río de Janeiro.
4. Vienen de Roma.
5. Vienen de Tokio.
6. Vienen de Berlín.

¿Qué necesita hacer?

With a partner, take turns saying what parts of the computer you need to use or what you need to do, according to each circumstance. Use **Necesito** (+ infinitive)... or *Necesito usar...*

1. You need to write a report on the computer.
2. You need to print the report.
3. You need to read your e-mails.
4. You need to save a resume.
5. You need to use a computer during a plane trip.
6. You need to look something up on the Internet.

NOTAS CULTURALES

DE AQUÍ Y DE ALLÁ

 Desde 1848, San Antonio es parte de los Estados Unidos como resultado del tratado de Guadalupe Hidalgo, que puso fin (*ended*) a la Guerra México-Americana.

Hoy la gran mayoría de la población de San Antonio es de origen mexicano, pero en la ciudad se mezclan las culturas de España, México y los Estados Unidos. Los mayores puntos de interés en la ciudad son: El Álamo, una de las cinco misiones fundadas por los españoles, convertida después en una forta-leza (*fortress*); el palacio del gobernador español de Texas; La Villita, un pueblo mexicano del siglo (*century*) XIX, restaurado; la Catedral de San Fernando; el distrito histórico King William, un área residencial de mercaderes (*merchants*) alemanes en el siglo XIX y la Torre de las

Américas, construida para la feria mundial (*world fair*) de 1968.

DE ESTO Y AQUELLO

- En la mayoría de los países hispanos los estudiantes no viven en residencias universitarias; viven con sus familias o en pensiones (*boarding houses*).

- En la mayoría de los países hispanos, las universidades públicas son gratis o cobran (*charge*) muy poco (*little*).

Una lancha de excursión que va por el río San Antonio pasa por un restaurante al aire libre, San Antonio, Texas.

Have students read the cultural notes and discuss the content before viewing Module 3 of the ¡Hola, amigos! video.

Have students compare U.S. and Hispanic universities: **¿Dónde vive la mayoría de los estudiantes norteamericanos? ¿Qué universidades cobran poco, las públicas o las privadas?**

¿Verdadero o falso?

1. San Antonio es parte de los Estados Unidos desde el siglo XIX.
2. El tratado de Guadalupe Hidalgo puso fin a la guerra entre (*between*) México y los Estados Unidos.
3. San Antonio no tiene influencia española.
4. Los españoles fundaron misiones en Texas.
5. El Álamo era una misión antes de ser una fortaleza.
6. La Torre de las Américas fue construida por los españoles.
7. En los países hispanos, la mayoría de los estudiantes vive en residencias universitarias.
8. Las universidades públicas son gratis en la mayoría de los países hispanos.

Pronunciación

Las consonantes (*consonants*) **b, v**

Additional practice: **Bárbara va a Varsovia con Vicente. Vas a buscar a Viviana a Burgos.**

In Spanish, **b** and **v** have the same bilabial sound.[1] To practice this sound, pronounce the following words, paying particular attention to the sound of **b** and **v.**

b	tam**b**ién	reci**b**o	cu**b**ano	**b**ueno	escri**b**e	**Benavente**
v	**v**iene	uni**v**ersidad	no**v**ia	**v**i**v**es	**v**engo	

Puntos para recordar

1. Present indicative of *-er* and *-ir* verbs
(*Presente de indicativo de los verbos terminados en* -er *y en* -ir)

Before introducing the present indicative of regular **-er** and **-ir** verbs, review **-ar** verbs. You may wish to follow the presentation pattern suggested for **-ar** verbs in **Lección 2**.

Emphasize that the endings for **-er** and **-ir** verbs are the same except for the **nosotros(as)** and **vosotros(as)** forms.

comer (*to eat*)		**vivir** (*to live*)	
yo	**como**	yo	**vivo**
tú	**comes**	tú	**vives**
Ud. ⎫		Ud. ⎫	
él ⎬	**come**	él ⎬	**vive**
ella ⎭		ella ⎭	
nosotros (as)	**comemos**	nosotros (as)	**vivimos**
vosotros (as)	**coméis**	vosotros (as)	**vivís**
Uds. ⎫		Uds. ⎫	
ellos ⎬	**comen**	ellos ⎬	**viven**
ellas ⎭		ellas ⎭	

---

[1]See Appendix A for an explanation of bilabial sounds.

■ Regular verbs ending in **-er** are conjugated like **comer.** Other regular **-er** verbs are **beber, correr,** and **deber.**

— Uds. **beben** café, ¿no?	*"You **drink** coffee, don't you?"*
— No, **bebemos** Coca-Cola.	*"No, **we drink** Coca-Cola."*
— ¿Nosotros **debemos** hablar con el profesor Rojas?	*"**Do we have to** speak with Professor Rojas?"*
— No, ustedes **deben** hablar con la profesora Melciades.	*"No, **you must** speak with Professor Melciades."*

■ Regular verbs ending in **-ir** are conjugated like **vivir.** Other regular **-ir** verbs are **decidir, escribir,** and **recibir.**

— Tú **escribes** en francés, ¿no?	*"You **write** in French, don't you?"*
— No, **escribo** en español.	*"No, **I write** in Spanish."*
— ¿**Recibe** Ud. mensajes electrónicos?	*"**Do you receive** e-mail?"*
— Sí, **recibo** muchos mensajes electrónicos.	*"Yes, **I receive** a lot of e-mail."*

¡Vamos a practicar!

A. Complete the following sentences appropriately, using the present indicative of the verbs in the list.

escribir	recibir	vivir	beber	decidir
correr	comer	deber		

1. Yo _____ sándwiches y _____ café.
2. Mi compañero de clase _____ estudiar más.
3. ¿En qué calle (*street*) _____ tú?

4. Para hacer ejercicio (*To exercise*), Ana y yo _____ por la mañana.
5. ¿Uds. _____ mensajes en la computadora?
6. Ellos _____ comer en un restaurante, no en la cafetería.
7. Nosotros siempre _____ mensajes electrónicos.

B. Complete each of the following sentences in a logical manner.

Expand by listing things to eat and drink. Also teach: **Yo vivo en la calle** _____ . As an oral activity, ask individual students what they must do today and where they live. Then have the class review their answers: **Sandy, ¿dónde vives tú?** (*Answer.*) **Clase, ¿dónde vive Sandy?**, etc.

> MODELO: Yo bebo Coca-Cola, pero Tito...
> *Yo bebo Coca-Cola, pero Tito bebe café.*

1. Tú escribes con lápiz, pero yo...
2. Nora decide estudiar francés, pero ellos...
3. Nosotros comemos en un restaurante, pero Uds....
4. Jorge debe pagar veinte dólares, pero tú...
5. Carlos vive en la residencia universitaria, pero nosotros...
6. Luis corre con Dora, pero yo...
7. Uds. deben hablar con la cajera, pero nosotros...
8. Yo escribo en el cuaderno, pero el profesor...

C. Interview a partner, using the following questions.

1. ¿Tú vives cerca de la universidad?
2. ¿Dónde vives?
3. ¿Bebes café por la mañana?
4. ¿Bebes té por la tarde?
5. ¿Comes en la cafetería de la universidad?
6. ¿A qué hora comes?
7. ¿Tú escribes en inglés o en español?
8. ¿Cuánto debes pagar por cada unidad en la universidad?
9. ¿Tú corres por la mañana?
10. ¿Recibes muchos mensajes electrónicos?

2. Possession with *de* (*El caso posesivo*)

Be sure the students realize that in Spanish the apostrophe isn't used to show possession. Show the parallelism between the English construction *noun phrase* + *of* + *noun* and the Spanish construction *noun phrase* + **de** + *noun phrase*. First write a phrase expressing possession in English, such as *Ralph's wife*. Then express it thus:

English: the   wife   of   Ralph
         ↓   ↓   ↓   ↓
Spanish: la   esposa   de   Raúl

■ The **de** + *noun* construction is used to express possession or relationship. Unlike English, Spanish does not use the apostrophe.

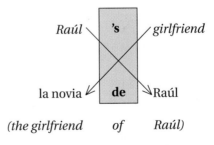

— ¿Es **la** novia **de** Carlos?   *"Is she Carlos's girlfriend?"*
— No, es **la** novia **de** Raúl.   *"No, she's Raul's girlfriend."*

— ¿Dónde estudian Uds.?   *"Where do you study?"*
— En **la** casa **de** Rafael.   *"At Rafael's house."*

¡Atención!   Note the use of the definite article before the words ***novia*** and ***casa.***

¡Vamos a practicar!

A. Express the relationship of the people and/or objects in each illustration, using **de** + *noun* (i.e., the Spanish equivalent of *Marta's boyfriend*).

1. _____   2. _____

3. _____   4. _____

B. Express the relationship that exists among the people named.

> MODELO: La señora López tiene (*has*) dos estudiantes: Eva y Ana.
> *Eva y Ana son las estudiantes **de la** señora López.*

1. Elena tiene un secretario: Roberto.
2. La profesora Fernández tiene tres alumnos: Sergio, Daniel y Luis.
3. Jorge tiene una novia: Marisa.
4. La señora Gutiérrez tiene una secretaria: Alicia.
5. Diana tiene un novio: Marcos.
6. Eva tiene dos profesoras: la doctora Vélez y la doctora Mena.
7. José Luis tiene un amigo: David.
8. Marta tiene dos compañeras de cuarto: Silvia y Mónica.

3. Present indicative of *tener* and *venir* (*Presente de indicativo de tener y venir*)

tener (*to have*)		venir (*to come*)	
yo	**tengo**	yo	**vengo**
tú	**tienes**	tú	**vienes**
Ud. } él } ella }	**tiene**	Ud. } él } ella }	**viene**
nosotros(as)	**tenemos**	nosotros(as)	**venimos**
vosotros(as)	**tenéis**	vosotros(as)	**venís**
Uds. } ellos } ellas }	**tienen**	Uds. } ellos } ellas }	**vienen**

— ¿**Tienes** los cheques?
— Sí, **tengo** los cheques y los recibos.
— ¿**Vienes** mañana por la mañana?
— No, **vengo** el jueves.

"*Do you have the checks?*"
"*Yes, I have the checks and the receipts.*"
"*Are you coming tomorrow morning?*"
"*No, I'm coming on Thursday.*"

— ¿Cuántas materias **tienen** Uds.?

— **Tenemos** cuatro materias.
— ¿Uds. **vienen** a la universidad los martes y jueves?
— No, nosotros **venimos** los lunes, miércoles y viernes.

"*How many courses do you have?*"

"*We have four courses.*"
"*Do you come to the university on Tuesdays and Thursdays?*"
"*No, we come on Mondays, Wednesdays, and Fridays.*"

¡Vamos a practicar!

A. Supply the missing forms of **tener** and **venir** to complete the dialogues. Then act them out with a partner.

1. — ¿Cuándo _____ Uds.?
   — Mi novia _____ el sábado y yo _____ el domingo.
   — ¿Con quién _____ tú?
   — Yo _____ con la Srta. Aranda.

2. — ¿Tú _____ a la clase de biología mañana?
   — No, yo no _____ clase de biología los viernes.

3. — ¿Uds. _____ clase de portugués los lunes?
   — No, _____ clase de portugués los martes y jueves.

4. — ¿Cuándo _____ tú a la biblioteca?
   — _____ los jueves. ¿Qué clases _____ tú los jueves?
   — Biología, italiano y matemáticas.

B. Interview a partner, using the following questions.

1. ¿Cuántas clases tienes?
2. ¿Vienes a la universidad los sábados?
3. ¿Qué días vienes a la universidad?
4. ¿Siempre vienes a la universidad por la mañana?
5. ¿Tienes clases los viernes por la tarde?
6. ¿A qué hora vienes a la universidad mañana?
7. ¿Ya tienes todos los libros que necesitas?
8. ¿Tienes algún mensaje electrónico?
9. ¿Tienes microcomputadora? ¿Tienes impresora?
10. ¿Tienes acceso a la red?

4. Use of *tener que* + infinitive (*Uso de* tener que + *infinitivo*)

Tener que is the Spanish equivalent of *to have (to)*

Yo	**tengo**	**que**	estudiar.
I	***have to***		*study.*

— ¿Tú **tienes que** trabajar hoy?   *"**Do you have to** work today?"*
— No, hoy no **tengo que** trabajar.   *"No, **I don't have to** work today."*

¡Vamos a practicar!

A. Use the elements given and the expression **tener que** + *infinitive* to create complete sentences describing what everyone has to do today.

1. Yo / la matrícula
2. Uds. / química
3. Nosotros / en la pizarra
4. Tú / dos libros
5. Ellos / a las cuatro
6. Ella / en la cafetería
7. Ud. / mucha leche
8. Él / con el profesor

B. Work with a partner to ask each other five questions about what you have to do at different times and on different days. Follow the model.

MODELO: — ¿Qué tienes que hacer (*to do*) el sábado?
— *Tengo que ir a la biblioteca.*

5. Expressions with *tener* (*Expresiones con* tener)

Emphasize that idioms should not be translated literally, but learned as units of meaning. Point out that for these idioms **tener** + *noun* is used in Spanish while *to be* + *adjective* is used in English. It doesn't follow, however, that every English construction of this type has a Spanish counterpart with **tener**. Thus, *I am tired* is **Estoy cansado.**

Use Transparency 30 (SOT) to introduce these idiomatic expressions. Ask students as a class and individually to describe each sketch by supplying the correct expression. You may also refer to the Instructor's Resource Manual (IRM) that accompanies the transparencies for additional activities and exercises related to **tener** expressions.

tener cuidado *(to be careful)*; **tener suerte** *(to be lucky)*; **tener éxito** *(to be successful)*; **tener ganas de** *(to feel like)*.

The following idiomatic expressions are formed with **tener.**

tener (mucho) frío	*to be (very) cold*
tener (mucha) sed	*to be (very) thirsty*
tener (mucha) hambre	*to be (very) hungry*
tener (mucho) calor	*to be (very) hot*
tener (mucho) sueño	*to be (very) sleepy*
tener prisa	*to be in a hurry*
tener miedo	*to be afraid, scared*
tener razón	*to be right*
no tener razón	*to be wrong*
tener... años (de edad)	*to be . . . years old*

— **¿Tienes hambre?**   *"Are you hungry?"*
— No, pero **tengo** mucha **sed.**   *"No, but I am very thirsty."*

— ¿Cuántos **años tiene** Eva?   *"How old is Eva?"*
— **Tiene** veinte **años.**   *"She is twenty years old."*

¡Vamos a practicar!

A. Tell us why you are or are not doing the following.

1. ¿Por qué no abres (*open*) las ventanas?
2. ¿Por qué corres?
3. ¿Por qué no comes algo?
4. ¿Por qué no tomas un vaso de limonada?
5. ¿Por qué abres las ventanas?

B. ¿Qué tienen? Answer the question according to the illustrations below, using an expression with **tener.**

Elena   Yo   Nosotros

Él   Ellos   Tú

C. How do Carlos and Daniel feel? Answer, using expressions with **tener,** according to the information given.

1. Carlos and Daniel are in the middle of the Sahara desert.
2. Carlos hasn't had a bite to eat for fifteen hours.
3. Daniel sees a snake near his feet.
4. Carlos and Daniel have to get to the airport in a few minutes.
5. Carlos is in South Dakota in February.

6. Numbers over 200 (*Números mayores de 200*)

200 doscientos	500 quinientos	800 ochocientos
300 trescientos	600 seiscientos	900 novecientos
400 cuatrocientos	700 setecientos	1.000 mil

■ In Spanish, one does not count in hundreds beyond one thousand; thus 1,100 is expressed as **mil cien.** Note that Spanish uses a comma where English uses a decimal point to indicate values below one: 1.095,99 (Spanish) = 1,095.99 (English).

■ When a number from 200 to 900 is used before a feminine noun, it takes a feminine ending: **doscient*as* mes*as*.**[1]

---

[1]This is also true for higher numbers that incorporate the numbers 200–900: **mil doscientas treinta sillas, dos mil ochocientos libros.**

¡Vamos a practicar!

A. With a partner, solve the following mathematical problems in Spanish.

1. $308 + 70 =$ _____
2. $500 - 112 =$ _____
3. $653 + 347 =$ _____
4. $892 - 163 =$ _____
5. $216 + 284 =$ _____

6. $1.000 - 450 =$ _____
7. $700 + 280 =$ _____
8. $125 + 275 =$ _____
9. $900 - 520 =$ _____
10. $230 + 725 =$ _____

Extend this activity and review all the numbers by asking the price of various objects in the classroom: **¿Cuánto cuesta su libro de español (el diccionario,** etc)?

Using an overhead projector, show ads for houses, cars, and so on. Have students read and discuss the prices.

B. With a partner, take turns asking each other how much everything costs.

MODELO: — ¿Cuánto cuesta el libro?
— *Cuesta tres mil doscientos pesos.*

1. ¿Cuánto cuesta la pluma?
2. ¿Cuánto cuesta el vino (*wine*)?
3. ¿Cuánto cuesta la silla?
4. ¿Cuánto cuesta la radio?

5. ¿Cuánto cuesta el reloj?
6. ¿Cuánto cuesta la mesa?
7. ¿Cuánto cuesta el escritorio?
8. ¿Cuánto cuesta el libro?

Y ahora, ¿qué?

Palabras y más palabras

Internet

For more practice with lesson topics, see the related activities on the **¡Hola, amigos!** web site.

Complete each sentence, using vocabulary from **Lección 3**.

1. Luigi es de Roma, Marie es de París, y ellos son de Pekín. Él habla _____, ella habla _____ y ellos hablan _____.

2. No vivimos en un apartamento; vivimos en la _____ universitaria.

3. Hoy es el _____ día para _____ la matrícula.

4. Ellos _____ sándwiches y ensalada y _____ limonada.

5. Necesito veinticinco _____ porque ellos no _____ cheques.

6. _____ tiene su recibo, señora.

7. Ella _____ el horario en su ordenador _____.

8. Yo _____ pagar ochenta dólares por _____ unidad.

9. La _____ para conducir es una _____.

10. El _____ de Portugal es el _____.

11. _____ siempre, ellos comen en la cafetería cuando tienen _____.

12. Trabaja en la librería. Es _____ de Teresa.

13. Todos viven en el _____ de Utah.

14. Viene Roberto y al _____ viene Olga.

15. Ellos viven en una casa, _____ de la universidad.

¡Vamos a conversar!

A. Para conocerse mejor. Get to know your partner better by asking each other the following questions.

1. ¿Cuántos años tienes?
2. ¿Tú eres residente de este (*this*) estado?
3. ¿Tienes tu licencia para manejar aquí (*here*)?
4. ¿Cuántas asignaturas tomas este semestre (trimestre)?
5. ¿Tienes un ordenador personal?
6. ¿Te gusta navegar la red?
7. ¿Vives en la residencia universitaria, en una casa o en un apartamento?
8. Generalmente, ¿comes en la cafetería de la universidad?
9. ¿Qué bebes cuando (*when*) tienes sed?
10. ¿Tú corres por la mañana?

B. Una encuesta. Interview your classmates to identify who fits the following descriptions. Include your instructor, but remember to use the **Ud.** form when addressing him/her.

Nombre

1. Siempre tiene suficiente dinero para pagar la matrícula.   _____

2. Ya tiene todos los libros que necesita.   _____

3. Generalmente (*generally*) paga con cheque.   _____

4. Recibe muchos mensajes electrónicos.   _____

5. Tiene acceso a la red.   _____

6. Tiene novio(a).   _____

7. Siempre tiene razón.   _____

8. Tiene sueño en este momento.   _____

9. Siempre tiene prisa.   _____

10. Siempre tiene frío.   _____

If needed, practice questions or model a few items. Encourage students to talk to as many students as possible.

Situaciones

Have students prepare this activity before class, but pair them up to do it orally in class.

What would you say in the following situations? What might the other person say? Act out the scenes with a partner.

1. You need to find out when the last day to pay tuition is, and how much you have to pay for each unit of credit.
2. You are at a store. You want to know if they accept checks there and, if so, whether you need identification. Ask whether your driver's license is sufficient.
3. You are telling a little about yourself to someone you just met: where you are from, where you live, and what classes you are taking.
4. You are a host and you worry about your guest's comfort. Ask him/her if he/she is hungry or thirsty, hot or cold, etc.

 **Para escribir**

You are writing to a new pen pal. Tell the following information about yourself in a paragraph.

1. your name
2. where you are from
3. which state you are a resident of
4. the city where you live

5. at which university you study
6. what languages you study
7. what you have to do every day

¿Qué pasa aquí?

With a partner, use your imagination to create a story about the people in the picture. Who are they? Where are they from? What classes are they taking? What are they drinking and eating? For additional vocabulary refer to pages 32–34.

Lectura

A. Estrategia de lectura. The selection you are going to read talks about registration procedures at the **Universidad Nacional.** What types of information would you expect to find in such instructions?

B. Vamos a leer. As you read the **Información sobre la matrícula** on the next page, find the answer to each of the following questions.

1. ¿Qué debe revisar (*check*) el estudiante?
2. ¿Qué debe notificar?
3. ¿Qué debe hacer (*to do*) para tomar más de (*more than*) 18 unidades?

4. ¿Debe asistir (*attend*) a todas las clases?
5. ¿Qué información debe tener el carnet de estudiante?
6. ¿Cuándo debe pagar la matrícula?
7. ¿Qué debe hacer si necesita un plan de pago (*payment*) especial?
8. ¿Con quién debe hablar si necesita cambiar (*to change*) una clase?

Universidad Nacional
Información sobre la matrícula

El estudiante debe:

• revisar su horario de clases.

• notificar cualquier error.

• recibir la aprobación de la Administración para tomar más de 18 unidades.

• asistir a todas las clases.

• sacar un carnet de estudiante con su nombre, su número de identificación y su foto.

• pagar la matrícula antes del primer día de clases.

• llenar una solicitud en la Oficina de Administración si necesita un plan de pago especial.

• hablar con un consejero si necesita cambiar una clase.

C. Díganos. Answer the following questions, based on your own thoughts and experience.

1. ¿Revisa Ud. su horario de clases cuidadosamente (*carefully*)?
2. ¿Toma usted más o menos de (*less than*) 18 unidades?
3. ¿Asiste usted a todas las clases?
4. ¿Qué información tiene su carnet de estudiante?
5. ¿Cuánto es la matrícula en su universidad?
6. ¿Necesita usted un plan de pago especial?
7. ¿Habla usted con un(a) consejero(a) o con un(a) profesor(a) si necesita cambiar una clase?

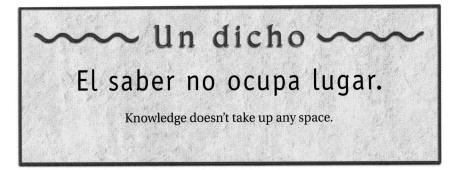

~~~ Un dicho ~~~

El saber no ocupa lugar.

Knowledge doesn't take up any space.

Lección 1

Remind students of the Answer Key in Appendix E. Have them correct their mistakes and, if necessary, go back to the specific grammar point for review.

A. Gender of nouns; plural forms of nouns; definite and indefinite articles

Place the corresponding definite and indefinite articles before each noun.

Definite	Indefinite	Nouns
1. _____	_____	lápices
2. _____	_____	días
3. _____	_____	hombre
4. _____	_____	mujeres
5. _____	_____	mano
6. _____	_____	silla
7. _____	_____	borradores
8. _____	_____	mapas

B. Subject pronouns

Say which pronoun would be used to talk about the following people.

1. Ana y yo (*f.*)
2. Jorge y Rafael
3. el Dr. García
4. usted y el Sr. López
5. Amalia y Teresa

Now give the pronouns used to address the following people.

6. your professor
7. your best friend

C. Present indicative of *ser*

Complete the following sentences, using the present indicative of the verb **ser.**

1. Yo _____ cubana y John _____ norteamericano.
2. ¿Uds. _____ de Lima?
3. Teresa y yo _____ estudiantes.
4. Las plumas _____ rojas.
5. ¿Tú _____ de Buenos Aires?
6. ¿De dónde _____ Ud.?

D. Formation of adjectives and agreement of articles, nouns, and adjectives

Change each sentence according to each new element.

1. Las alumnas son norteamericanas. (*alumno*)
2. Las tizas son verdes. (*lápices*)
3. El escritorio es blanco. (*mesas*)

   4. Es una mujer española.   (*hombre*)
   5. El profesor es inglés.   (*profesoras*)
   6. La chica es alta.   (*muchachos*)
   7. Es un hombre inteligente.   (*mujer*)
   8. La señora es muy simpática.   (*señores*)

E. **Numbers: 11–100**

   Write the following phrases in Spanish. (Write the numbers in words)

   1. 30 ballpoint pens
   2. 16 backpacks
   3. 22 clocks
   4. 13 windows
   5. 62 books
   6. 15 notebooks

   7. 18 students
   8. 11 maps
   9. 95 computers
   10. 73 waste baskets
   11. 100 pens
   12. 58 erasers

F. **Vocabulary**

   Complete the following sentences, using vocabulary from **Lección 1.**

   1. ¿Cómo se _____ Ud.? ¿Teresa?
   2. Mucho _____, señor Vargas.
   3. ¿Cómo se _____ *desk* en español?
   4. ¿Qué _____ decir *pencil*?
   5. Hay una profesora y diez _____ en la clase.
   6. ¿Él _____ español?
   7. Buenos días. ¿Cómo _____ usted? ¿Bien?
   8. — Muchas gracias.
      — De _____.
   9. Ella es una _____ de clase.
   10. ¿Cómo _____ Sergio? ¿Guapo?

G. **Culture**

   Circle the correct answer, based on the **Notas culturales** you have read.

   1. Puebla está situada al (sur / norte) de la Ciudad de México.
   2. Puebla está diseñada en la forma tradicional de las ciudades
      (modernas / coloniales) españolas.
   3. El nombre María (no es / es) muy popular en los países hispanos.

Lección 2

A. **Present indicative of -*ar* verbs**

   Complete each sentence with the correct form of the verb in parentheses.

   1. ¿Tú _____ leche?   (*drink*)
   2. La señora Paz _____ con los alumnos.   (*talk*)
   3. Nosotros _____ inglés con la doctora Torres.   (*speak*)
   4. Yo _____ tomar café.   (*wish*)
   5. ¿Ud. _____ matemáticas o biología?   (*study*)

6. Ana y Paco _____ en la biblioteca.   (*work*)
7. Ernesto _____ la pluma roja.   (*need*)
8. Eva y yo _____ en agosto.   (*finish*)

B. Interrogative and negative sentences

Convert the following statements first into questions and then into negative statements.

1. Ellos hablan inglés con los estudiantes.
   a.
   b.

2. Ella estudia química.
   a.
   b.

3. Ustedes terminan hoy.
   a.
   b.

C. Possessive adjectives

Complete these sentences, using the Spanish equivalent of the words in parentheses.

1. ¿Tú necesitas _____ libro?   (*your*)
2. Yo hablo con _____ profesor.   (*her*)
3. Nosotros necesitamos hablar con _____ profesora.   (*our*)
4. Trabajo con _____ compañeros de clase.   (*my*)
5. ¿Ud. desea hablar con _____ amigos?   (*your*)
6. Carlos habla con _____ profesores.   (*our*)
7. Los estudiantes necesitan hablar con _____ profesor.   (*their*)

D. Gender of nouns (Part II)

Write the definite article that corresponds to each of the following nouns.

1. _____ lecciones
2. _____ apartamento
3. _____ idioma
4. _____ unidades
5. _____ problemas
6. _____ café
7. _____ libertad
8. _____ televisión

E. Telling time

Write the following sentences in Spanish.

1. Listen, what time is it? One o'clock?
2. He takes chemistry at nine-thirty in the morning.
3. We study Spanish in the afternoon.
4. It is a quarter to eight.

F. Months and seasons of the year

Give the following dates in Spanish.

1. March 1st
2. June 10th
3. August 13th
4. December 26th
5. September 3rd

6. October 28th
7. July 17th
8. April 4th
9. January 2nd
10. February 5th

What seasons do these months fall in?

1. febrero
2. abril

3. octubre
4. julio

G. Vocabulary

Complete the following sentences, using vocabulary from **Lección 2.**

1. ¿Qué _____ es? ¿Las dos?
2. Necesito el _____ de clases. ¡Ah! ¡_____ está!
3. Yo trabajo en el _____ de lenguas.
4. Deseo una _____ de café.
5. ¿Ellos _____ café en la cafetería?
6. Este _____ tomo tres clases.
7. Ya es _____. ¡Me voy!
8. ¿Qué _____ estudias? ¿Historia?
9. Él toma un _____ de leche.
10. Trabajo tres horas _____ día.
11. Ella es mi amiga y mi _____ de cuarto.
12. ¿Con _____ estudias? ¿Con Marcela?

H. Culture

Circle the correct answer, based on the **Notas culturales** you have read.

1. Gran parte de la población de Los Ángeles es de origen (francés / mexicano).
2. La calle Olvera es una de las más (antiguas / modernas) de la ciudad de Los Ángeles.
3. En la mayoría de los países hispanos los requisitos generales se toman en la (universidad / escuela secundaria).

Lección 3

A. Present indicative of -*er* and -*ir* verbs

Complete each sentence with the correct form of the Spanish equivalent of the verb in parentheses.

1. El profesor _____ en la pizarra.   (*writes*)
2. Ana y yo _____ en la residencia universitaria.   (*live*)

3. Ellos _____ pagar la matrícula. (*should, must*)
4. ¿Tú _____ por la noche? (*run*)
5. Yo _____ leche. (*drink*)
6. Esteban _____ en la cafetería de la universidad. (*eats*)
7. María _____ estudiar portugués. (*decides*)
8. Uds. _____ mensajes electrónicos. (*receive*)

B. Possession with *de*

Write the following expressions in Spanish.

1. Pedro's girlfriend
2. Alicia's driver's license
3. Mrs. Peña's apartment
4. Carlos's checks

C. Present indicative of *tener* and *venir*

Complete the following sentences, using the present indicative of **tener** and **venir.**

1. ¿Tú _____ a la universidad los lunes?
2. Eva y yo _____ con Roberto porque no _____ automóvil.
3. Ellos _____ mis libros de español y hoy no _____ a clase.
4. Yo no _____ a la universidad los viernes porque no _____ clase.
5. Sergio no _____ novia.

D. *Tener que* + infinitive

Write the following sentences in Spanish.

1. I don't have to work tomorrow morning.
2. Do we have to decide today?
3. They have to pay (the) tuition.
4. We have to write in Spanish.

E. Expressions with *tener*

Say how you and everybody else feel according to each situation, using expressions with **tener.**

1. It's July and you are in Phoenix, Arizona. (*Yo...*)
2. Marcelo hasn't had anything to eat for the last twelve hours. (*Marcelo...*)
3. Adela's throat is very dry. (*Adela...*)
4. I am in Alaska and it is winter. (*Tú...*)
5. We haven't slept for the last twenty-four hours. (*Nosotros...*)
6. The boys are being chased by a big dog. (*Los muchachos...*)
7. You have one minute to get to your next class, across campus. (*Yo...*)

F. Numbers (200–1,000)

Write the following numbers in Spanish.

1. 567
2. 790
3. 1.000
4. 345
5. 615

6. 874
7. 965
8. 213
9. 481
10. 13.816

G. Vocabulary

Complete the following sentences, using vocabulary from **Lección 3.**

1. La _____ para conducir es una _____.
2. Ella _____ cuarenta dólares por _____ unidad.
3. Aquí _____ el recibo, señora.
4. Ellos viven _____ de la universidad, en un _____.
5. El profesor _____ en la pizarra con una tiza amarilla.
6. Recibo muchos _____ electrónicos.
7. Como _____, ellos estudian en la biblioteca.
8. Viven en el _____ de Arizona.
9. Hoy es el _____ día para _____ la matrícula.
10. Me gusta _____ la red.
11. No vivo en la residencia _____; vivo en una _____.
12. ¿Tienes sed? ¿Deseas beber una _____?

H. Culture

Circle the correct answer, based on the **Notas culturales** you have read.

1. San Antonio es parte de los Estados Unidos como resultado del tratado de (Guadalupe Hidalgo / King William).
2. La mayoría de la población de San Antonio es de origen (norteamericano / mexicano).
3. Los estudiantes en los países hispanos usualmente viven en (residencias universitarias / pensiones) o con sus familias.
4. En los países hispanos las universidades públicas cobran (mucho / poco).

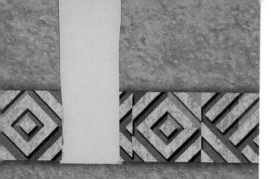

UNIDAD **II**

La familia y los amigos

Una familia de Buenos Aires, comiendo.

Lección 4: Actividades para un fin de semana
Lección 5: Una fiesta de bienvenida

By the end of this unit, you will be able to:

- talk about family
- discuss plans and activities
- talk about what you like or dislike to do
- talk about how you feel
- extend, accept, and decline invitations
- handle informal social situations such as parties
- make comparisons

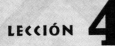
Actividades para un fin de semana

For presentation of dialogues, see Introduction, Instructor's Annotated Edition.

Lupe y su esposo, Raúl, planean varias actividades para el fin de semana. La pareja vive en Miami, Florida.

LUPE	— Esta noche estamos invitados a ir al teatro con tu mamá y con tus tíos.
RAÚL	— ¿Por qué no llevamos también a mi hermana?
LUPE	— No, hoy ella va al cine con su novio y después van a visitar a Ana.
RAÚL	— Es verdad. ¡Ah! Mañana vienen tus padres a comer, ¿no?
LUPE	— Sí, y después vamos todos al club a jugar al tenis.
RAÚL	— No me gusta jugar al tenis. ¿Por qué no vamos a nadar?
LUPE	— Pero yo no sé nadar bien....
RAÚL	— Tienes que aprender, Lupita.
LUPE	— Bueno, vamos a la piscina, y por la noche vamos al concierto.
RAÚL	— Perfecto. Oye, tengo mucha hambre. ¿Hay algo para comer?
LUPE	— Sí, tenemos queso, frutas y esos sándwiches de jamón que están en la mesa.

*Al día siguiente, Carmen, la hermana de Raúl, está en un café al aire libre
con su novio.*

CARMEN — ¿Qué hacemos esta tarde? ¿Adónde vamos...? ¿Vamos a patinar?
HÉCTOR — No sé... Estoy cansado y tengo ganas de ver el juego de béisbol.
CARMEN — Bueno, vamos al estadio y por la noche vamos al club.
HÉCTOR — No, mi jefe da una fiesta esta noche y estamos invitados.
CARMEN — ¡Ay, Héctor! Yo no conozco a tu jefe. Además, vive muy lejos.
HÉCTOR — ¿Por qué no vamos a la fiesta un rato y después vamos al club a
bailar?
CARMEN — ¡Buena idea! Oye, ¿comemos algo?
HÉCTOR — Sí, voy a llamar al camarero. ¿Qué vas a comer?
CARMEN — Un sándwich de jamón y queso.
HÉCTOR — Yo también. En este café hacen unos sándwiches muy buenos.
CARMEN — Oye, ¿tomamos un refresco?
HÉCTOR — Sí, una Coca Cola.

Have students review the lesson dialogues and vocabulary prior to viewing Module 4 of the **¡Hola, amigos!** video.

¿Recuerda usted?

With a partner, decide whether the following statements about the dialogues are true (**verdadero**) or false (**falso**).

1. Lupe y Raúl viven en Miami.
2. Raúl no tiene hermanas.
3. A Raúl le gusta jugar al tenis.
4. Lupe no sabe nadar bien.
5. Raúl tiene hambre.
6. Héctor quiere ir a patinar.
7. Carmen y Héctor son hermanos.
8. Carmen y Héctor no van a la fiesta.
9. Héctor va a comer un sándwich.
10. Carmen y Héctor van a tomar un refresco.

Vocabulario

Cognados

la actividad activity	**la fruta** fruit
el béisbol baseball	**la idea** idea
el café cafe (*restaurant*)	**invitados(as)** invited
el club club	**perfecto(a)** perfect
el concierto concert	**el teatro** theater

Nombres

el café al aire libre outdoor cafe	**el (la) jefe(a)** boss
el (la) camarero(a), el mozo[1]	**el juego, el partido** game
waiter, waitress	**la mamá, la madre** mom, mother
el cine movies, movie theater	**la mesa** table
la esposa wife	**los padres** parents
el esposo husband	**el papá, el padre** dad, father
el estadio stadium	**la pareja** couple
la fiesta party	**la piscina** swimming pool
el fin de semana weekend	**el queso** cheese
la hermana sister	**el refresco** soft drink, soda
el hermano brother	**la tía** aunt[2]
el jamón ham	**el tío** uncle[2]
	la verdad truth

[1] **el (la) mesero(a)** in Mexico.
[2] The plural **tíos** can mean either *uncles* or *aunts and uncles*.

Verbos

aprender   to learn
bailar   to dance
conocer (yo conozco)[1]   to be ac-
quainted with; to know (*someone*)
dar   to give
estar   to be
hacer (yo hago)[1]   to do, to make
llamar   to call
llevar   to take (*someone or some-
thing someplace*)
nadar   to swim
patinar   to skate
planear   to plan
saber (yo sé)[1]   to know (*a fact; how
to do something*)
visitar   to visit

Adjetivos

bueno(a)   good
cansado(a)   tired

Otras palabras
y expresiones

además   besides
¿Adónde?   Where (to)?
al día siguiente   (on) the following
day
algo para comer (tomar)   some-
thing to eat (drink)
Es verdad   It's true
esta noche   tonight
esta tarde   this afternoon
ir a nadar   to go swimming
jugar al tenis   to play tennis
lejos   far (*away*)
me gusta   I like (It appeals to me.)
para   for
te gusta...   you (*fam.*) like[2] (It ap-
peals to you.)
tener ganas de   to feel like (*doing
something*)
un rato   a while
Vamos   Let's go
varios(as)   several

96 Amplíe su vocabulario

La familia

¿Con quién vamos?

With a partner, take turns saying with whom you like to do different things.
Refer to the preceding vocabulary lists and to the family tree on the next page.

MODELO: la hermana de mi mamá
Me gusta ir al teatro con mi tía.

1. la hija de mi tía
2. el hijo de mi hermano
3. la mamá de mi esposo(a)
4. el hermano de mi esposo(a)
5. el papá de mi primo
6. la mamá de mi papá
7. el esposo de mi hija
8. la esposa de mi hijo
9. la hija de mi hijo
10. la hija de mi hermana

[1]The verbs **conocer, hacer** and **saber** are irregular in the first-person singular form of the
present indicative. All other present indicative forms of these verbs are regular.
[2]In situations where **Ud.** is the form of address, use **le gusta.**

La familia

You may also want to teach **padrastro, madrastra, hijastro, hijastra, hermanastro, hermanastra, medio hermano, media hermana,** and **pariente.**

Give each person in the family tree a name and help students describe relationships by asking questions: **¿Quién es la hija de...?**

abuela (grandmother)
suegra (mother-in-law)

abuelo (grandfather)
suegro (father-in-law)

padres (parents)

cuñado (brother-in-law)
yerno (son-in-law)

hija (daughter)
tía (aunt)
hermana
madre (mother)
mamá (mom)

hijo (son)
padre (father)
papá (dad)
hermano
tío (uncle)

cuñada (sister-in-law)
nuera (daughter-in-law)

hijos

hijos

sobrina

sobrino (nephew)
nieto (grandson)

prima

primo

nieta (granddaughter)

NOTAS CULTURALES

DE AQUÍ Y DE ALLÁ

 La ciudad de Miami, Florida, es un centro turístico muy importante. Miami es también un centro comercial y financiero de primer orden.

Más de 1.000.000 de hispanos—la mayoría cubanos— viven en Miami. La influencia hispana se nota en lo cultural y en lo económico. El español se usa tanto (*so much*) en esta ciudad que hay tiendas con letreros (*signs*) que dicen *English spoken here*. Además de (*in addition to*) la colonia cubana, viven allí numerosos grupos de puertorriqueños, nicaragüenses y argentinos. Estos diversos grupos contribuyen al carácter internacional de la ciudad.

DE ESTO Y AQUELLO

El béisbol es un deporte (*sport*) muy popular en Cuba, Puerto Rico, Venezuela y en la República Dominicana. Muchos de los jugadores (*players*) de las grandes ligas de béisbol de los Estados Unidos son cubanos, puertorriqueños, dominicanos y mexicanos. En España y en la mayoría de los países latinoamericanos el deporte más popular es el fútbol (*soccer*).

**Jugando al dominó en
La pequeña Habana, Miami.**

¿Verdadero o falso?

1. Miami no es una ciudad importante.
2. En Miami no hay influencia hispana.
3. En Miami no se habla español.
4. Además de los cubanos, en Miami viven puertorriqueños, nicaragüenses y argentinos.
5. Los cubanos no juegan al béisbol.
6. El deporte más popular en España es el fútbol.

Pronunciación

La consonante c

For additional practice: **Carlos y Carmen cenan con Paco. Celia y Cuca aceptan la invitación de Cora.**

In Spanish, **c** has two different sounds: [s] and [k]. The [s] sound occurs in **ce** and **ci,** the [k] sound in **ca, co, cu, cl,** and **cr.** Read the following words aloud.

[s]		[k]	
cerveza	**ci**en**ci**as	**Ca**rmen	**cu**ándo
gra**ci**as	ne**ce**sito	**ca**nsado	**cl**ase
invita**ci**ón	li**ce**ncia	**có**mo	**cr**eo

Puntos para recordar

1. Demonstrative adjectives and pronouns (*Adjetivos y pronombres demostrativos*)

Using classroom objects, ask choice questions to help make students aware of gender, number, and relative positions: **¿Quieres esta silla o aquélla? ¿Necesitas estos libros o ésos?** etc.

A. Demonstrative adjectives

■ Demonstrative adjectives point out persons and things. Like all other adjectives, they agree in gender and number with the nouns they modify. The forms of the demonstrative adjectives are as follows.

Masculine		Feminine		English Equivalent	
Sing.	*Pl.*	*Sing.*	*Pl.*	*Sing.*	*Pl.*
este	estos	esta	estas	this	these
ese	esos	esa	esas	that	those
aquel	aquellos	aquella	aquellas	that (*over there*)	those (*at a distance*)

— ¿Qué necesitas?	*"What do you need?"*
— **Estos** vasos y **aquellas** tazas.	*"These glasses and those cups."*

B. Demonstrative pronouns

■ The forms of the demonstrative pronouns are as follows.

Masculine		Feminine		Neuter	
Sing.	*Pl.*	*Sing.*	*Pl.*		
éste	éstos	ésta	éstas	esto	this (one), these
ése	ésos	ésa	ésas	eso	that (one), those
aquél	aquéllos	aquélla	aquéllas	aquello	that (one), those *(at a distance)*

■ The masculine and feminine demonstrative pronouns are the same as the demonstrative adjectives, except that they have a written accent.

■ Each demonstrative pronoun has a neuter form. The neuter forms have no gender and refer to unspecified situations, ideas, or things: *this, this matter; that, that business.*

■ Note that the demonstrative pronouns replace a noun.

— ¿Qué libro quiere Ud., **éste** o **ése?**	*"Which book do you want, **this one** or **that one?**"*
— Quiero **aquél.**	*"I want **that one over there.**"*
— ¿Qué es **eso?**	*"What is **that?**"*
— Es un mapa.	*"It's a map."*

¡Vamos a practicar!

A. Describe in Spanish the following illustrations, using the suggested demonstrative adjectives.

1. this, these:

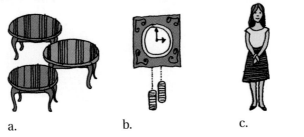 

a.   b.   c.   d.

2. that, those:

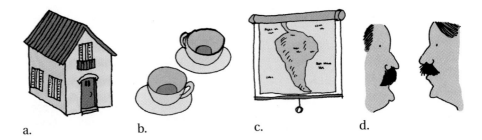

a.   b.   c.   d.

3. that (over there); those (over there):

a.   b.   c.   d.

B. Say what you need according to the objects in the illustration, using the corresponding demonstrative adjectives.

C. Complete the following exchanges with the Spanish equivalent of the demonstrative pronouns in parentheses. Then act them out with a partner.

1. — ¿Necesitas estos bolígrafos?
   — No, necesito _____.   (*those*)

2. — ¿Cuál de las mesas necesitan Uds.?
   — _____.   (*this one*)

3. — ¿Cuáles son tus libros? ¿_____ o _____?   (*These / those over there*)
   — _____.   (*Those*)

4. — ¿Cuál es tu casa? ¿_____ o _____?   (*This one / that one*)
   — _____.   (*That one over there*)

2. Personal *a* (*La a personal*)

For additional practice, discuss **llamar** (*to call*) at this point. Contrast: **Llamo a Rosa** with **Llamo un taxi.**

■ The preposition **a** is used in Spanish before a direct object (recipient of the action expressed by the verb) referring to a specific person or persons. When the preposition **a** is used in this way, it is called the *personal* **a** and has no English equivalent.

(Direct object)

Yo conozco	a	Roberto.
I know		*Robert.*

— ¿Tú conoces **a** Carmen y **a** Héctor?   *"Do you know Carmen and Hector?"*

— Conozco **a** Carmen, pero no conozco **a** Héctor.   *"I know Carmen, but I don't know Hector."*

¡Atención!   When there is a series of direct object nouns, referring to people, the personal **a** is repeated: **¿Tú conoces *a* Carmen y *a* Héctor?**

- ■ The personal **a** is *not* used when the direct object is a thing or place.

    Yo conozco Los Ángeles.   *I know Los Angeles.*

- ■ The personal **a** is seldom used following the verb **tener** even if the direct object is a person or persons.

    Tengo dos hermanas.   *I have two sisters.*

- ■ The personal **a** is also used when referring to pets.

    Yo llevo **a** mi perro al veterinario.   *I take my dog to the vet.*

¡Vamos a practicar!

A. Add the personal **a** to the following sentences, when appropriate.

1. Yo no conozco _____ Julia.
2. Tengo _____ tres tías.
3. Llevo _____ mis padres a la fiesta.
4. ¿Tú conoces _____ Madrid?
5. Tenemos _____ dos profesores.
6. Llevamos _____ Teresa y _____ Rosa a la universidad.
7. ¿Adónde llevas _____ tu perro?
8. Ellos no tienen _____ hermanas.

B. With a partner, take turns asking whom you call, visit, and see every weekend.

   MODELO: — ¿*A quién llamas todos los fines de semana?*
             — *Yo llamo **a** mi mamá.*

3. Contractions: *al* and *del* (*Contracciones: al y del*)[1]

- ■ The preposition **a** and the article **el** contract to form **al.**

    Llevamos   **a** + **el**   profesor.

    Llevamos   **al**   profesor.

- ■ Similarly, the preposition **de** and the definite article **el** contract to form **del.**

    Tiene los libros   **de** + **el**   profesor.

    Tiene los libros   **del**   profesor.

---

[1]See Appendix C.

¡Atención! A + **el** and **de** + **el** must *always* be contracted to **al** and **del.**

— ¿Vienes **del** laboratorio?   *"Are you coming from the lab?"*
— No, vengo **de la** biblioteca.   *"No, I'm coming from the library."*

— ¿Vamos **al** partido de béisbol?   *"Shall we go to the baseball game?"*

— Sí, vamos.   *"Yes, let's go."*

■ None of the other combinations of preposition and definite article (**de la, de los, de las, a la, a los, a las**) is contracted.

El esposo **de la** profesora viene **a la** clase de español.

¡Vamos a practicar!

A. Complete the following sentences with **al, a la, a los, a las, del, de la, de los,** or **de las.**

1. ¿Vamos _____ clase de historia?
2. Tengo el lápiz _____ profesor.
3. Ella lleva _____ novia de Juan.
4. Vengo _____ laboratorio de lenguas.
5. Tenemos los mapas _____ señor Quiroga.
6. Visitamos _____ señor López.
7. Vienen _____ clase de informática.
8. Pagan la matrícula _____ trimestre.
9. No conocemos _____ hermanas _____ señora Rojas.
10. ¿Llamas _____ profesor?

B. With a partner, ask each other the following questions.

1. ¿Tú conoces a los amigos del profesor (de la profesora)?
2. ¿Tú vienes a la universidad antes de (*before*) las ocho de la mañana?
3. ¿Tú llamas al profesor (a la profesora) a veces (*sometimes*)?
4. ¿Tú tienes el libro del profesor (de la profesora)?
5. ¿Tú vienes a la universidad los domingos?

4. Present indicative of *ir, dar,* and *estar* (*Presente de indicativo de* ir, dar y estar)

Point out the similarities among these three verbs by writing the following sentence on the board: **Cuando yo estoy contento, voy a casa y doy una fiesta.** Have the students conjugate it in all persons.

Review the differences in usage between **ser** and **estar**, using the examples encountered thus far.

	ir (*to go*)	**dar** (*to give*)	**estar** (*to be*)
yo	voy	doy	estoy
tú	vas	das	estás
Ud. / él / ella	va	da	está
nosotros(as)	vamos	damos	estamos
vosotros(as)	vais	dais	estáis
Uds. / ellos / ellas	van	dan	están

After introducing the verb **ir**, write the following list of places on the board.

cafetería	oficina de
biblioteca	un(a) pro-
cine	fesor(a)
club	residencia
clase de...	fiesta
piscina	trabajo
concierto	**¡Atención!**

Referring to the list, students should work in groups of four and ask each other where they go after class, in the afternoon/evening, and at midnight.

S1 — ¿Adónde vas después de la clase (esta tarde/noche, a medianoche)?
S2 — Voy a la cafetería.

— ¿Dónde **está** Aurora?
— **Está** en el teatro.
— ¿No **da** una fiesta hoy?
— No, mañana.

— ¿Adónde **vas?**
— **Voy** al cine.
— ¿No **estás** cansada?
— No, no **estoy** cansada.

"Where is Aurora?"
"She is at the theater."
"Isn't she giving a party today?"
"No, tomorrow."

"Where are you going (to)?"
"I'm going to the movies."
"Aren't you tired?"
"No, I am not tired."

The verb **estar** is used to indicate location and to describe condition at a given moment in time. **Estar** and **ser** are not interchangeable.

Location: Aurora está en el teatro.
Current condition: Estoy cansada.

¡Vamos a practicar!

A. Use your imagination to complete each sentence.

1. Patricia da diez dólares y nosotros...
2. Jorge está en la clase de literatura y yo...
3. Rafael va a la fiesta y sus hermanos...
4. Carlos está cansado y nosotros también...
5. Yo doy una fiesta para mi familia y Uds. ...
6. Nosotros vamos a la cafetería y Uds. ...
7. Yo doy veinte dólares y tú...
8. Yo estoy en la biblioteca y tú...

As a follow-up, have students describe each others' activities to the rest of the class.

B. Interview a partner, using the following questions.

1. ¿Adónde vas los fines de semana?
2. ¿Vas al cine los sábados? ¿Con quién?
3. ¿Vas a nadar los domingos?
4. ¿Tú vas a los juegos de béisbol de la universidad?
5. ¿Estás invitado(a) a una fiesta esta noche?
6. ¿Das muchas fiestas en tu casa?
7. ¿Estás cansado(a)?
8. ¿Dónde están tus padres?

To keep students on task, tell them to find out three or four things each person does. You can also ask them to report in writing.

C. In groups of three or four, ask each other where you go on different days of the week. Be prepared to report to the class.

5. *Ir a* + **infinitive** (Ir a *más el infinitivo*)

After explaining the use of **ir a** + *infinitive* and presenting the "formula" shown in the book, you may write on the board:

Yo **voy**
Tú **vas**
Usted **va**
Él **va**
Ella **va**   } a...
Nosotros **vamos**
Vosotros **vais**
Ustedes **van**
Ellos **van**
Ellas **van**

Have students personalize by making up sentences in response to your questions. For example, **¿Va a estudiar español el semestre que viene? ¿Y su mejor amigo(a)? ¿Qué va a estudiar? ¿Dónde van a trabajar?**

The **ir a** + *infinitive* construction is used in Spanish to express future time, in the same way English uses the expression *to be going to + infinitive*.

ir *(conjugated)*	+	**a**	+	*infinitive.*
Voy		**a**		**estudiar.**
I am going				*to study.*

— ¿Tú **vas a bailar** con Jorge?   *"Are you going to dance with Jorge?"*

— No, **voy a bailar** con Carlos.   *"No, I'm going to dance with Carlos."*

¡Vamos a practicar!

A. This is what the following people do every day. With a partner, decide what they are going to do differently tomorrow.

1. Yo llevo a mi hermana al club. Mañana...
2. Nosotros comemos sándwiches. Mañana...

As a follow-up oral activity, ask:
1. ¿Vas a estudiar?
2. ¿Uds. van a comer algo?
3. ¿Dónde van a comer?
4. ¿Cuándo vas a dar una fiesta?
5. ¿A quiénes vas a invitar?
6. ¿Cuándo van a terminar Uds. la lección? etc.

3. Tú conversas con tus padres. Mañana...
4. Mi tío va a la biblioteca. Mañana...
5. Mi hermano estudia con Elena. Mañana...
6. Mis padres beben café. Mañana...
7. Ud. llama a su esposa. Mañana....
8. Uds. trabajan por la tarde. Mañana...

B. What will be the result of each of the following situations?

> MODELO: Ud. tiene hambre.
> *Voy a comer algo.*

1. Ud. tiene un examen mañana.
2. Ud. y yo tenemos sed.
3. Mi tío tiene hambre.
4. Raquel y Luis van a ir a una fiesta.
5. Anita desea hablar con su novio por teléfono.
6. Yo voy a la piscina.

Write some helpful phrases on the board. Be sure students use **ir a** + *infinitive* to report their plans.

C. In groups of three or four, make plans for the weekend. Discuss what you are going to do and with whom. Compare your plans with those of another group.

6. *Saber* vs. *conocer*

Ask students the following personalized questions, or write the questions on the board and have students interview each other.
1. ¿Cuántos idiomas sabes hablar? ¿Cuáles son?
2. ¿Conoces a los padres de (*someone in class*)?
3. ¿Qué sabes hacer muy bien?
4. ¿Sabes tocar (*play*) el piano o la guitarra?
5. ¿Conoces un buen restaurante por aquí? ¿Dónde está?
6. ¿Conoces a alguien famoso? ¿Quién es? ¿Cómo es?

The verb *to know* has two Spanish equivalents, **saber** and **conocer,** which are used to express distinct types of knowledge.

■ **Saber** means to know something by heart, to know how to do something (a learned skill), or to know a fact (information).

— **¿Sabes** el poema "The Raven" de memoria?	*"**Do you know** the poem 'The Raven' by heart?"*
— ¡No!	*"No!"*
— ¿Ana **sabe** hablar francés?	*"**Does** Ana **know how** to speak French?"*
— No muy bien...	*"Not very well ..."*
— ¿Ud. **sabe** el número de teléfono de David?	*"**Do you know** David's phone number?"*
— Sí, es 8–26–49–30.	*"Yes, it's 8–26–49–30."*

■ **Conocer** means to be familiar or acquainted with a person, a thing, or a place.

— **¿Conoces** a Hugo?	*"**Do you know** Hugo?"*
— Sí, es el primo de Alberto.	*"Yes, he's Alberto's cousin."*
— **¿Conocen** Uds. todas las novelas de Cervantes?	*"**Are you acquainted with** all of Cervantes's novels?"*
— No, no todas.	*"No, not all of them."*

— **¿Conoces** San Francisco?

— Sí, es una ciudad muy bonita.

*"**Do you know** (Have you been to) San Francisco?"*

"Yes, it is a very pretty city."

¡Vamos a practicar!

A. Interview a partner, using the **tú** form. Ask if your partner *knows* the following.

> MODELO: escribir en francés
> — *¿Sabes escribir en francés?*
> — *Sí, yo sé escribir en francés. (No, no sé escribir en francés.)*

1. el número de teléfono de la universidad
2. Buenos Aires
3. las novelas de Hemingway
4. hablar italiano
5. a los padres del profesor (de la profesora)
6. el poema "The Raven" de memoria
7. dónde vive el profesor (la profesora) de español
8. nadar (patinar, jugar al tenis, jugar al béisbol)

B. With a partner, use **saber** and **conocer** to prepare five questions to ask your instructor.

Y ahora, ¿qué?

Palabras y más palabras

Complete each sentence, using vocabulary from **Lección 4.**

1. Tengo hambre. ¿Tienes _____ para comer?
2. Mañana mis hijos van a nadar y al día _____ van a patinar.
3. Yo no _____ jugar al tenis.
4. Estoy cansado; no tengo _____ de ir al partido.
5. ¿Tienes sed? ¿Por qué no vamos a _____ algo?
6. ¿Por qué no vamos a la biblioteca y estamos allí por un _____?
7. Ellos planean _____ actividades para el fin de _____.
8. Mis primos están en un _____ al aire _____.
9. Esta noche vamos a _____ al club.
10. ¿Vamos al _____ o al teatro?
11. ¿Te _____ el queso? ¿Y el jamón?
12. Yo nado en la _____ de la universidad.
13. Voy a _____ al camarero.
14. Tengo sed. Voy a tomar un _____.
15. Mi sobrina está _____ a la fiesta de Raúl.

¡Vamos a conversar!

A. Para conocerse mejor. Get to know your partner better by asking each other the following questions.

1. ¿Qué actividades planeas para este fin de semana?
2. ¿Adónde vas los viernes por la noche?
3. ¿Estás invitado(a) a una fiesta este fin de semana?
4. Cuando tú vas a una fiesta, ¿a quién llevas?
5. ¿Vas a un concierto esta noche?
6. ¿Te gusta bailar?
7. ¿Qué tienes ganas de hacer mañana?
8. ¿Te gusta jugar al tenis? ¿Al béisbol?
9. ¿Sabes nadar? ¿Sabes patinar?
10. ¿Vives lejos o cerca de la universidad?

B. Una encuesta. Interview your classmates to identify who fits the following descriptions. Include your instructor, but remember to use the **Ud.** form when addressing him/her.

	Nombre
1. Tiene un esposo muy guapo (una esposa muy bonita).	
2. Tiene dos hermanos.	
3. Visita a sus abuelos frecuentemente.	
4. Da muchas fiestas en su casa.	
5. Va al cine todos los fines de semana.	
6. Come muchas frutas.	
7. Tiene ganas de tomar algo.	
8. Trabaja de camarero(a).	
9. Está cansado(a).	
10. Siempre tiene buenas ideas.	

Situaciones

Have students prepare this activity to do orally in pairs during class. You might call on pairs at random to role-play the situation for the class.

What would you say in the following situations? What might the other person say? Act out the scenes with a partner.

1. You and a friend are making plans for the weekend and are discussing activities that you like (or don't like).

2. Someone invites you to go swimming. Decline. Start out by saying **No puedo ir porque...** (*I can't go because . . .*), and give some excuses.
3. Someone offers you something to eat and to drink. Thank him or her and decline.

Para escribir

You are making plans for a very busy, fun-filled weekend with some out-of-town friends. Write down all the activities that you are planning. Your friends will be arriving late Friday night and leaving Sunday evening.

El sábado por la mañana   El domingo por la mañana
El sábado por la tarde   El domingo por la tarde
El sábado por la noche

¿Qué pasa aquí?

Get together in groups of three or four and create a story about the people in the picture. Say who they are and what their relationships are to one another. Say also what plans they have for the weekend.

～～ Un dicho ～～

Donde hay hambre, no hay pan duro.

Where there is hunger, there's no such thing as stale bread.

Una fiesta de bienvenida

For presentation of dialogues, see Introduction, Instructor's Annotated Edition.

Eva, la hermana menor de Luis, llega hoy a San Juan, la capital de Puerto Rico, y él y sus amigos dan una fiesta para ella. Luis llama por teléfono a su amiga Estela.

LUIS	— Hola, ¿Estela? Habla Luis.
ESTELA	— Hola, ¿qué tal, Luis?
LUIS	— Bien. Oye, vamos a dar una fiesta de bienvenida para Eva. ¿Quieres venir? Es en la casa de mi primo Jorge.
ESTELA	— Sí, cómo no. ¿Cuándo es?
LUIS	— El próximo sábado. Empieza a las ocho de la noche.
ESTELA	— Gracias por la invitación. ¿Juan y Olga van también?
LUIS	— No estoy seguro, pero creo que piensan ir, si no están ocupados.
ESTELA	— ¿Andrés va a llevar sus discos compactos y sus cintas?
LUIS	— Sí, pero el estéreo de Jorge no es muy bueno.
ESTELA	— Si quieres, llevo mi estéreo; es mejor que el de ustedes.
LUIS	— ¡Magnífico! Hasta el sábado, entonces.

En la fiesta, Pablo y Estela están conversando. Pablo es joven, moreno, guapo y mucho más alto que Estela. Ella es una muchacha bonita, rubia, de[1] ojos azules, delgada y de estatura mediana. Ahora están hablando de Sara.

ESTELA — Pablo, tienes que conocer a Sara, mi compañera de cuarto.
PABLO — ¿Cómo es? ¿Alta... baja...? ¿Es tan hermosa como tú?
ESTELA — ¡Es muy bonita! Tiene pelo negro y ojos castaños. ¡Y es muy simpática!
PABLO — Pero, ¿es inteligente? (*bromeando*) Y, lo más importante... ¿tiene dinero?
ESTELA — Sí, es rica; y es la más inteligente del grupo.
PABLO — Es perfecta para mí. ¿Está aquí?
ESTELA — No, está en casa porque está enferma.
PABLO — ¡Qué lástima! ¡Oye! Están sirviendo las bebidas. ¿Quieres ponche?
ESTELA — No, prefiero un refresco, pero primero quiero bailar contigo.
PABLO — Bueno, vamos a bailar. Están tocando una salsa.[2]

---

[1]**De** means *with* for features that physically are part of a person.
[2]A type of Latinamerican music and dance.

¿Recuerda usted?

With a partner, decide whether the following statements about the dialogues are true (**verdadero**) or false (**falso**).

1. Eva es mayor que Luis.
2. La fiesta es el sábado.
3. El estéreo de Jorge es muy bueno.
4. Pablo es más alto que Estela.
5. Estela es la más alta de la fiesta.
6. Sara es muy inteligente.
7. Sara es la compañera de cuarto de Eva.
8. Estela prefiere tomar ponche.
9. Estela quiere bailar con Pablo.
10. Pablo y Estela van a bailar un tango.

Vocabulario

Cognados

la capital capital	**mucho(a)** much	**la salsa** salsa (*dance*)
el grupo group	**el ponche** punch	**el teléfono** telephone
la invitación invitation		

Nombres

la bebida drink
la cinta, el casete tape
el dinero money
el disco record
_____ **compacto** compact disc (CD)
la fiesta de bienvenida welcome party
los ojos eyes

el pelo hair
el (la) primo(a) cousin
el reproductor de discos compactos, el estéreo CD player, stereo

Verbos

bromear to joke, to kid
creer to think, to believe
empezar[1] **(e > ie)**[2]**, comenzar**[1] **(e > ie)**[2] to start, to begin

llegar to arrive
pensar (e > ie)[2] to think
pensar + *infinitive* to plan to (do something)
preferir (e > ie)[2] to prefer
querer (e > ie)[2] to want, to wish
tocar to play (*music, an instrument*)

Other verbs that take the preposition **a** when followed by an infinitive: **ir, venir, aprender, enseñar.**

---

[1]**Empezar** and **comenzar** take the preposition **a** when followed by an infinitive: **Empiezan (Comienzan) a estudiar.**
[2]In this lesson and subsequent lessons, the symbol > will be used in the **Vocabulario** to indicate any new verbs with stem changes. The vowel on the left is the vowel in the infinitive form, while the vowel(s) on the right represent(s) the change that takes place in the various present-tense forms (e.g., **e > ie**).

Adjetivos

bajo(a)   short (*height*)
castaño   brown (*hair or eyes*)
enfermo(a)   sick
hermoso(a)   beautiful
joven   young
mejor   better
menor   younger
moreno(a)   dark, brunette
ocupado(a)   busy
próximo(a)[1]   next
rico(a)   rich
rubio(a)   blond
seguro(a)   sure

Otras palabras y expresiones

ahora   now
cómo no   of course, sure
contigo   with you
¿cuándo?   when?
de   about
de estatura mediana   of medium height
en casa   at home
entonces   then, in that case
están sirviendo   they're serving

Habla ____ (*nombre*).   This is ____ (*name*) speaking.
hasta   until
lo importante   the important thing
llamar por teléfono   to phone
¡Magnífico!   Great!
mí   me
primero   first
¡Qué lástima!   Too bad!
Vamos a bailar.   Let's dance.

96 Amplíe su vocabulario

Para invitar a alguien a salir (*Asking someone out*)

¿Quieres ir

- a bailar? — *dancing*
- a cenar? — *to dinner (to eat dinner)*
- a esquiar? — *skiing (to ski)*
- a montar a caballo? — *horseback riding (to ride horses)*
- a un club nocturno? — *to a nightclub*
- a un partido de básquetbol? — *to a basketball game*
- a la playa? — *to the beach*
- al museo? — *to the museum*
- al parque de diversiones? — *to the amusement park*
- de pícnic? — *on a picnic*

¿A dónde vamos...?

Your friend has accepted your invitation. Where are you going to go? Begin your answers with **Vamos a ir...**

1. You want to sunbathe and swim.
2. You want to see the Celtics.
3. You want to go to Disneyland.
4. You want to dance salsa.
5. You want to go to dinner.
6. You want to see Picasso's paintings.
7. You want to have lunch and commune with nature.
8. You want to hear some live music.
9. You want to go to Aspen, Colorado.
10. You want to go horseback riding.

---

[1]The definite article is used before **próximo: el próximo sábado.**

NOTAS CULTURALES

Point out Puerto Rico on the transparency with the map of Central America (SOT).

DE AQUÍ Y DE ALLÁ

 Puerto Rico, una de las islas que forman el archipiélago de las Antillas Mayores, fue descubierta (*was discovered*) por Cristóbal Colón durante su segundo viaje (*second journey*) al Nuevo Mundo.

Desde 1952, Puerto Rico es un estado libre (*free*) asociado de los Estados Unidos. Los puertorriqueños son ciudadanos americanos. Votan en todas las elecciones nacionales y no necesitan visa para entrar en los Estados Unidos.

San Juan, la capital de la isla, es la ciudad más grande del país. Una de las atracciones turísticas más importantes de esta ciudad es el Morro, una fortaleza (*fortress*) construida por los españoles en la época colonial para defender el puerto de los ataques de los corsarios (*privateers*) y piratas.

 Have students read the cultural notes and discuss the content before viewing Module 5 of the ¡Hola, amigos! video.

DE ESTO Y AQUELLO

La palabra **salsa,** que significa *sauce* o *spice,* se usa desde los años 60 para referirse a la música caribeña con cierta influencia del jazz. Se basa principalmente en la música afrocubana, pero fue desarrollada por músicos puertorriqueños en Nueva York. La salsa es popular en todo el mundo. Hasta (*Even*) en Japón hay una orquesta salsera, pero Nueva York, Puerto Rico y Miami son los principales centros del famoso ritmo.

Casas coloniales en el Viejo San Juan, Puerto Rico.

¿Verdadero o falso?

1. Puerto Rico es una isla.
2. Para entrar en los Estados Unidos los puertorriqueños necesitan tener visa.
3. La capital de Puerto Rico es San José.
4. El Morro es una importante atracción turística.
5. La salsa es un tipo de música caribeña con influencia del jazz.
6. Tokio, Nueva York y Puerto Rico son los principales centros de la salsa.

Pronunciación

Las consonantes *g, j, h*

For additional practice:
Gustavo guardó la guitarra en el gabinete. / Gerardo y Ginés juegan con tarjetas. / Ahora Hugo habla con su hermano.

A. Practice the sound of Spanish **g** in the following words.

gato	**g**racias
Guevara	**g**uapo
gordo	**g**uitarra

B. Practice the sound of Spanish **j** (or **g** before **e** and **i**) in the following words.

mu**j**er	pare**j**a	**J**ulio
jueves	anaran**j**ado	ba**j**o
Gerardo	**g**eneroso	**g**iro

C. Repeat the following words. Remember that the Spanish **h** is silent.

a**h**ora	**h**asta	**h**oy
a**h**orros	**h**ola	**h**orario
hora	**h**istoria	**h**ablar

Puntos para recordar

1. Present progressive (Estar + *gerundio*)

Using colored chalk, write the endings for the gerund.

hablar: habl_ando
(*speaking*)
comer: com_iendo   (*eating*)
escribir: escrib_iendo
(*writing*)

The present progressive describes an action that is in progress. It is formed with the present tense of **estar** and the **gerundio** (equivalent to the English -*ing* form) of the verb. Study the formation of the **gerundio** in the following chart.

Infinitive	habl**ar**	com**er**	escrib**ir**
Gerundio	habl- **ando**	com- **iendo**	escrib- **iendo**

> Yo **estoy comiendo.**
> *I   am   eating.*

— **¿Estás estudiando?**   *"Are you studying?"*
— No, **estoy escribiendo.**   *"No, I am writing."*

■ The following forms are irregular. Note the change in their stems.

pedir	→	**p*i*diendo**	*asking for*
decir	→	**d*i*ciendo**	*saying*
servir	→	**s*i*rviendo**	*serving*
dormir	→	**d*u*rmiendo**	*sleeping*
traer	→	**tra*y*endo**	*bringing*
leer	→	**le*y*endo**	*reading*

■ Note also that the **i** of **-iendo** becomes **y** between vowels.

— ¿Qué están haciendo las chicas?   *"What are the girls doing?"*
— Ana **está leyendo** y Eva **está**   *"Ana is reading and Eva is*
   durmiendo.   *sleeping."*

¡Atención!   In Spanish, the present progressive is *never* used to indicate a future action. The present tense is used in future expressions that would require the present participle in English.

■ Some verbs, such as **ser, estar, ir,** and **venir,** are rarely used in the progressive construction.

¡Vamos a practicar!

A. With a partner, say what is happening, using the cues provided.

   1. Tú / bailar / Sergio
   2. Adela y Jorge / conversar / en la cafetería

3. Pablo / comer / ensalada
4. Mi primo y yo / beber / cerveza
5. Yo / pensar / dar una fiesta
6. Mis amigos / servir / ponche
7. Ellos / dormir / aquí
8. Ud. / leer / un libro

B. Describe what the following people are doing.

1. Tú...   2. Yo...   3. Ellos...

4. Eva...   5. La profesora...   6. Nosotros... y el chico...

C. With a partner, take turns asking and answering what everybody is doing at
Eva's party. Use the cues provided and the present progressive to formulate
the questions. Use your imagination when responding.

Persona	Pregunta
1. Luis	qué / hacer
2. Estela	qué / servir
3. Pablo	con quién / bailar
4. Eva y Pablo	qué / beber
5. Juan	qué / comer
6. Olga y Estela	qué / pedir
7. la orquesta (*band*)	qué / tocar

2. Uses of *ser* and *estar* (*Usos de* ser y estar)

The English verb *to be* has two Spanish equivalents, **ser** and **estar,** which have distinct uses and are *not* interchangeable.

A. Uses of **ser**

Ser expresses a fundamental quality and identifies the essence of a person or thing: *who* or *what* the subject is.

■ It describes the basic nature or inherent characteristics of a person or thing. It is also used with expressions of age that do not refer to a specific number of years.

Ernesto **es** moreno y guapo.	*Ernesto **is** dark and handsome.*
Estela **es** joven.	*Estela **is** young.*

■ It is used with **de** to indicate origin and with adjectives denoting nationality.

Carmen **es** cubana; **es** de La Habana.	*Carmen **is** Cuban; she **is** from Havana.*

■ It is used to identify professions and jobs.

Yo **soy** profesor(a).	*I **am** a professor.*

■ With **de,** it is used to indicate possession or relationship.

El libro **es** de él.	*The book **is** his.*
Ellas **son** las hermanas del profesor.	*They **are** the professor's sisters.*

■ With **de,** it describes the material that things are made of.

El teléfono **es** de plástico.	*The telephone **is** (made of) plastic.*
La mesa **es** de metal.	*The table **is** (made of) metal.*

■ It is used with expressions of time and with dates.

Son las cuatro y media.	*It **is** four-thirty.*
Hoy **es** jueves, primero de julio.	*Today **is** Thursday, July first.*

■ It is used with events as the equivalent of "taking place."

La fiesta **es** en mi casa.	*The party **is** (**taking place**) at my house.*

Contrast the following pairs of sentences. Notice how the use of **ser** or **estar** affects their meanings.

Somos de Boston. (origin)
Estamos en Boston. (location)

El chocolate es delicioso. (basic characteristic)
El chocolate (que estoy tomando ahora) está delicioso. (condition, sensory perception)

B. Uses of estar

Estar is used to express more transitory qualities than **ser** and often implies the possibility of change.

■ It indicates place or location.

Alicia **está** en casa.	*Alicia **is** at home.*

■ It indicates a condition, often the result of an action, at a given moment in time.

Él **está** enfermo.	*He's sick.*
La puerta **está** cerrada.	*The door **is** closed.*

■ With personal reactions, it describes what is perceived through the senses—that is, how a subject tastes, feels, looks, or seems.

¡Estás muy bonita hoy!	*You look very pretty today!*
Estos sándwiches **están** buenos.	*These sandwiches **taste (are)** good.*

■ In present progressive constructions, it describes an action in progress.

Estoy estudiando.	*I am studying.*

¡Vamos a practicar!

As homework, have students write two or more personalized questions that illustrate each use of **ser** and **estar**. In class, have students work in pairs, asking and answering these questions.

A. Interview a partner, using the following questions.

1. ¿Eres norteamericano(a)?
2. ¿De dónde eres?
3. ¿Tu mejor amigo es alto, bajo o de estatura mediana?
4. ¿Tu mejor amiga es rubia o morena?
5. ¿Dónde están tus padres ahora?
6. ¿Estás cansado(a)?
7. ¿Qué día es hoy?
8. ¿Qué hora es?

Students should be prepared to give reasons for choosing **ser** or **estar** in each case.

B. Complete the following story about Carlos Alberto and his girlfriend, Marisa, using the present indicative of **ser** or **estar,** as appropriate.

Carlos Alberto _____ joven, alto y delgado. _____ estudiante de la Universidad de la Plata. Él _____ de Lima, pero ahora _____ en Argentina. _____ las nueve de la noche y Carlos Alberto decide ir a la casa de Marisa. Marisa _____ su novia y _____ una chica muy inteligente y simpática. —¡Qué bonita _____ hoy, Marisa! —exclama Carlos Alberto cuando ella abre (*opens*) la puerta. Los dos van a una fiesta. La fiesta _____ en casa de Eva.

C. Make statements about each illustration, using **ser** or **estar** as needed.

MODELO: Pedro _____ y Luis _____.
Pedro es alto y Luis es bajo.

1. Mario _____ y
   Ana _____ rubia.

2. Eva _____

3. El doctor Torres _____

4. Yo _____

5. Hoy _____

6. Los estudiantes _____

7. _____   8. Nosotras _____

Follow up by having groups
share their sentences with the
class or another group.

D. In groups of three or four, prepare ten statements about objects in the class-room. Include as many uses of **ser** and **estar** as possible.

E. With a partner, prepare two or three descriptions of classmates, using **ser** and **estar.** Then read them to another pair to guess who each person is.

3. Stem-changing verbs: *e > ie* (*Verbos que cambian en la raíz:* e > ie)

Drill students on the following
verb forms and encourage
them to use the forms in
sentences.
1. **Yo cierro la puerta. (Uds.,
   Ella, Tú, Nosotras)**
2. **Él piensa ir. (Yo, Tú, Ud.
   y ella, Mis amigos)**
3. **Nosotros empezamos
   hoy. (Tú, Uds., Yo, Ellas)**

As you have already seen, Spanish verbs have two parts: a stem and an ending (**-ar, -er,** or **-ir**). Some Spanish verbs undergo a change in stem in the present indicative tense. When **e** is the last stem vowel and it is stressed, it changes to **ie** as shown below.

preferir (*to prefer*)			
yo	prefiero	nosotros(as)	preferimos
tú	prefieres	vosotros(as)	preferís
Ud. él ella	prefiere	Uds. ellos ellas	prefieren

■ Note that the stem vowel is not stressed in the verb forms used with **nosotros(as)** and **vosotros(as);** therefore, the **e** does not change to **ie.**

Write a short sentence builder
on the board and ask students
to combine the elements to
form five original sentences.
**Yo / Ellas / Tú / Nosotros /
   Uds. / La clase / La fiesta
pensar / empezar / cerrar /
   querer / preferir
a las nueve / la ventana /
   ir hoy / beber ponche /
   el próximo lunes**

■ Stem-changing verbs have the same endings as regular **-ar, -er,** and **-ir** verbs.

■ Other verbs that also change from **e** to **ie** are **pensar, querer, cerrar** (*to close*), **comenzar, empezar,** and **entender**[1] (*to understand*).

    — **¿Quieres** cerveza?   *"Do **you want** beer?"*
    — No, **prefiero** vino.   *"No, **I prefer** wine."*

    — **¿A qué hora comienzan**   *"At what time **do you begin** to*
      Uds. a trabajar?   *work?"*
    — **Comenzamos** a las diez.   *"**We begin** at ten."*

---

[1]For a complete list of stem-changing verbs, see Appendix B.

¡Vamos a practicar!

A. Alicia and Sergio cannot agree on anything. Supply the correct form for each verb and act out the conversation with a partner.

ALICIA — ¿Tú _____ (pensar) ir a la fiesta de Olga?

SERGIO — Yo no _____ (querer) ir a fiestas; _____ (preferir) ir a un restaurante con los muchachos.

ALICIA — ¡Ellos también _____ (querer) ir a la fiesta!

SERGIO — ¿A qué hora _____ (empezar) la fiesta?

ALICIA — _____ (Comenzar) a las nueve, pero Beatriz y yo _____ (querer) estar allí (*there*) a las ocho porque tenemos que llevar las cintas.

SERGIO — Carlos y yo _____ (pensar) ir a la biblioteca.

ALICIA — ¡¿Uds. _____ (pensar) ir a la biblioteca hoy?! Entonces yo voy a la fiesta con Roberto.

SERGIO — ¡Magnífico! Yo voy al restaurante con Marisa.

Have students work in pairs, creating and asking their partners 5 questions using **pensar, preferir, querer, empezar, comenzar.**

B. Answer the following questions with complete sentences, using the illustrations as cues.

1. ¿Qué quieres tomar?

2. ¿A qué hora empieza la clase?

3. ¿Adónde quieren ir Uds.?

4. ¿Qué prefiere comer Adela?

5. ¿Cuándo comienzan las clases?

6. ¿A qué hora cierran la biblioteca?

7. ¿Qué prefieren beber Uds.?

8. ¿En qué mes empieza el invierno?

To vary the format, have students ask you their questions as a whole-group activity. Extend the activity by responding and then asking the same questions of individual students.

9. ¿Con quién piensas ir?

C. Write five original questions to ask a partner, using **e > ie** stem-changing verbs. Your partner will, in turn, ask you five questions.

4. Comparative and superlative adjectives, adverbs, and nouns (*Comparativo y superlativo de adjetivos, adverbios y nombres*)

Write the following sample sentence and list of adjectives on the board or on the overhead projector.
Yo soy más / menos… que…
alto(a) / moreno(a) / bajo(a) / rico(a) / simpático(a) / rubio(a) / inteligente / bonita / bueno(a) / delgado(a) / joven / paciente

A. Comparisons of inequality

■ In Spanish, the comparative of inequality of most adjectives, adverbs, and nouns is formed by placing **más** (*more*) or **menos** (*less*) before the adjective, the adverb, or the noun and **que** (*than*) after it.

Silvia es **más alta que** yo.
Ella es **menos inteligente que** tú.

*Silvia is **taller than** I.*
*She is **less intelligent than** you (are).*

De is used instead of **que** before a numerical expression of quantity or amount.

— ¿Cuántos estudiantes hay en la clase?	*"How many students are there in the class?"*
— Hay **más de** treinta.	*"There are **more than** thirty."*

B. Comparisons of equality

■ To form comparisons of equality with adjectives, adverbs, and nouns in Spanish, use **tan... como** when comparing adjectives or adverbs. Use **tanto, -a, -os, -as... como** when comparing nouns.

— ¿Tu hermana habla bien el español?	*"Does your sister speak Spanish well?"*
— Sí, habla español **tan bien como** nosotros.	*"Yes, she speaks Spanish **as well as** we do."*
— Tú das muchas fiestas.	*"You give many parties."*
— Sí, pero no doy **tantas fiestas como** Uds.	*"Yes, but I don't give **as many parties as** you do."*

C. The superlative

■ The superlative construction is similar to the comparative. It is formed by placing the definite article before the person or thing being compared.

— ¿Quién es **el estudiante más inteligente** de la clase?	*"Who is **the most intelligent student** in the class?"*
— Mario es **el[1] más inteligente** de todos.	*"Mario is **the most intelligent** of all."*

Note that the Spanish **de** translates to the English *in* or *of* after a superlative.

Ellos son los más inteligentes **de** la clase.	*They are the most intelligent ones **in** the class.*

D. Irregular comparative forms

■ The following adjectives and adverbs have irregular comparative and superlative forms in Spanish.

Adjective	Adverb	Comparative	Superlative
bueno (*good*)	bien (*well*)	**mejor**	**el (la) mejor**
malo (*bad*)	mal (*badly*)	**peor**	**el (la) peor**
grande (*big*)		**mayor**	**el (la) mayor**
pequeño (*small*)		**menor**	**el (la) menor**

---

[1]The noun may be omitted in the superlative construction to avoid repetition when meaning is clear from context.

■ When the adjectives **grande** and **pequeño** refer to size, the regular comparative forms are generally used.

Tu clase es **más grande que** la de Antonio.

*Your class is **bigger than** Antonio's.*

When these adjectives refer to age, the irregular comparative forms **mayor** and **menor** are used.

— ¿Felipe es **mayor que** tú?
— No, es **menor que** yo.

*"Is Felipe **older** than you?"*
*"No, he's **younger** than I (am)."*

¡Vamos a practicar!

A. Complete the following sentences, giving the Spanish equivalent of the words in parentheses.

1. Mi hermana es _____ tu hermano. (*taller than*)
2. ¿Tu esposo tiene _____ cuarenta años? (*less than*)
3. Mi compañero(a) de cuarto habla español _____ yo. (*as badly as*)
4. Mi amigo(a) es _____ tú. (*less intelligent than*)
5. Mi profesor(a) es _____ mis padres. (*much younger than*)
6. El libro que yo tengo es _____ de todos. (*the best*)
7. Tú eres _____ ella. (*much thinner than*)
8. Luis es _____ Ariel. (*as nice as*)
9. Yo no tengo _____ tú. (*as many invitations as*)
10. Nosotros tenemos _____ Uds. (*as many CDs as*)

As a follow-up, write a number of adjectives of personality on the board (e.g., **paciente, trabajador, sincero,** etc.) and have students discuss who in class is "the most . . ." in each case. Use celebrities if students are uncomfortable discussing their classmates.

B. Establish comparisons between the following people and things, using the adjectives provided and adding any necessary words.

1. Hotel Hilton / Motel 5 / mejor
2. Einstein / yo / inteligente
3. Tu novio(a) / mi novio(a) / delgado(a)
4. Maine / Texas / pequeño
5. Charles Barkley / Danny De Vito / alto
6. Mi tío / yo / mayor
7. Brasil / Cuba / grande
8. Mi hermana / mi tía / menor

C. Read each statement, then answer the questions that follow.

1. Mario tiene A en español, José tiene B y Lolo tiene F.
   ¿Quién es el mejor estudiante?
   ¿Quién es el peor estudiante?
2. Juan tiene veinte años, Raúl tiene quince y David dieciocho.
   ¿Quién es el mayor de los tres?
   ¿Quién es el menor de los tres?
3. Lolo no es inteligente, Beto es inteligente y Rosa es muy inteligente.
   ¿Quién es más inteligente que Beto?
   ¿Quién es menos inteligente que Beto?
   ¿Quién es el (la) más inteligente de los tres?
   ¿Quién es el (la) menos inteligente de los tres?

D. With a partner, ask each other questions to find out how you compare to members of your family with respect to height, age, intelligence, etc.

5. Pronouns as objects of prepositions (*Pronombres usados como complemento de preposición*)

The object of a preposition[1] is the noun or pronoun that immediately follows it.

La fiesta es *para María (ella).* Ellos van *con nosotros.*

Singular		*Plural*	
mí	me	**nosotros(as)**	us
ti	you (*fam.*)	**vosotros(as)**	you (*fam. pl.*)
Ud.	you (*form.*)	**Uds.**	you (*form./fam. pl.*)
él	him	**ellos**	them (*masc.*)
ella	her	**ellas**	them (*fem.*)

[1]See Appendix C.

■ Only the first- and second-persons singular, **mí** and **ti,** are different from regular subject pronouns.

■ When used with the preposition **con, mí** and **ti** become **conmigo** and **contigo,** respectively. The other forms do not combine: **con él, con ella, con ustedes,** and so on.

　　— ¿La invitación es para **mí?**　　　*"Is the invitation for me?"*
　　— No, no es para **ti;** es para **él.**　　*"No, it's not for you; it's for him."*

　　— ¿Vas a la fiesta **conmigo?**　　　*"Are you going with me to the party?"*

　　— No, no voy **contigo;** voy con　　*"No, I'm not going with you; I'm*
　　　ellos.　　　　　　　　　　　　　*going with them."*

¡Vamos a practicar!

Complete the following sentences with the correct forms of the pronouns and prepositions in parentheses.

1. Elena no va _____, Anita.　*(with you)*
2. Esas cintas son para _____ y el disco compacto es para _____. *(me / her)*
3. Teresa está hablando de _____.　*(us)*
4. Elsa va a venir con _____.　*(them)*
5. Olga no va a ir al club _____; va a ir _____. *(with you, pl. / with me)*
6. El vino no es para _____, Paco; es para _____.　*(him / you)*

Y ahora, ¿qué?

Palabras y más palabras

Internet

For more practice with lesson topics, see the related activities on the **¡Hola, amigos!** web site.

Complete each sentence, using vocabulary from **Lección 5.**

1. Tengo una _____ para ir a la fiesta de bienvenida.
2. Es alto y moreno y tiene _____ castaños.
3. Necesito llamar por _____ al profesor Vera.
4. — ¿Quieres bailar?
   — Sí, ¡_____ no!
5. La fiesta es el _____ sábado.
6. _____ el sábado y gracias por la invitación.
7. No estoy _____, pero creo que piensan ir.
8. Estela es muy bonita. ¡Es _____!
9. Carlos tiene mucho dinero. Es el más _____ del grupo.
10. Ella es _____; tiene diecisiete años.
11. Antonio no _____ ir porque está enfermo.
12. ¿Es _____ o moreno?
13. Tener dinero no es lo _____.
14. Ahora, están _____ una salsa.
15. Las chicas están hablando _____ ti.

¡Vamos a conversar!

A. Para conocerse mejor. Get to know your partner better by asking each other the following questions.

1. ¿Cómo es tu mejor amigo(a)?
2. ¿Eres menor o mayor que tu mejor amigo(a)?
3. ¿Eres más alto(a) o más bajo(a) que tu mamá?
4. ¿De qué color son los ojos de tu papá?
5. ¿Tienes tanto dinero como tus padres?
6. ¿Prefieres tener discos compactos o cintas?
7. ¿Quieres ir a una fiesta conmigo?
8. ¿A qué hora empieza tu primera clase?
9. ¿A qué hora cierran la librería de la universidad?
10. ¿Tú entiendes una conversación en español?

B. Una encuesta. Interview your classmates to identify who fits the following descriptions. Include your instructor, but remember to use the **Ud.** form when addressing him/her.

	Nombre
1. Piensa dar una fiesta en su casa.	
2. Tiene un estéreo.	
3. Sabe bailar la salsa.	
4. Toca el piano.	
5. Llama a su mejor amigo(a) por teléfono todos los días.	
6. Recibe muchas invitaciones.	
7. Tiene mucho dinero.	
8. Piensa que lo más importante es el dinero.	
9. Siempre está muy ocupado(a).	
10. Es el (la) menor de su familia.	

Situaciones

Assign as homework and select different pairs of students to roleplay each situation for the class.

What would you say in the following situations? What might the other person say? Act out the scenes with a partner.

1. You want to invite a friend to go to a party with you next Friday.
2. Someone asks you to go to a party. Find out when it is and at what time it starts. Then accept and thank the person for inviting you.
3. You are hosting a party. Ask your guests what they want to eat and drink.
4. You are trying to convince a friend to go out (**salir**) with someone you have just recently met. Describe your new acquaintance to your friend.

Para escribir

You are planning a welcome party. Describe your plans.

1. Who is the party for?
2. When is it? What time does it start?
3. Where is it?
4. Who is going to be there?
5. Are you going to have tapes or CDs?
6. What are you going to serve?
7. What type of music are they going to play?

¿Qué pasa aquí?

Get together in groups of three or four and create a conversation among the people in the picture. You might have them introduce one another and discuss their friends, their activities, the occasion, or the party itself.

 # Lectura

A. Estrategia de lectura. Look at the reading on page 119. Based on the headline and the photos, what do you think the reading is about? (**¿De qué trata la lectura?**) In which section of the newspaper can you find such articles?

B. Vamos a leer. As you read the **Sociales** section of the newspaper, find the answers to the following questions.

1. ¿En qué iglesia tuvo lugar (*took place*) la boda de Alina? ¿Cuándo?
2. ¿Cómo se llama el esposo de Alina?
3. ¿Qué ofrecieron los padres de la novia?
4. ¿Adónde va a ir la feliz pareja de luna de miel (*honeymoon*)?
5. ¿Qué tuvo lugar en el Club Centenario?
6. ¿Cuál es la nacionalidad de los jóvenes?
7. ¿Qué estudian Marisol y Esteban?
8. ¿Para cuándo planean la boda?
9. ¿Quién va de vacaciones a Europa?
10. ¿Qué ciudades va a visitar? ¿Con quiénes?
11. ¿Con qué celebraron el cumpleaños (*birthday*) de Isabelita? ¿Dónde?
12. ¿Qué hogar visitó la cigüeña (*stork*) y cómo se llama el bebé?

SOCIALES

En el Club Centenario tuvo lugar la fiesta de compromiso de dos simpáticos jóvenes paraguayos: la señorita Marisol Vera Vierci y el señor Esteban Troche Infante. Marisol es estudiante de sicología en la Universidad Católica de Asunción y su prometido está terminando la carrera de médico. La enamorada pareja planea su boda para el mes de diciembre. ¡Enhorabuena!

La semana próxima va de vacaciones a Europa la señora Ana María Vásquez de Rojas. En el Viejo Continente va a visitar a sus padres, que residen en la capital española. Acompañada de sus padres, visitará París y Londres. ¡Le deseamos buen viaje!

En la iglesia de San Miguel tuvo lugar la boda de la gentil señorita Alina de la Cruz Montejo[1] con el distinguido caballero Marcos Rafael Vargas Peña[1] el pasado sábado, 13 de agosto. Terminada la ceremonia religiosa, los padres de la novia ofrecieron un banquete en el Club Unión de Asunción. La feliz pareja va a ir de luna de miel a la hermosa ciudad de Río de Janeiro. ¡Muchas felicidades al nuevo matrimonio!

El sábado pasado se celebró, con una gran fiesta infantil, el cumpleaños de la simpática Isabel Vigo Acosta en la residencia de sus padres. ¡Feliz cumpleaños, Isabelita!

La cigüeña visitó el hogar del matrimonio Reyes-Cortesi. El hermoso bebé llevará el nombre de José Luis. ¡Enhorabuena a los nuevos padres!

---

[1]Native Spanish speakers often use two last names, or **apellidos:** their father's last name followed by their mother's maiden name.

C. Díganos. Answer the following questions based on your own thoughts and experiences.

1. ¿En qué mes celebra Ud. su cumpleaños?
2. ¿Van a ofrecer sus amigos un banquete para celebrar su cumpleaños?
3. ¿Es Ud. miembro de un club? ¿De cuál?
4. Para Ud., ¿cuál es el lugar (*place*) ideal para pasar la luna de miel?
5. ¿Adónde planea Ud. ir de vacaciones?
6. ¿Qué ciudades de Europa quiere visitar Ud.?
7. ¿Le gusta a Ud. viajar con sus padres, con sus amigos o solo(a) (*alone*)?
8. ¿Qué nombre le gusta para un bebé?

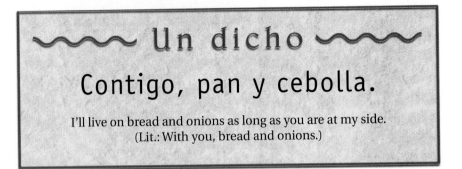

~~~ Un dicho ~~~

Contigo, pan y cebolla.

I'll live on bread and onions as long as you are at my side.
(Lit.: With you, bread and onions.)

Lección 4

A. Demonstrative adjectives and pronouns

Use the appropriate demonstrative adjective.

1. (*those*)   a. _____ sillas   b. _____ hombres
2. (*this*)   a. _____ piscina   b. _____ cine
3. (*that over there*)   a. _____ café   b. _____ camarera
4. (*that*)   a. _____ pareja   b. _____ club
5. (*these*)   a. _____ bolígrafos   b. _____ frutas

B. Personal *a*

Write a sentence with each group of words, adding any necessary words.

1. Yo / conocer / la tía / Julio
2. Luis / tener / tres tíos / dos tías
3. Ana / llevar / su prima / fiesta
4. Uds. / conocer / Nueva York

C. Contractions *al* and *del*

Rewrite the following sentences, replacing the words in italics with the words in parentheses. Make all necessary changes.

1. No conocemos a la *señora* Vega.   (señor)
2. Es la hermana de la *profesora*.   (profesor)
3. Venimos de la *clase.*   (laboratorio)
4. Voy a la *cafetería.*   (teatro)
5. Vengo del *concierto.*   (piscina)

D. Present indicative of *estar, ir,* and *dar*

Complete the following sentences, using the present indicative of **dar, ir,** and **estar.**

1. Yo no _____ mi número de teléfono.
2. Ella no _____ en el cine.
3. Nosotros _____ a la fiesta.
4. ¿Tú _____ bien?
5. Ellos _____ en la cafetería.
6. ¿Ud. _____ a la universidad por la mañana?
7. ¿Uds. _____ fiestas los sábados?
8. Yo _____ al club.

E. *Ir a* + infinitive

Write the question that originated each response, using the cues in italics.

1. Yo voy a estudiar *en el laboratorio.*   (Use **tú.**)
2. Nosotros vamos a comer *sándwiches.*

3. Roberto va a ir *con Teresa.*
4. Yo voy a terminar *a las cuatro.*   (Use **Ud.**)
5. Ellos van a trabajar *el sábado.*

F. *Saber* vs. *conocer*

Write the following sentences in Spanish.

1. Do you know Mr. Soto, Anita?
2. Do you know (how) to dance, Miss Peña?
3. I know (have been to) several cities.
4. Do you know Pablo's phone number, Paco?

G. **Vocabulary**

Complete the following sentences, using vocabulary from **Lección 4.**

1. Están en un café al aire _____ .
2. ¿Tienes _____ para comer? Tengo hambre...
3. ¿Qué actividades planean para el _____ de semana?
4. Nosotros estamos _____ a la fiesta de Gloria.
5. No tengo _____ de ir a la fiesta; estoy cansada.
6. Vamos al club a _____ al tenis.
7. Al día _____ , todos van al club.
8. Nadamos en la _____ de Jorge.
9. ¿Por qué no _____ (tú) a tu hermana al cine?
10. ¿No sabes patinar? ¡Tienes que _____ !
11. ¿Deseas un sándwich de _____ y queso?
12. Carlos _____ a su mamá los sábados.

H. **Culture**

Answer each question, based on the **Notas culturales** you have read.

1. ¿De dónde son la mayoría de los hispanos que viven en Miami?
2. En Miami, ¿en qué se nota la influencia hispana?
3. ¿Cuál es el deporte más popular en España y en la mayoría de los países latinoamericanos?

Lección 5

A. **Present progressive**

Use the present progressive of the verbs **comer, dormir, leer, patinar,** and **servir** to complete the following sentences. Use each verb once.

1. Nosotros _____ café.
2. Yo _____ un libro.
3. Uds. _____ muy bien.
4. ¿Qué _____ (tú)? ¿Un sándwich?
5. Carlos _____ en su cuarto (*room*).

B. Uses of *ser* and *estar*

Complete each sentence using the present indicative of **ser** or **estar.**

1. Paco _____ de Madrid, pero ahora _____ en California.
2. Gabriela _____ estudiando italiano. _____ una chica muy inteligente.
3. Las mesas _____ de metal.
4. ¡Tú _____ muy bonita hoy!
5. La fiesta _____ en el club "Los Violines".
6. Alina _____ la novia de Marcos.
7. Nosotros _____ muy cansados.
8. _____ las cinco de la tarde.

C. Stem-changing verbs (*e > ie*)

Complete each sentence with the Spanish equivalent of the verb in parentheses.

1. ¿Tú _____ ir al cine o al teatro?   (*prefer*)
   Roberto _____ ir al concierto.   (*wants*)
2. Las clases _____ a las seis y terminan a las nueve.   (*start*)
3. Nosotros _____ estudiar esta noche. No tenemos ganas de ir a la fiesta de Teresa.   (*plan*)
4. Ellos _____ ir a la piscina.   (*prefer*)
5. Ana y yo _____ venir mañana.   (*want*)

D. Comparison of adjectives, adverbs, and nouns

Write the following dialogues in Spanish.

1. "Is he older than you, Anita?"
   "Yes, but I'm much taller."
2. "He is very handsome."
   "You are as handsome as he (is), Paquito . . . and he is less intelligent."
3. "Are they the best students in the class?"
   "No, they're the worst!"
4. "Does she work?"
   "Yes but she doesn't work as many hours as I."

E. Pronouns as object of prepositions

Complete each sentence with the Spanish equivalent of the words in parentheses.

1. ¿Tú vas _____, Paquito?   (*with me*)
   No, no voy _____, Anita. Voy _____.   (*with you / with them*)
2. ¿Los discos compactos son _____, Tito?   (*for you*)
   No, no son _____; son _____.   (*for me / for her*)

F. **Vocabulary**

Complete the following sentences, using vocabulary from **Lección 5.**

1. Tengo muchos _____ compactos.
2. Tiene pelo y _____ castaños.
3. Yo tengo veinte años y ella tiene dieciocho; ella es _____ que yo.
4. ¿Es rubia o _____ ?
5. Es de _____ mediana.
6. Ella es _____. Tiene mucho dinero.
7. Dan una fiesta de _____ para Carlos.
8. Voy a _____ por teléfono a Teresa.
9. — ¿Quieres ir a mi fiesta?
   — ¿_____ no! ¿Cuándo es?
10. ¿Quieres _____, vino o cerveza?
11. La cerveza es una _____ alcohólica.
12. Están _____ una salsa. ¿Quieres _____?
13. ¿_____ vienen ellos? ¿En agosto?
14. Estoy muy _____. Trabajo mucho.
15. Es muy _____. Tiene dieciséis años.

G. **Culture**

Answer each question, based on the **Notas culturales** you have read.

1. ¿Por quién fue descubierto Puerto Rico?
2. ¿Por qué no necesitan los puertorriqueños visa para entrar en los Estados Unidos?
3. ¿Qué es el Morro?
4. ¿Qué es la salsa?

Diligencias y compras

Vendedores en un centro comercial en Lima, Perú.

Lección 6: En el banco y en la oficina de correos
Lección 7: De compras

By the end of this unit, you will be able to:

- open an account and cash checks at the bank
- mail letters and buy stamps at the post office
- shop for clothing and shoes, conveying your needs with regard to sizes and fit
- discuss past actions and events
- discuss your likes and dislikes
- talk about your daily routine

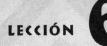
En el banco y en la oficina de correos

For presentation of dialogue, see Introduction, Instructor's Annotated Edition.

En el Banco de América, en la Ciudad de Panamá.

Son las diez de la mañana y Alicia entra en el banco. No tiene que hacer cola porque no hay mucha gente.[1]

CAJERO — ¿En qué puedo servirle, señorita?

ALICIA — Quiero abrir una cuenta de ahorros. ¿Qué interés pagan?

CAJERO — Pagamos el tres por ciento.

ALICIA — ¿Puedo usar el cajero automático para sacar mi dinero en cualquier momento?

CAJERO — Sí, pero si saca el dinero, puede perder parte del interés.

ALICIA — Bueno... Ahora deseo cobrar este cheque.

CAJERO — ¿Cómo quiere el dinero?

ALICIA — Cien balboas[2] en efectivo. Voy a depositar mil en mi cuenta corriente.

---

[1]**Gente** is considered singular in Spanish.
[2]Panamanian currency

CAJERO	— Necesito el número de su cuenta.
ALICIA	— Un momento… No encuentro mi talonario de cheques y no recuerdo el número…
CAJERO	— No importa. Yo lo busco.
ALICIA	— Ah, ¿dónde consigo cheques de viajero?
CAJERO	— Los venden en la ventanilla número dos.

En otro departamento, Alicia pide información sobre un préstamo.

Hace quince minutos que Alicia está en la oficina de correos haciendo cola cuando por fin llega a la ventanilla. Allí compra estampillas y pide información.

ALICIA	— Deseo mandar estas cartas por vía aérea.
EMPLEADO	— ¿Quiere mandarlas certificadas?
ALICIA	— Sí, por favor. ¿Cuánto es?
EMPLEADO	— Diez balboas, señorita.
ALICIA	— También necesito estampillas para tres tarjetas postales.
EMPLEADO	— Aquí las tiene.
ALICIA	— Gracias. ¿Cuánto cuesta enviar un giro postal a México?
EMPLEADO	— Veinte balboas. ¿Algo más, señorita?
ALICIA	— Nada más, gracias.

Alicia sale de la oficina de correos, toma un taxi y vuelve a su casa.

Have students review the lesson dialogues and vocabulary prior to viewing Module 6 of the ¡Hola, amigos! video.

¿Recuerda usted?

With a partner, decide whether the following statements about the dialogues are true (**verdadero**) or false (**falso**).

1. Alicia tiene que hacer cola en el banco.
2. El banco paga el ocho por ciento de interés.
3. Alicia va a depositar dinero en su cuenta.
4. Alicia no encuentra el talonario de cheques.
5. En el banco no venden cheques de viajero.
6. Alicia compra estampillas.
7. Alicia manda tarjetas postales.
8. Alicia vuelve a su casa en ómnibus.

Vocabulario

Cognados

el banco bank	**la información** information	**el momento** moment
el cheque check	**el interés** interest	**la parte** part
el departamento department	**el minuto** minute	**el taxi** taxi

Nombres

el (la) cajero(a)   teller
el cajero automático   automatic teller machine
la carta   letter
el cheque de viajero   traveler's check
la ciudad   city
la cuenta   account
la cuenta corriente   checking account
la cuenta de ahorros   savings account
la diligencia   errand
el (la) empleado(a)   clerk
la estampilla, el sello, el timbre (*Méx.*)   stamp
la gente   people

el giro postal   money order
el número   number
la oficina de correos, el correo   post office
el préstamo   loan
el talonario de cheques   checkbook
la tarjeta postal   postcard
la ventanilla   window (*in a bank, ticket office, etc.*)

Verbos

abrir   to open
buscar   to look up, to look for
comprar   to buy
conseguir (e > i)   to obtain, to get
costar (o > ue)   to cost
depositar   to deposit

encontrar (o > ue)   to find
entrar (en)   to enter, to go in
mandar, enviar   to send
pedir (e > i)   to ask for, to request
perder (e > ie)   to lose
poder (o > ue)   to be able to, can
recordar (o > ue)   to remember
sacar   to take out
salir (yo salgo)   to leave, to go out
servir (e > i)   to serve
usar   to use
vender   to sell
volver (o > ue)   to return, to go (come) back

Adjetivos

certificado(a)   registered
otro(a)   other, another

Otras palabras y expresiones

¿algo más?   anything else?
allí   there

aquí   here
cobrar un cheque   to cash a check
en cualquier momento   at any time
en efectivo   in cash
¿En qué puedo servirle?   How may I help you?

hacer cola   to stand in line
nada más   nothing else
No importa.   It doesn't matter.
por ciento   percent
por fin   finally
por vía aérea   air mail
sobre, de   about

96 Amplíe su vocabulario

Más sobre el banco

ahorrar	*to save*
la caja de seguridad	*safe-deposit box*
la casa central	*home office*
la cuenta conjunta	*joint account*
fechar	*to date*
firmar	*to sign*
la libreta de ahorros	*passbook*
el plan de ahorros	*savings plan*
el saldo	*balance*
solicitar (pedir) un préstamo	*to apply (ask) for a loan*
la sucursal	*branch office*

¿Qué necesito o qué tengo que hacer?

Say what you need or what you have to do, according to each circumstance.

1. Quieres comprar un automóvil y no tienes dinero.
2. Quieres saber cuánto dinero tienes en el banco.
3. Quieres ahorrar dinero.
4. Quieres sacar dinero de tu cuenta de ahorros.
5. Quieres abrir una cuenta con otra persona.
6. Quieres guardar (*keep*) documentos muy importantes en el banco.
7. En la sucursal del banco no tienen lo que necesitas.
8. Necesitas escribir tu nombre en el cheque.
9. Necesitas escribir la fecha en el cheque.

NOTAS CULTURALES

Point out Panama on the transparency with the map of Central America (SOT) and show slides of the Canal and other points of interest.

DE AQUÍ Y DE ALLÁ

Panamá está situado en el istmo (*isthmus*) que une (*joins*) Suramérica con la América del Norte. El país, que está dividido por el Canal de Panamá, tiene una superficie de unos 78.000 km² y una población de más de dos millones y medio de habitantes. Su cultura es una mezcla (*mixture*) de las tradiciones españolas, africanas, indias y norteamericanas. El idioma oficial del país es el español, pero también se usa mucho el inglés.

La principal fuente de ingresos (*source of income*) del país está asociada a las operaciones del Canal, que es administrado por Panamá desde el año 2000. La construcción del Canal por parte del gobierno de los Estados Unidos duró (*lasted*) diez años y fue terminada en 1914. El Canal mide 82,4 km y tiene tres esclusas (*locks*) a cada lado del istmo que cruza.

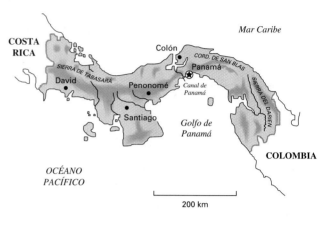

DE ESTO Y AQUELLO

El balboa es la unidad monetaria de Panamá. Su valor (*value*) es equivalente al del dólar, moneda que también se usa mucho en el país. Argentina, Chile, Colombia, Cuba, México, Uruguay y la República Dominicana usan el peso. Otras unidades monetarias en los países hispanos son el boliviano en Bolivia, el colón en Costa Rica y El Salvador, el dólar[1] en Ecuador, el quetzal en Guatemala, el lempira en Honduras, el nuevo córdoba en Nicaragua, el sol en Perú, el guaraní en Paraguay, el bolívar en Venezuela y el euro en España.

Vista de una de las esclusas del Canal de Panamá.

[1]In Ecuador, the former currency, the **sucre** was phased out in 2000.

¿Verdadero o falso?

1. Panamá está en la América del Norte.
2. El idioma oficial de Panamá es el inglés.
3. El Canal de Panamá es administrado por Panamá y Estados Unidos.
4. El balboa es la unidad monetaria de Panamá.
5. La moneda de Argentina es la peseta.

Pronunciación

Las consonantes *ll, ñ*

For additional practice: **Ella llega a la ventanilla de sellos. / La Srta. Muñoz le da una muñeca a la niña.**

A. Practice the sound of Spanish **ll** in the following words.

llegar	llama	silla
llamar	Allende	allí
estampilla	sello	ventanilla

B. Practice the sound of Spanish **ñ** in the following words.

señor	señora	señorita
año	otoño	Peña
español	mañana	España

Puntos para recordar

1. Stem-changing verbs: *o > ue* (*Verbos que cambian en la raíz:* o > ue)

■ As you learned in **Lección 5,** some Spanish verbs undergo a stem change in the present indicative tense. When **o** is the last stem vowel and it is stressed, it changes to **ue,** as shown below.

poder (*to be able to*)			
yo	**pue**do	nosotros(as)	podemos
tú	**pue**des	vosotros(as)	podéis
Ud. él ella	**pue**de	Uds. ellos ellas	**pue**den

— ¿A qué hora **pueden** Uds. ir al
banco?

— **Podemos** ir a las dos.

*"What time **can you** go to
the bank?"*

*"**We can** go at two o'clock."*

■ Note that the stem vowel is not stressed in the verb forms used with
nosotros(as) and **vosotros(as);** therefore, the **o** does not change to **ue.**

Some other verbs that undergo the **o > ue** change:[1]

costar   dormir (*to sleep*)   **encontrar   recordar   volver**

¡Vamos a practicar!

A. Complete the following dialogue, using the correct forms of the verbs **costar,
encontrar, poder, recordar,** and **volver.** Then act it out with a partner.

— ¿A qué hora _____ Uds. a casa?

— Yo _____ a las doce y Andrés _____ a las dos.

— ¿_____ Andrés ir al banco con nosotros?

— No, él no _____ ir, pero nosotros _____ ir con Uds.

— ¿Tú _____ el número de tu cuenta?

— No, no _____ el número, pero aquí tengo el talonario de cheques.

— Yo no _____ mi talonario de cheques. ¿Sabes tú dónde está?

— Sí, está en tu escritorio.

— Estoy cansada. ¿_____ (nosotros) tomar un taxi?

— No,... _____ mucho dinero.

---

[1]For a complete list of stem-changing verbs, see Appendix B.

B. Ask your partner the following questions.

1. ¿Puedes ir a la oficina de correos conmigo?
2. ¿Cuánto cuestan las estampillas ahora?
3. ¿Sabes cuánto cuesta enviar una carta a México?
4. ¿Dónde puedo comprar cheques de viajero?
5. ¿Recuerdas el número de tu cuenta corriente?
6. ¿A qué hora vuelves a tu casa hoy?
7. ¿Recuerdas el número de teléfono de todos tus amigos?
8. Generalmente, ¿cuántas horas duermes?

2. Stem-changing verbs: *e > i* (*Verbos que cambian en la raíz:* e > i)

■ Some **-ir** verbs undergo a stem change in the present indicative. For these verbs, when **e** is the last stem vowel and it is stressed, it changes to **i** as shown below.

servir (*to serve*)			
yo	sirvo	nosotros(as)	servimos
tú	sirves	vosotros(as)	servís
Ud.		Uds.	
él	sirve	ellos	sirven
ella		ellas	

— ¿A qué hora **sirven** Uds. el café?   "*What time **do you serve** coffee?*"
— **Servimos** el café a las ocho.   "*We serve coffee at eight o'clock.*"

■ Note that the stem vowel is not stressed in the verb forms used with **nosotros(as)** and **vosotros(as);** therefore the **e** does not change to **i.**

Some other verbs that undergo the **e > i** change:

> **decir**[1] (*to say, to tell*)
> **conseguir**[2]
> **pedir**[3]
> **seguir** (*to follow, to continue*)

---

[1]First person: **yo digo**
[2]Verbs like **conseguir** drop the **u** before **a** or **o: yo consigo.**
[3]**Pedir** also means *to order* (at a restaurant).

¡Vamos a practicar!

A. Complete the following dialogues, using the correct forms of the verbs **servir, decir, pedir,** and **conseguir.** Then act them out with a partner.

1. — Ana, ¿cuánto dinero _____ Uds. en el banco?
   — Yo _____ cien dólares y Juan _____ quinientos.
   — ¿_____ tus cheques de viajero allí también?
   — Sí.
2. — ¿Tú _____ que la fiesta es el sábado?
   — No, yo _____ que es el viernes; Pablo _____ que es el sábado.
   — ¿Qué _____ Uds. en sus fiestas?
   — Yo _____ refrescos y Alicia _____ cerveza y ponche.

B. Ask a classmate the following questions.

1. Cuando vas a un restaurante mexicano, ¿qué pides para comer? ¿Y para beber?
2. ¿Qué sirves tú en tus fiestas para comer? ¿Y para beber?
3. Cuando tú y tus amigos dan una fiesta, ¿sirven cerveza o refrescos?
4. ¿Tú consigues discos compactos en español? ¿Dónde?
5. Cuando tú necesitas dinero, ¿pides un préstamo?
6. ¿Dónde consigues cheques de viajero?
7. ¿Tus amigos siempre dicen la verdad (*truth*)? ¿Y tú?
8. ¿Tú dices que el español es fácil o difícil?

3. Direct object pronouns (*Pronombres usados como complemento directo*)

To practice direct object pronouns, pass out different objects to various students (a book, keys, a pen, pencils, etc.). Then ask, for example: **¿Quién tiene mi libro?** to elicit **Yo *lo* tengo.** Go to one who doesn't have it and ask: **¿Tú tienes mi libro? ¿Tú *lo* tienes?** to practice pronoun position in negative sentences.

■ In addition to a subject, most sentences have an object[1] that directly receives the action of the verbs.

Él compra **el café.**	*He buys **the coffee.***
s. v. D.O.	

In the preceding sentence, the subject **él** performs the action, while **el café,** the direct object, directly receives the action of the verb. (The direct object of a sentence can be either a person or a thing.)

The direct object can be easily identified as the answer to the questions *whom?* and *what?*

Él compra **el café.**	(***What** is he buying?*)
s. v. D.O.	

Alicia llama **a Luis.**	(***Whom** is she calling?*)
s. v. D.O.	

[1]See Appendix C.

■ Direct object pronouns are used in place of direct objects. The forms of the direct object pronouns are as follows.

	Singular		*Plural*
me	me	**nos**	us
te	you (*fam.*)	**os**	you (*fam. pl.*)
lo	him, you (*masc. form.*), it (*masc.*)	**los**	them (*masc.*), you (*masc. form./fam.*)
la	her, you (*fem. form.*), it (*fem.*)	**las**	them (*fem.*), you (*fem. form./fam.*)

You may need to explain that the grammar examples use the direct object pronouns **la** because **silla** is feminine and **lo** because **café** is masculine.

Yo tengo **las sillas.**   ¿Ustedes **las** necesitan?

I have the chairs.   *Do you need them?*

■ Position of direct object pronouns

• In Spanish, object pronouns are normally placed before a conjugated verb.

Yo compro **el café.**	*I buy the coffee.*
Yo	**lo**	compro.	*I buy it.*

• In a negative sentence, **no** must precede the object pronoun.

Yo compro **el café.**   *I buy the coffee.*
Yo   **lo**   compro.   *I buy it.*
Yo **no** **lo**   compro.   *I don't buy it.*

You may want to point out that **a Ud. (Uds.)** may be added for clarity or for courtesy: **Lo voy a visitar a Ud. / Voy a visitarlo a Ud.**

• When a conjugated verb and an infinitive appear together, the direct object pronoun is either placed before the conjugated verb or attached to the infinitive. This is also the case in a negative sentence.

La voy a llamar.
Voy a llamar**la.**   } *I'm going to call her.*

No **la** voy a llamar.
No   voy a llamar**la.**   } *I'm not going to call her.*

• In the present progressive, the direct object pronoun can be placed either before the verb **estar** or after the present participle.[1]

Lo está leyendo.
Está leyéndo**lo.**   } *He's reading it.*

¡Atención!   Note the use of the written accent on present participles that have pronouns attached: **está leyéndolo, estamos mirándola.**

---

[1]Present participle is **gerundio** (**-ando** and **-iendo** forms) in Spanish.

¡Vamos a practicar!

A. Complete the following dialogues by supplying the missing direct object pronouns. Then act them out with a partner.

1. — ¿Tienes tu talonario de cheques?
   — No, no _____ tengo aquí. Tengo que buscar _____.

2. — ¿A qué hora abren la oficina de correos?
   — _____ abren a las nueve. ¿Vas a mandar estas cartas?
   — Sí, _____ voy a mandar hoy.

3. — Rosita, ¿Carlos _____ va a llamar a ti o a mí?
   — _____ va a llamar a mí.

4. — ¿Tú conoces a Julio?
   — No, no _____ conozco.

5. — ¿Ellos _____ invitan a Uds. a sus fiestas?
   — Sí, _____ invitan.

B. Susan has a car and her teacher and her friends often need rides. Susan always says yes. What does she say to the following people?

1. *Ana* — ¿Puedes llevarme a casa?
2. *Raúl y Jorge* — ¿Puedes llevarnos a la biblioteca?
3. *Profesora* — ¿Puedes llevarme a mi apartamento?
4. *Teresa* — ¿Puedes llevar a Rosa y a Carmen a casa?
5. *Sergio* — ¿Puedes llevar a Pedro y a Luis a la residencia?
6. *Marta y Raquel* — ¿Puedes llevarnos a casa?

C. You and your friends Gustavo and Jaime are making plans to go out for the evening. Answer Gustavo's questions, using direct object pronouns and the cues provided.

1. ¿A qué hora me llamas? (a las cinco)
2. ¿Adónde nos llevas? (a un restaurante)
3. ¿Recuerdas el número de teléfono de Jaime? (no)
4. ¿Tienes tu licencia para conducir? (sí)
5. ¿Cuándo vas a llamar a Teresa y a Susana? (más tarde)
6. ¿El novio de Teresa los conoce a Uds.? (no)

D. Use the appropriate direct object pronouns to say what you do with respect to the following people or things.

MODELO: el café
       Lo bebemos.

1. las cartas
2. los cheques de viajero

3. el giro postal
4. el préstamo
5. la cuenta corriente
6. el número de la cuenta
7. la información
8. los cheques
9. el taxi
10. dos chicas (dos muchachos)

E. With a partner, take turns answering the following questions, basing your answers on the illustrations. Use direct object pronouns in your responses.

1. ¿A qué hora llama Sara a Luis?
2. ¿Cuándo tiene que llamar Luis a Sara?
3. ¿Pepe puede llevar a los chicos a casa?
4. ¿Dónde tiene Pepe los libros?
5. ¿Quién bebe el refresco?
6. ¿Quién sirve el café?
7. ¿Quién abre la puerta?
8. ¿Quién tiene las cartas?

4. Affirmative and negative expressions (*Expresiones afirmativas y negativas*)

You may want to add **a algún lado** (*somewhere, anywhere*) and **a ningún lado** (*nowhere*).

Affirmative		Negative	
algo	something, anything	**nada**	nothing
alguien	someone, anyone	**nadie**	nobody, no one
algún **alguno(a)** **algunos(as)**	any, some	**ningún** **ninguno(a)**	none, not any; no one, nobody
siempre	always	**nunca** **jamás**	never
alguna vez	ever		
algunas veces, **a veces**	sometimes		
también	also, too	**tampoco**	neither
o... o	either . . . or	**ni... ni**	neither . . . nor

— ¿Uds. **siempre** van a Nueva York? — *"Do you **always** go to New York?"*

— No, **nunca** vamos a Nueva York. — *"No, we **never** go to New York."*

— Nosotros **tampoco.** — *"Neither do we."*

After explaining that the **-o** in **alguno** and **ninguno** can be dropped, you may mention other words that follow the same rule: **uno, primero, tercero, bueno, malo.**

■ **Alguno** and **ninguno** drop the final **-o** before a masculine singular noun, but **alguna** and **ninguna** keep the final **a.**

— ¿Hay **algún** libro o **alguna** pluma en la mesa? — *"Is there **any** book or pen on the table?"*

— No, no hay **ningún** libro ni **ninguna** pluma. — *"No, there is **no** book or pen."*

■ **Alguno(a)** can be used in the plural form, but **ninguno(a)** is used only in the singular.

— ¿Necesita mandar **algunas** cartas? — *"Do you need to send **some** letters?"*

— No, no necesito mandar **ninguna** carta. — *"No, I don't need to send **any** letters."*

To emphasize the use of the double negative in Spanish, contrast these translations of the English sentence *He (She) doesn't want anything.*
No quiere algo. (incorrect)
No quiere nada. (correct)

■ Spanish sentences frequently use a double negative. In this construction, the adverb **no** is placed before the verb. The second negative word either follows the verb or appears at the end of the sentence. **No** is never used, however, if the negative word precedes the verb.

— ¿Habla Ud. francés siempre?
— No, yo **no** hablo francés **nunca.**

or:

— No, yo **nunca** hablo francés.

"Do you always speak French?"
*"No, I **never** speak French."*

— ¿Compra Ud. **algo** aquí?
— No, **no** compro **nada nunca.**

or:

— No, yo **nunca** compro **nada.**

*"Do you buy **anything** here?"*
*"No, I **never** buy anything."*

■ In fact, Spanish often uses several negatives in one sentence.

Yo **nunca** pido **nada tampoco.**　　*I **never** ask for **anything either.***

¡Vamos a practicar!

Have students work in pairs and write a list of complaints frequently expressed by their peers. Remind them to use the negative expressions they just learned as frequently as possible in their statements.

Nunca podemos comer nada en la biblioteca.

A. Make the following sentences negative.

MODELO: Yo quiero comer algo.
Yo no quiero comer nada.

1. Yo siempre voy a ese banco.
2. Yo tengo algunos discos compactos en español.
3. Yo tomo té o café.
4. Nosotros siempre vamos al cine también.
5. Yo quiero hablar con alguien.
6. Yo siempre compro algo.
7. Yo tengo algunas amigas españolas.
8. Ella necesita algunas cintas.

B. Interview a partner, using the following questions.

1. ¿Vas al banco por la mañana a veces?
2. ¿En el banco siempre pagan el 5% de interés?
3. ¿Siempre llevas tu talonario de cheques contigo?
4. ¿Necesitas comprar algo en el correo ahora?
5. Yo nunca voy a la oficina de correos los domingos. ¿Y tú?
6. ¿Tienes algunas estampillas de Venezuela?
7. ¿Alguien va contigo al correo a veces?
8. ¿Tú tomas té o café por la mañana?

C. With a partner, prepare five affirmative and five negative questions to ask your instructor.

D. In groups of three, tell your classmates two things you always do, two things you sometimes do, and two things you never do.

5. *Hace... que*

■ To express how long something has been going on, Spanish uses the following formula.

> **Hace** + length of time + **que** + verb (*in the present tense*)
>
> **Hace** dos años   **que**   vivo aquí.
>
> *I have been living here for two years.*

— Oye, ¿dónde está Eva?   *"Listen, where is Eva?"*
— No sé. **Hace dos días que no**   *"I don't know. **She hasn't come**
   viene a clase.   *to class **for two days.**"*

■ The following construction is used to ask how long something has been going on.

> **¿Cuánto tiempo hace que** + verb (*present tense*)?[1]

— ¿Cuánto tiempo **hace que ella**   *"**How long has she been** in the
   está en el correo?   post office?[1]"*
— **Hace una hora que está** allí.   *"**She has been** there for **an hour.**"*

---

[1]Note that English uses the present perfect progressive or the present perfect tense to express the same concept.

¡Vamos a practicar!

A. In complete sentences, tell how long each action depicted below has been going on. Use **hace... que** and the length of time specified.

1. veinte minutos

2. tres años

3. una hora

4. dos horas

5. seis meses

6. cinco días

B. Interview one of your classmates and then report to the class.

1. ¿Cuánto tiempo hace que vives en esta ciudad?
2. ¿Cuánto tiempo hace que estudias en esta universidad?
3. ¿Cuánto tiempo hace que trabajas en esta ciudad?
4. ¿Cuánto tiempo hace que no comes?
5. ¿Cuánto tiempo hace que no vas al banco?
6. ¿Cuánto tiempo hace que hablas español?

C. In groups of three or four, mention three or four friends and relatives that you haven't seen for a while.

MODELO: *Hace dos años que no veo a mi prima Eva.*

Y ahora, ¿qué?

Palabras y más palabras

Internet

For more practice with lesson topics, see the related activities on the **¡Hola, amigos!** web site.

Complete each sentence, using vocabulary from **Lección 6.**

1. Voy a depositar el dinero en mi _____ de ahorros.
2. El banco paga el seis por ciento de _____.
3. Podemos sacar el dinero en _____ momento, pero perdemos _____ del interés.
4. Ahora deseo _____ un cheque. Quiero quinientos dólares en _____.
5. ¿Puede Ud. _____ el número, por favor? Yo no lo encuentro.
6. Ella va a _____ un préstamo.
7. Voy a tener que hacer _____ porque hay mucha _____ en el banco.
8. ¿No tienes el talonario de cheques? No _____; yo tengo dinero.
9. Está hablando con el empleado, _____ información.
10. Buenos días. ¿En qué puedo _____, señora?
11. Voy a mandar las cartas por _____ aérea y _____.
12. Voy al correo para enviar un giro _____.
13. ¿Cuánto _____ las tarjetas postales?
14. Necesito _____ para estas cartas.
15. Venden estampillas en la _____ número siete.
16. Podemos usar el _____ automático para sacar dinero.

¡Vamos a conversar!

A. Para conocerse mejor. Get to know your partner better by asking each other the following questions.

1. ¿En qué banco tienes tu cuenta de ahorros? ¿Y tu cuenta corriente?
2. ¿Qué interés pagan en tu banco?
3. ¿Usas el cajero automático a veces?
4. Cuando compras algo, ¿pagas en efectivo o con cheque?
5. ¿Vas a depositar dinero en tu cuenta de ahorros mañana?

6. ¿Tienes tu talonario de cheques contigo?
7. ¿Tú sabes cuál es el saldo de tu cuenta corriente?
8. ¿Tienes tus documentos importantes en una caja de seguridad?
9. Cuando vas al correo, ¿tienes que hacer cola a veces?
10. ¿Envías muchas tarjetas de Navidad (*Christmas*)?

B. Una encuesta. Interview your classmates to identify who fits the following descriptions. Include your instructor, but remember to use the **Ud.** form when addressing him/her.

	Nombre
1. Hace sus diligencias los sábados.	
2. A veces manda giros postales.	
3. A veces envía cartas certificadas.	
4. Recuerda su número de Seguro Social (*Social Security*).	
5. Piensa abrir una cuenta en el banco.	
6. Tiene un buen plan de ahorros.	
7. Necesita ahorrar más.	
8. Tiene una cuenta conjunta.	
9. Siempre manda tarjetas postales cuando viaja (*he/she travels*).	
10. Deposita dinero en el banco todos los meses.	

Situaciones

Have students prepare this activity before class to do in pairs orally during class.

What would you say in the following situations? What might the other person say? Act out the scenes with a partner.

1. You are at a bank and want to open a savings account. Ask for the necessary information.
2. You need to cash a check. Tell the teller how much you want to deposit in your checking account, and how much cash you want.
3. You are at the post office in a Spanish-speaking country, and you need to send some letters and postcards to the United States. Tell the employee how you want to send the letters, and ask about prices.

 **Para escribir**

Write about your banking practices. Tell

1. the name of your bank
2. types of accounts you have
3. the interest your bank pays
4. whether you can withdraw your money at any time without losing interest
5. whether you pay for purchases by check or by a credit card (**tarjeta de crédito**)
6. whether you save money, and why

¿Qué dice aquí?

Read the following ad and answer the questions that follow.

¡Gratis!
Cuenta corriente junto con el depósito directo de sus cheques del Seguro Social.

METROPOLITAN TRUST BANK
Miembro F.D.I.C.

Ahora el METROPOLITAN TRUST BANK tiene un nuevo servicio para usted. Sus cheques del Seguro Social, de Pensión Federal o de Veteranos pueden ser depositados automáticamente en su cuenta corriente o de ahorros. Nuestro Servicio de Depósito Directo le ofrece estos beneficios:
- Cuenta corriente personal gratis.
- Usted no tiene que ir al banco.
- Su cheque puede ser depositado en su cuenta corriente gratis o en su cuenta de ahorros.

Lo invitamos a visitar nuestra sucursal de 1768 SW 32 St., Atlanta

---

1. ¿Cómo se llama el banco?
2. ¿Cuál es la dirección de la sucursal del banco?
3. ¿En qué cuentas puede Ud. depositar automáticamente su cheque del Seguro Social?
4. Además (*besides*) de su cheque del Seguro Social ¿qué otros cheques puede depositar automáticamente?
5. ¿Necesita Ud. ir al banco para hacer el depósito?
6. ¿Debe pagar extra por este servicio o es gratis (*free*)?

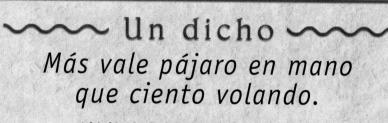

〜〜〜 **Un dicho** 〜〜〜

Más vale pájaro en mano
que ciento volando.

A bird in the hand is worth two in the bush.
(Lit., one hundred flying)

De compras

PROBADOR

For presentation of dialogue,
see Introduction, Instructor's
Annotated Edition.

You may wish to discuss met-
ric equivalents of the sizes of
U.S. clothing and footwear.

*Aurora Ibarra es estudiante de ingeniería. Es de Puerto Limón, Costa Rica,
pero el año pasado[1] se mudó a San José. Hoy se levantó muy temprano, se
bañó, se lavó la cabeza y se preparó para ir de compras.*

*En la tienda París, que hoy tiene una gran liquidación, Aurora está
hablando con la dependienta en el departamento de señoras.*

AURORA	— Me gusta esa blusa rosada. ¿Cuánto cuesta?
DEPENDIENTA	— Siete mil colones[2]. ¿Qué talla usa Ud.?
AURORA	— Talla treinta y ocho. ¿Dónde puedo probarme la blusa?
DEPENDIENTA	— Hay un probador a la derecha y otro a la izquierda.
AURORA	— También voy a probarme este vestido y esa falda.
DEPENDIENTA	— ¿Necesita un abrigo? Hoy tenemos una gran liquidación de abrigos.
AURORA	— ¡Qué lástima! Ayer compré uno... ¿La ropa interior y las panti-medias también están en liquidación?
DEPENDIENTA	— Sí, le damos un veinte por ciento de descuento.

*Aurora compró la blusa y la falda, pero decidió no comprar el vestido. Después fue
a la zapatería para comprar un par de sandalias y una cartera. Cuando salió de
la zapatería fue a hacer varias diligencias y no volvió a su casa hasta muy tarde.*

---

[1]With the words **pasado(a)** and **próximo(a)** the definite article is used: **el año pasado** (*last
year*); **el mes próximo** (*next month*).
[2]Costa Rican currency.

Enrique está en una zapatería porque necesita un par de zapatos y unas botas.

EMPLEADO — ¿Qué número calza Ud.?

ENRIQUE — Calzo el cuarenta y dos.

EMPLEADO — (*Le prueba unos zapatos.*) ¿Le gustan?

ENRIQUE — Sí, me gustan, pero me aprietan un poco; son muy estrechos.

EMPLEADO — ¿Quiere unos más anchos?

ENRIQUE — Sí, y unas botas del mismo tamaño, por favor.

EMPLEADO — (*Le trae las botas y los zapatos.*) Estas botas son de muy buena calidad.

ENRIQUE — (*Se prueba las botas y los zapatos.*) Los zapatos me quedan bien, pero las botas me quedan grandes.

Después de pagar los zapatos, Enrique fue al departamento de caballeros de una tienda muy elegante. Allí compró un traje, un pantalón, una camisa, dos corbatas y un par de calcetines. Después volvió a su casa cargado de paquetes.

ENRIQUE — (*Piensa mientras se viste.*) Me voy a poner el traje nuevo para ir a la fiesta del club. Fue una suerte encontrar este traje tan elegante y tan barato.

¿Recuerda usted?

With a partner, decide whether the following statements about the dialogues are true (**verdadero**) or false (**falso**).

1. Aurora Ibarra se mudó a Puerto Limón el año pasado.
2. La blusa rosada cuesta nueve mil colones.
3. Aurora usa talla treinta y ocho.
4. Aurora compró la blusa y el vestido.
5. Después de ir a la zapatería Aurora volvió a su casa.
6. Enrique calza el cuarenta y dos.
7. Las botas le quedan bien a Enrique.
8. Enrique compró un par de calcetines en el departamento de caballeros.
9. Enrique no se puso el traje nuevo para ir a la fiesta.
10. Enrique piensa que fue una suerte encontrar un traje tan barato.

Vocabulario

Cognados

elegante elegant	**la sandalia** sandal

Nombres

el abrigo   coat
el año   year
la blusa   blouse
la bota   boot
el calcetín   sock
la calidad   quality
la camisa   shirt
la cartera, el bolso, la bolsa   purse, handbag
la corbata   tie
el departamento de caballeros   men's department
el (la) dependiente(a)   clerk
el descuento   discount
la falda   skirt
la ingeniería   engineering

la liquidación, la venta   sale
el pantalón (los pantalones)   pants, trousers
las pantimedias   pantyhose
el paquete   package
el par   pair
el probador   fitting room
la ropa   clothes
la ropa interior   underwear
la suerte   luck
la talla,[1] el tamaño   size
la tienda   store
el traje   suit
el vestido   dress
la zapatería   shoe store
el zapato   shoe

[1]**Talla** is used only for clothing.

Verbos

apretar (e > ie)   to be tight
bañarse   to bathe
calzar   to wear a certain shoe size
gustar   to like, to be pleasing to
lavar(se)   to wash (oneself)
levantarse   to get up
mudarse   to move (*relocate*)
poner (yo pongo)[1]   to put
ponerse   to put on
prepararse   to get ready
probar(se) (o > ue)   to try (on)
quedar   to fit, to suit
traer (yo traigo)[1]   to bring
usar, llevar   to wear
vestirse (e > i)   to dress oneself, to get dressed

Adjetivos

ancho(a); más ancho(a)
  wide; wider
barato(a)   inexpensive
cargado(a)   loaded
estrecho(a)   narrow

grande, gran[2]   big
mismo(a)   same
pasado(a)   last

Otras palabras y expresiones

a la derecha   to the right
a la izquierda   to the left
ayer   yesterday
Fue una suerte.   It was a stroke of luck.
hacer diligencias   to run errands
ir de compras   to go shopping
lavarse la cabeza   to wash one's hair
mientras   while
¡Qué lástima!   What a pity/shame!
quedarle bien (a uno o una)   to fit
quedarle grande (a uno o una)[3]   to be too big (*on someone*)
tan   so
tarde   late
temprano   early
un poco   a little

---

96 Amplíe su vocabulario

More clothes

la bata	*robe*
la bufanda	*scarf*
el calzoncillo	*undershorts*
el camisón	*nightgown*
la combinación	*slip*
el pijama, los pijamas	*pajamas*
las zapatillas	*slippers*

---

[1]In the present indicative the verbs **poner** and **traer** are irregular only in the first-person singular form.
[2]**Gran** is used instead of **grande** before a singular noun.
[3]**quedarle chico(a) (a uno o una)** to be too small (*on someone*)

¿Qué se ponen?

Tell what Carlos and Elena usually wear, based on the cues provided.

Carlos

1. con el traje
2. debajo del pantalón
3. debajo de la camisa
4. para sujetarse (*hold*) los pantalones

5. para dormir
6. en las manos, cuando tiene frío
7. en la cabeza (*head*)
8. en los pies (*feet*)

Elena

1. cuando tiene frío
2. para dormir
3. debajo del vestido
4. para ir a la playa

5. con el camisón
6. en los pies
7. en el cuello (*neck*), cuando tiene frío

¿Y dónde ponen los dos el dinero?

NOTAS CULTURALES

DE AQUÍ Y DE ALLÁ

 Costa Rica es uno de los países más pequeños del continente americano (51.000 km^2). Está situado en la América Central y su capital es San José. Los productos principales del país son el café, las bananas, el cacao y la caña de azúcar (*sugar cane*).

La mayoría de los "ticos" (como se les llama a los costarricenses) son católicos y de origen español. De todos los países centroamericanos, Costa Rica es el que tiene el menor número de analfabetos (*illiterates*). Tiene el mayor ingreso (*income*) per cápita y un gobierno democrático con muy pocos problemas políticos.

En Costa Rica se le da una gran importancia a la educación, la cultura y las artes. Se dice (*It is said*) que en Costa Rica "hay más maestros (*teachers*) que soldados". Este país tiene excelentes programas para proteger la ecología, sobre todo (*especially*) la selva (*rain forest*).

This would be a good time to use transparency showing map of Central America (SOT) to point out Costa Rica.

 Have students read the cultural notes and discuss the content before viewing Module 7 of the *¡Hola, amigos!* video.

DE ESTO Y AQUELLO

En la mayoría de los países hispanos la talla de la ropa se basa en el sistema métrico. Por ejemplo, la medida (*measure*) del cuello (*collar*) y el largo de las mangas (*sleeves*) de una camisa se dan en centímetros. Una talla 10 para mujer en los Estados Unidos es equivalente a la 40 en muchos países hispanos. Estas equivalencias varían de país en país.

El sistema métrico decimal se usa en todos los países de habla hispana. La unidad básica del sistema es el metro, que equivale a 3, 28 pies.

Turistas en la jungla de Costa Rica.

¿Verdadero o falso?

1. Costa Rica es un país muy grande.
2. Costa Rica exporta café y bananas.
3. Costa Rica tiene muchos analfabetos.
4. Costa Rica tiene muchos problemas políticos.
5. La educación es muy importante en Costa Rica.
6. La unidad básica del sistema métrico es el centímetro.

Pronunciación

 ## Las consonantes *l, r, rr*

For additional practice:
1. Isabel y Aníbal faltan a clase los lunes.
2. Carolina quiere la cartera para el miércoles.
3. Los carros del ferrocarril parecen cigarros.

A. Practice the Spanish **l** in the following words.

falda	abril	el
mil	Ángel	¿qué tal?
Isabel	mal	volver

B. Practice the Spanish **r** in the following words.

corbata	probarse	número
primero	París	cuarenta
cartera	porque	derecha

C. Practice the Spanish **rr** (spelled **r** both at the beginning of a word and after an **n**) in the following words.

rosado	borrador	correr
Enrique	ahorros	correo
residente	pizarra	ropa

Puntos para recordar

1. Preterit of regular verbs (*El pretérito de los verbos regulares*)

■ Spanish has two simple past tenses: the preterit and the imperfect. (The imperfect will be presented in **Lección 8.**) The preterit of regular verbs is formed as follows. Note that the endings for **-er** and **-ir** verbs are identical.

-ar *verbs*	**-er** *verbs*	**-ir** *verbs*
tomar (*to take*)	**comer** (*to eat*)	**escribir** (*to write*)
tom**é**	com**í**	escrib**í**
tom**aste**	com**iste**	escrib**iste**
tom**ó**	com**ió**	escrib**ió**
tom**amos**	com**imos**	escrib**imos**
tom**asteis**	com**isteis**	escrib**isteis**
tom**aron**	com**ieron**	escrib**ieron**

yo **tomé**   *I took; I did take*
Ud. **comió**   *you ate; you did eat*
ellos **decidieron**   *they decided; they did decide*

■ Verbs ending in **-ar** and **-er** that are stem-changing in the present indicative are regular in the preterit.

encontrar   tú enc**ue**ntras   tú enc**o**ntraste
volver   yo v**ue**lvo   yo v**o**lví
cerrar (*to close*)   yo c**ie**rro   yo c**e**rré

■ Verbs ending in **-gar, -car,** and **-zar** change **g** to **gu, c** to **qu,** and **z** to **c** before **é** in the first person of the preterit:

pagar → pagué   buscar → busqué   empezar → empecé

■ Verbs whose stem ends in a strong vowel change the unaccented **i** of the preterit ending to **y** in the third-person singular and plural of the preterit:

leer → leyó   leyeron

■ The preterit tense refers to actions or events that the speaker views as completed in the past.

— ¿Qué **compraste** ayer?   *"What **did you buy** yesterday?"*
— **Compré** una bata.   *"I **bought** a robe."*

— ¿Qué **comieron** Uds.?   *"What **did** you **eat**?"*
— **Comimos** ensalada.   *"We **ate** salad."*

Note that Spanish has no equivalent for the English *did* used as an auxiliary verb in questions and negative sentences.

— ¿**Encontraste** el dinero?   *"**Did you find** the money?"*
— No lo **busqué.**   *"I **didn't look** for it."*

¡Vamos a practicar!

A. Complete the following dialogues, using the correct forms of the verbs in parentheses. Then act them out with a partner.

1. — ¿A qué hora _____ (volver) Uds. ayer?
   — Yo _____ (volver) a las siete y Mario _____ (volver) a las nueve. ¿A qué hora _____ (volver) tú?

2. — ¿_____ (leer) Ud. este libro, señor Vega?
   — Sí, lo _____ (leer) ayer.
   — ¿Lo _____ (sacar) de la biblioteca o lo _____ (comprar)?
   — Lo _____ (sacar) de la biblioteca.

3. — ¿Cuándo _____ (empezar) a trabajar tú?
   — _____ (empezar) en enero.
   — ¿En qué mes _____ (llegar) aquí?
   — _____ (llegar) en noviembre del año pasado.

4. — ¿Con quién _____ (hablar) Uds.?
   — Yo _____ (hablar) con el dependiente y Ramiro _____ (hablar) con el cajero.

B. Read what the following people typically do. Then complete each sentence telling how they varied from their normal routines yesterday.

1. Yo siempre hablo con mis padres, pero ayer...
2. Yo siempre escribo en inglés, pero ayer...
3. Tú siempre estudias por la mañana, pero ayer...
4. Alberto siempre compra café, pero ayer...
5. Los chicos siempre toman café, pero ayer...
6. Nosotros siempre comemos en la cafetería, pero ayer...
7. Adela siempre sale con su novio, pero ayer...
8. Ustedes siempre vuelven a las seis, pero ayer...
9. Yo siempre llego a la universidad a las ocho, pero ayer...
10. Yo siempre empiezo a trabajar a las tres, pero ayer...

Have students take turns asking the questions. You might want to reassemble the class for an oral reporting phase so students also practice other forms: **nosotros(as), él(ella),** etc. Alternatively, for written practice, have students answer the questions to write a brief paragraph about themselves.

C. Interview a classmate about his/her activities yesterday, using the following questions.

1. ¿A qué hora saliste de tu casa ayer?
2. ¿A qué hora llegaste a la universidad?
3. ¿Trabajaste mucho?
4. ¿Cuántas horas estudiaste?
5. ¿Dónde comiste?
6. ¿Qué comiste?
7. ¿Qué tomaste?
8. ¿Compraste algo? ¿Qué?
9. ¿A qué hora volviste a tu casa?
10. ¿Qué programa de televisión viste?

2. Preterit of *ser, ir,* and *dar* (*El pretérito de* ser, ir *y* dar)

■ The preterits of **ser, ir,** and **dar** are irregular.

You might do sentence expansion exercises with the students, using **ir** and **dar** with several subjects (e.g., **Yo fui... ¿adónde?, ¿con quién?, ¿cuándo?** / **Yo le di... ¿qué?, ¿a quién?, ¿cuándo?**).

ser (*to be*)	ir (*to go*)	dar (*to give*)
fui	fui	di
fuiste	fuiste	diste
fue	fue	dio
fuimos	fuimos	dimos
fuisteis	fuisteis	disteis
fueron	fueron	dieron

— **¿Fuiste** a la tienda ayer?   *"Did you go to the store yesterday?"*

— **Sí, fui** para comprar ropa. Papá me **dio** el dinero.   *"Yes, I went to buy clothes. Dad gave me the money."*

— ¿Quién **fue** tu profesor de español?   *"Who was your Spanish professor?"*
— El Dr. Vega.   *"Dr. Vega."*

¡Atención!   Note that **ser** and **ir** have identical preterit forms; however, there is no confusion as to meaning, because the context clarifies it.

¡Vamos a practicar!

A. Complete the following dialogues, using the preterit of **ser, ir,** and **dar.** Then act them out with a partner, adding your own original lines of dialogue.

1. — ¿Con quién _____ tú a la zapatería?
   — _____ con mi hijo.
   — ¿_____ (Uds.) por la mañana o por la tarde?
   — _____ por la tarde.

2. — ¿Cuánto dinero _____ Uds. para la fiesta?
   — Yo _____ diez dólares y Carlos _____ cinco dólares.
   — ¿Luisa _____ a la fiesta con Roberto?
   — No, ella y Marisol _____ con Juan Carlos.

3. — ¿Quién _____ el profesor de literatura de Uds. en la universidad?
   — El Dr. Rivas.
   — ¿Uds. no _____ estudiantes de la Dra. Torres?
   — No, no _____ estudiantes de ella.

B. Interview a partner, using the following questions.

1. ¿Quién fue tu profesor(a) favorito(a) el año pasado?
2. ¿Fuiste a la biblioteca ayer? ¿A qué hora?
3. ¿Adónde fuiste el fin de semana pasado? ¿Con quién?
4. ¿Tus amigos fueron también?
5. ¿Cuándo diste una fiesta?
6. ¿Dónde la diste?
7. ¿Fuiste de compras la semana pasada? ¿A qué tienda fuiste?
8. ¿Fueron tú y tus amigos al cine el sábado pasado?

Have students ask you their questions as a whole-group activity. After you respond, extend the activity by asking the same questions of individual students.

C. With a partner, prepare five questions to ask your instructor about his or her activities. Use the preterit of **ser, ir,** and **dar.**

3. Indirect object pronouns (*Los pronombres usados como complemento indirecto*)

Review the concept of direct object. Be sure students know the difference between direct and indirect objects.

Él **la** llama Anita. (*direct*)
Él **le** escribe una carta. (*indirect*)
Yo **la** llevo. (*direct*)
Yo **le** llevo un libro. (*indirect*)

You may want to write the indirect object pronouns and these two sentences on the board to show the contrasts in word order.

I give **her** the stamps.   Yo **le** doy las estampillas.

■ In addition to a subject and direct object, a sentence can have an indirect object.[1]

> Ella les da **el dinero a los muchachos.**
>
> **s.   v.   d.o.   i.o.**
>
> *What does she give?* **(el dinero)**
>
> *To whom does she give it?* **(a los muchachos)**

In this sentence, **ella** is the subject who performs the action, **el dinero** is the direct object, and **a los muchachos** is the indirect object, the final recipient of the action expressed by the verb.

■ Indirect object nouns are for the most part preceded by the preposition **a.**

■ An indirect object usually tells to whom or for whom something is done. Compare these sentences:

> Yo voy a mandar**lo** a México.   (**lo:** *direct object*)
> *I'm going to send **him** to Mexico.*
>
> Yo voy a mandar**le** dinero.   (**le:** *indirect object*)
> *I'm going to send **him** money.*   (*I'm going to send money **to him**.*)

Point out that, unlike direct object pronouns, indirect object pronouns do not vary according to the gender of the object.

■ An indirect object pronoun can be used with or in place of the indirect object. In Spanish, the indirect object pronoun includes the meaning *to* or *for*. The forms of the indirect object pronouns are shown in the following table.

---

[1]See Appendix C.

	Singular		*Plural*
me	(to/for) me	**nos**	(to/for) us
te	(to/for) you (*fam.*)	**os**	(to/for) you (*fam.*)
le	(to/for) you (*form.*)	**les**	(to/for) you (*form., fam.*)
	(to/for) him		(to/for) them (*masc. + fem.*)
	(to/for) her		

■ Indirect object pronouns have the same form as direct object pronouns, ex-
cept in the third person.

■ Indirect object pronouns are usually placed in front of the conjugated verb.

> **Le** damos un descuento, señora.   *We are giving **you** a discount,*
> *madam.*

■ When used with an infinitive or in the present progressive, however, the indi-
rect object pronoun may either be placed in front of the conjugated verb or
attached to the infinitive or the present participle.[1]

> **Le** voy a probar   los zapatos.
>
> *or:*
>   *I'm going to try the shoes*
>   ***on you.***
> Voy a probar**le**   los zapatos.
>
> **Les** estoy diciendo   la verdad.
>
> *or:*   *I'm telling **them** the truth.*
>
> Estoy diciéndo**les**[1] la verdad.

¡Atención!   The indirect object pronouns **le** and **les** require clarification when the context
does not specify the gender or the person to which they refer. Spanish provides
clarification by using the preposition **a** + *pronoun or noun.*

> **Le** doy la información.   *I give the information . . .*
> *but:*   *(to whom? to him? to her?*
>   *to you?)*
> **Le** doy la información **a ella.**   *I give the information **to her.***

The prepositional phrase provides clarification or emphasis; it is not, however, a
substitute for the indirect object pronoun. While the prepositional form can be
omitted, the indirect object pronoun must always be used.

> — ¿Qué vas a comprar**le** a tu hija?   *"What are you going to buy (for)*
>   *your daughter?"*
>
> — **Le** voy a comprar un vestido   *"I'm going to buy **her** a blue*
> azul.   *dress."*

---

[1]When an indirect object pronoun is attached to a present participle, an accent mark is added
to maintain the correct stress.

¡Vamos a practicar!

A. Mom was very generous and bought clothes and shoes for everyone. Say for whom she bought each item, using indirect object pronouns. Clarify when necessary.

> MODELO: Mamá compró una camisa *para él.*
> *Mamá le compró una camisa a él.*

1. Mamá compró un vestido *para mí.*
2. Mamá compró corbatas *para nosotros.*
3. Mamá compró una falda *para ella.*
4. Mamá compró un traje *para ti.*
5. Mamá compró calcetines *para Ud.*
6. Mamá compró zapatos *para ellos.*
7. Mamá compró pantalones *para Uds.*
8. Mamá compró un par de botas *para él.*
9. Mamá compró ropa *para Rodolfo.*
10. Mamá compró pantimedias *para Sofía.*

Have students work in groups of three to write a short narrative based on Transparency 20 (SOT). You may want to write some questions on the board as a guide.

¿Qué está celebrando la pareja? ¿la familia?

¿Qué le dice el muchacho a su novia? ¿Qué le dice ella?

¿Qué le pide el niño al camarero?

¿Qué les va a servir el camarero?

B. Tell about yourself, your parents, and your friends by answering the following questions.

1. ¿Cuándo vas a escribirles a tus amigos?
2. ¿Le escribiste a alguien ayer?
3. ¿Tú siempre le escribes a tu mejor amigo(a)?
4. ¿Tus padres te escribieron esta semana?
5. ¿Tus padres te dan dinero para comprar ropa?
6. ¿Tú vas a mandarle dinero a alguien? ¿A quién?
7. ¿Tus padres les hablan a Uds. en inglés o en español?
8. ¿Tú siempre les dices la verdad a tus padres?

For written practice, students could also write up their responses (or their partner's).

C. What languages do the people named speak and what languages are spoken to them? With a partner, match each name to the most likely language.

español   italiano
inglés   japonés
francés   portugués
alemán (*German*) ruso (*Russian*)

> MODELO: María del Pilar (a mí)
> *María del Pilar me habla español.*
> *Yo le hablo español a ella.*

1. Boris (a ti)
2. Giovanni (a ellos)
3. John (a mí)
4. El Sr. Toyota (a Uds.)
5. Monique y Pierre (a nosotros)
6. Hans (a Ud.)
7. Nelson (de Brasil) (a él)
8. Rosa y José (a ella)

D. In groups of three or four, tell your classmates about four or five gifts that you bought your friends and relatives for Christmas (*la Navidad*) or a birthday and describe what they bought for you.

> MODELO: *A mi mamá le compré un vestido para su cumpleaños.*
> *El día de mi cumpleaños mamá me compró un suéter azul.*

4. The verb *gustar* (*El verbo* gustar)

■ The verb **gustar** means to like something or somebody (literally, *to be pleasing to*). A special construction is required in Spanish to translate the English *to like*. Note that the equivalent of the English direct object becomes the subject of the Spanish sentence. The English subject then becomes the indirect object of the Spanish sentence.

I like your suit.

Me gusta **tu traje.**   S.   D.O.

I.O.   S.   *Your suit* is pleasing *to me.*

S.   I.O.

■ **Gustar** is *always* used with an indirect object pronoun—in this example, **me.**

■ The two most commonly used forms of **gustar** are the third-person singular **gusta** if the subject is singular or if the verb is followed by one or more infinitives; and the third-person plural **gustan** if the subject is plural.

Indirect Object Pronouns

Me		el café.
Te	gust**a**	bailar.
Le		comer y beber.
Nos		
Os	gust**an**	**esos** zapato**s.**
Les		

■ Note that **gustar** agrees in number with the *subject* of the sentence, that is, the person or thing being liked.

> Me gust**an los zapatos italianos.**   *Italian shoes are pleasing to me.*

■ The person who does the liking is the indirect object.

> **Me** gustan los zapatos italianos.   *Italian shoes are pleasing **to me.***

> — ¿**Te gusta** esta corbata amarilla?   *"Do **you like** this yellow tie?"*
> — ¡No! No **me gustan** las corbatas amarillas.   *"No! I don't **like** yellow ties."*

> — ¿**Les gusta** el francés?   *"Do **you like** French?"*
> — Sí, **nos gusta** mucho el francés, pero **nos gusta** más el español.   *"Yes, **we like** French very much, but **we like** Spanish better."*

¡Atención!   Note that the words **más** and **mucho** immediately follow **gustar.**

■ The preposition **a** + *a noun or pronoun* is used to clarify meaning or to emphasize the indirect object.

> **A Aurora (A ella)** le gusta esa zapatería, pero **a mí** no me gusta.   *"**Aurora** likes that shoe store, but **I** don't like it."*
> **A Roberto** y **a Rosa** les gusta esa tienda.   *"**Roberto** and **Rosa** like that store."*

¡Atención!   If the thing liked is an action, the second verb is an infinitive: **Me gusta estudiar.**

¡Vamos a practicar!

A. Tell who likes what.

> MODELO: Yo / esta blusa
> *Me gusta esta blusa.*

1. Nosotros / más / estos vestidos
2. Tú / ir de compras
3. Ellos / mucho / Buenos Aires
4. Yo / usar sombrero
5. Él / no / mucho / estos pantalones
6. Uds. / las sandalias rojas
7. Ella / ese suéter
8. Yo / los restaurantes italianos
9. Uds. / no / la música de jazz
10. Mi mamá / esa falda

B. Interview a classmate by asking the following questions.

1. ¿A ti te gusta más el invierno o el verano?
2. ¿Te gusta más venir a clase por la mañana o por la tarde?
3. ¿A ti te gusta más el rojo o el azul?
4. ¿Te gusta más vivir en una casa o en un apartamento?
5. ¿Te gustan más las ciudades grandes o las ciudades pequeñas?
6. ¿Te gustan más las botas o las sandalias?
7. ¿A tu mamá le gusta más usar falda o pantalones?
8. ¿A tus amigos les gusta más ir al cine o al teatro?

C. With a partner, talk about what you, your parents, and your friends like and don't like to do on Saturdays.

> MODELO: A mi papá...
> *A mi papá le gusta leer. No le gusta trabajar.*

1. A mí...
2. A mi mamá...
3. A mi papá...
4. A nosotros...
5. A mis amigos...
6. A mi mejor amigo(a)...

D. Look at these illustrations below and on the next page and say what these people like (or don't like) and what they like (or don't like) to do.

> MODELO:

A Juan le gusta leer.

1. _____

2. _____

3. _____

4. _____

5. _____

6. _____   7. _____

E. With a partner, prepare three or four questions to ask your instructor about what he/she likes or doesn't like to do.

5. Reflexive constructions (*Construcciones reflexivas*)

Conjugate a reflexive verb on the board, using colored chalk for the reflexive pronouns. Point out that in reflexive constructions the subject, the reflexive pronoun, and the verb must be in the same person and number.

> Yo   me   visto.
> (*1st pers.* (*1st pers.* (*1st pers.*
> *sing.*)   *sing.*)   *sing.*)

Tell students that at the beginning of the semester they learned to use a reflexive construction: **¿Cómo se llama Ud.?** and **Yo me llamo...** Ask students: **¿Cómo se llama Ud.?** Have them ask each other: **¿Cómo te llamas tú?** Point to different students and ask the class: **¿Cómo se llama él (ella)? ¿Cómo se llaman Uds. (ellos)?**

¡Atención!

Show pictures illustrating the difference between reflexive and nonreflexive constructions (e.g., someone washing his/her hair and someone washing dishes).

■ The reflexive construction (e.g., *I introduce myself*) consists in Spanish of a reflexive pronoun and a verb.

■ Reflexive pronouns[1] refer to the same person as the subject of the sentence does.

Subjects		Reflexive Pronouns
yo	**me**	myself, to (for) myself
tú	**te**	yourself, to (for) yourself (*fam.*)
nosotros(as)	**nos**	ourselves, to (for) ourselves
vosotros(as)	**os**	yourselves, to (for) yourselves (*fam.*)
Ud.		yourself, to (for) yourself (*form.*)
Uds.		yourselves, to (for) yourselves (*form., fam.*)
él	**se**	himself, to (for) himself
ella		herself, to (for) herself
		itself, to (for) itself
ellos, ellas		themselves, to (for) themselves

Reflexive pronouns are positioned in the sentence in the same manner as object pronouns.

■ Note that except for **se,** reflexive pronouns have the same forms as the direct and indirect object pronouns.

■ The third-person singular and plural **se** is invariable, that is, it does not show gender or number.

---

[1]See Appendix C.

■ Any verb that can act upon the subject can be made reflexive in Spanish with the aid of a reflexive pronoun.

Julia **le** prueba el vestido **a su hija.**   Julia **se prueba** el vestido.

Act out the verbs and have students tell what you're doing. Then have students act out some verbs while you ask their classmates: **¿Qué hace él? ¿Qué hacen ellas?,** etc. Play a game of charades.

Dramatize the difference between a reflexive and a nonreflexive construction by lifting a chair and saying: **Yo levanto la silla.** Then sit on the chair and as you get up, say: **Yo me levanto.**

Ask students personalized questions that use reflexive and nonreflexive verbs.

1. ¿Cuántas horas duermes generalmente?
2. ¿Cómo se llama tu novio(a)?
3. ¿Lo (La) llamas frecuentemente por teléfono?
4. ¿Te gusta levantar pesas (*weights*)?
5. ¿Te gusta levantarte temprano por la mañana?
6. Cuando estás en casa con tu familia, ¿quién te despierta?
7. ¿Tu compañero(a) de cuarto te despierta por la mañana?
8. ¿A qué hora te despiertas los fines de semana?
9. ¿Generalmente te bañas por la mañana o por la noche?
10. ¿Te gusta bañar a tu perro / gato?
11. ¿Qué te pones cuando hace frío?
12. ¿Quién pone la mesa en tu casa?

vestirse (e > i) (*to dress oneself, to get dressed*)	
Yo **me visto.**	I dress myself.
Tú **te vistes.**	You dress yourself. (*fam.*)
Ud. **se viste.**	You dress yourself. (*form.*)
Él **se viste.**	He dresses himself.
Ella **se viste.**	She dresses herself.
Nosotros **nos vestimos.**	We dress ourselves.
Vosotros **os vestís.**	You dress yourselves. (*fam.*)
Uds. **se visten.**	You dress yourselves. (*form, fam.*)
Ellos **se visten.**	They (*masc.*) dress themselves.
Ellas **se visten.**	They (*fem.*) dress themselves.

■ The following commonly used verbs are reflexive.

aburrirse *to be bored*	**lavarse** *to wash oneself*
acostarse (o > ue) *to go to bed*	**levantarse** *to get up*
afeitarse, rasurarse *to shave*	**ponerse** *to put on*
bañarse *to bathe*	**probarse (o > ue)** *to try on*
despertarse (e > ie) *to wake up*	**quitarse** *to take off*
divertirse (e > ie) *to have fun*	**sentarse (e > ie)** *to sit down*

— ¿A qué hora **se levantan** Uds.?
— Yo **me levanto** a las seis y Jorge **se levanta** a las ocho.
— **Nos acostamos** muy tarde anoche y por eso **nos despertamos** tarde hoy.

"*What time do **you get up?**"*
"*I get up at six o'clock and Jorge **gets up** at eight.*"
"***We went to bed** very late last night and that's why **we got up** late today.*"

¡Vamos a practicar!

A. Rewrite the following sentences, using the new subjects in parentheses.

1. Yo me pruebo el vestido verde.   (Ella)
2. ¿Tú siempre te levantas temprano?   (Ud.)
3. Yo puedo bañarme y vestirme en diez minutos.   (Nosotros)
4. Él siempre se afeita por la tarde.   (Yo)
5. ¿Dónde nos sentamos?   (Uds.)
6. Ella quiere quitarse los zapatos.   (Tú)
7. Yo me lavo la cabeza.   (Él)

Using the activities depicted in Transparency 22 (SOT), have students describe a typical day in their lives using at least five reflexive verbs.

B. Interview a partner, using the following questions.

1. ¿A qué hora te levantas?
2. ¿Te acuestas temprano?
3. ¿Te bañas por la mañana o por la noche?
4. ¿Puedes bañarte y vestirte en cinco minutos?
5. ¿Cuándo te afeitas?
6. ¿Siempre te pruebas la ropa antes (*before*) de comprarla?
7. En la clase de español, ¿te sientas cerca de la ventana o de la puerta?
8. ¿Dónde se sienta el profesor (la profesora)?
9. ¿Te diviertes en la clase de español?
10. ¿En qué clase te aburres?

C. Use your imagination to complete the following sentences.

1. Yo me levanté a las seis y Jorge...
2. Mi mamá se bañó por la noche y tú...
3. Yo me desperté temprano y Rosa...
4. Nosotros nos probamos las zapatillas y ellas...
5. Tú te sentaste cerca de la puerta y ella...
6. Ud. se quitó las sandalias y nosotros...
7. Yo me afeité por la noche y él...
8. Nosotros nos acostamos a las once y Uds. ...
9. Yo me aburrí en el trabajo y tú...

D. Look at the illustrations below. How would José describe his routine and that of his family?

1. Yo...   2. Mi papá...   3. Yo...

LOS SÁBADOS

4. Nosotros no...   5. Mamá...   6. Elena...

7. Nosotros...   8. Yo...   9. ¿Tú...?

Encourage students to add
one or two original items. Fol-
low up by asking questions
such as, **¿Quién siempre /
nunca se levanta antes de
las siete?**

E. In groups of three or four, tell how often you do the following things. Use **siempre/todos los días, nunca, a veces,** and **frecuentemente.**

levantarse antes de las siete
despertarse tarde
bañarse por la noche

ponerse pijama (o camisón) para
  dormir
lavarse la cabeza

RODEO

Summary of the Pronouns (*Resumen de los pronombres*)

	Subject	Direct object	Indirect object	Reflexive	Object of prepositions
yo	me	me	me	mí
tú	te	te	te	ti
usted (*fem.*)	la			usted
usted (*masc.*)	lo	le	se	usted
él	lo			él
ella	la			ella
nosotros(as)	nos	nos	nos	nosotros(as)
vosotros(as)	os	os	os	vosotros(as)
ustedes (*fem.*)	las			ustedes
ustedes (*masc.*)	los	les	se	ustedes
ellos	los			ellos
ellas	las			ellas

You may want to assign the
Rodeo grammar summary as
homework.

¡Vamos a practicar!

Supply all the missing pronouns in the letter that Oscar wrote to his parents and read the letter aloud.

Queridos padres:

_____ escribo para decir _____ que estoy bien y estoy trabajando mucho.
Ayer hablé con Eva. _____ está estudiando en la universidad y dice que quiere
conocer _____ porque _____ siempre _____ hablo de _____.
_____ invitó a una fiesta que ella da esta noche.

Hoy _____ levanté muy temprano y fui de compras. Para _____, papá,
compré tres camisas y un pantalón. A _____, mamá, _____ compré dos
vestidos y una blusa. Para _____, compré solamente un traje y un par de za-
patos para la fiesta de Eva.

¿Cómo está mi hermana? Hace mucho que no _____ llamo por teléfono ni
_____ escribo. ¡Ah! a _____ _____ compré un abrigo muy bonito. Bueno,
ya son las seis y tengo que bañar _____ y vestir _____ para ir a la fiesta.
_____ quiero mucho.

Un abrazo,

Oscar

P.D.[1] Papá: todo _____ pagué con tu tarjeta de crédito. ¿Está bien?

Y ahora, ¿qué?
Palabras y más palabras

Internet

For more practice with lesson topics, see the related activities on the **¡Hola, amigos!** web site.

Complete each sentence, using vocabulary from **Lección 7.**

1. Voy a probarme el vestido en el (probador, paquete, bolso).
2. Los zapatos no son anchos; son (cargados, estrechos, ricos).
3. Quiero otro par de zapatos del mismo (traje, tamaño, calcetín).
4. Estas botas no me quedan bien; me quedan (grandes, nuevas, simpáticas).
5. ¿Quieres comprar zapatos? ¿Qué número (traes, lavas, calzas)?
6. Hoy en la tienda Macy's tienen una gran (liquidación, ingeniería, suerte).
7. Roberto se prueba (la blusa, el traje, la falda) azul.
8. ¿Qué (talla, unidad, descuento) usa Ud., señorita?
9. El departamento de (caballeros, tamaños, años) no está a la derecha; está a la izquierda.
10. Estas sandalias son muy estrechas; me (quedan muy grandes, aprietan, quedan muy bien).
11. Ella se va a (afeitar, preparar, poner) la blusa negra.

[1]**postdata** postscript (P.S.)

12. Voy a poner el dinero en mi (bolsa, puerta, borrador).
13. Yo me levanto muy temprano; me levanto a las (cinco, diez, once) de la mañana.
14. Necesito ropa. Tengo que (ir, comenzar, conocer) de compras.
15. No me gusta usar (botas, ensalada, calidad).

¡Vamos a conversar!

A. Para conocerse mejor. Get to know your partner better by asking each other the following questions.

1. ¿Te gusta levantarte temprano?
2. ¿A qué hora te levantaste hoy?
3. ¿A qué hora te acostaste anoche (*last night*)?
4. ¿Siempre te lavas la cabeza cuando te bañas?
5. ¿Qué ropa te vas a poner mañana?
6. ¿Cuándo fue la última vez (*last time*) que tus padres te dieron dinero para comprar ropa? ¿Cuánto dinero te dieron?
7. ¿Qué te gusta hacer los fines de semana? ¿Qué no te gusta hacer?
8. ¿Adónde fuiste el sábado pasado? ¿Con quién fuiste?
9. ¿Le escribiste a alguien ayer? ¿A quién?
10. ¿Fuiste alumno(a) de esta universidad el año pasado?

B. Una encuesta. Interview your classmates to identify who fits the following descriptions. Include your instructor, but remember to use the **Ud.** form when addressing him/her.

	Nombre
1. Le gusta ir de compras.	
2. Compró algo en el departamento de caballeros la semana pasada.	
3. Prefiere comprar cuando hay liquidaciones.	
4. Siempre usa sandalias.	
5. Tiene un abrigo negro.	
6. Trabaja de dependiente(a).	
7. Siempre viene a clase cargado(a) de libros.	
8. Siempre llega tarde a clase.	
9. Se despierta muy temprano.	
10. Se mudó el año pasado.	

En Agosto
MAS VENTAJAS

Ahora en El Corte Inglés, Rebajas sobre Rebajas. Todo cuesta mucho menos.

SEÑORAS
- Vestidos lisos y estampados, en poliéster-algodón
- Pareos estampados, en distintos dibujos y colores

CABALLEROS
- Pantalones de sport y de vestir, lisos y fantasía, en poliéster-lana y poliéster-algodón
- Mocasines en piel de búfalo, con piso de suela

JÓVENES
- Para ellas, bañadores y bikinis, lisos y fantasía
- Para ellos, bañadores, lisos y estampados

NIÑOS
- Camisetas para niños y niñas, lisas y estampadas
- Playeros en distintos colores, todas las tallas

MENAJE
- Batería de cocina ocho piezas, en acero vitrificado, tres colores

TEXTILES
- Mantelería de seis servicios estampada, acabada en festón

MUEBLES
- Sillón cromado, con asiento y respaldo en piel

LAS REBAJAS
DE EL CORTE INGLÉS

El Corte Inglés

Situaciones

What would you say in the following situations? What might the other person say? Act out the scenes with a partner.

1. You have to go clothes shopping in San José. Tell the clerk what clothes you need, your size, and discuss colors and prices.
2. You go shopping for shoes, sandals, and boots. You try on several pairs, but have problems with all of them. You finally buy a pair of boots.
3. You ask a friend about his (her) daily routine.

Para escribir

Describe a typical day in your life: what time you get up, what you generally eat, where you go, clothes you wear, and so on.

¿Qué dice aquí?

Look at the ad on the opposite page. Help a friend of yours who is shopping at **El Corte Inglés** in Madrid. Answer his or her questions, using the information provided in the ad.

1. ¿Cómo se llama la tienda?
2. ¿En qué mes son las rebajas (*sales*)?
3. Tengo una hija de nueve años, ¿qué puedo comprarle en la venta?
4. Mi esposo necesita zapatos, ¿qué tipo de zapatos están en liquidación?
5. Además de (*besides*) los zapatos, ¿qué puedo comprar para mi esposo?
6. Vamos a ir a la playa (*beach*). ¿Qué puedo comprar para mis hijos?
7. Soy profesora y necesito más ropa para el trabajo. ¿Qué puedo comprar?

Lectura

A. Estrategia de lectura. Look at the title of the newspaper ad on the following page and think about what it suggests to you. What do you already know about the topic? Make a list in Spanish of key words that might appear in the reading.

B. Vamos a leer. As you read this newspaper ad, find the answers to the following questions.

1. ¿Cuál es el propósito (*purpose*) de la cuenta "Christmas Club"?
2. ¿Cómo se efectúan los depósitos en esta cuenta?
3. ¿En qué mes se le envía por correo o se le deposita el saldo completo de esta cuenta a Ud.?
4. ¿Hasta qué cantidad (*amount*) están asegurados (*insured*) los planes de ahorros?
5. ¿Cuánto dinero necesito tener en mi cuenta de ahorros para no tener que pagar por los servicios del banco?

SECCIÓN FINANCIERA

Si Ud. desea abrir una cuenta para ahorrar para las fiestas navideñas debe tener en cuenta lo siguiente.

Cuenta "Christmas Club"

La Cuenta "Christmas Club" es un programa especial de ahorros para las fiestas navideñas. Gana interés como una cuenta de ahorros regular y los depósitos son efectuados automáticamente por medio de depósitos mensuales. El saldo completo, incluyendo los intereses, se le envía por correo o se deposita en su cuenta de cheques o de ahorros regular en noviembre de cada año.

¡Ud. debe comenzar hoy su Plan de Ahorros!

Para mayor comodidad Ud. puede inscribirse en nuestro Plan de Ahorros Automático. Sólo debe decirnos cuánto quiere transferir cada mes de su cuenta de cheques Security Pacific a la Cuenta "Christmas Club".

Todos nuestros planes de ahorros están asegurados por el FDIC hasta $100.000. Y recuerde, un saldo de $1.500 o más le da derecho a una cuenta de cheques sin cargo mensual por servicios.

C. Díganos. Answer the following questions based on your own thoughts and experiences.

1. ¿Es una buena idea tener la cuenta "Christmas Club"? ¿Por qué?
2. ¿En qué banco tiene Ud. cuenta?
3. ¿Tiene su banco un plan de ahorros automático?
4. ¿Qué tipos de cuenta tiene?
5. ¿Qué interés le pagan en su cuenta de ahorros?
6. ¿Sabe Ud. cuál es el saldo de su cuenta?
7. ¿Paga Ud. un cargo mensual (*monthly*) por su cuenta corriente?

～～ Un dicho ～～

Todo tiempo pasado fue mejor.

Those were the good old days.

Lección 6

A. Stem-changing verbs: *o > ue*

Complete each sentence, using one of the following verbs: **costar, encontrar, recordar, poder** (use twice), **volver, dormir.**

1. Yo no _____ el número de mi cuenta de ahorros.
2. Jorge _____ a casa a las cinco.
3. Los libros _____ cincuenta dólares.
4. ¿En qué _____ (yo) servirle?
5. Nosotros no _____ el dinero. ¿Dónde está?
6. Nosotros no _____ enviar un giro postal.
7. Él _____ en su cuarto (*room*).

B. Stem-changing verbs: *e > i*

Complete these sentences, using the present indicative of the following verbs: **conseguir, servir, pedir, decir.** (Use each verb twice.)

1. Ellos _____ un préstamo en el banco.
2. Nosotros _____ ensalada y sándwiches en la fiesta.
3. ¿Dónde _____ tú los cheques de viajero?
4. Él _____ que está enfermo.
5. Ella me _____ una taza de café.
6. Yo _____ que van al correo.
7. Mi esposo y yo siempre _____ vino cuando comemos en ese restaurante.
8. ¿Dónde _____ Ud. las tarjetas de México?

C. Direct object pronouns

Answer the following questions in the negative, replacing the italicized words with direct object pronouns.

1. ¿Vas a leer *estos libros*?
2. ¿Él *me* conoce? (*Use the* **Ud.** *form.*)
3. ¿*Te* llevan ellos a la biblioteca?
4. ¿Ella *me* llama mañana? (*Use the* **tú** *form.*)
5. ¿Necesitas *el talonario de cheques*?
6. ¿Tienes *la carta de Sergio*?
7. ¿Ellos *los* conocen a Uds.?
8. ¿Uds. consiguen *las tarjetas* allí?

D. Affirmative and negative expressions

Rewrite the following sentences, changing the negative expressions to the affirmative.

1. No tengo ninguna tarjeta postal.
2. ¿No quiere nada más?
3. Nunca vamos al banco los lunes.
4. No quiero ni la pluma roja ni la pluma verde.
5. Nunca llamo a nadie.

E. *Hace... que*

Write the following sentences in Spanish.

1. I have been living in Caracas for five years.
2. How long have you been studying Spanish, Mr. Smith?
3. They have been writing for two hours.
4. She hasn't eaten for two days.

F. Vocabulary

Complete the following sentences, using vocabulary from **Lección 6.**

1. El banco paga un _____ del tres por _____.
2. Puede _____ el dinero del banco en _____ momento.
3. Ahora necesito una _____ para poder enviar la carta.
4. No tengo mi _____ de cheques aquí.
5. Voy a _____ mi dinero en el banco.
6. ¿Vas a enviar la carta por vía _____?
7. Envían el giro _____ certificado.
8. Quiero el dinero en _____.
9. No voy a sacar el dinero ahora porque pierdo _____ del interés.
10. ¿No recuerdas el número? No _____. Yo lo busco.
11. Voy a Panamá. Necesito cheques de _____.
12. Voy a pedir un _____ para comprar una casa.
13. Elsa y yo vamos a abrir una _____ conjunta.
14. ¿Dónde está tu _____ de ahorros? ¿En la mesa?
15. Ud. tiene que _____ y firmar este cheque.

G. Culture

Circle the correct answer, based on the **Notas culturales** you have read.

1. El idioma oficial de Panamá es el (inglés / español).
2. La principal fuente de ingresos de Panamá está asociada a (la agricultura / las operaciones del Canal).
3. La construcción del Canal de Panamá duró (cinco / diez) años.
4. La unidad monetaria de Panamá es el (balboa / peso).

Lección 7

A. Preterit of regular verbs

Complete the following sentences, using the preterit of the verbs in parentheses.

1. Yo _____ (vender) la casa ayer.
2. Ella _____ (comprar) frutas y queso.
3. Ellos _____ (comer) a las dos.
4. ¿A qué hora _____ (salir) tú ayer?
5. Nosotros no _____ (beber) agua.
6. ¿Ud. le _____ (escribir) una carta ayer?
7. Anoche yo _____ (volver) a casa a las diez.
8. ¿Tú _____ (trabajar) ayer?

B. Preterit of *ser, ir,* and *dar*

Change the verbs in the following sentences to the preterit.

1. Ella va a la oficina de correos.
2. Dan mucho dinero.
3. ¿Ud. es profesor?
4. Yo voy más tarde.
5. ¿Quién es tu profesora?
6. Doy muchas fiestas.
7. Yo soy dependiente de esa tienda.
8. Nosotros vamos a la zapatería.

C. Indirect object pronouns

Answer the following questions in the negative.

1. ¿Te quedan grandes los zapatos?
2. ¿Le das el cinturón a Aurora?
3. ¿Me vas a comprar una chaqueta?
4. ¿Le vas a dar los guantes a la chica?
5. ¿Le aprietan las botas, señora Peña?
6. ¿Ellos les van a dar las camisas a Uds.?

D. The verb *gustar*

Write the following sentences in Spanish.

1. She doesn't like that blouse.
2. I like to wear this coat.
3. We like these trousers.
4. Do you like this skirt, Anita?
5. They like to dance.

E. Reflexive constructions

Complete these sentences, using the verbs from the following list appropriately. Use each verb once.

acostarse   bañarse   probarse   vestirse   afeitarse   levantarse   sentarse

1. Mis hijos _____ muy temprano y _____ tarde.
2. Yo voy a _____ la barba (*beard*).
3. ¿Tú _____ el vestido en el probador?
4. Ella siempre _____ en esa silla.
5. Nosotros nunca _____ por la noche.
6. Él va a _____ ahora. Necesita el traje azul.

F. Vocabulary

Complete the following sentences, using vocabulary from **Lección 7.**

1. Voy a la _____ para comprar un _____ de sandalias.
2. Estos pantalones no son _____; son estrechos.
3. A lo mejor voy a comprarte unos zapatos. ¿Qué número _____?
4. Vamos a ir de _____ porque hoy tienen una gran _____ en la tienda París y yo necesito _____ interior y un _____ de baño.
5. Quiero unas sandalias _____ treinta y seis.
6. Ella ya tiene el talonario de cheques en la _____.
7. No necesitas probarte los calcetines en el _____.
8. Sandra trabaja como _____ en esa tienda y por eso le dan el diez por ciento de _____.
9. Después voy a ir al _____ de caballeros. ¿Está a la derecha o a la _____?
10. Muchos hombres tienen que llevar traje y _____ a la oficina.
11. Necesito un _____ de calcetines nuevos y unas zapatillas.
12. Me mudé a esta casa el año _____.
13. Siempre te _____ los mismos zapatos.
14. Uso el número 7 y estos zapatos son 8 y medio. Me _____ grandes.
15. Tengo frío. Me voy a poner un _____ y una _____.
16. Me voy a _____ la cabeza y después me voy a poner el _____ para dormir.
17. Ernesto volvió de la tienda _____ de paquetes.
18. Compré ropa interior para mis hijos. Unos _____ para Raúl y una _____ para Rita.

G. Culture

Circle the correct answer, based on the **Notas culturales** you have read.

1. Los productos principales de Costa Rica incluyen el café, el cacao y (el vino / las bananas / la ropa).
2. De todos los países centroamericanos, Costa Rica tiene el menor número de (maestros / programas ecológicos / analfabetos).
3. La talla 10 en los Estados Unidos es equivalente a la talla (38 / 40 / 42) en muchos países hispanos.
4. Un metro equivale a (3 / 3,28 / 3,08) pies.

UNIDAD **IV**

Las comidas

Restaurante al aire libre en Arequipa, Perú.

Lección 8:   En el supermercado
Lección 9:   En el restaurante

By the end of this unit you will be able to:

- shop for groceries in supermarkets and specialty stores
- order meals at cafes and restaurants
- request and pay your bill
- discuss past actions and events
- converse about the weather

En el supermercado

For presentation of dialogue, see Introduction, Instructor's Annotated Edition.

Remember to use the **¡Hola, amigos!** transparency masters for presentation or review of dialogues and exercises.

Beto y Sara están comprando comestibles y otras cosas en un supermercado en Lima.

BETO — No necesitamos lechuga ni tomates porque ayer Rosa compró muchos vegetales.

SARA — ¿Ella vino al mercado ayer?

BETO — Sí, ayer hizo muchas cosas: limpió el piso, fue a la farmacia...

SARA — Hizo una torta... Oye, necesitamos mantequilla, azúcar y cereal.

BETO — También dijiste que necesitábamos dos docenas de huevos.

SARA — Sí. ¡Ah! ¿Mamá vino ayer?

BETO — Sí, te lo dije anoche... Nos trajo unas revistas y unos periódicos. Ah, ¿tenemos papel higiénico?

SARA — No. También necesitamos lejía, detergente y jabón.

BETO — Bueno, tenemos que apurarnos. Rosa me dijo que sólo podía quedarse con los niños hasta las cinco.

SARA — Pues generalmente se queda hasta más tarde... Oye, ¿dónde pusiste la tarjeta de crédito?

BETO — Creo que la dejé en casa... ¡No, aquí está!

Cuando Beto y Sara iban para su casa, vieron a Rosa y a los niños, que estaban jugando en el parque.

Irene y Paco están en un mercado al aire libre.

IRENE — Tú estuviste aquí anteayer. ¿No compraste manzanas?

PACO — Sí, pero se las di a Marta. Ella las quería usar para hacer un pastel.

IRENE — Necesitamos manzanas, naranjas, peras, uvas y duraznos para la ensalada de frutas.

PACO — También tenemos que comprar carne y pescado. Vamos ahora a la carnicería y a la pescadería.

IRENE — Y a la panadería para comprar pan. Yo no tuve tiempo de ir ayer.

PACO — Oye, necesitamos zanahorias, papas, cebollas y...

IRENE — ¡Y nada más! No tenemos mucho dinero...

PACO — Es verdad... Desgraciadamente gastamos mucho la semana pasada.

IRENE — ¿Sabes si tu hermano consiguió el préstamo que pidió?

PACO — Sí, se lo dieron.

IRENE — ¡Menos mal!

Have students correct the false statements.

 Have students re-
view the lesson
dialogues and vo-
cabulary prior to viewing
Module 8 of the ¡Hola, ami-
gos! video.

You may want to teach con-
fitería and contrast it with
panadería.

Students have already seen
this construction in Lec. 7
with zapatería. You may want
to develop word families of
related places of business and
occupations:

confitería → confitero;
panadería → panadero;
lechería → lechero;
carnicería → carnicero, etc.

¿Recuerda usted?

With a partner, decide whether the following statements about the dialogues
are true (**verdadero**) or false (**falso**).

1. Rosa nunca va al mercado.
2. La mamá de Sara estuvo en la casa de Beto y Sara ayer.
3. Rosa va a pasar la noche con los niños.
4. Irene y Paco necesitan muchas frutas.
5. Irene y Paco compran todas las cosas en el mismo lugar.
6. Irene y Paco gastaron mucho dinero y ahora no tienen mucho.
7. El cuñado de Irene pidió un préstamo.
8. El hermano de Paco no consiguió el préstamo.

Vocabulario

Cognados

el cereal cereal	**la farmacia** pharmacy	**la pera** pear
el detergente detergent	**generalmente** generally	**el tomate** tomato
la docena dozen	**el parque** park	**el vegetal** vegetable

Nombres

el azúcar   sugar
la carne   meat
la carnicería   meat market
la cebolla   onion
los comestibles   groceries
   (*food items*)
la comida   food, meal
la cosa   thing
el durazno, el melocotón   peach
el huevo, el blanquillo (*Mex.*)
   egg
el jabón   soap
la lechuga   lettuce
la lejía   bleach
la mantequilla   butter
la manzana   apple
el mercado   market
____ al aire libre   outdoor
   market

la naranja   orange
el (la) niño(a)   child
el pan   bread
la panadería   bakery
la papa, la patata (*Spain*)
   potato
el papel higiénico   toilet paper
el pastel   pie, pastry, cake
el periódico, el diario   news-
   paper
la pescadería   fish market
el pescado   fish
el piso   floor
la revista   magazine
la semana   week
el supermercado   supermarket
la tarjeta de crédito   credit
   card
el tiempo   time
la torta, la tarta   cake

la uva   grape
la zanahoria   carrot

Verbos

apurarse   to hurry
dejar   to leave (behind)
gastar   to spend (e.g., money)
jugar[1]   to play
limpiar   to clean
quedarse   to stay, to remain

Otras palabras y expresiones

anoche   last night
anteayer   the day before
   yesterday
desgraciadamente
   unfortunately
menos mal   thank goodness
pues   well, O.K.
sólo, solamente   only

[1]Present Indicative: **yo juego, tú juegas, él juega, nosotros jugamos, vosotros jugáis, ellos juegan**

Más comestibles

Additional vocabulary: **habichuelas, judías verdes, guisantes, champiñones, frijoles.**

¿Qué les servimos?

You and your partner have several guests. Discuss what you are going to serve them based on their likes and dislikes.

1. A Marisa le gusta mucho el helado, pero no le gusta el chocolate.
2. A Raúl le gustan las chuletas, pero no come carne de cerdo.
3. A Sergio y a Daniel les gusta la comida italiana.
4. A Mirta y a Silvia les gustan los mariscos.
5. Raúl prefiere las frutas tropicales.
6. Mirta quiere comer pastel.
7. Alicia es vegetariana.
8. Raquel está a dieta (*on a diet*).
9. A Marisa le gusta mucho la comida típica americana.

NOTAS CULTURALES

Point out Lima, Cuzco, Machu Picchu, and Peru on the transparency (SOT) with the map of South America and show slides of Lima and Machu Picchu, and other points of interest.

DE AQUÍ Y DE ALLÁ

Lima, la capital de Perú, fue fundada en 1535 por el explorador español Francisco Pizarro. Hoy, la capital es el centro industrial y comercial del país. En la arquitectura de esta ciudad se mezclan (*are mixed*) el estilo colonial y el moderno. Todavía hay hoy en Lima muchos edificios del período colonial. En Lima está el Museo de Oro, donde hay una gran variedad de objetos precolombinos de oro (*gold*) y plata (*silver*).

Cuzco, la antigua capital de los incas, todavía conserva sus murallas incaicas y los edificios coloniales construidos por los españoles. En las montañas cerca de Cuzco están las impresionantes ruinas de Machu Picchu, una fortaleza incaica que, después de la conquista, quedó perdida hasta principios del siglo XX.

DE ESTO Y AQUELLO

Aunque en la actualidad los supermercados son muy populares en los países de habla hispana, todavía es costumbre (*custom*) comprar en pequeñas tiendas especializadas en uno o dos productos: panaderías, pescaderías, carnicerías, fruterías, verdulerías (*vegetable markets*), etc.

La mayoría de los pueblos hispanos tienen un mercado central, con pequeñas tiendas. Mucha gente todavía prefiere comprar en estos mercados donde los precios generalmente son más bajos y los clientes pueden regatear (*bargain*) con los vendedores (*merchants*).

Vista de la catedral y de la Plaza de Armas en la ciudad de Lima, Perú.

¿Verdadero o falso?

1. Francisco Pizarro fundó Lima.
2. El Museo de Oro de Perú está en la ciudad de Cuzco.
3. Machu Picchu fue la primera capital de los incas.
4. Machu Picchu es una fortaleza incaica.
5. En los países de habla hispana no hay supermercados.
6. A la gente no le gusta comprar en los mercados centrales.

Puntos para recordar

1. Preterit of some irregular verbs (El pretérito de algunos verbos irregulares)

To help students learn the irregular forms of these verbs, write the following chart on the board.

Work with each verb, asking questions and having students make statements about what they did.

Write the following phrases on the board or on an overhead transparency. **¡Atención!** In pairs, have students take turns asking each other: ¿Cuándo fue la última vez que…?
…tener un examen / estar en un mercado al aire libre / poder ir de compras / hacer un pastel / saber algo interesante / venir tarde a clase / querer ir al parque / conducir el coche de sus padres

■ The following Spanish verbs are irregular in the preterit.

tener	tuve, tuviste, tuvo, tuvimos, tuvisteis, tuvieron
estar	estuve, estuviste, estuvo, estuvimos, estuvisteis, estuvieron
poder	pude, pudiste, pudo, pudimos, pudisteis, pudieron
poner	puse, pusiste, puso, pusimos, pusisteis, pusieron
saber	supe, supiste, supo, supimos, supisteis, supieron
hacer	hice, hiciste, hizo, hicimos, hicisteis, hicieron
venir	vine, viniste, vino, vinimos, vinisteis, vinieron
querer	quise, quisiste, quiso, quisimos, quisisteis, quisieron
decir	dije, dijiste, dijo, dijimos, dijisteis, dijeron
traer	traje, trajiste, trajo, trajimos, trajisteis, trajeron
conducir[1]	conduje, condujiste, condujo, condujimos, condujisteis, condujeron
traducir[1]	traduje, tradujiste, tradujo, tradujimos, tradujisteis, tradujeron

The third-person singular of the verb **hacer** changes the **c** to **z** in order to maintain the original soft sound of the **c** in the infinitive. The **i** is omitted in the third-person plural ending of the verbs **decir, traer, conducir,** and **traducir.**

¡Atención!

—Ayer no **viniste** a clase. ¿Qué **hiciste?**
—**Tuve** que trabajar. **¿Hubo** un examen?
—No.

"*You did not come to class yesterday. What did you do?*"
"*I had to work. Was there an exam?*"
"*No.*"

The preterit of **hay** (impersonal form of **haber**) is **hubo.**

---

[1]**conducir** *to drive;* **traducir** *to translate*

¡Vamos a practicar!

A. Rewrite the following sentences, using the verbs in parentheses.

1. Ellos compraron las revistas.   (traer)
2. Ella estudió la lección.   (traducir)
3. ¿Tú estudiaste con Luis?   (venir)
4. Yo fui a la carnicería.   (venir)
5. Nosotros compramos la comida.   (hacer)
6. ¿Ud. volvió con su hijo?   (estar)
7. ¿Dónde compró el jabón?   (poner)
8. ¿Qué le dejaron Uds.?   (decir)
9. Yo no quise hacerlo.   (poder)
10. Nosotros no encontramos trabajo.   (tener)

B. Read what the following people typically do. Then complete each sentence, using the same verb and telling how they varied their normal routines.

1. Ella siempre *conduce* los sábados, pero la semana pasada...
2. Nosotros siempre *hacemos* sándwiches, pero ayer...
3. Tú siempre *vienes* temprano, pero el sábado pasado...
4. Uds. siempre *traen* los periódicos, pero ayer...
5. Yo siempre *estoy* en casa a las ocho, pero ayer...
6. Paco siempre *quiere* comer pescado, pero ayer...
7. Yo siempre lo *pongo* allí, pero ayer...
8. Nosotros siempre *tenemos* tiempo para ir de compras, pero la semana pasada...

C. Interview a partner, using the following questions.

1. ¿A qué hora viniste a la universidad ayer?
2. ¿Condujiste tu coche (*car*) o viniste en ómnibus (*bus*)?
3. ¿Tuviste algún examen? ¿En qué clase?
4. ¿Estuviste en la biblioteca por la tarde?

5. ¿Trajiste algún libro de la biblioteca a la clase?
6. ¿Dónde pusiste tus libros?
7. ¿Hiciste la tarea de la clase de español?
8. ¿Pudiste terminarla?
9. ¿Estuviste en tu casa por la noche?
10. ¿Tuviste una fiesta en tu casa? (¿Quiénes vinieron?)

D. In groups of three, prepare some questions for your instructor about what he or she did yesterday, last night, or last week. Use irregular preterit forms in your questions.

For additional practice, have students write compositions based on their partners' responses.

2. Direct and indirect object pronouns used together
(*Los pronombres de complemento directo e indirecto usados juntos*)

To review the forms of the direct and indirect object pronouns, write on the board:

He   gives it to me.
Él me   lo   da.

Emphasize the possible combinations:

me
te   } lo, la
nos +
os
se   } los, las

To illustrate the use of double object pronouns and their position in relation to the verb, hand a book to a student standing with you in front of the class. Pointing to yourself, the student, and the book, say: **Yo te lo doy.** Ask **¿Quién te lo da?** to elicit **Ud. me lo da.** Repeat with other students and other objects. Then proceed in a similar fashion, working with infinitives and gerunds: **¿A quién le vas a dar el libro? ¿Vas a dárselo a Roberto? Juan, ¿A quién le está dando el libro Antonio?**, etc.

■ When an indirect object pronoun and a direct object pronoun are used together, the indirect object pronoun always comes first.

Ana **me** da la comida.   Ana **me** la da.

■ With an infinitive, the pronouns can be placed either before the conjugated verb or after the infinitive.

Ana **me** **la** va a dar.

Ana   va a **dármela.**[1]

*Ana is going to give **it to me**.*

■ With a present participle, the pronouns can be placed either before the conjugated verb or after the present participle.

Ella **te** **lo** está diciendo.

Ella   está **diciéndotelo.**[1]

*She is saying **it to you**.*

■ If both pronouns begin with **l**, the indirect object pronoun (**le** or **les**) is changed to **se.**

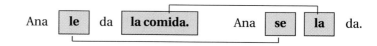

Ana **le** da **la comida.**   Ana **se** **la** da.

---

[1]Note that the use of the written accent follows the standard rules for the use of accents. See Appendix A.

For clarification, it is sometimes necessary to add **a él, a ella, a Ud., a Uds., a ellos,** or **a ellas.**

— ¿A quién le dio la comida Ana?	*"To whom did Ana give the meal?"*
— **Se la** dio **a él.**	*"She gave **it to him**."*

A proper name may also be given for clarification.

Se la dio **a Luis.**   *She gave **it to Luis**.*

¡Vamos a practicar!

Before assigning the exercises, talk to different students, making comments about something each has (e.g., **Me gusta tu camisa,** or **Necesito tu libro**) and then asking ¿**Me la das?** / ¿**Me lo prestas?** to elicit **Sí, se la doy,** and so on.

A. Rewrite the following sentences, changing the italicized words to direct object pronouns and making any other necessary changes. Follow the model.

MODELO: Yo te doy *el dinero.*
Yo te lo doy.

1. Yo le traigo *las peras y las manzanas.*
2. Ellos no van a comprarme *esas cosas.*   (*two ways*)
3. ¿Te doy *los vegetales?*
4. ¿Uds. nos trajeron *la lejía?*
5. ¿Puedes comprarme *el pan?*   (*two ways*)
6. Ud. no le trajo *el azúcar.*
7. Yo te di *las papas.*
8. Ellos nos están sirviendo *el pescado.*   (*two ways*)

B. What excuses would you give in response to these questions? Follow the model and use the cues provided.

> MODELO: ¿Por qué no le diste el dinero a Olga?   (no estuvo aquí)
> *No se lo di porque no estuvo aquí.*

1. ¿Por qué no me trajiste los comestibles?   (no pude)
2. ¿Por qué no les mandaste las cartas?   (no fui al correo)
3. ¿Por qué no te compró Paco el queso?   (no quiso)
4. ¿Por qué no les dio Lupe el dinero a Uds.?   (no vino a casa)
5. ¿Por qué te escribió Johnny la carta en inglés?   (no sabe español)
6. ¿Por qué no les llevaste el pastel a los niños?   (no tuve tiempo)

C. Respond to the following requests for help.

1. Yo necesito veinte dólares. ¿Puedes dármelos?
2. No tengo mantequilla. ¿Puedes comprármela? (*Use formal.*)
3. Tengo las cebollas en el coche. ¿Puedes traérmelas?
4. Nosotros necesitamos melocotones. ¿Puedes vendérnoslos?
5. Elena no encuentra las zanahorias. ¿Puedes buscárselas?
6. Los libros de Eva están en mi casa. ¿Puedes llevárselos?

D. You went to the market to get groceries for your family. Tell about your errands.

> MODELO: ¿Quién te dio la lista?   (mi mamá)
> *Mi mamá me la dio.*

1. ¿Tu papá te escribió la lista de los comestibles?   (sí)
2. ¿A quién le pediste el dinero?   (a mi papá)
3. ¿A quién le trajiste las naranjas?   (a mi mamá)
4. ¿A quién le compraste el helado?   (a mi hermana)
5. ¿Quién te dio el dinero para comprar la leche?   (mi hermano)
6. ¿Le trajiste la carne a tu hermana?   (sí)
7. Nosotros te pedimos uvas. ¿Nos las compraste?   (no)
8. ¿Dónde le compraste el pan a tu mamá?   (la panadería)

E. With a partner, take turns volunteering to do everything for everybody, following the model.

> MODELO: Raquel no sabe traducir las cartas.
> *Yo **se las** traduzco.*

1. Marta no tiene tiempo para limpiar el piso.
2. Roberto necesita frutas para la ensalada.
3. Yo no tengo suficiente dinero. (*Use familiar.*)
4. Nosotros no podemos comprar los plátanos.
5. Estrella no puede mandarme las cartas. (*Use familiar.*)
6. Luis no puede llevarle la revista a Teresa.
7. José tiene ganas de comer sandía.
8. Mi tío quiere leer el periódico.

F. With a partner, decide who is going to do what to help out a sick friend. Follow the model.

> MODELO: llevarle el periódico
> — *¿Quién le lleva el periódico?*
> — *(David) se lo lleva.*

1. comprarle la medicina
2. buscarle el correo
3. darle las tareas
4. comprarle unas frutas
5. hacerle la comida
6. llevarle unos jugos

3. Stem-changing verbs in the preterit
(Los verbos con cambio radical en el pretérito)

Emphasize that **-ar** and **-er** stem-changing verbs are regular in the preterit. Practice the third-person forms of these verbs by telling a student something you did. This student repeats the information to the rest of the class. *Instructor:* **Yo pedí café.** *Student:* **El profesor (La profesora) pidió café.** Or, *Instructor:* **David y yo pedimos café.**

■ As you will recall, **-ar** and **-er** verbs with stem changes in the present tense have no stem changes in the preterit. However, **-ir** verbs with stem changes in the present tense have stem changes in the third-person singular and plural forms of the preterit (**e > i** and **o > u**), as shown below.

servir (e > i)		dormir (o > u)	
serví	servimos	dormí	dormimos
serviste	servisteis	dormiste	dormisteis
sirvió	sirvieron	durmió	durmieron

■ Other **-ir** verbs that follow the same pattern are **pedir** (*to order, to request*), **seguir** (*to continue; to follow*), **sentir(se)** (*to feel*), **conseguir, divertirse** (*to have fun*), and **morir** (*to die*).

> — ¿Qué te **sirvieron** en la cafetería?   *"What **did they serve** you at the cafeteria?"*
> — Me **sirvieron** café y sándwiches.   *"**They served** me coffee and sandwiches."*
>
> — ¿Cómo **durmió** Ud. anoche?   *"How **did you sleep** last night?"*
> — **Dormí** muy bien.   *"**I slept** very well."*

¡Vamos a practicar!

A. Complete the following dialogues by supplying the preterit of the verbs given. Then act them out with a partner.

1. **dormir**
— ¿Cómo _____ Uds. anoche?
— Yo _____ muy bien, pero mamá no _____ bien.

2. **pedir**
— ¿Qué _____ ellos?
— Ana _____ pastel y los niños _____ torta.

3. **seguir**
— ¿Hasta qué hora _____ hablando Uds.?
— _____ hablando hasta las doce.

4. **servir**
— ¿Qué _____ Uds. en la fiesta?
— _____ torta y refrescos.

5. **divertirse**
— ¿_____ Uds. mucho?
— Yo _____ pero Julio no _____ mucho.

6. **conseguir**
— ¿ _____ ellos el dinero?
— No, no lo _____.

7. **morir**
— Hubo un accidente, ¿no?
— Sí, y _____ mucha gente.

Assign as homework. You might wish to compare results in class.

B. Use your imagination to complete each statement, using the verb in italics.

1. Yo no *dormí* bien pero Julio...
2. En la fiesta nosotros *servimos* café y ellos...
3. Yo *conseguí* una habitación (*room*) en el hotel Azteca y mis padres...
4. Nosotros *pedimos* ensalada y ella...
5. Yo no me *divertí* pero Uds. ...
6. El papá de Toto *murió* en 1970 y sus hermanos...

C. With a partner, take turns describing what the following people did last night.

1. Arturo
2. Mirta y Rafael
3. El mozo

4. Ernesto
5. Rosa

6. Pilar
7. Paco

D. In groups of three, tell your classmates about a recent meal at a restaurant. Tell where you went and with whom, what you ordered, and whether or not you had a good time.

4. The imperfect tense (*El imperfecto de indicativo*)

A. Forms of the imperfect

■ There are two simple past tenses in the Spanish indicative: the preterit, which you have been studying, and the imperfect. To form the imperfect, add the following endings to the verb stem.

Asking students questions like **¿Qué hora era cuando Ud. llegó hoy? (se acostó anoche?, se levantó esta mañana?**, and so on) will help them acquire a feeling for the use of the imperfect. Also, point out that English phrases like *used to live, was going,* and so on are often expressed in Spanish by the imperfect tense: **vivía, iba.**

Ask students personalized questions about their childhoods that require simple affirmative or negative responses in the imperfect.

Examples: **1. ¿Qué querías ser? 2. ¿Hablabas mucho por teléfono? 3. ¿Sabías nadar? 4. ¿Estudiabas mucho? 5. ¿Dónde vivías? 6. ¿Tenías que limpiar tu casa? 7. ¿Comías mucho? 8. ¿Cuántas horas dormías?**

-ar *verbs*	-er *and* -ir *verbs*	
hablar	**comer**	**vivir**
habl- **aba**	com- **ía**	viv- **ía**
habl- **abas**	com- **ías**	viv- **ías**
habl- **aba**	com- **ía**	viv- **ía**
habl- **ábamos**	com- **íamos**	viv- **íamos**
habl- **abais**	com- **íais**	viv- **íais**
habl- **aban**	com- **ían**	viv- **ían**

Note that the endings of the **-er** and **-ir** verbs are the same. Observe the accent on the first-person plural form of **-ar** verbs: **hablábamos.** Note also that there is a written accent on the first **í** of the endings of the **-er** and **-ir** verbs.

— Tú siempre te **levantabas** a las seis, ¿no?	*"You always **used to get up** at six, didn't you?"*
— Sí, porque mis clases **empezaban** a las siete y media y yo **vivía** lejos de la universidad.	*"Yes, because my classes **started** at seven-thirty and **I lived** far from the university."*

¡Atención!   Stem-changing verbs are regular in the imperfect.

■ Only three Spanish verbs are irregular in the imperfect tense: **ser, ir,** and **ver.**

ser	ir	ver
era	iba	veía
eras	ibas	veías
era	iba	veía
éramos	íbamos	veíamos
erais	ibais	veíais
eran	iban	veían

— Cuando yo **era** chica, siempre **iba** a México en el verano.	*"When I **was** little, I always **went** to Mexico in the summer."*
— Nosotros **íbamos** también.	*"We **used to go** too."*
— ¿Cuándo **veías** a tus amigos?	*"When **did you see** your friends?"*
— Sólo los **veía** los sábados y los domingos.	*"I only **used to see** them on Saturdays and Sundays."*

B. Uses of the imperfect

■ The Spanish imperfect tense is equivalent to three English forms.

Yo **vivía** en Chicago.   { *I used to live in Chicago.*   *I was living in Chicago.*   *I lived in Chicago.* }

The contrast between the uses of the imperfect and the preterit is covered in Lec. 9. You may want to use the examples here as a preview.

Point out that the imperfect is equivalent to the *was (were)* + *-ing* construction in English.

■ The imperfect is used to describe actions or events that the speaker views as in the process of happening in the past, with no reference to when they began or ended.

Empezábamos a estudiar cuando él vino.	*We **were beginning** to study when he came.*

■ It is also used to refer to habitual or repeated actions in the past, again with no reference to when they began or ended.

— ¿Uds. **hablaban** inglés cuando **vivían** en México?	*"**Did** you **speak** English when you lived in Mexico?"*
— No, cuando **vivíamos** en México, siempre **hablábamos** español.	*"No, when we lived in Mexico we always **spoke** Spanish."*

■ It describes physical, mental, or emotional conditions in the past.

Mi casa **era** muy grande.	*My house **was** very big.*
No me **gustaba** estudiar.	*I **didn't like** to study.*
Yo no me **sentía** bien.	*I **wasn't feeling** well.*

■ It expresses time and age in the past.

— ¿Qué hora **era?**	*"What time **was it**?"*
— **Eran** las seis.	*"It **was** six o'clock."*
Julia **tenía** veinte años.	*Julia **was** twenty years old.*

■ The imperfect is used to describe or set the stage in the past.

Mi novia **era** bonita.	*My girlfriend **was** pretty.*
Era muy tarde.	*It **was** very late.*

¡Vamos a practicar!

Assign as homework. As a variation or for expansion, have students write five sentences about themselves following this pattern.

A. Things have changed; tell how they used to be.

1. Ahora vivo en ..., pero cuando era niño(a)...
2. Ahora hablamos español, pero cuando éramos niños(as)...
3. Ahora comemos pescado, pero cuando éramos niños(as)...
4. Ahora mis padres no se divierten mucho, pero cuando tenían veinte años...
5. Ahora Julia no ve a sus tíos, pero cuando era niña...
6. Ahora tú vas al teatro, pero cuando eras niño(a)...
7. Ahora mi hermana no da fiestas, pero cuando tenía dieciocho años...
8. Ahora me gustan los vegetales, pero cuando era niño(a)...
9. Ahora mi mamá nada muy bien, pero cuando era pequeña...
10. Ahora Ud. se levanta a las nueve, pero cuando era pequeño(a)...

B. Interview a partner, using the following questions.

1. ¿Dónde vivías cuando eras niño(a)?
2. ¿Con quién vivías?
3. ¿Tu casa era grande o pequeña?
4. ¿Cuántas habitaciones (*rooms*) tenía?
5. ¿En qué idioma te hablaban tus padres?
6. ¿A qué escuela (*school*) ibas?
7. ¿Te gustaba estudiar?
8. ¿Qué te gustaba comer?
9. ¿Qué te gustaba hacer los sábados? ¿Y los domingos?
10. ¿Veías a tus amigos los fines de semana?
11. ¿Qué deportes practicabas?
12. ¿Jugabas al béisbol o al fútbol?

C. Use your imagination to tell what was happening when you and your friends were seen in the park.

Anoche te vi en el parque con unos amigos.

1. ¿Qué hora era?
2. ¿Con quiénes estabas?
3. ¿De dónde venían Uds.?
4. ¿Adónde iban?
5. ¿De qué hablaban?
6. ¿Quién era la chica rubia?
7. ¿Quién era el muchacho alto y moreno?
8. ¿Qué ropa usaban?

D. With a partner prepare five questions to ask your instructor about what he or she used to do when he or she was a teenager (**adolescente**).

E. In groups of three or four, talk about what you liked and didn't like to do when you were in high school.

5. Formation of adverbs (*La formación de los adverbios*)

■ Most Spanish adverbs are formed by adding **-mente** (the equivalent of the English *-ly*) to the adjective.

general	*general*	general**mente**	*generally*
reciente	*recent*	reciente**mente**	*recently*

— ¿La fiesta de bienvenida es para Olga y sus amigas?   *"The welcome party is for Olga and her friends?"*

— No, es **especialmente** para Olga.   *"No, it's **especially** for Olga."*

■ Adjectives ending in **-o** change the **-o** to **-a** before adding **-mente**.

lent**o**	*slow*	lent**amente**	*slowly*
rápid**o**	*rapid*	rápid**amente**	*rapidly*

■ If two or more adverbs are used together, both change the **-o** to **- a,** but only the last one in the sentence ends in **-mente.**

> Habla clar**a** y lent**amente.**   *She speaks clearly and slowly.*

■ If the adjective has an accent mark, the adverb retains it.

> **fá**cil   *easy*   **fá**cilmente   *easily*

¡Vamos a practicar!

A. You can recognize the following Spanish adjectives because they are cognates. Change them to adverbs.

1. real
2. completo
3. raro
4. frecuente
5. posible
6. general
7. franco
8. normal

B. Use some of the adverbs you have learned to complete the following sentences appropriately.

1. Ellos hablan _____ y _____.
2. Viene a casa _____.
3. Yo _____ estudio por la mañana.
4. _____, no quiero bailar con Ud.
5. Ellos vuelven mañana, _____.
6. Los chicos escriben muy _____.
7. _____ estoy muy cansado.
8. Yo no escribo cartas; _____ escribo tarjetas postales.

C. With a partner, talk about what you and your friends generally do, frequently do, and rarely do.

Y ahora, ¿qué?

Palabras y más palabras

Internet

For more practice with lesson topics, see the related activities on the **¡Hola, amigos!** web site.

Complete each sentence, using vocabulary from **Lección 8.**

1. Usan _____ para hacer vino.
2. Fui a la _____ solamente para comprar aspirinas.
3. Compré la carne en la _____ y el _____ en la pescadería.
4. Yo le pongo leche y _____ al café.
5. Anoche tuve que trabajar y no tuve _____ para ir a la panadería.
6. Fui al supermercado y traje papel _____.
7. Desgraciadamente, no podemos ir; tenemos que _____ en casa.
8. Quiero una ensalada de _____ y tomate.
9. Voy a ponerle _____ al pan.
10. Compré una _____ de huevos en el _____.
11. Para hacer la ensalada de frutas, necesitamos _____, _____, _____, _____ y _____.
12. Las zanahorias y las papas son _____.
13. Compraron las frutas en un mercado al aire _____.
14. Son las seis y tenemos que estar allí a las seis y cuarto. Tenemos que _____.
15. Menos _____ que ellos no _____ mucho dinero en el mercado.
16. Me gustan mucho los _____, especialmente los camarones.

¡Vamos a conversar!

A. Para conocerse mejor. Get to know your partner better by asking each other the following questions.

1. ¿Qué te gustaba comer cuando eras niño(a)?
2. ¿Qué te gusta más: la ternera, la carne de cerdo o el pollo?
3. ¿Prefieres la comida italiana, la comida china o la comida mexicana?
4. ¿Qué vegetales te gustan? ¿Cuáles no te gustan?
5. ¿Comes cereal por la mañana? ¿Cuál?
6. Generalmente, ¿qué días compras comestibles en el mercado?
7. ¿Qué marca (*brand*) de detergente usas para lavar la ropa? ¿Usas lejía también?
8. ¿Qué jabón usas para bañarte?
9. ¿Qué revistas y qué periódicos lees?
10. Normalmente, ¿sales los domingos o prefieres quedarte en casa?

B. Una encuesta. Interview your classmates to identify who fits the following descriptions. Include your instructor, but remember to use the **Ud.** form when addressing him/her.

	Nombre
1. No vivía en este estado cuando era niño(a).	
2. Veía a sus abuelos frecuentemente cuando era niño(a).	
3. Iba de vacaciones a la playa cuando era niño(a).	
4. No estuvo en su casa ayer por la tarde.	
5. Tuvo que trabajar anoche.	
6. Vino a la universidad el sábado pasado.	
7. Hizo ejercicio (*exercised*) esta mañana.	
8. No trajo su libro de español a la clase hoy.	
9. Limpia su casa los sábados.	
10. Le gusta la tarta de chocolate.	

Situaciones

Have students prepare this exercise as homework, then roleplay it in class.

What would you say in the following situations? What might the other person say? Act out the scenes with a partner.

1. You are telling a friend that you need many things from the supermarket. Tell him/her what they are.
2. You are at an outdoor market in Cuzco and you need vegetables, fish, meat, and bread. You inquire about prices and so on.
3. You are telling a friend what you did yesterday.
4. You are inquiring about a classmate's childhood: where he (she) used to live, what he (she) used to do, etc.
5. You are telling someone what ingredients you need to make vegetable soup (*sopa*).

Para escribir

Imagine that last Saturday you had a very important guest. Who was the guest? What did you do to prepare for the occasion? What housework did you do? What did you buy and prepare for dinner? What else did you do in honor of your guest's arrival?

¿Qué pasa aquí?

Students can individually
write up their group's story
for additional practice.

Working with classmates in groups of three or four, describe what is happening in the picture. Create a story, naming the characters and explaining who is who. Each group will compare its story with the rest of the class.

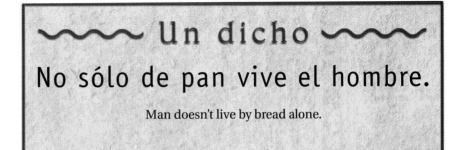

~~~ Un dicho ~~~

No sólo de pan vive el hombre.

Man doesn't live by bread alone.

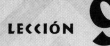

En el restaurante

For presentation of dialogue, see Introduction, Instructor's Annotated Edition.

You may want to discuss the important role of the open-air café in social life in Hispanic countries, as a meeting place for friends and colleagues, and as an observation post for people-watching.

Pilar y su esposo, Víctor, están de vacaciones en Colombia, y hace dos días que llegaron a Bogotá, donde piensan estar por un mes. Anoche casi no durmieron porque fueron al teatro y luego a un club nocturno para celebrar su aniversario de bodas. Ahora están en el café de un hotel internacional, listos para desayunar. El mozo les trae el menú.

VÍCTOR — (*Al mozo.*) Quiero dos huevos fritos, jugo de naranja, café y pan con mantequilla.

MOZO — Y Ud., señora, ¿quiere lo mismo?

PILAR — No, yo sólo quiero café con leche y pan tostado con mermelada.

VÍCTOR — ¿Por qué no comes huevos con tocino o chorizo y panqueques?

PILAR — No, porque a la una vamos a almorzar en casa de los Acosta.[1] Hoy es el cumpleaños de Armando.

VÍCTOR — Es verdad. Y esta noche vamos a ir a cenar a un restaurante.

Por la tarde Víctor llamó por teléfono desde el hotel al restaurante La Carreta y preguntó a qué hora se abría. Hizo reservaciones para las nueve, pero llegaron tarde porque había mucho tráfico.

---

[1]Notice that Spanish uses the singular: **Los Acosta**-the Acostas.

En el restaurante.

MOZO — Quiero recomendarles la especialidad de la casa: biftec con langosta, arroz y ensalada. De postre, flan con crema.

PILAR — No, yo quiero sopa de pescado y pollo asado con puré de papas. De postre, helado.

VÍCTOR — Para mí, chuletas de cordero, papa al horno, no, perdón, papas fritas y ensalada. De postre, un pedazo de pastel.

El mozo anotó el pedido y se fue para la cocina.

PILAR — Mi abuela hacía unos pasteles riquísimos. Cuando yo era chica, siempre iba a su casa para comer pasteles.

VÍCTOR — Yo no veía mucho a la mía porque vivía en el campo, pero ella cocinaba muy bien también.

Después de cenar, siguieron hablando un rato. Luego Víctor pidió la cuenta, la pagó y le dejó una buena propina al mozo. Cuando salieron hacía frío y tuvieron que tomar un taxi para ir al hotel. Eran las once cuando llegaron.

¿Recuerda usted?

With a partner, decide whether the following statements about the dialogues are true (**verdadero**) or false (**falso**).

1. Pilar y Víctor están en Sudamérica.
2. Víctor y Pilar se divirtieron mucho anoche.
3. Pilar come más que Víctor.
4. Víctor y Pilar van a cenar en casa de los Acosta.
5. Para cenar, Pilar no pide la especialidad de la casa.
6. Pilar y Víctor piden papas.
7. De postre, Pilar y Víctor piden fruta.
8. Las abuelas de Víctor y de Pilar no eran buenas cocineras.
9. Cuando terminaron de cenar, Pilar y Víctor salieron del restaurante inmediatamente.
10. Era tarde cuando Pilar y Víctor llegaron al hotel.

Vocabulario

Cognados

el aniversario anniversary	**el panqueque** pancake
la crema cream	**la reservación** reservation
la especialidad specialty	**el restaurante** restaurant
el hotel hotel	**la sopa** soup
internacional international	**el tráfico** traffic
el menú menu	**las vacaciones**[1] vacation

Nombres

el aniversario de bodas wedding anniversary	**el cumpleaños** birthday
el bistec, el biftec steak	**el flan** caramel custard
el campo country (*as opposed to the city*)	**la mermelada** marmalade, jam
la cena dinner, supper	**el pan tostado, la tostada** toast
el chorizo sausage	**las papas fritas** French fries
el club nocturno night club	**el pedazo, trozo** piece
la cocina kitchen	**el pedido** order
el cordero lamb	**el postre** dessert
la cuenta bill, check (*at a restaurant*)	**la propina** tip (*for service*)
	el puré de papas mashed potatoes
	el tocino bacon

[1]In Spanish, **vacaciones** is always used in the plural form.

You may wish to point out differences in etiquette in some Hispanic countries. In some places, transferring one's fork from the left to the right hand after cutting one's food is considered ill-mannered. Raw fruit, grilled sandwiches, and pastries are eaten with a knife and fork in many places. Removing hands from the top of the table during the meal is also viewed as impolite in many areas.

Verbos

almorzar (o > ue)   to have lunch
anotar   to write down
celebrar   to celebrate
cenar   to have dinner (supper)
cocinar   to cook
desayunar   to have breakfast
irse   to go away
preguntar   to ask (*a question*)
recomendar (e > ie)   to recommend

Adjetivos

asado(a)   roast
chico(a), pequeño(a)   little, small
frito(a)   fried
listo(a)   ready
riquísimo(a)   delicious

Otras palabras y expresiones

al horno   baked
casi   almost
de postre   for dessert
desde   from
después de   after
estar de vacaciones   to be on vacation
hacer frío   to be cold (*weather*)
llegar tarde (temprano)   to be late (early)
lo mismo   the same (thing)
luego   later
Perdón.   Excuse me.

Amplíe su vocabulario

Para poner la mesa (*To set the table*)

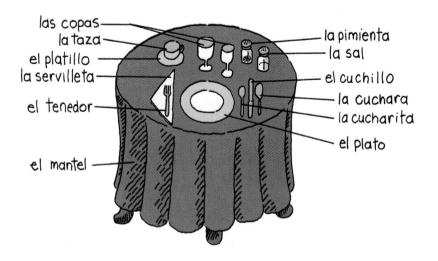

las copas
la taza
el platillo
la servilleta
el tenedor
el mantel
la pimienta
la sal
el cuchillo
la cuchara
la cucharita
el plato

El tiempo (*The weather*)

El cielo está { nublado. / despejado. }   *The sky is* { *cloudy.* / *clear.* }

el grado   *degree*

el clima { cálido *hot* / templado *warm* / frío *cold* / seco *dry* / húmedo *humid* } *climate*

¿Qué temperatura hace?   *What is the temperature?*
Hay... grados.   *It's . . . degrees.*

Fenómenos naturales (*Natural phenomena*)

el ciclón	*cyclone*	la tormenta	*storm*
el huracán	*hurricane*	el tornado	*tornado*
la nevada	*snowfall*	el terremoto	*earthquake*

A. ¿Qué necesitan?

What items do you need to do the following?

1. Para comer un biftec
2. Para tomar café
3. Para tomar vino
4. Para tomar[1] sopa
5. Para poner una mesa elegante
6. Para condimentar (*season*) la comida

B. Hablando del tiempo

1. ¿Cómo es el clima de
   a. Alaska?   c. Oregón?   e. San Diego?
   b. Arizona?   d. Miami?
2. Va a llover (*rain*). ¿Cómo está el cielo?
3. El cielo no está nublado. ¿Cómo está?
4. ¿Cuál es la temperatura de hoy?
5. ¿Qué fenómenos naturales ocurren en
   a. Miami?   c. Kansas?   e. Minnesota?
   b. California?   d. el trópico?

---

[1]In Spanish, **tomar sopa** and **tomar helado** are the equivalents of *to eat soup* and *to eat ice cream.*

NOTAS CULTURALES

DE AQUÍ Y DE ALLÁ

 Bogotá, la capital de Colombia, fue fundada en 1538. Como la ciudad está rodeada (*is surrounded*) de montañas, el transporte entre la capital y el resto del país es principalmente por aire. Bogotá es la base de Avianca, la línea aérea comercial más antigua de la América del Sur.

Bogotá es una ciudad de contrastes, donde hay modernos rascacielos (*skyscrapers*) junto a (*next to*) iglesias (*churches*) que datan del siglo (*century*) XVI. En Bogotá, hay excelentes hoteles y restaurantes internacionales y muchas atracciones turísticas. En el Museo del Oro se encuentra una de las mejores colecciones de objetos precolombinos. Colombia es famosa por sus esmeraldas, que están consideradas entre las mejores del mundo.

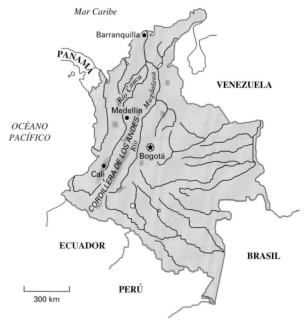

DE ESTO Y AQUELLO

En la mayoría de los países de habla hispana el desayuno generalmente es café con leche y pan con mantequilla. El almuerzo (*lunch*), que es la comida principal del día, se sirve entre la una y las dos de la tarde. A las cuatro de la tarde, mucha gente toma la merienda (*afternoon snack*). La cena generalmente no se sirve antes de las ocho o las nueve de la noche.

En muchos países del mundo hispano la propina está incluida en la cuenta del restaurante. Normalmente en el menú se especifica: servicio incluido. Si usted no está seguro(a) debe preguntar: ¿Está incluido el servicio?

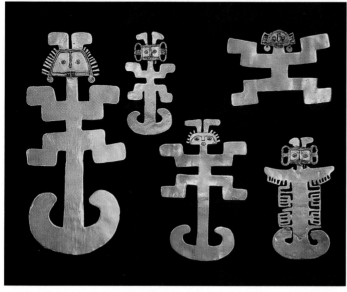

Piezas de oro en el Museo del Oro en Bogotá, Colombia.

¿Verdadero o falso?

1. Avianca es una línea aérea comercial colombiana.
2. En Bogotá todas las iglesias son muy modernas.
3. Las esmeraldas de Colombia son muy famosas.
4. El Museo del Oro tiene una excelente colección de objetos precolombinos.
5. En los países hispanos, la gente toma café con leche en el desayuno.
6. Generalmente, la cena se sirve muy temprano.
7. Si el menú dice "servicio incluido", no es necesario dejar propina.

Puntos para recordar

1. Some uses of *por* and *para* (*Algunos usos de* por *y* para)

After explaining the uses of **por** and giving several examples, you may write a summary of its uses on the board.

$$\text{por} \begin{cases} \text{motion} \\ \text{cause} \\ \text{means} \\ \text{manner} \\ \text{unit of measure} \\ \textit{in exchange for} \\ \textit{period of time} \end{cases}$$

Ask the students for examples of each use. Repeat this procedure for **para** using the following summary.

$$\text{para} \begin{cases} \text{destination in space} \\ \text{goal in the future} \\ \text{direction toward a} \\ \quad \text{recipient} \\ \text{objective} \\ \textit{in order to} \end{cases}$$

Again, request examples of each use.

A. The preposition **por** is used to express the following concepts.

■ motion (*through, along, by, via*)

No puedo salir **por** la ventana.	*I can't go out **through** the window.*
Fuimos **por** la calle Quinta.	*We went **via** Fifth Street.*

■ cause or motive of an action (*because of, on account of, on behalf of*)

No compré las sandalias **por** no tener dinero.	*I didn't buy the sandals **because** I didn't have any money.*
Lo hice **por** ti.	*I did it **on** your **behalf.***
Llegaron tarde **por** el tráfico.	*They arrived late **on account of** the traffic.*

■ means, manner, unit of measure (*by, per*)

No me gusta viajar **por** tren.	*I don't like to travel **by** train.*
Va a setenta kilómetros **por** hora.	*She is doing seventy kilometers **per** hour.*
Cobran cien dólares **por** noche.	*They charge a hundred dollars **per** night.*

■ *in exchange for*

Pagamos un dólar **por** una docena de huevos.	*We paid a dollar **for** a dozen eggs.*

■ period of time during which an action takes place (*during, in, for*)

Voy a quedarme aquí **por** un mes.	*I'm going to stay here **for** a month.*
Ella prepara la comida **por** la mañana.	*She prepares the meal **in** the morning.*

B. The preposition **para** is used to express the following concepts.

■ destination

¿Cuándo sales **para** Río?

*When are you leaving **for** Rio?*

■ goal for a specific point in the future (*by* or *for* a certain time in the future)

Necesito los vegetales y el pescado **para** mañana.

*I need the vegetables and the fish **for** tomorrow.*

■ whom or what something is for

El jabón y la lejía son **para** ti.

*The soap and the bleach are **for** you.*

■ objective or goal

Mi novio estudia **para** profesor.

*My boyfriend is studying **to be** a professor.*

■ *in order to*

— Ayer fui a su casa.
— **¿Para** qué?
— **Para** hablar con él.

"Yesterday I went to his house."
*"What **for?**"*
*"**(In order) to** talk with him."*

¡Vamos a practicar!

A. Supply **por** or **para** in each dialogue. Then act each one out with a partner.

1. — ¿ _____ qué calle (*street*) fuiste?
   — Fui _____ la calle Magnolia.

2. — ¿ _____ cuándo necesitas los pantalones?
   — Los necesito _____ el sábado _____ la noche.

3. — ¿Para qué fuiste al mercado?
   — _____ comprar los comestibles. Lo hice _____ ti, porque estabas muy cansada... Y no compré más carne _____ no tener más dinero.

4. — ¿Cuánto pagaron Uds. _____ ese vestido?
   — Cincuenta dólares. Es _____ nuestra hija.
   — ¿Cuándo sale ella _____ Los Ángeles?
   — El tres de enero. Va a estar allí _____ dos meses. Va _____ visitar a su abuela.
   — ¿Va _____ tren?
   — Sí.

5. — ¿Ofelia está en la universidad?
   — Sí, estudia _____ profesora.

B. Look at the illustrations and describe what is happening, using **por** or **para.**

1. Fuimos _____ a Machu Picchu.

4. Marisa va a estar en Medellín _____.

2. Roberto salió _____.

5. Jorge pagó _____ el vino.

3. La torta es _____.

6. Ana sale mañana _____.

C. In groups of three, and using your imagination, add some details to the following circumstances. Use **por** or **para** and think of various possibilities.

MODELO: Marisa compró un vestido.
*Pagó cien dólares **por** el vestido. El vestido es **para** su tía.*

1. Mi sobrino va a ir a México.
2. Luis no pudo salir por la puerta.
3. Ellos llegaron tarde a la fiesta.
4. Mi prima está en la universidad.
5. David compró una corbata.
6. Mi cuñado no pudo pagar la cuenta.
7. Julio conduce muy rápido (*fast*).
8. Este hotel es muy barato.
9. Amalia trabaja de siete a once de la mañana.
10. Marité tiene una fiesta el sábado. Necesita comprar un vestido.

2. Weather expressions (*Expresiones para describir el tiempo*)

Refer students to **Amplíe su vocabulario** for additional related vocabulary.

■ The following expressions are used when talking about the weather.

Hace (mucho) frío.	*It is (very) cold.*
Hace (mucho) calor.	*It is (very) hot.*
Hace (mucho) viento.	*It is (very) windy.*
Hace sol.	*It is sunny.*
— ¿Qué tiempo **hace** hoy?	*"What's the weather **like** today?"*
— **Hace buen** (mal) **tiempo.**	***"The weather is good** (bad)."*

¡Atención! All of the expressions above use the verb **hacer** followed by a noun.

—¿Abro la ventana?	*"Shall I open the window?"*
—¡Sí! ¡**Hace** mucho **calor**!	*"Yes! **It's** very **hot!**"*

You might want to teach the expression **llover a cántaros** *to rain cats and dogs.*

■ The impersonal verbs **llover (o > ue)** (*to rain*) and **nevar (e > ie)** (*to snow*) are also used to describe the weather. They are used only in the third-person singular forms of all tenses, and in the infinitive, the present participle, and the past participle.

Aquí **llueve** mucho.	***It rains** a lot here.*
Creo que va a **nevar** hoy.	*I think it's going to **snow** today.*
Está **lloviendo;** no podemos salir.	*It's **raining;** we can't go out.*

Other weather-related words are **lluvia** (*rain*) and **niebla** (*fog*).

Hay **niebla.**	*It's foggy.*
No me gusta **la lluvia.**	*I don't like **rain.***

¡Vamos a practicar!

Have the students prepare
weather reports and read
them in class.

A. ¿Qué tiempo hace?

1.

2.

3.

4.

5.

6.

7.

B. With a partner, complete the exchanges in a logical manner.

1. — ¿Necesitas un paraguas (*umbrella*)?
   — Sí, porque _____.

2. — ¿No necesitas un abrigo?
   — No, porque _____.

3. — ¿Quieres un impermeable (*raincoat*)?
   — Sí, porque _____ mucho.

4. — ¿No quieres llevar el suéter?
   — ¡No! ¡Hace _____!

5. — ¿Vas a llevar la sombrilla (*parasol*)?
   — Sí, porque _____.

6. — ¿Necesitas un suéter y un abrigo?
   — Sí, porque _____.

7. — ¿Un impermeable? ¿Por qué? ¿Está lloviendo?
   — No, pero _____.

8. — ¡Qué _____! Necesito un paraguas y un impermeable.

9. — No hay vuelos (*flights*) porque hay mucha_____.

C. A Spanish friend of yours is going to travel in the United States for a year. With a partner, discuss what kind of weather he's going to find in cities like Chicago, Boston, Los Angeles, and San Francisco.

3. The preterit contrasted with the imperfect
(*El pretérito contrastado con el imperfecto*)

Before contrasting the preterit and the imperfect, review the forms of both. Use transparencies to present the contrast. To further illustrate the uses of these tenses, tell a well-known story like **Caperucita Roja.** Give key vocabulary (i.e., **Caperucita, bosque, leñador, lobo,** and so on). After the story, repeat certain passages and ask why the preterit or the imperfect is used.

■ The difference between the preterit and imperfect tense can be visualized in the following way.

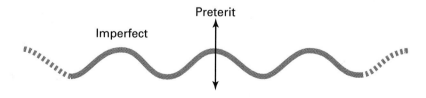

The wavy line representing the imperfect shows an action or event taking place over a period of time in the past. There is no reference as to when the action began or ended. The vertical line representing the preterit shows an action or event completed in the past.

In many instances, the choice between the preterit and the imperfect depends on how the speaker views the action or event. The following table summarizes the most important uses of both tenses.

Preterit	*Imperfect*
• Reports past actions or events that the speaker views as completed Ella **vino** ayer.	• Describes past actions or events in the process of happening, with no reference to their beginning or end. **Íbamos** al cine cuando...
• Sums up a condition or state viewed as a whole (and no longer in effect). **Estuve** cansada todo el día.	• Indicates a repeated or habitual action (*used to . . . , would*) Todos los días **íbamos** con él.[1]
	• Describes a physical, mental, or emotional state or condition in the past. **Estaba** muy cansada.
	• Expresses time and age in the past. **Eran** las dos. **Tenía** veinte años.
	• Is used in indirect discourse. Dijo que **venía.**
	• Describes in the past or sets the stage. Mi novia **era** muy bonita. **Hacía** frío y **llovía.**

¡Atención! *Direct discourse:* Juan dijo: «Vengo mañana.»
Indirect discourse: Juan dijo que **venía** mañana.

— ¿**Viste** a Eva ayer?   *"**Did you see** Eva yesterday?"*
— Sí, **estaba** en el restaurante   *"Yes, **she was** at the restaurant*
  cuando la **vi.**   *when **I saw** her."*

— ¿Qué te **dijo** Raúl?   *"What **did** Raul **say** to you?"*
— Dijo que **necesitaba** dinero.   *"He said **he needed** money."*

¡Vamos a practicar!

A. Complete the following stories, using the appropriate form of the preterit or the imperfect of the verbs provided. Then read the stories aloud.

  1. Anoche Ana y Carlos _____ (ir) a cenar al restaurante El Azteca. Ana _____ (pedir) bistec con papas fritas y Carlos _____ (comer)

---

[1]Note that this use of the imperfect corresponds to the English *would* used to describe a repeated action in the past. *Every day we **used to** go with him.* = *Every day **we would** go with him.* Do not confuse this with the English conditional *would*, as in: *If I had the time I **would** go with him.*

chuletas de cordero y arroz. El mozo les _____ (decir) que el flan con crema _____ (ser) la especialidad de la casa. Los dos lo _____ (pedir) y les _____ (gustar) mucho.

2. _____ (ser) las once y _____ (hacer) frío cuando Antonio _____ (llegar) a su casa anoche. El muchacho _____ (estar) muy cansado y no _____ (sentirse) bien. Su mamá _____ (levantarse) y le _____ (hacer) una taza de té.

3. Cuando yo _____ (ser) niña (yo) _____ (vivir) en Chile. Todos los veranos _____ (ir) a visitar a mis abuelos, que _____ (vivir) en el campo. El año pasado mi familia y yo _____ (mudarse) a Cuzco y mis abuelos _____ (venir) a vivir con nosotros.

B. Interview a partner, using the following questions.

1. ¿Dónde vivías tú cuando eras niño(a)?
2. ¿Qué idioma hablabas tú cuando eras niño(a)?
3. ¿Tú siempre estudiabas mucho cuando eras niño(a)?
4. ¿Cómo era tu primer(a) novio(a)?
5. ¿En qué año comenzaste a estudiar en la universidad?
6. ¿De qué hablaste con tus amigos ayer?
7. ¿Tú estudiaste mucho anoche?
8. ¿Qué hora era cuando llegaste a la universidad hoy?
9. ¿Qué hacías cuando llegó el (la) profesor(a)?
10. ¿Qué te dijo el (la) profesor(a) que tenías que estudiar esta noche?

C. With a partner, talk about what you used to do when you were in high school and then discuss what you did last week. Use the following phrases to start.

1. Cuando yo estaba en la escuela secundaria,
   a. todos los días yo...
   b. los fines de semana mi familia y yo...
   c. en mi clase de inglés mi profesor(a)...
   d. en la cafetería mis amigos y yo...
   e. mi mejor amigo(a) siempre...
   f. los viernes por la noche yo...

You may wish to teach the following: **la iglesia** *church* **la sinagoga** *synagogue*

2. La semana pasada,
   a. el lunes por la mañana yo...
   b. en mi clase de español mi profesor(a)...
   c. el martes por la noche...
   d. el jueves por la tarde...
   e. el sábado mis amigos y yo...
   f. el domingo yo...

D. Working with your classmates in groups of three or four, write the Spanish version of the story "Goldilocks and the Three Bears." Some useful vocabulary is provided.

Había una vez	Once upon a time there was/were	**mediana**	medium
Ricitos de oro	Goldilocks	**el bosque**	forest
el oso	bear	**caliente**	hot
la avena	porridge	**la cama**	bed
		el tazón	bowl

Assign as homework for students to read aloud in class.

E. Use your imagination to finish the following story.

Eran las dos de la mañana y yo estaba durmiendo en mi apartamento. Sonó el timbre (*the doorbell rang*) y yo fui a abrir la puerta. Cuando la abrí, vi...

4. *Hace...* meaning *ago* (*Hace... como equivalente de* ago)

Inform students that you will tell them when a series of events happened. Students must tell you how long ago each event took place, using **Hace... que...** (e.g., **Yo me casé en 1985. / Yo terminé mis estudios en 1990,** etc.)

In sentences in the preterit and in some cases the imperfect, **hace** + *period of time* is equivalent to the English *ago*. When **hace** is placed at the beginning of the sentence, the construction is as follows.

> **Hace** + period of time + **que** + verb (*preterit*)
>
> **Hace** + **dos años**   + **que** + la conocí.
>
> *I met her two years **ago**.*

An alternative construction is:
La conocí hace dos años.

¡Atención! To find out how long ago something took place, ask:
¿Cuánto tiempo hace que... + *verb in the preterit.*
¿ Cuánto tiempo hace que viniste a California?

— ¿Cuánto tiempo hace que tú llegaste?   *"How long ago did you arrive?"*

— **Hace tres años** que llegué.   *"I arrived **three years ago**."*

¡Vamos a practicar!

Refer students to p. 135 for
a review of **hace... que** +
present.

Pair students for this exercise.

A. Say how long ago the following events took place.

> MODELO: Son las cuatro. Yo llegué a las tres.
> *Hace una hora que yo llegué.*

1. Estamos en noviembre. Los García celebraron su aniversario de bodas en septiembre.
2. Son las seis. Yo almorcé a la una.
3. Hoy es viernes. Esteban salió para México el martes.
4. Son las diez. Pedimos el postre a las diez menos cuarto.
5. Estamos en el año 2000. Vinimos a California en el año 1990.
6. Son las diez. Ellos empezaron a estudiar a las siete.

B. Discuss with a partner how long ago the following events happened in your life.

1. ¿Cuánto tiempo hace que empezaste a estudiar español?
2. ¿Cuánto tiempo hace que Uds. tomaron el último examen?
3. ¿Cuánto tiempo hace que hablaste con tus padres?
4. ¿Cuánto tiempo hace que le escribiste a un(a) amigo(a)?
5. ¿Cuánto tiempo hace que tu mejor amigo(a) te llamó por teléfono?
6. ¿Cuánto tiempo hace que estuviste en un buen restaurante?

5. Possessive pronouns (*Pronombres posesivos*)

Take objects away from students and tell them they belong to you. They should react, and the rest of the class should help. For example:
Instructor: **Esta pluma es mía.**
Student: **No, no es suya. Es mía.**
Class: **Es la pluma de él (ella).**

Stress the use of the definite article with the possessive pronoun by making statements about something of yours (or a student's). Then point to a different student, who will respond with a statement distinguishing his / her article from yours (the classmate's).
Instructor: **Mi camisa es blanca.**
Student: **La mía es azul.**

■ Possessive pronouns in Spanish agree in gender and number with the person or thing possessed. They are generally used with the definite article.

Singular		*Plural*		
Masc.	*Fem.*	*Masc.*	*Fem.*	
(el) mío	**(la) mía**	**(los) míos**	**(las) mías**	mine
(el) tuyo	**(la) tuya**	**(los) tuyos**	**(las) tuyas**	yours (*fam.*)
(el) suyo	**(la) suya**	**(los)suyos**	**(las) suyas**	{ yours (*form.*) / his / hers
(el) nuestro	**(la) nuestra**	**(los) nuestros**	**(las) nuestras**	ours
(el) vuestro	**(la) vuestra**	**(los) vuestros**	**(las) vuestras**	yours (*fam.*)
(el) suyo	**(la) suya**	**(los) suyos**	**(las) suyas**	{ yours (*form.*) / theirs

— Mis libros están aquí. ¿Dónde están los **tuyos?**
— Los **míos** están en la mesa.

*"My books are here. Where are **yours?**"*
*"**Mine** are on the table."*

¡Atención!   Note that **los tuyos** substitutes for **los *libros* tuyos;** the noun has been deleted. Also note that after the verb **ser,** the article is usually omitted.

— ¿Estas invitaciones son **tuyas?**   *"Are these invitations **yours?**"*
— Sí, son **mías.**   *"Yes, they're **mine.**"*

■ Because the third-person forms of the possessive pronouns (**el suyo, la suya, los suyos, las suyas**) can be ambiguous, they can be replaced with the following for clarification.

el   de ⎫   ⎧ Ud.
la   de ⎪   ⎪ él
los de ⎬   ⎨ ella
las de ⎭   ⎪ Uds.
                 ⎪ ellos
                 ⎩ ellas

¿El diccionario? Es **suyo.** (*unclarified*)   *The dictionary?*
                                                  It's theirs.
             Es **el de ellas.** (*clarified*)   (*pl. fem. possessor*)

¡Vamos a practicar!

A. Supply the correct possessive pronoun to agree with each subject. Clarify when necessary.

MODELO: Yo tengo una pluma. Es _____.
         Yo tengo una pluma. Es mía.

1. Nosotros tenemos un bolso. Es _____.
2. Ellos tienen una mesa. Es _____. (Es _____ _____ _____.)

3. Él tiene dos libros. Son _____ . (Son _____ _____ _____.)
4. Yo tengo una camisa. Es _____ .
5. Tú tienes dos cheques. Son _____ .
6. Nosotros tenemos una casa. Es _____ .
7. Ustedes tienen muchos zapatos. Son _____ . (Son _____ _____ _____.)
8. Ella tiene dos abrigos. Son _____ . (Son _____ _____ _____.)

As a follow-up, have students discuss items their friends or relatives have and explain how their own is / will be different.

B. Who owns the following items? Answer the questions affirmatively.

1. Aquí hay una blusa verde. ¿Es tuya?
2. Yo encontré cien dólares. ¿Son tuyos?
3. ¿La cartera roja es de tu mamá?
4. El libro que tú tienes, ¿es mío?
5. Las plumas que están en mi escritorio, ¿son de ustedes?
6. Aquí hay un diccionario. ¿Es de ustedes?

C. With a partner, make comparisons between the objects and people described. Use appropriate possessive pronouns when asking each other questions.

MODELO: — Mi hermano tiene... años. ¿Cuántos años tiene el tuyo?
— *El mío tiene dieciocho.*

1. Mi casa está en la calle...
2. Mis abuelos son de...
3. Mi mejor amigo(a) se llama...
4. Mis profesores son...
5. Mis padres están en...
6. Mis tías viven en...

Y ahora, ¿qué?

Palabras y más palabras

Internet

For more practice with lesson topics, see the related activities on the **¡Hola, amigos!** web site.

Complete each sentence, using vocabulary from **Lección 9.**

1. Mi esposo y yo celebramos nuestro aniversario de _____ ayer.
2. Para desayunar, no quiero biftec con huevos; quiero huevos con _____ .
3. Son _____ las siete y no estoy _____ para salir. Tengo que bañarme y vestirme.
4. Quiero tostadas con mantequilla y _____ .
5. El mozo anota el _____ y luego se va.

6. Si la cena cuesta cincuenta dólares, debes dejar $7,50 de _____.
7. ¿Quieres un _____ de pastel? ¡Está _____!
8. ¿A qué hora se cierra el club nocturno? Se lo voy a _____ al camarero.
9. Quiero cordero asado con puré de _____. De _____, flan.
10. Perdón, no quiero pescado frito; lo quiero al _____.
11. Voy a desayunar, pero no voy a _____ porque hoy ceno en un restaurante.
12. El mozo nos trajo el _____ y nos _____ la especialidad de la casa.
13. Después de pagar la _____, llamó un taxi.
14. Yo quiero panqueques y café, y ella quiere lo _____.
15. Siempre como en restaurantes porque no me gusta _____.
16. Luis la llamó por teléfono _____ el hotel Internacional.
17. La temperatura es de 20 grados y nieva. Hace mucho _____.
18. Tengo un tenedor y un cuchillo, pero necesito una _____ para tomar la sopa.

¡Vamos a conversar!

A. Para conocerse mejor. Get to know your partner better by asking each other the following questions.

1. ¿A qué hora desayunas? ¿A qué hora almuerzas? ¿A qué hora cenas?
2. ¿Prefieres comer tocino con huevos o panqueques?
3. ¿Le pones crema al café?
4. ¿Te gusta tomar sopa cuando hace frío?
5. Cuando vas a un restaurante, ¿haces reservaciones?
6. La cocina de tu casa, ¿es grande o pequeña?
7. ¿Tú tienes que trabajar o estás de vacaciones?
8. ¿Por cuánto tiempo vas a estar hoy en la universidad?
9. ¿Te pusiste un abrigo hoy? ¿Por qué?
10. ¿Prefieres vivir en el campo o en la ciudad?

B. Una encuesta. Interview your classmates to identify who fits the following descriptions. Include your instructor, but remember to use the **Ud.** form when addressing him/her.

	Nombre
1. Prefiere los climas cálidos.	
2. Usa impermeable cuando llueve.	
3. Le gusta viajar por tren.	
4. Llegó tarde a clase por el tráfico.	
5. Tiene que preguntarle algo al profesor (a la profesora).	
6. Estudia para profesor(a).	
7. Celebró su cumpleaños el mes pasado.	
8. Nació (*was born*) en el mes de julio.	
9. Compró algo para un amigo (una amiga) recientemente.	
10. Gastó mucho dinero este mes.	

Situaciones

You may wish to assign this exercise as homework, and follow up by having students roleplay these situations in class.

What would you say in the following situations? What might the other person say? Act out the scenes with a partner.

1. You are at a cafe having breakfast. You are very hungry. Order a big breakfast.
2. You are having lunch with a friend. Suggest a few things he can have to eat and drink.
3. Call a restaurant and make reservations for dinner.
4. You are having dinner with a friend. Order for you and for your friend. Then ask for the bill.
5. You and a friend are talking about what you both liked and didn't like to do when you were children.
6. A friend is coming to visit. Explain what the weather is like in your area so he/she will know what clothes to pack.

✍ **Para escribir**

Following the style of the dialogues in this lesson, write a dialogue describing a dinner in a restaurant you may have had recently.

¿Qué dice aquí?

With a classmate, study these ads and answer the questions that follow.

COSTA VASCA
R E S T A U R A N T

Abierto de Martes a Domingo
Business Lunch de 12 a 3 P.M.

En la Cocina siempre el famoso
Chef Ignacio

EN LA TABERNA
EUGENIO BARADA
y MIRIAM

SHOW FLAMENCO **desde las 10 P.M.**

* *ESTRELLA MORENA* **Bailes y Cante Flamenco**
* *PEPE DE MALAGA* **Cantador Flamenco**
* *EMILIO PRADOS* **Guitarrista**
* *MANOLO DE CORDOBA* **Bailador Flamenco**
* *JUAN DE ALBA* **Polifacético estilo Flamenco**

Fiesta de Fin de Año
Show-Cena-Champaña Por Sólo $50
Reserve con tiempo.

969-2394 • 1009 S.W. 8 Street MIAMI
Salón Disponible para Fiestas

CENA Y RUMBA DE AÑO NUEVO

MASSAI

Delicioso Buffet
Ceviche de Camarón
Pavo Bellavista
Lomo al Oporto
Arroz con Coco y Pasas
Alcachofas y
Espárragos Vinagreta
Ensalada de Frutas y
Postre de Navidad

Diciembre 31 • Orquesta Maya

$7.000 por persona
Reservaciones: 610 46 64 - 236 53 36

MASSAI CLUB
Restaurante • Discoteca • Bar • Casino
Km. 4 Vía Calera

1. ¿Qué hay el 31 de diciembre en el Massai Club?
2. ¿Qué podemos comer en el buffet?
3. ¿A qué números debemos llamar para hacer reservaciones?
4. Además de cenar en el Massai Club, ¿qué otras cosas podemos hacer allí?
5. ¿En cuál de los dos restaurantes hay «show»? ¿Qué tipo de show?
6. ¿A qué hora comienza el show?
7. ¿Cuánto debemos pagar por la cena de fin de año en el restaurante Costa Vasca?
8. ¿Por qué no podemos ir a este restaurante los lunes?
9. ¿A qué hora sirven el almuerzo (*lunch*) en Costa Vasca?

Lectura

A. Estrategia de lectura. Before you read the fable of the fox (*la zorra*) and the grapes (*las uvas*), think about what you know of fables and then predict what might happen. Fables generally have a moral (*una moraleja*). What types of lessons do fables teach? What characteristics are typically associated with foxes? Would you expect a fox to succeed or fail in obtaining an objective? How might grapes figure in the story?

B. Vamos a leer. As you read the fable, find the answers to the following questions.

1. ¿Qué tiempo hace? ¿Cuál es la estación del año?
2. ¿Qué descubrió la zorra mientras paseaba por un huerto?
3. ¿Dónde estaban las uvas?
4. ¿La zorra tenía sed o tenía hambre?
5. ¿Qué método usó la zorra para alcanzar las uvas?
6. ¿Alcanzó la zorra las uvas?
7. ¿Qué hizo finalmente?
8. ¿Cuál es la moraleja de la fábula?

La zorra y las uvas
Fábula de Esopo

En un caluroso día de verano, caminaba la zorra° por un huerto°. De pronto descubrió un racimo de uvas que estaban casi maduras en una vid que crecía enrollada a una rama muy alta. La zorra pensó que era precisamente lo que ella necesitaba para apagar° la sed.

fox / orchard

quench

Retrocedió unos pasos, corrió y saltó, pero perdió el racimo por un pelo. Retrocedió de nuevo, reunió todas sus fuerzas y diciendo: —¡Uno, dos y tres!— dio un tremendo salto pero no fue mejor el resultado.

Una y otra vez trató de alcanzar° las uvas que estaban en la vid, pero finalmente tuvo que darse por vencida° y, marchándose del huerto, comentó: —¡Están verdes!

reach
darse... *give up*

Moraleja: Cuando no se puede conseguir algo, es fácil desdeñarlo°.

scorn it

C. Díganos. Answer the following questions based on your own thoughts and experiences.

1. ¿Qué le gusta tomar para apagar la sed?
2. ¿Qué le gustaba hacer en el verano cuando usted era pequeño(a)?
3. ¿Había un huerto en su casa o iba a un huerto para recoger frutas? ¿Qué tipos de frutas crecían en el huerto?
4. ¿Persevera usted cuando quiere algo o se da por vencido(a) fácilmente?
5. Cuando usted era niño(a), ¿le gustaba leer fábulas? ¿Cuáles?

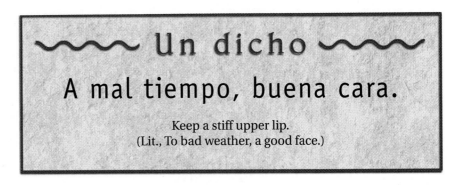

Un dicho

A mal tiempo, buena cara.

Keep a stiff upper lip.
(Lit., To bad weather, a good face.)

Lección 8

A. Preterit of some irregular verbs

Change the verbs in the following sentences to the preterit tense.

1. Ellos traen la lechuga y los huevos.
2. Tengo que apurarme.
3. ¿Qué hace él con los tomates?
4. ¿Qué te dice tu hijo?
5. Laura viene al parque conmigo.
6. Tú y yo estamos aquí.
7. Ella hace todos los pasteles.
8. Yo sé toda la verdad.
9. Ellas conducen muy bien.
10. Enrique no quiere ir al mercado.

B. Direct and indirect object pronouns used together

Answer the following questions in the affirmative, replacing the direct objects with direct object pronouns.

1. ¿Me compraste *las manzanas y las naranjas?*
2. ¿Nos trajeron Uds. *los huevos?*
3. ¿Ellos te van a dar *el azúcar?* (*two ways*)
4. ¿Él les va a traer *los vegetales* a Uds.? (*two ways*)
5. ¿Ella me va a comprar *la cebolla?* (*Use the* **Ud.** *form.*) (*two ways*)
6. ¿Ellos te traen *las cosas del mercado?*

C. Stem-changing verbs in the preterit

Complete the following sentences in the preterit tense, using the verbs listed.

seguir	divertirse	pedir
conseguir	morir	dormir

1. Ana y Eva _____ mucho en la fiesta. Cuando volvieron a casa _____ hablando y no _____ mucho por la noche.
2. Elsa _____ la comida y Juan se la trajo.
3. Hubo un accidente, pero no _____ nadie.
4. Roberto _____ el jabón en la farmacia.

D. The imperfect tense

Change the verbs in the following sentences to the imperfect.

1. ¿Tú vas al supermercado con tu papá?
2. Ella es muy bonita.
3. Ellos hablan español.
4. Nosotros no vemos a nuestros abuelos frecuentemente.
5. Uds. nunca comen mantequilla.
6. Yo siempre como frutas por la mañana.

E. Formation of adverbs

Write the following adverbs in Spanish.

1. easily   3. slowly   5. slowly and clearly
2. especially   4. rapidly   6. frankly

F. Vocabulary

Complete the following sentences, using vocabulary from **Lección 8.**

1. Tenemos que _____ porque es muy tarde.
2. Voy a la _____ para comprar aspirinas.
3. No quiero ensalada de _____ y tomates; quiero ensalada de papas.
4. _____, no tengo dinero para comprar la comida.
5. Otro nombre para el melocotón es el _____.
6. Voy a la _____ porque necesito pan.
7. Siempre como _____ con leche y plátano por la mañana.
8. Voy al _____ porque necesito pollo y una _____ de huevos.
9. Para limpiar el piso, yo no uso jabón; uso _____.
10. Cuando compro comestibles, siempre _____ mucho dinero.
11. Voy a comprar manzanas para hacer un _____ para la comida.
12. Los niños estaban _____ en el parque.
13. Anteayer compré chuletas de _____ y de _____.
14. No quiero _____ ni _____ ni _____. No me gustan los mariscos.
15. La _____ es una fruta cítrica, pero la sandía, no.
16. Quiero un perro _____ y un _____ de chocolate.
17. Necesito lechuga, tomate, _____ y _____ para la ensalada.
18. Quiero pan con _____.

G. Culture

Circle the correct answer, based on the **Notas culturales** you have read.

1. Lima fue fundada por los (españoles / mexicanos).
2. Lima es la capital de (Colombia / Perú).
3. El Museo de (Plata / Esmeraldas / Oro) esta en Lima.
4. Machu Picchu fue construido por los (incas / aztecas).
5. En muchos países latinos todavía es costumbre comprar en los (super-mercados / mercados pequeños con tiendas especiales).

Lección 9

A. Some uses of *por* and *para*

Complete each sentence, using **por** or **para.**

1. El jugo de naranja es _____ ti, abuela.
2. ¿Cuánto pagaron _____ la cena?
3. Yo no cocino _____ la mañana.
4. Los chicos salieron _____ la puerta principal.
5. Ellos fueron al club nocturno _____ bailar.
6. Necesito las reservaciones _____ mañana _____ la tarde.
7. El sábado salimos _____ Lima. Vamos _____ avión (*airplane*). Vamos a estar allí _____ una semana.
8. En ese hotel cobran cien dólares _____ noche.

B. Weather expressions

Complete each sentence with the appropriate word(s).

1. En verano _____ mucho _____ en Texas.
2. En invierno en Denver _____ mucho _____ y _____ mucho.
3. En Oregón _____ todo el año.
4. Hoy no hay vuelos (*flights*) porque _____ mucha _____.
5. Necesito la sombrilla porque _____ mucho _____.

C. The preterit contrasted with the imperfect

Complete each sentence, using the preterit or the imperfect tense of the verbs in parentheses.

1. Ayer nosotros _____ (celebrar) nuestro aniversario.
2. _____ (ser) las cuatro de la tarde cuando yo _____ (salir) del restaurante.
3. El mozo me _____ (decir) que la especialidad de la casa _____ (ser) langosta.
4. Cuando Raúl _____ (ser) pequeño _____ (vivir) aquí.
5. Jorge _____ (estar) en el café cuando yo lo _____ (ver).
6. Ella no _____ (ir) a la fiesta anoche porque _____ (estar) muy cansada.
7. Ayer yo _____ (hacer) las reservaciones.
8. Nosotros _____ (estar) almorzando cuando tú _____ (llamar).

D. *Hace...* meaning *ago*

Write the following sentences in Spanish.

1. The waiter arrived three hours ago.
2. I began to study Spanish two years ago.
3. We arrived three months ago.
4. They brought me the dessert ten minutes ago.
5. We made the reservations two weeks ago.

E. Possessive pronouns

Complete each sentence, giving the Spanish equivalent of the word in parentheses.

1. Mi postre es mejor que _____, María.   (*yours*)
2. Las tostadas que están en la mesa son _____.   (*mine*)
3. Yo voy a invitar a mis amigos. ¿Tú vas a invitar a _____?   (*yours*)
4. Estos zapatos son _____.   (*ours*)
5. Mi abuelo es de México. _____ es de Cuba.   (*Theirs*)
6. Ese libro no es _____; es _____.   (*mine / hers*)

F. Vocabulary

Complete the following sentences, using vocabulary from **Lección 9.**

1. Las chuletas están muy buenas. Están _____.
2. Voy a _____ a las siete de la mañana. Quiero café con leche y pan tostado con _____.
3. La _____ de la casa es cordero _____.
4. No quiero _____ de papas. Quiero papa al _____.
5. Mis abuelos no vivían en el _____; vivían en la ciudad.
6. Anoche _____ en un restaurante y el mozo nos recomendó las chuletas.
7. Esta noche vamos a ir a un club _____ para celebrar nuestro aniversario.
8. No puedo pagar la _____ del restaurante porque no tengo dinero.
9. Siempre tomo el café con _____ y azúcar.
10. ¿Cuánto le vas a _____ de propina al mozo?
11. Este año vamos de _____ a Acapulco.
12. Vamos al restaurante y _____ vamos a casa.
13. Para comer el biftec, necesito un _____ y un _____.
14. El cielo no está despejado; está _____ porque va a llover.
15. No me gusta el clima templado ni el clima frío; me gusta el clima _____.
16. En La Florida hay _____, en California hay _____ y en Ohio hay nevadas.
17. Para _____ la mesa, necesito el mantel y las _____.
18. Luis llegó _____ a mi fiesta de cumpleaños porque había mucho _____.

G. Culture

Circle the correct answer, based on the **Notas culturales** you have read.

1. Colombia es famosa por sus (perlas / esmeraldas / turquesas), que están entre las mejores del mundo.
2. Algunas iglesias de Bogotá datan del siglo (XIV / XII / XVI).
3. El transporte entre Bogotá y el resto del país es principalmente por (aire / autobús / tren).
4. En los países hispanos (el almuerzo / la cena) es la comida principal.
5. En España la cena se sirve muy (temprano / tarde).

UNIDAD V

La salud

Una farmacia en Caracas, Venezuela

Lección 10: **En un hospital**
Lección 11: **En la farmacia y en el consultorio del médico**

By the end of this unit, you will be able to:

- discuss health problems, medical emergencies, common medical procedures and treatments
- give and request information about physical symptoms and medications
- ask and respond to questions concerning personal medical history
- talk about recent and distant past actions and events
- make suggestions and give advice about health and other problems
- express feelings and reactions

En un hospital

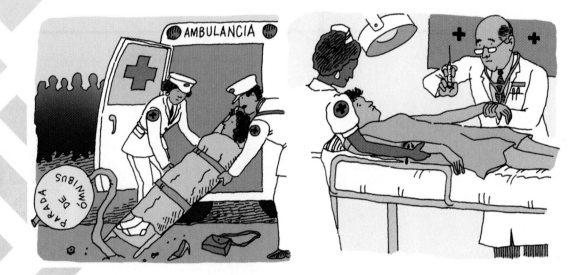

For presentation of dialogues, see Introduction, Instructor's Annotated Edition.

En Santiago de Chile.

Susana ha tenido un accidente y la han traído al hospital en una ambulancia. Ahora está en la sala de emergencia hablando con el médico.

DOCTOR — Dígame qué le pasó, señorita.

SUSANA — Yo había parado en una esquina y un autobús chocó con mi coche.

DOCTOR — ¿Perdió Ud. el conocimiento después del accidente?

SUSANA — Sí, por unos segundos.

DOCTOR — ¿Tiene Ud. dolor en alguna parte?

SUSANA — Sí, doctor, me duele mucho la herida del brazo.

DOCTOR — ¿Cuándo fue la última vez que le pusieron una inyección antitetánica?

SUSANA — Hace seis meses.

DOCTOR — Bueno, voy a vendarle la herida ahora mismo. Y después la enfermera va a ponerle una inyección para el dolor. ¿Le duele algo más?

SUSANA —Me duele mucho la[1] espalda y también me duele la cabeza.

DOCTOR —Bueno, vamos a hacerle unas radiografías para ver si se ha fracturado algo. (*A la enfermera.*) Lleve a la señorita a la sala de rayos X.

Una hora después, Susana salió del hospital. No tuvo que pagar nada porque tenía seguro médico. Fue a la farmacia y compró la medicina que le había recetado el médico para el dolor.

---

[1]Note that definite articles, rather than possessive adjectives, are used in Spanish with the body.

Pepito se cayó[1] en la escalera de su casa y su mamá lo llevó al hospital. Hace una hora que esperan cuando por fin viene la doctora Alba.

DOCTORA — ¿Qué le pasó a su hijo, señora?
SEÑORA — Parece que se ha torcido el tobillo.
DOCTORA — A ver... creo que es una fractura.

Han llevado a Pepito a la sala de rayos X y le han hecho varias radiografías.

DOCTORA — Tiene la pierna rota. Vamos a tener que enyesársela.
SEÑORA — ¿Va a tener que usar muletas para caminar?
DOCTORA — Sí, por seis semanas. Déle estas pastillas para el dolor y pida turno para la semana que viene.

Más tarde:

SEÑORA — ¿Cómo te sientes, mi vida?
PEPITO — Un poco mejor. ¿Llamaste a papá?
SEÑORA — Sí, en seguida viene a buscarnos.

---

[1]In the third-person singular and plural of the preterit, verbs whose stems end in a strong vowel—that is, **a, e,** or **o**—change the unaccented **i** between vowels to **y: se cayó, se cayeron.**

Have students correct the false statements.

Have students review the lesson dialogues and vocabulary prior to viewing Module 10 of the ¡Hola, amigos! video.

¿Recuerda usted?

With a partner, decide whether the following statements about the dialogues are true (**verdadero**) or false (**falso**).

1. Un autobús chocó con el coche de Susana.
2. Susana no perdió el conocimiento después del accidente.
3. Susana se ha fracturado el brazo.
4. Al salir del hospital Susana no pagó nada porque tenía seguro médico.
5. Pepito se cayó en la escalera de su casa.
6. Le hacen varias radiografías a Pepito.
7. Pepito se ha torcido el tobillo.
8. Van a ponerle una inyección para el dolor.

Vocabulario

Cognados

el accidente accident	**la emergencia** emergency	**el hospital** hospital
la ambulancia ambulance	**la fractura** fracture	**la medicina** medicine

Nombres

el autobús, el ómnibus   bus
el brazo   arm
la cabeza   head
el coche, el automóvil, el auto, el carro   automobile
el dolor   pain
el (la) enfermero(a)   nurse
la escalera   stairs
la espalda   back
la esquina   corner
la herida   wound
la inyección   shot, injection
_____ **antitetánica**   tetanus shot
el (la) médico(a), doctor(a)   doctor, M.D.

las muletas   crutches
la pastilla   pill
la pierna   leg
la radiografía   X-ray (picture)
la sala de emergencia   emergency room
la sala de rayos X (equis)   X-ray room
la salud   health
el segundo   second
el seguro médico   medical insurance
el tobillo   ankle

Verbos

buscar   to pick up
caerse (yo me caigo)   to fall down

caminar   to walk
chocar (con)   to run into, to collide (with)
doler[1] **(o > ue)**   to hurt, ache
enyesar   to put a cast on
esperar   to wait (for)
fracturar(se), romper(se)   to fracture
parar   to stop
parecer (yo parezco)   to seem
pasar   to happen
recetar   to prescribe
sentirse (e > ie)   to feel
torcerse (o > ue)   to twist
vendar   to bandage

Adjetivo

roto(a), quebrado(a)   broken

---

[1]The construction for **doler** is the same as that for **gustar:** Me **duele** la cabeza. Me **duelen** las piernas.

Otras palabras y expresiones

ahora mismo right now
bueno well
dígame tell me
en alguna parte anywhere, somewhere

en seguida right away
la última vez the last time
más tarde later
mi vida darling
pedir turno to make an appointment

perder el conocimiento, desmayarse to lose consciousness, to faint
poner una inyección to give a shot
que viene next

96 Amplíe su vocabulario

Otras partes del cuerpo (*Other parts of the body*)

la boca	*mouth*	el estómago	*stomach*
la cara	*face*	la lengua	*tongue*
el codo	*elbow*	la muñeca	*wrist*
el corazón	*heart*	la nariz	*nose*
el cuello	*neck*	la oreja	*ear* (external)
el cuerpo	*body*	el pecho	*chest*
el dedo	*finger*	el pie	*foot*
el dedo del pie	*toe*	la rodilla	*knee*
el diente	*tooth*		

¿Qué sabes de anatomía?

Today you're the professor! Teach your students these parts of the body in Spanish.

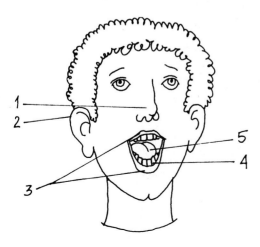

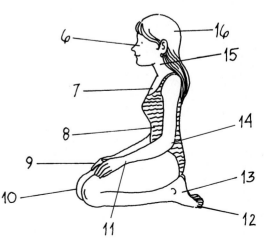

NOTAS CULTURALES

DE AQUÍ Y DE ALLÁ

Santiago, que tiene una población de más de cuatro millones y medio de habitantes, es la capital de Chile. Fue fundada por los españoles en el año 1541 y es actualmente el centro industrial y cultural del país. El clima de la ciudad es muy similar al de la región del Mediterráneo.

Santiago es una ciudad cosmopolita que refleja la influencia de Europa y de Norteamérica. La ciudad tiene muchos lugares de recreo: hermosos parques, un estadio que tiene capacidad para ochenta mil personas y numerosos teatros y cines. Muy cerca de la ciudad hay excelentes lugares para esquiar.

DE ESTO Y AQUELLO

Los servicios médicos son gratis en la mayoría de los países hispanos porque el gobierno mantiene los centros médicos y los hospitales. Para la gente que puede y quiere pagar para recibir atención especial, existen además clínicas privadas.

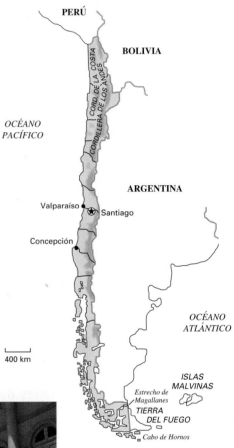

Plaza de Armas en Santiago, Chile

¿Verdadero o falso?

1. La capital de Chile es Bogotá.
2. Los portugueses fundaron Chile.
3. En Santiago se ve la influencia europea y norteamericana.
4. No se puede esquiar en Chile.
5. En muchos países hispanos los hospitales son gratis.

Puntos para recordar

1. Past participles (*Los participios pasivos*)

■ In Spanish, regular past participles are formed by adding the following endings to the stem of the verb.

-ar *verbs*	-er *verbs*	-ir *verbs*
habl- **ado** (*spoken*)	com- **ido** (*eaten*)	recib- **ido** (*received*)

The following verbs have irregular past participles in Spanish.[1]

abrir	**abierto**	poner	**puesto**
decir	**dicho**	romper	**roto**
escribir	**escrito**	ver	**visto**
hacer	**hecho**	volver	**vuelto**
morir	**muerto**		

¡Atención! The past participle of **ir** is **ido**.

■ Past participles used as adjectives

In Spanish, most past participles can be used as adjectives. As such, they agree in number and gender with the nouns they modify.

— ¿Tuviste un accidente?	*"Did you have an accident?"*
— Sí, y tengo **la pierna rota.**	*"Yes, and I have a **broken leg.**"*
— ¿Y el brazo?	*"And your arm?"*
— No, **el brazo** no está **roto.**	*"No, **my arm** isn't **broken.**"*
— ¿**Las ventanas** están **abiertas?**	*"Are **the windows open?**"*
— No, están **cerradas.**	*"No, they're **shut.**"*

---

[1]Verbs ending in **-er** and **-ir** whose stem ends in a strong vowel require an accent mark on the **i** of the **-ido** ending: **leer, leído; oír, oído; traer, traído; creer, creído.**

¡Vamos a practicar!

A. Give the past participles of the following verbs.

1. decir	6. poner	11. ir	16. ser
2. cerrar	7. vivir	12. tener	17. escribir
3. hacer	8. ver	13. romper	18. estar
4. beber	9. recetar	14. abrir	19. leer
5. morir	10. volver	15. comprar	20. salir

B. Complete the description of each illustration, using the verb **estar** and the appropriate past participle.

1. El coche _____ en la esquina.

2. Los niños _____.

3. La puerta _____.

4. La ventana _____.

5. El restaurante _____.

6. La carta _____ en español.

7. Los vestidos _____   8. El cuaderno _____.   9. La señora _____
   en México.   cerca de la ventana.

2. Present perfect tense (*Pretérito perfecto*)

After presenting the present perfect tense, move around the room, writing your name on the board, opening and closing a window, speaking to a student, etc. In each case, ask: **¿Qué he hecho?** Then have students do things and ask them or the rest of the class what they have done.

■ The present perfect tense is formed by using the present tense of the auxiliary verb **haber** with the past participle of the verb that expresses the action or state.

Present indicative of **haber** (*to have*)[1]	
he	hemos
has	habéis
ha	han

FORMATION OF THE PRESENT PERFECT TENSE			
	Present of + **haber**	*Past* *Participle*	
yo	**he**	**hablado**	I have spoken
tú	**has**	**comido**	you (*fam.*) have eaten
Ud., él, ella	**ha**	**vuelto**	you (*form.*) have returned; he, she has returned
nosotros(as)	**hemos**	**dicho**	we have said
vosotros(as)	**habéis**	**roto**	you (*fam.*) have broken
Uds., ellos, ellas	**han**	**hecho**	you (*form., fam.*) have done, made; they have done, made

---

[1]Note that the English verb *to have* has two equivalents in Spanish: **haber** (used as an auxiliary verb) and **tener.**

Use the following activity to illustrate that when past participles are used as adjectives, they must agree in number and gender with the nouns they modify, but when they are used as part of a perfect tense, they are invariable. Go around the room doing things, telling students what you have done. Then have them tell you what the result of each action is using past participles as adjectives.
I: *Open the window and say:*
     He abierto la ventana.
S: **Sí, la ventana está abierta.**

Game: Present this as a test of students' powers of observation. Ask one student to leave the class. Select another to perform a prepared list of instructions. The rest of the class must observe carefully, then describe to their absent classmate what has taken place. This student will then duplicate the instructions exactly.

■ The present perfect tense is equivalent to the use in English of the auxiliary verb *have + past participle*, as in *I have spoken.*

— ¿Qué le **ha pasado** a Mercedes?   *"What **has happened** to Mercedes?"*

— **Ha tenido** un accidente.   *"She **has had** an accident."*

— ¿Ya **han ido** Uds. al hospital a verla?   *"**Have** you already **gone** to the hospital to see her?"*

— Sí, ya la **hemos visto**.   *"Yes, we **have** (already) **seen** her."*

■ Note that in Spanish, when the past participle is part of a perfect tense, its form does not vary for gender or number agreement.

Él **ha venido**.   *He **has come**.*
Ella **ha venido**.   *She **has come**.*

■ Unlike English, the past participle in Spanish is never separated from the auxiliary verb **haber**.

Ella **nunca ha hecho** nada.   *She **has never done** anything.*
Él **siempre ha escrito** las cartas en inglés.   *He **has always written** the letters in English.*

¡Vamos a practicar!

A. Teresa has broken her leg. Using the cues given, tell what everybody has done for her.

MODELO: Mamá / llevarla / hospital
        Mamá la ha llevado al hospital.

1. el médico / enyesarle / pierna
2. la enfermera / ponerle / una inyección
3. yo / limpiar / su apartamento

4. nosotros / escribirle / una carta / su supervisora
5. ellos / poner / sus libros / el escritorio
6. tú / hablar / con el médico
7. Uds. / abrir / la ventana / de su cuarto
8. su mamá / hacerle / la cena

B. Interview a partner, using the following questions.

1. ¿Has tenido un accidente alguna vez?
2. ¿Te has torcido el tobillo alguna vez?
3. ¿Has usado muletas alguna vez? (¿Por qué?)
4. ¿Has perdido el conocimiento? (¿Por cuánto tiempo?)
5. ¿Te han hecho una radiografía últimamente (*lately*)?
6. ¿Te han puesto una inyección últimamente?
7. ¿Has estado en el hospital últimamente? (¿Por cuánto tiempo?)
8. ¿Has ido al médico recientemente?

C. In groups of three, discuss what you have done since yesterday. Include what you have eaten, whom you have seen and spoken to, and so on. Be prepared to report to the class something that all of you have done.

3. Past perfect (pluperfect) tense (*Pretérito pluscuamperfecto*)

Review the past participle before you present this tense.

■ The past perfect tense is formed by using the imperfect tense of the auxiliary verb **haber** with the past participle of the verb that expresses the action or state.

Imperfect of **haber**	
había	habíamos
habías	habíais
había	habían

FORMATION OF THE PAST PERFECT TENSE			
	Imperfect of + **haber**	*Past Participle*	
yo	había	hablado	I had spoken
tú	habías	comido	you (*fam.*) had eaten
Ud., él, ella	había	vuelto	you (*form.*), he, she had returned
nosotros(as)	habíamos	dicho	we had said
vosotros(as)	habíais	roto	you (*fam.*) had broken
Uds., ellos, ellas	habían	hecho	you (*form., fam.*) had done, made; they had done, made

■ The past perfect tense is equivalent to the use in English of the auxiliary verb *had + past participle*, as in *I had spoken*.

In Spanish, as in English, this tense refers to actions, states, or events that were already completed before the start of another past action, state, or event.

— ¿Uds. **habían estado** en Chile antes del año pasado?
— No, nunca **habíamos estado** allí.

"Had you been in Chile before last year?"
"No, we had never been there."

— ¿Ricardo está aquí?
— Sí, cuando yo vine, él ya **había llegado.**

"Is Ricardo here?"
"Yes, when I came, he had already arrived."

¡Vamos a practicar!

A. Tell what these people had or had not done.

1. Nosotros les _____ (traer) unas pastillas para el dolor de cabeza.
2. Él me _____ (decir) que necesitaba usar muletas.
3. La enfermera ya le _____ (poner) la inyección.
4. El médico me _____ (dar) la medicina.
5. Los chicos _____ (dormirse) en seguida.
6. Tú _____ (romper) la ventana.
7. Ellos ya _____ (volver) cuando yo llegué.
8. Yo nunca _____ (conducir) ese coche.
9. Esa mujer no _____ (hacer) nada.
10. Mi papá nunca lo _____ (ver).
11. Ud. _____ (pedir) turno para la semana que viene.
12. Mi mamá _____ (venir) a buscarme.

B. Your parents just got back from a vacation. Say what everybody had done by the time they came back.

1. yo
2. mi amiga
3. mis hermanos
4. mi tío y yo
5. tú
6. Uds.

C. Find out which of the following things your partner had done before turning 16.

> MODELO: conducir
> — ¿Habías conducido antes de cumplir 16 años?
> — Sí (No),...

1. abrir una cuenta corriente
2. trabajar
3. tener novio(a)
4. vivir en otro país
5. estudiar un idioma

4. Formal commands: *Ud.* and *Uds.* (*Mandatos formales: Ud. y Uds.*)

■ The command forms for **Ud.** and **Uds.**[1] are formed by dropping the **-o** of the first-person singular of the present indicative and adding **-e** and **-en** for **-ar** verbs and **-a** and **-an** for **-er** and **-ir** verbs.

Infinitive	First-Person Sing. Present Indicative	Stem	Commands Ud.	Commands Uds.
hablar	yo hablo	habl-	hable	hablen
comer	yo como	com-	coma	coman
abrir	yo abro	abr-	abra	abran
cerrar	yo cierro	cierr-	cierre	cierren
volver	yo vuelvo	vuelv-	vuelva	vuelvan
pedir	yo pido	pid-	pida	pidan
decir	yo digo	dig-	diga	digan

— ¿Con quién debo hablar?   "With whom must I speak?"
— **Hable** con el enfermero.   "**Speak** with the nurse."

— ¿Cuándo debemos volver?   "When must we come back?"
— **Vuelvan** mañana.   "**Come back** tomorrow."

■ The command forms of the following verbs are irregular.

	dar	estar	ser	ir
Ud.	dé	esté	sea	vaya
Uds.	den	estén	sean	vayan

---

[1]The command form for **tú** will be studied in **Lección 12.**

— ¿Vamos a la farmacia ahora?

"Shall we go to the pharmacy now?"

— No, no **vayan** ahora; **vayan** a las dos.

*"No, don't **go** now; **go** at two o'clock."*

■ With all direct *affirmative* commands, object pronouns are placed after the verb and are attached to it, thus forming only one word. With all *negative* commands, the object pronouns are placed in front of the verb.

— ¿Dónde pongo las muletas?

"Where shall I put the crutches?"

— Pónga**las** aquí; **no las ponga** allí.

*"**Put them** here; **don't put them** there."*

¡Atención!

Note the use of the written accent in **póngalas.**

¡Vamos a practicar!

A. The receptionist at a doctor's office must give the patients certain instructions. Following the model, change each sentence to the appropriate command.

> MODELO: Tiene que hablar con el médico.
> *Hable con el médico.*

1. Tienen que volver mañana.
2. Tiene que pedir turno.
3. Tienen que estar aquí a las tres.
4. Tiene que hablar con el enfermero.
5. Tiene que esperar un momento.
6. Tienen que venir más tarde.
7. Tiene que dar su nombre.
8. Tiene que dejar su número de teléfono.

9. Tiene que llamar a su esposo.
10. Tiene que tomar estas pastillas.

B. You are the teacher and your students are asking you what to do. Answer, using the command forms and the cues provided.

1. ¿Qué lección estudiamos?   (la Lección 3)
2. ¿Dónde escribimos?   (en la pizarra)
3. ¿Cuándo venimos?   (por la tarde)
4. ¿A qué hora debemos estar aquí?   (a las siete)
5. ¿Qué debemos comprar?   (un diccionario)
6. ¿Qué libro usamos?   (el libro de física)
7. ¿Adónde vamos?   (al laboratorio de lenguas)
8. ¿A qué hora volvemos?   (a las cuatro)
9. ¿Qué requisitos debemos tomar?   (inglés y matemáticas)
10. ¿A qué hora empezamos a estudiar?   (a las cinco)
11. ¿A quién llamamos?   (al profesor de historia)
12. ¿Dónde esperamos?   (en la biblioteca)

C. Andrés says *yes* to everything, while Ana always says *no.* With your partner, play the roles of Ana and Andrés. Answer these questions as he or she would, using a formal command and a direct object pronoun to replace each direct object.

1. ¿Mando las radiografías hoy?   (Andrés)
2. ¿Compramos las pastillas?   (Ana)
3. ¿Traigo las muletas?   (Ana)
4. ¿Compramos el seguro médico?   (Andrés)
5. ¿Llamo la ambulancia?   (Andrés)
6. ¿Limpiamos la escalera?   (Ana)
7. ¿Hago la comida?   (Ana)
8. ¿Pido turno?   (Andrés)
9. ¿Los llamo (a Uds.) más tarde?   (Andrés)
10. ¿Tomamos el autobús?   (Ana)

D. Using commands, tell your secretary to do the following tasks.

1. Escribirles al señor López y al señor Smith. Escribirle al señor López en español y escribirle al señor Smith en inglés. Decirles que los libros están aquí. Mandarles las cartas hoy.
2. Comprarle (a Ud.) papel y lápices.
3. Darle al señor Gómez su número de teléfono, pero no darle su dirección (*address*).
4. No hablarles a los empleados de la fiesta de la compañía.
5. Llevarle los documentos al señor Soto, pero no llevarle los cheques.

E. You and your partner are going to be gone for a few days, and you have two very irresponsible roommates. Write them a note telling them four things to do and four things not to do in your absence.

Y ahora, ¿qué?

Palabras y más palabras

A. Complete each sentence, using vocabulary from **Lección 10.**

1. Alfredo tuvo un _____ y lo llevaron al hospital en una _____.
   Ahora está en la _____ de emergencia.
2. Le pusieron una _____ para el dolor.
3. Pepito se _____ en la escalera de su casa.
4. Le hicieron una radiografía para ver si tenía una _____ en la muñeca.
5. ¿Tengo que usar las _____ para caminar?
6. Perdió el _____ por unos segundos.
7. El doctor le va a _____ la herida ahora _____.
8. No fuimos en coche; fuimos en _____.
9. Paula no se _____ el tobillo; se lo fracturó.
10. ¿Qué le _____ a su hijo? ¿Tiene dolor en _____ parte?
11. Roberto _____ el coche en la esquina.
12. Fui al médico porque me _____ mucho la espalda. Me _____ una medicina.
13. Se rompió la pierna. Se la van a _____.
14. No tiene que pagar nada por la consulta porque tiene _____ médico.
15. Mi coche _____ con un ómnibus anoche.
16. Me tienes que _____ un momento. Vuelvo en seguida, mi _____.
17. Comí mucho y ahora me duele el _____.
18. Por favor, abra la _____ y saque la _____.

B. Name the parts of the body that correspond to the numbers below.

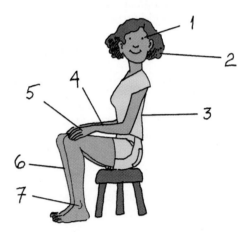

¡Vamos a conversar!

A. Para conocerse mejor. Get to know your partner better by asking each other the following questions.

1. ¿Has tenido un accidente alguna vez?
2. ¿Te han llevado al hospital en una ambulancia alguna vez?
3. ¿Cuándo fue la última vez que estuviste en una sala de emergencia?
4. ¿Cuándo fue la última vez que te pusieron una inyección antitetánica?
5. ¿Qué tomas cuando te duele la cabeza?
6. ¿Te han hecho una radiografía últimamente?
7. ¿Tienes seguro médico? ¿Con qué compañía?
8. ¿Tu médico(a) te ha recetado alguna medicina últimamente? ¿Cuál?
9. ¿Te has torcido el tobillo alguna vez?
10. ¿Te han enyesado la pierna o el brazo alguna vez?

B. Una encuesta. Interview your classmates to identify who fits the following descriptions. Include your instructor, but remember to use the **Ud.** form when addressing him/her.

	Nombre
1. Tiene muy buena salud.	
2. Toma pastillas para el dolor frecuentemente.	
3. Tiene turno con el médico para la semana que viene.	
4. No se siente bien hoy.	
5. Tiene que ir a buscar a alguien hoy.	
6. Estuvo en la sala de rayos X el mes pasado.	
7. Va a tomar una medicina más tarde.	
8. Nunca se ha desmayado.	
9. Tiene problemas con el estómago a veces.	
10. Ha tenido que ir al dentista últimamente.	

TELEFONOS DE EMERGENCIA

| BOMBEROS INCENDIOS EMERGENCIA | **19** | POLICIA **12** | SECRETARIA DE SALUD | **15** | HOSPITALES |

SERVICIO LAS 24 HORAS.

AMBULANCIAS

La Hortúa	246 4020
La Victoria	272 2028
Lorencita Villegas	231 8849
Militar	232 5333
Misericordia	246 7520
Samaritana	233 8880

Situaciones

What would you say in the following situations? What might the other person say? Act out the scenes with a partner.

1. You were in an accident and were brought to the hospital. Tell the doctor what happened and where it hurts. Ask him or her any relevant questions you may have regarding your injuries, any procedures the doctor may wish to perform, and your treatment.
2. You and your English-speaking friend are traveling in Chile. Your friend has fallen down the stairs in the hotel, so you take him or her to the doctor. Tell the doctor what happened, and ask any pertinent questions ("Is a cast necessary?," "How long must the crutches be used?," and so on).

✎ Para escribir

Use your imagination to finish the following story, telling what happened to Julio. Tell how the accident happened, how he got to the hospital, what the doctor said and did, etc.

Eran las ocho de la noche y Julio iba en su coche cuando tuvo un accidente...

¿Qué pasa aquí?

In groups of three or four, create a story about the people in the illustrations. Say who they are, what happened to them, and what they need.

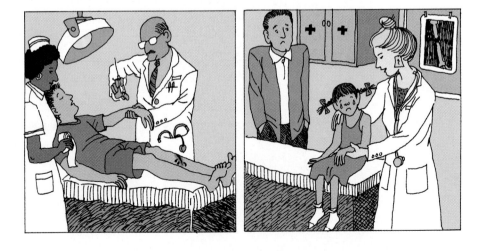

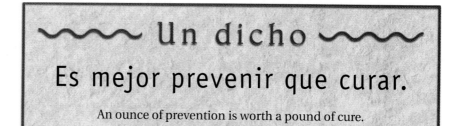

~~~~ Un dicho ~~~~

Es mejor prevenir que curar.

An ounce of prevention is worth a pound of cure.

En la farmacia y en el consultorio del médico

Alicia llegó a Quito ayer. Durante el día se divirtió mucho, pero por la noche se sintió mal y no durmió bien. Eran las cuatro de la madrugada cuando por fin pudo dormirse. Se levantó a las ocho y fue a la farmacia. Allí habló con el Sr. Paz, el farmacéutico.

SR. PAZ — ¿En qué puedo servirle, señorita?

ALICIA — Quiero que me dé algo para el catarro.

SR. PAZ — ¿Tiene fiebre?

ALICIA — Sí, tengo una temperatura de treinta y nueve grados.[1] Además tengo tos y mucho dolor de cabeza.

SR. PAZ — Tome dos aspirinas cada cuatro horas y este jarabe para la tos.

ALICIA — ¿Y si la fiebre no baja?

SR. PAZ — En ese caso, va a necesitar penicilina. Yo le sugiero que vaya al médico.

ALICIA — Temo que sea gripe..., ¡o pulmonía!

SR. PAZ — No lo creo... ¿Necesita algo más?

ALICIA — Sí, unas gotas para la nariz, curitas y algodón.

---

[1]Centigrade temperature, equivalent to 102° Fahrenheit.

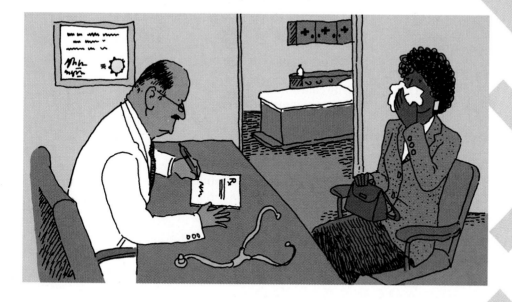

Al día siguiente, Alicia sigue enferma y decide ir al médico. El doctor la examina y luego habla con ella.

Dr. Soto — Ud. tiene una infección en la garganta y en los oídos. ¿Es Ud. alérgica a alguna medicina?

Alicia — No, doctor.

Dr. Soto — Muy bien. Le voy a recetar unas pastillas. Ud. no está embarazada, ¿verdad?

Alicia — No, doctor. ¿Hay alguna farmacia cerca de aquí?

Dr. Soto — Sí, hay una en la esquina. Aquí tiene la receta.

Alicia — ¿Tengo que tomar las pastillas antes o después de las comidas?

Dr. Soto — Después. Espero que se mejore pronto.

Alicia — Gracias. Me alegro de que no sea nada grave.

Alicia sale del consultorio del médico y va a la farmacia.

Alicia — (*Piensa*) Ojalá que las pastillas sean baratas. Si son muy caras no voy a tener suficiente dinero.

¿Recuerda usted?

With a partner, decide whether the following statements about the dialogues are true (**verdadero**) or false (**falso**).

1. Alicia se sintió mal durante el día.
2. Alicia no durmió bien.
3. El señor Paz tiene catarro.
4. Alicia tiene una temperatura de 39 grados.
5. Alicia compra solamente aspirinas y jarabe en la farmacia.
6. Alicia decide ir al médico.
7. Alicia es alérgica a la penicilina.
8. El doctor no le receta ninguna medicina a Alicia.
9. Alicia tiene que tomar las pastillas después de comer.
10. El doctor espera que Alicia vuelva a verlo.

Vocabulario

Cognados

alérgico(a) allergic	**la penicilina** penicillin
la aspirina aspirin	**la temperatura** temperature
la infección infection	

Nombres

el algodón   cotton
el catarro, el resfrío, el resfriado   cold
el consultorio   doctor's office
la curita   adhesive bandage
el (la) farmacéutico(a)   pharmacist
la fiebre   fever
la garganta   throat
la gota   drop
el grado   degree (*temperature*)
la gripe   flu
el jarabe   syrup
la madrugada   early morning (pre-dawn)
el oído   ear (*internal*)
la pulmonía   pneumonia

la receta   prescription
la tos   cough

Verbos

alegrarse (de)   to be glad
bajar   to go down
dormirse (o > ue)   to fall asleep
esperar   to hope
examinar   to examine, to check
mejorarse   to get better
sugerir (e > ie)   to suggest
temer   to be afraid, to fear

Adjetivos

caro(a)   expensive
embarazada   pregnant
grave, serio(a)   serious

Otras palabras y expresiones
al día siguiente   next day
antes (de)   before
cerca de aquí   near here
(el) dolor de cabeza   headache
durante   during

en ese caso   in that case
las gotas para la nariz   nose drops
mal   badly, poorly
no lo creo   I don't think so
ojalá   I hope
pronto   soon

96 Amplíe su vocabulario

Más sobre la salud: Medicinas

Debe tomar
- un antiácido — *antacid*
- un antibiótico — *antibiotic*
- un calmante — *painkiller, tranquilizer*
- un sedativo, un sedante — *sedative*
- vitaminas — *vitamins*

Algunos especialistas

el (la) cardiólogo(a)	*cardiologist*
el (la) cirujano(a)	*surgeon*
el (la) dermatólogo(a)	*dermatologist*
el (la) ginecólogo(a)	*gynecologist*
el (la) oculista	*oculist*
el (la) pediatra	*pediatrician*

¿Qué debo tomar?

1. Tengo acidez.
2. Estoy muy nervioso(a).
3. Estoy muy débil (*weak*).
4. Me duele la rodilla.
5. Tengo una infección.

¿Qué especialista debo ver?

1. si mi hijo pequeño está enfermo
2. si estoy embarazada
3. si no veo bien
4. si necesito una operación
5. si tengo problemas de corazón
6. si tengo acné

NOTAS CULTURALES

Have students read the cultural notes and discuss the content before viewing Module 11 of the ¡Hola, amigos! video.

Point out Ecuador and Quito on the transparency of the map of South America (SOT). Show slides of Ecuador.

DE AQUÍ Y DE ALLÁ

Quito, la capital de Ecuador, está situada en la ladera (*hillside*) del volcán Pichincha, a más de 9.000 pies de altura sobre el nivel del mar. Por eso, aunque (*although*) la ciudad está muy cerca de la línea del ecuador, su clima es templado y agradable. Quito es la capital más antigua de América del Sur y todavía hoy mantiene un aspecto colonial. Su arquitectura corresponde al estilo barroco español.

En Quito se estableció la primera escuela de arte de Hispanoamérica en 1553 y fue Ecuador el primer país latinoamericano que le concedió el voto a la mujer en 1929.

COLOMBIA

OCÉANO PACÍFICO

Quito ✪

Guayaquil

CORDILLERA DE LOS ANDES

PERÚ

200 km

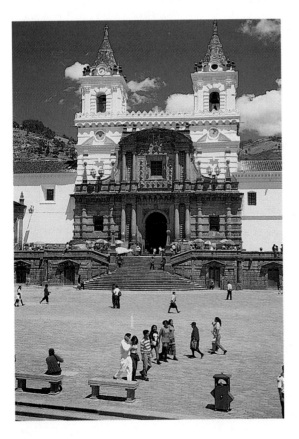

Iglesia de San Francisco en la Plaza de San Francisco, Quito, Ecuador.

DE ESTO Y AQUELLO

En España y en Latinoamérica, las farmacias venden medicinas principalmente y en algunos países es posible comprar medicinas sin receta. Con frecuencia los farmacéuticos recomiendan medicinas y ponen inyecciones.

En algunos países latinoamericanos, especialmente en la zona del Caribe, existen tiendas llamadas **botánicas,** donde se pueden comprar diferentes clases de hierbas, raíces (*roots*) y polvos (*powders*) vegetales. Estos productos se utilizan para curar dolores de espalda, de cabeza y otros problemas similares.

¿Verdadero o falso?

1. Quito está al nivel del mar.
2. El clima de Quito es muy frío.
3. La capital más antigua de América del Sur es Quito.
4. En 1929, Ecuador le dio el voto a la mujer.
5. En las botánicas se venden hierbas, raíces y polvos vegetales.

![icon] Puntos para recordar

1. Introduction to the subjunctive mood (*Introducción al modo subjuntivo*)

Until now, you have been using verbs in the indicative mood. The indicative is used to express factual, definite events. By contrast, the subjunctive is used to reflect the speaker's feelings or attitudes toward events, or when the speaker views events as uncertain, unreal, or hypothetical. Because expressions of volition, doubt, surprise, fear, and the like all represent reactions to the speaker's perception of reality, they are followed in Spanish by the subjunctive.

■ Present subjunctive forms of regular verbs

To form the present subjunctive, add the following endings to the stem of the first-person singular of the present indicative, after dropping the **o.** Note that the endings for the **-er** and **-ir** verbs are identical.

Write a chart on the board to contrast the forms of the **-ar**, **-er**, and **-ir** verbs in the present indicative and present subjunctive. Indicate the change in the endings by writing them in different colored chalk.

Present   Present
indicative   subjunctive
habl - *o*   habl - *e*
habl - *as*   habl - *es*
habl - *a*   habl - *e*, etc.

Point out that the subjunctive forms for **Ud.** and **Uds.** are identical to the command forms they learned in **Lección 10.** Then draw the parallel between the use of the two forms to get others to adopt a course of action (e.g., compare **Hagan la tarea** with **Quiero / Sugiero / Espero que hagan la tarea**). Lead students to the conclusion that the subjunctive in this case is simply a veiled command. This will help students to deal with the subjunctive in the broad sense, as a perception of reality which may or may not be objectively true.

-**ar** *verbs*	-**er** *verbs*	-**ir** *verbs*
habl- **e**	com- **a**	viv- **a**
habl- **es**	com- **as**	viv- **as**
habl- **e**	com- **a**	viv- **a**
habl- **emos**	com- **amos**	viv- **amos**
habl- **éis**	com- **áis**	viv- **áis**
habl- **en**	com- **an**	viv- **an**

The following table shows how to form the first-person singular of the present subjunctive.

Verb	First-Person Sing. (Indicative)	Stem	First-Person Sing. (Subjunctive)
hablar	hablo	habl-	hable
aprender	aprendo	aprend-	aprenda
escribir	escribo	escrib-	escriba
conocer	conozco	conozc-	conozca
decir	digo	dig-	diga
hacer	hago	hag-	haga
traer	traigo	traig-	traiga
venir	vengo	veng-	venga

¡Vamos a practicar!

Give the present subjunctive forms of the following verbs.

1. *yo:*   comer, venir, hablar, hacer, salir
2. *tú:*   decir, ver, traer, trabajar, escribir
3. *él:*   vivir, aprender, salir, estudiar, ver
4. *nosotros:*   escribir, caminar, poner, desear, tener,
5. *ellos:*   salir, hacer, llevar, conocer, ver

■ Present subjunctive forms of stem-changing and irregular verbs

- Verbs ending in **-ar** and **-er** undergo the same stem changes in the present subjunctive as in the present indicative.

recomendar (e > ie)		recordar (o > ue)	
recomiende	recomendemos	recuerde	recordemos
recomiendes	recomendéis	recuerdes	recordéis
recomiende	recomienden	recuerde	recuerden

entender (e > ie) (*to understand*)		volver (o > ue)	
entienda	entendamos	vuelva	volvamos
entiendas	entendáis	vuelvas	volváis
entienda	entiendan	vuelva	vuelvan

Assign as homework, but then do orally in class.

Have students practice switching from the indicative to the subjunctive by repeating quickly in groups of three the form you give them.

I – Yo entiendo   S – Que yo entienda
I – Ellos duermen   S – Que ellos duerman, etc.

- For verbs ending in **-ir,** the three singular forms and the third-person plural form undergo the same stem changes in the present subjunctive as in the present indicative. However, in addition, observe that unstressed **e** changes to **i** and unstressed **o** changes to **u** in the first- and second-person plural forms.

mentir (*to lie*)		**dormir**	
mienta	mintamos	duerma	durmamos
mientas	mintáis	duermas	durmáis
mienta	mientan	duerma	duerman

■ The following verbs are irregular in the present subjunctive.

dar	**estar**	**saber**	**ser**	**ir**
dé	esté	sepa	sea	vaya
des	estés	sepas	seas	vayas
dé	esté	sepa	sea	vaya
demos	estemos	sepamos	seamos	vayamos
deis	estéis	sepáis	seáis	vayáis
den	estén	sepan	sean	vayan

¡Atención! The present subjunctive of **hay** (impersonal form of **haber**) is **haya.**

¡Vamos a practicar!

Assign as homework, but then do orally in class.

Give the present subjunctive forms of the following verbs.

1. *yo:* dormir, ir, cerrar, sentir, ser
2. *tú:* mentir, volver, ir, dar, recordar
3. *ella:* estar, saber, perder, dormir, ser
4. *nosotros:* pensar, recordar, dar, morir, cerrar
5. *ellos:* preferir, dar, ir, saber, dormir

2. Uses of the subjunctive (*Usos del subjuntivo*)

■ The Spanish subjunctive is used in subordinate, or dependent, clauses. The subjunctive is also used in English, although not as often as in Spanish. For example:

Sugiero	que **llegue** mañana.		*I suggest*	*that **he arrive** tomorrow.*
Main clause	**Dependent clause**		**Main clause**	**Dependent clause**

The expression that requires the use of the subjunctive is in the main clause, *I suggest.* The subjunctive appears in the dependent clause, *that he arrive tomorrow.*

■ There are four main conditions that call for the use of the subjunctive in Spanish.

• *Volition:* demands, wishes, advice, persuasion, and other impositions of will

Ella **quiere** que yo le **escriba.**	She **wants** me to **write** to her.
Te **aconsejo** que no **vayas** a ese hotel.	I **advise** you not to **go** to that hotel.

• *Emotion:* pity, joy, fear, surprise, hope, and so on

Me **sorprende** que **llegues** tan temprano.	I am **surprised** that you **are arriving** so early.

• *Unreality:* expectations, indefiniteness, uncertainty, nonexistence

— ¿**Hay alguien** aquí que **hable** español?	"**Is there anyone** here who **speaks** Spanish?"
— No, **no hay nadie** que lo **sepa.**	"No, **there is no one** who **knows** it."

• *Doubt and denial:* negated facts, disbelief

No es verdad que Rosa **sea** paraguaya.	**It isn't true** that Rosa **is** Paraguayan.
Dudo que **puedas** estudiar para ingeniero.	**I doubt** that **you can** study to be an engineer.
Roberto **niega** que ella **sea** su esposa.	Roberto **denies** that she **is** his wife.

3. Subjunctive with verbs of volition
(El subjuntivo con verbos que indican voluntad o deseo)

All expressions of will require the use of the subjunctive in subordinate clauses. Note that the subject in the main clause must be different from the subject in the subordinate clause. Some verbs of volition that require the use of the subjunctive are:

aconsejar (*to advise*)	mandar (*to order*)	pedir
decir (*to tell*)	necesitar	recomendar
desear	querer	sugerir

Write the following sentence builder on the board:

Ana { quiere / desea / necesita / **manda** / aconseja / recomienda / sugiere } que { yo / tú / Ud. / él / nosotros / Uds. / ellos }

Have students suggest ways to finish the sentences.

Mi	madre	quiere	**que**	yo	**trabaje.**
My	*mother*	*wants*		*me*	*to work.*

To illustrate the use of the in-
finitive versus the subjunctive
following verbs of volition,
have students tell you what
they want to do, as opposed
to what someone else (a
friend, relative, co-worker, or
professor) wants them to do.

— ¿Qué **quieres** que **haga?**
— **Quiero** que **vayas** a la farmacia.

*"What do you **want me** to **do?**"*
*"**I want** you to **go** to the
drugstore."*

— Quiero **comer** comida
mexicana.
— Te **sugiero** que **vayas** al
restaurante *El Azteca.*

*"**I want to eat** Mexican food."*

*"**I suggest** that **you go** to* The
Azteca *restaurant."*

¡Atención!

- Note that the infinitive is used following verbs of volition if there is no change of subject: **Quiero comer.**

- Certain verbs of volition (**mandar, sugerir, aconsejar,** and **pedir**) are often preceded by an indirect object pronoun, which indicates the subject of the verb in the subjunctive.

  Te sugiero que **vayas** al médico.
  Le aconsejo que **venga** temprano.

  I suggest *that **you go** to the doctor.*
  I advise you *to **come** early.*

¡Vamos a practicar!

A. Complete the following dialogues, using either the subjunctive or the infinitive, as appropriate. Then act them out with a partner.

1. — Marcos quiere que (nosotros) _____ (ir) a su casa esta noche. ¿Tú quieres _____ (ir)?
   — No, hoy me quiero _____ (acostar) temprano porque no me siento bien.

— Te sugiero que _____ (tomar) dos aspirinas antes de acostarte.

— No quiero _____ (tomar) aspirina porque soy alérgica a la aspirina.

2. — Tengo una infección en los oídos.

— Pídale al médico que le _____ (recetar) penicilina.

— No quiero que (ellos) me _____ (poner) una inyección.

— Dígale al doctor que le _____ (recetar) pastillas.

3. — Nuestro profesor siempre nos manda que _____ (escribir) composiciones en español, pero yo no quiero _____ (escribir) composiciones.

— Te aconsejo que _____ (hacer) la tarea si quieres _____ (recibir) una A.

4. — Elena quiere que yo le _____ (comprar) un vestido porque quiere _____ (ir) a una fiesta.

— Te sugiero que _____ (ir) a la tienda La Francia porque hoy tiene una liquidación.

5. — Si vas a ese restaurante te recomiendo que _____ (pedir) langosta.

— No quiero _____ (comer) langosta porque no me gusta.

6. — Adela, quiero que hoy _____ (volver) antes de las nueve y que te _____ (acostar) porque mañana tienes que levantarte a las cinco.

— ¿Por qué quieres que nos _____ (levantar) a las cinco?

— Porque el médico quiere que nosotros _____ (estar) en el hospital a las seis.

As a follow-up, use Transparency 32 (SOT) and the IRM, Activity B (page 73). As an expansion of this activity, have students write a brief paragraph that explains what they or their friends wish, want, or don't want.

B. Complete each sentence creatively, using a verb in either the infinitive or the subjunctive, as appropriate.

MODELO: Yo quiero volver en agosto, pero mi padre quiere que...
          Yo quiero volver en agosto, pero mi padre quiere que vuelva en julio.

1. Luis quiere que yo hable sobre Ecuador, pero yo quiero...
2. El médico les aconseja que tomen las pastillas ahora, pero yo les aconsejo que...
3. Yo quiero ir a casa, pero mis amigos...
4. Ellos le sugieren que pase todo el día aquí, pero ella quiere...
5. Ellos quieren ir al hospital, pero nosotros queremos que...
6. Ella quiere darnos el diez por ciento y nosotros queremos que...
7. Mi esposo(a) quiere que yo tome aspirina, pero yo...
8. Beto quiere tomar un jarabe, pero yo le sugiero que...
9. Los chicos se quieren acostar a las once, pero la mamá quiere que...
10. Nosotros queremos hacer las diligencias por la mañana, pero tú quieres que...

C. Complete the following according to the illustrations below.

1. Ana quiere
   _____.

2. Te sugiero
   _____.

3. Te aconsejo
   _____.

4. Olga quiere que
   Paco le _____.

5. La doctora le
   recomienda
   _____.

6. Pablo no quiere
   que el enfermero
   _____.

D. Say what you and these people want (or don't want) everybody to do.

1. Yo quiero que mi mamá...
2. Mis padres no quieren que yo...
3. La novia de Julio quiere que él...
4. El profesor quiere que nosotros...
5. El médico quiere que mi padre...
6. Tu papá no quiere que tú...
7. Yo quiero que mis abuelos...
8. Nosotros no queremos que ellos...

Encourage students to make
more than one suggestion for
each situation. Follow up with
a class sharing.

E. In groups of three, advise each of the following people what to do according to the circumstances. Use **sugerir, recomendar,** or **aconsejar.**

1. Julio tiene una infección en los oídos.
2. A la Sra. Ruiz le duele mucho la espalda.
3. Mireya tiene mucha tos.
4. Ramiro se rompió una pierna cuando estaba esquiando.
5. Roberto tiene una temperatura de 103 grados.
6. Enrique no se siente muy bien.
7. Pepito se ha cortado el dedo.
8. El Sr. Ramírez tiene una infección y es alérgico a la penicilina.

4. Subjunctive with verbs of emotion
(*El subjuntivo con verbos que expresan emoción*)

Write the following sentence
builder on the board:

Have students suggest ways
to finish the sentences. **Addi-
tional activity:** Ask students
to respond to your statements
using a verb of emotion and
the subjunctive. For example,
Instructor: **No puedo ir con
ustedes.** *Student:* **Siento que
usted no pueda ir con
nosotros.**

■ In Spanish, the subjunctive mood is always used in the subordinate clause
when the verb in the main clause expresses the emotions of the subject, such
as fear, joy, pity, hope, regret, sorrow, surprise, and anger. Again, the subject
in the subordinate clause must be different from the subject in the main
clause for the subjunctive to be used.

■ Some verbs of emotion that call for the subjunctive are **temer, esperar,
alegrarse (de),** and **sentir.**

— Mañana salgo para Asunción.
— **Espero** que te **diviertas** mucho.

— **Temo** no **poder** ir de
vacaciones con ustedes este
verano.
— **Espero** que **puedas** ir con
nosotros el verano que viene.

"Tomorrow I leave for Asunción."
*"I hope you have a very good
time."*

*"I'm afraid that I cannot go on
vacation with you this
summer."*

*"I hope that you can go with us
next summer."*

¡Atención!

• If there is no change of subject, the infinitive is used.

Temo no **poder** ir.

I'm afraid that I cannot go.

• The expression **ojalá** always takes the subjunctive.

Ojalá que **puedas** venir.

I hope you can come.

¡Vamos a practicar!

After completion of the exercise, tell students to expand one of the dialogues into a conversation that includes one more problem and a solution that requires the use of the subjunctive.

Have several students roleplay their dialogues the next day in class.

A. Complete the following dialogues, using the subjunctive or the infinitive, as appropriate. Then act them out with a partner.

1. — Temo que Estela no _____ (ir) a la fiesta porque tiene pulmonía.
   — Siento mucho que _____ (estar) enferma. Pero espero que se _____ (mejorar) pronto.

2. — Me alegro de _____ (estar) aquí con Uds. por una semana.
   — Y nosotros nos alegramos de que tú _____ (estar) aquí y esperamos que te _____ (divertir) mucho durante ese tiempo.

3. — Necesito comprar algodón y un jarabe para la tos. Espero que _____ (haber) una farmacia cerca de aquí.
   — Hay una farmacia cerca, pero temo que no _____ (estar) abierta a esta hora.

4. — Temo no _____ (poder) ir hoy al hospital a ver a Rita. Espero que Uds. la _____ (visitar).
   — Rita va a sentir mucho que tú no _____ (ir) a verla.

5. — Espero que Jorge _____ (poder) ir a la farmacia.
   — Ojalá que las medicinas no _____ (ser) muy caras.
   — No lo creo...

Assign as homework and compare answers in class.

B. Complete each sentence in an original manner. Use the subjunctive or the infinitive, as appropriate.

1. Ojalá que el (la) doctor(a)...
2. Siento mucho no poder...
3. Me alegro de que mi papá...
4. Temo no...
5. Mi amigo(a) espera...
6. El (La) profesor(a) siente que nosotros...
7. Mi madre se alegra de...
8. Tememos que las clases...

Game: Divide the class into two teams. Team 1 gives the first word of a sentence (e.g., **Queremos**) and Team 2 adds a word. Play continues alternating between the two teams until one fails to find a word to add to the sentence. (You may want to limit the number of times **y, pero,** etc., may be used in a single sentence.)

C. React appropriately to a friend's statements.

1. Mi mamá está enferma.
2. Mi papá está mejor.
3. No puedo ir contigo.
4. Son las cinco. Tengo que estar en el hospital a las cinco y diez.
5. Quiero comprar un coche, pero es muy caro.
6. El mes próximo voy a México de vacaciones.

Start by sharing one or two hopes and fears that you have. Encourage students to react to what their classmates say. Follow up by having groups report to the class.

D. In groups of three, tell two or three things you hope your friends and relatives will do and one or two things you fear they can't or won't do.

Y ahora, ¿qué?

Palabras y más palabras

Internet

For more practice with lesson topics, see the related activities on the **¡Hola, amigos!** web site.

Complete each sentence, using vocabulary from **Lección 11.**

1. Necesito ver al doctor; voy a su _____.
2. Mi hijo es _____ a la aspirina.
3. Tiene una temperatura de 102 _____. Tiene mucha fiebre. Ojalá que le _____ pronto.
4. Compró unas _____ para la nariz porque tiene catarro.
5. El doctor quiere que tome dos pastillas _____ de cada comida, y no después de comer.
6. Para comprar penicilina necesito una _____.
7. Está _____. Va a tener un bebé. El médico la va a _____ mañana.
8. Voy al médico porque me siento muy _____. Me duele la cabeza y no puedo hablar porque me duele mucho la _____ .
9. Dormí muy mal. Me desperté a las cuatro de la _____ .
10. ¿Hay una farmacia _____ de aquí? Necesito hablar con un _____.
11. El jarabe no es barato; es _____.
12. ¿No vas? En ese _____ voy con Raquel.
13. La gripe no es tan _____ como la pulmonía.
14. El _____ lo va a operar de apendicitis.
15. La doctora le recetó un _____ para la infección.

¡Vamos a conversar!

A. Para conocerse mejor. Get to know your partner better by asking each other the following questions.

1. ¿Te levantas a veces de madrugada?
2. ¿Necesitas que el (la) médico(a) te examine?
3. ¿El consultorio de tu médico(a) está cerca de tu casa?
4. ¿Eres alérgico(a) a alguna medicina o comida? ¿A cuál?
5. ¿Usas a veces gotas para la nariz?
6. ¿Qué tomas cuando tienes dolor de cabeza?
7. ¿Has tenido que tomar un sedativo alguna vez?
8. ¿Qué haces cuando tienes catarro?
9. ¿Has tenido que ir al oculista últimamente?
10. La última vez que fuiste a tu médico(a), ¿qué te recetó?

B. Una encuesta. Interview your classmates to identify who fits the following descriptions. Include your instructor, but remember to use the **Ud.** form when addressing him/her.

<table>
<tr><td></td><td></td><td align="right">**Nombre**</td></tr>
<tr><td>1.</td><td>Espera divertirse este fin de semana.</td><td></td></tr>
<tr><td>2.</td><td>Quiere que sus amigos vayan con él/ella a nadar.</td><td></td></tr>
<tr><td>3.</td><td>Quiere que sus padres le den dinero.</td><td></td></tr>
<tr><td>4.</td><td>A veces se duerme en el cine.</td><td></td></tr>
<tr><td>5.</td><td>Trabaja durante las vacaciones de verano.</td><td></td></tr>
<tr><td>6.</td><td>Teme no poder venir a clase la semana que viene.</td><td></td></tr>
<tr><td>7.</td><td>Toma vitamina C todos los días.</td><td></td></tr>
<tr><td>8.</td><td>Tiene catarro.</td><td></td></tr>
<tr><td>9.</td><td>Ha tenido gripe recientemente.</td><td></td></tr>
<tr><td>10.</td><td>Toma antiácido frecuentemente.</td><td></td></tr>
</table>

Situaciones

What would you say in the following situations? What might the other person say? Act out the scenes with a partner.

1. You have a cold. Tell the doctor what your symptoms are.
2. You are giving advice to someone who has a cold and a bad cough.
3. You are telling someone what your mother wants you to do when you are sick.

 **Para escribir**

Write a dialogue between you and your doctor. Among the things you might discuss are: symptoms, general questions the doctor might ask, any questions you have, the advice and/or treatment the doctor offers.

¿Qué dice aquí?

Read the following ad, and answer the questions that follow.

CENTRO MEDICO FAMILIAR
Calle Estrella 492, Asunción
25–39–48

Dra. Luisa Paván
Dermatóloga

- Enfermedades
  de la piel
- Cirugía cosmética
- Cáncer de la piel
- Acné
- Venas varicosas

Dra. Isabel Rivera
Medicina General

- Exámenes físicos completos
- Programas para controlar
  el peso
- Alergias
- Accidentes de trabajo
- Rayos X–Laboratorio

Dr. Ernesto Cortés
Oculista

- Examen completo de la vista
- Anteojos y lentes de contacto
- Cirugía de cataratas
- Glaucoma

Dr. Carlos Araújo
Ginecólogo Obstetra

- Pruebas de embarazo
- Partos naturales
- Papanicolaus
- Mamografías

Horas de consulta:
Lunes, martes y jueves de 9 a 5
Miércoles y viernes de 8 a 12
**Llamadas de Emergencia
las 24 horas**

Aceptamos todo tipo de seguro
*Planes de pago para
pacientes sin seguro*

---

1. Si una persona necesita perder peso (*weight*), ¿a cuál de los médicos del Centro debe ver?
2. ¿Cuál es la especialidad de la Dra. Paván?
3. Una amiga mía cree que está embarazada. ¿Por qué debe ir al consultorio del Dr. Araújo?
4. Además del papanicolaus (*pap smear*), ¿qué otra prueba rutinaria debe hacerse una mujer?
5. ¿Qué servicios ofrece el Dr. Cortés?
6. ¿Cuál de los médicos del Centro cree Ud. que tiene más pacientes adolescentes? ¿Por qué?
7. Hace muchos años que no voy al médico. ¿A cuál de estos médicos me aconseja Ud. que vea? ¿Por qué?
8. ¿Puedo ir al Centro Médico Familiar el sábado? ¿Por qué?
9. ¿Cuál es la dirección y el número de teléfono del Centro Médico Familiar?

 **Lectura**

A. Estrategia de lectura. Make a list of some aspects of English that make it difficult to learn as a second language. Think about some of the problems that Spanish-speaking students might face.

B. Vamos a leer. As you read the story, find the answers to the following questions.

1. ¿Qué deletrea (*spell*) un inglés cuando se presenta?
2. Según el autor, ¿de cuántas maneras puede escribirse una palabra?
3. ¿Es más difícil el deletreo cuando se hace por teléfono?
4. ¿Qué se puede decir como tesis fundamental?
5. ¿Cuál es el título de su libro en español? ¿Y en inglés?
6. Cuando Arciniegas habla de su libro en inglés, nadie sabe si él escribió un nocturno o un libro de caballería. ¿Por qué?
7. ¿Cómo anunciaron un día una conferencia de Arciniegas en el periódico?
8. Para el autor, ¿dónde está la dificultad del inglés?
9. ¿Qué dice Arciniegas de las vocales?
10. ¿Qué causa el esfuerzo que un hispanohablante realiza para producir "eres" o "eses"?
11. ¿Qué deja en el rostro?
12. ¿Qué explicación les da siempre el autor a sus colegas?

Germán Arciniegas (1900–1999) es uno de los escritores colombianos más distinguidos. Sus brillantes ensayos° se centran en la cultura, la sociología, la historia, el arte y la literatura de su país y de toda Latinoamérica. Su estilo es ligero° y ágil. Su famosa biografía, El caballero de El Dorado *(1942), sobre la vida° de Gonzalo Jiménez de Quesada, conquistador de Colombia y fundador de Bogotá, es una de las mejores escritas° en este continente. Muchos de sus libros han sido traducidos al inglés.*

essays

light

life
written

Lecciones de inglés (*Adaptado*)
Germán Arciniegas

Un inglés que en algo se estima° se presenta de esta manera: "Soy Mr. John Nielsen, Ene-i-e-ele-ese-e-ene". Esto es porque en inglés se supone que una palabra se pronuncia de un modo —cosa que no es exacta— pero que en todo caso puede escribirse de mil maneras. Aun el deletreo° puede no ser suficientemente claro, principalmente si se hace por teléfono. En este caso lo más discreto y usual es decir: "Mr. Arciniegas, *A* como en Argentina, *R* como en Rusia, *C* como en Colombia, *I* como en Irlanda..." De esta manera, siendo el idioma de Shakespeare tan conciso, un apellido puede extenderse indefinidamente.

que... who has some self esteem

spelling

Las confusiones no quedan limitadas a los apellidos. Como tesis funda-
mental usted puede decir que toda palabra inglesa es un jeroglífico. Yo
tengo un libro que, en la edición española, se llama *El caballero° de El*   *knight*
Dorado. Aquí, *The Knight of El Dorado*. Pero como en inglés "noche" y
"caballero" se pronuncian de un mismo modo°, cuando estoy hablando   *way*
de mi libro nadie sabe si escribí un nocturno° o una obra de caballería°.   *nocture / chivalry*
En la cubierta de este libro aparece la siguiente advertencia°: "Germán   *warning*
Arciniegas (se pronuncia *Hair-máhn Ar-seen-yay-gus*)". La advertencia es
indispensable.

Pero si el lector° quiere saber más sobre los problemas de mi apellido en   *reader*
este país, puedo informarle que un día en el periódico anunciaron una
conferencia mía así: "Hoy da una conferencia sobre la América Latina el
doctor *Arthur Nagus*".

La dificultad del inglés está en la emisión de los sonidos. Cuando uno se
da cuenta° de que cada letra de las vocales se pronuncia de cuatro o cinco   *se... realizes*
modos distintos, desfallece°. El esfuerzo que uno realiza para producir   *faints*
"eres" o "eses" no sólo causa una gran fatiga a quienes estamos acostum-
brados al español, sino que deja en el rostro° una impresión de dolor o de   *face*
gran torpeza°. Yo siempre les doy esta explicación a mis colegas: "Yo no   *stupidity*
soy bobo; es que no sé inglés".

C. Díganos. Answer the following questions, based on your own thoughts and
experience.

1. ¿Sabe usted deletrear en español?
2. ¿Qué cree usted que es lo más difícil en español? ¿pronunciar las
   palabras? ¿conjugar verbos? ¿escribir?
3. ¿Qué problemas tiene usted para aprender el español?
4. ¿Usted tiene que realizar un gran esfuerzo para hablar español?
5. ¿Cuánto tiempo hace que usted empezó a estudiar español? ¿Lo practica
   frecuentemente?
6. ¿Usted piensa continuar estudiando español?

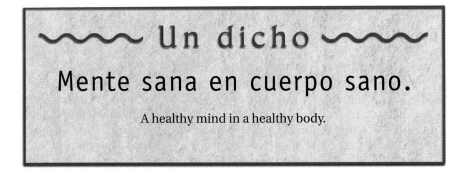

Un dicho

Mente sana en cuerpo sano.

A healthy mind in a healthy body.

Tome este examen

Tome este examen   Lecciones 10–11

Lección 10

A. Past participles

Complete each sentence, using the past participle of the verb in parentheses.

1. Las puertas están _____. (cerrar)
2. La sala de emergencia está _____. (abrir)
3. La pierna no está _____. (romper)
4. Los niños están _____. (dormir)
5. Las cartas están _____ en italiano. (escribir)
6. La radiografía ya está _____. (hacer)

B. Present perfect tense

Complete each sentence, using the present perfect of the verb in parentheses.

1. La ambulancia no _____. (llegar)
2. Yo me _____ el brazo. (romper)
3. Ellos no _____ las muletas. (traer)
4. Como los niños no _____, nosotros no _____ salir. (volver / poder)
5. Ellos _____ en el accidente. (morir)
6. Tú se lo _____ antes. (decir)

C. Past perfect (Pluperfect) tense

Change the verbs in the following sentences from the preterit to the past perfect.

1. Él me dio las muletas.
2. Yo le dije que sí.
3. No vieron al médico.
4. ¿Tú no le pusiste la inyección?
5. Él no murió en el accidente.
6. Nosotros abrimos las ventanas.

D. Formal commands

Complete each sentence, using the command form of the verb in parentheses. Use the **Ud.** or **Uds.** form, as needed.

1. _____ a su esposa, Sr. García. (llamar)
2. _____, Sr. Vega. (caminar)
3. _____ en seguida, señoritas. (salir)

4. _____ en la sala de rayos X a las dos, señora.   (estar)
5. No _____ aquí, Sra. Soto.   (venir)
6. _____ a la izquierda, señores.   (ir)
7. Señor, no _____ su número de teléfono.   (dar)
8. No _____ Ud. ahora.   (hacerlo)
9. Chicos, _____ buenos, por favor.   (ser)
10. _____ aquí, Srta. Pérez.   (ponerla)

E. Vocabulary

Complete the following sentences, using vocabulary from **Lección 10.**

1. El doctor me va a _____ la herida.
2. El médico le va a _____ una inyección antitetánica.
3. Está en la _____ porque le van a hacer una radiografía.
4. Se cayó en la _____ de su casa, y lo llevaron a la _____ de emergencia.
5. No me rompí el tobillo; me lo _____.
6. ¿Qué le _____? ¿Se desmayó?
7. El doctor me va a _____ una medicina para la infección.
8. Tengo que usar muletas porque me he roto una _____.
9. Él perdió el _____ por sólo unos minutos.
10. Lo llevaron al hospital en una _____.
11. Tengo que pagar la consulta del médico porque no tengo _____.
12. Le _____ el brazo porque se lo fracturó.
13. Tomo aspirinas cuando me _____ la cabeza y Peptobismol para el _____.
14. Los _____ y la _____ están en la boca.
15. Tenemos cinco _____ en la mano.

F. Culture

Circle the correct answer, based on the **Notas culturales** you have read.

1. La capital de Chile es (Bogotá / Santiago).
2. Santiago fue fundada por los (portugueses / españoles).
3. En Santiago (se ve / no se ve) la influencia de Europa.
4. (Cerca / Lejos) de la ciudad hay lugares para esquiar.
5. En la mayoría de los países hispanos los servicios médicos (son / no son) gratis.
6. En los países hispanos la mayoría de los hospitales son (privados / mantenidos por el gobierno).

Lección 11

A. Subjunctive with verbs of volition

Write sentences in the present tense, using the elements given below. Use the present subjunctive or the infinitive, as appropriate, and add any necessary words.

1. Yo / querer / ella / ir / hospital
2. Nosotros / desear / doctor / examinarnos
3. Ella / sugerirme / tomar / aspirinas
4. El farmacéutico / no querer / venderme / penicilina
5. Ellos / aconsejarnos / comprar / pastillas
6. Yo / no querer / usar / esas gotas
7. Ellos / no querer / ella / llevarlos / médico
8. Nosotros / no querer / ir / su consultorio
9. ¿Tú / sugerirme / venir / luego?
10. Ella / necesitar / Uds. / darle / las curitas

B. Subjunctive with verbs of emotion

Rewrite the following sentences, beginning each with the phrase in parentheses and using the subjunctive or the infinitive, as appropriate.

1. Ella se mejora pronto.   (Espero...)
2. Las radiografías son muy caras.   (Elsa teme...)
3. Yo estoy aquí.   (Me alegro de...)
4. Ella se va de vacaciones.   (Ella espera...)
5. Mamá se siente bien hoy.   (Esperamos...)
6. Ellos no pueden ir a la fiesta.   (Siento...)

C. Vocabulary

Complete the following sentences, using vocabulary from **Lección 11.**

1. Tengo una _____ en la garganta. Necesito penicilina.
2. Un sinónimo de catarro es _____.
3. Voy a comprar unas _____ para la nariz.
4. Tiene una temperatura de treinta y nueve _____. Tiene mucha _____.
5. Ayer el médico me recetó un jarabe para la _____.
6. Espero que Ud. se _____ con estas medicinas.
7. Ella es _____ a la penicilina.
8. Quiero _____ para el dolor de cabeza.
9. Fui a la farmacia, pero el _____ no estaba.
10. ¿Debo tomar el jarabe _____ de las comidas o después?
11. Necesita un _____ porque tiene mucho dolor.
12. Si tienes acné debes ver a un _____ y si tienes problemas con el corazón a un _____.

13. La gripe no es tan _____ como la pulmonía.
14. Tums y Rolaids son _____.
15. La naranja tiene _____ C.

D. Culture

Circle the correct answer, based on the **Notas culturales** you have read.

1. En Quito el clima es (frío / templado).
2. Quito está (cerca / lejos) de la línea del ecuador.
3. Quito es la capital más (moderna / antigua) de Sudamérica.
4. Ecuador fue el primer país latinoamericano que les concedió el voto a (los hombres / las mujeres).
5. En muchos países latinos los farmacéuticos (no recomiendan medicinas / ponen inyecciones).
6. En las botánicas se pueden comprar (medicinas / hierbas y raíces).

U N I D A D **VI**

Las vacaciones

Viajeros en el aeropuerto de Bogotá, Colombia.

Lección 12: **De viaje a Buenos Aires**
Lección 13: **¿Dónde nos hospedamos?**

By the end of this unit, you will be able to:

• handle routine travel arrangements
• discuss tour features and prices
• request information regarding stopovers, plane changes, gate numbers, and seating
• register at a hotel
• discuss room prices, accommodations, and hotel services
• express doubt, disbelief, and certainty
• tell others what to do
• describe needs and wants

De viaje a Buenos Aires

Isabel y Delia quieren ir de vacaciones a Buenos Aires y van a una agencia de viajes para reservar los pasajes. Ahora están hablando con el agente.

For presentation of dialogue, see Introduction, Instructor's Annotated Edition.

ISABEL — ¿Cuánto cuesta un pasaje de ida y vuelta a Buenos Aires en clase turista?

AGENTE — Mil quinientos dólares si viajan entre semana.

ISABEL — ¿Hay alguna excursión que incluya el hotel?

AGENTE — Sí, hay varias que incluyen el hotel, especialmente para personas que viajan acompañadas.

El agente les muestra folletos sobre varios tipos de excursiones.

DELIA — Nos gusta ésta. ¿Hay algún vuelo que salga el próximo jueves?

AGENTE — A ver... Sí, hay uno que sale por la tarde y hace escala en Miami.

ISABEL — ¿Tenemos que trasbordar?

AGENTE — Sí, tienen que cambiar de avión. ¿Cuándo desean regresar?

DELIA — Dentro de quince días.

AGENTE — Muy bien. Necesitan pasaporte pero no necesitan visa para viajar a Argentina.

ISABEL — (A Delia.) Llama por teléfono a tu mamá y dile que necesitas tu pasaporte.

DELIA — Bueno... y tú ve al banco y compra cheques de viajero.

El día del viaje, Isabel y Delia hablan con la agente de la aerolínea en el aeropuerto.

AGENTE — Sus pasaportes, por favor. A ver... Isabel Vargas Peña, Delia Sánchez Rivas. Sí, aquí están. ¿Qué asientos desean?

ISABEL — Queremos un asiento de pasillo y uno de ventanilla en la sección de no fumar.

AGENTE — No hay sección de fumar en estos vuelos. ¿Cuántas maletas tienen?

ISABEL — Cinco, y dos bolsos de mano.

AGENTE — Tienen que pagar exceso de equipaje. Son cincuenta dólares.

DELIA — Está bien. ¿Cuál es la puerta de salida?

AGENTE — La número cuatro. Aquí tienen los comprobantes. ¡Buen viaje!

En la puerta número cuatro.

"Última llamada. Pasajeros del vuelo 712 a Buenos Aires, suban al avión, por favor."

ISABEL — ¡Cobraron demasiado por el exceso de equipaje!

DELIA — ¡No hay nadie que viaje con tanto equipaje como nosotras!

Isabel y Delia le dan la tarjeta de embarque al auxiliar de vuelo, suben al avión y ponen los bolsos de mano debajo de sus asientos.

¿Recuerda usted?

With a partner, decide whether the following statements about the dialogue are true (**verdadero**) or false (**falso**).

1. Isabel y Delia son hermanas.
2. Las chicas van a pasar las vacaciones en Argentina.
3. Las chicas viajan en primera clase.
4. No hay ninguna excursión que incluya el hotel.
5. Las chicas tienen que cambiar de avión en Miami.
6. El pasaporte de Delia está en la casa de su mamá.
7. Isabel tiene que ir al banco.
8. Los asientos de las chicas están en la sección de fumar.
9. Las chicas tienen cinco maletas y dos bolsos de mano.
10. Delia dice que muchas personas viajan con tantas maletas como ellas.

Vocabulario

Cognados	
la aerolínea airline	**el pasaporte** passport
el aeropuerto airport	**la persona** person
la agencia agency	**la sección** section
el (la) agente agent	**el tipo** type
la clase class	**el (la) turista** tourist
la excursión excursion, tour	**la visa** visa

Nombres

la agencia de viajes travel agency
el asiento seat
— **de pasillo** aisle seat
— **de ventanilla** window seat
el (la) auxiliar de vuelo flight attendant
el avión plane
el bolso de mano carry-on bag
el comprobante claim check
el equipaje luggage
el folleto brochure
la llamada call
la maleta, la valija suitcase

el pasaje, el billete ticket
el (la) pasajero(a) passenger
la puerta de salida boarding gate
la salida exit
la tarjeta de embarque boarding pass
el viaje trip
el vuelo flight

Verbos

cambiar to change
cobrar to charge
fumar to smoke
incluir[1] to include

---

[1]In the present indicative, **incluir** changes from **ui** to **uy** in all forms except the first- and second-person plural: **incluyo, incluyes, incluye, incluimos, incluís, incluyen.**

mostrar (o > ue), enseñar to show
regresar to return
reservar to reserve
subir (a) to board (*a vehicle*)
trasbordar to change planes, ships, etc.
viajar to travel

Adjetivos

acompañado(a) with someone else, accompanied

Otras palabras y expresiones

¡Buen viaje! Have a nice trip!
cambiar de avión to change planes

de ida one-way
de ida y vuelta round-trip
de viaje on a trip
debajo de under
demasiado too much
dentro de quince días in two weeks
entre semana during the week
el exceso de equipaje excess baggage (*charge*)
hacer escala to stop over
ir(se) de vacaciones to go on vacation
sección de (no) fumar (non)smoking section

96 Amplíe su vocabulario

Más sobre los viajes

¿A cómo está el cambio de moneda? *What's the rate of exchange?*
el balneario *beach resort*
cancelar *to cancel*
confirmar *to confirm*
el crucero *cruise*
el documento *document*

la lista de espera *waiting list*
los lugares de interés *places of interest*
el maletín *small suitcase, hand luggage*
(de) primera clase *first class*
Todo está en regla. *Everything is in order.*
veranear *to spend the summer (vacationing)*

¿Qué hago? ¿Adónde voy?

Complete the following sentences.

1. Van a _____ el vuelo porque hay mucha niebla.
2. No quiero viajar en clase turista; quiero un billete de _____.
3. ¿Cuáles son los _____ de interés en la ciudad donde usted vive?
4. El pasaporte es un _____ que necesitamos para viajar.
5. Vamos a viajar. Tenemos que _____ la reservación en el hotel.
6. ¿A cómo está el _____ de _____?
7. No hay pasaje para mañana, pero podemos ponerlo en la lista de _____.
8. Generalmente veraneamos en un _____ de Mar del Plata, pero este año vamos a hacer un _____ por el Caribe o por el Mediterráneo.
9. Solamente puede llevar un _____ con usted en el avión.
10. No necesita nada más. Todo está en _____.

NOTAS CULTURALES

Point out Argentina on the transparency showing the map of South America (SOT) and show slides of Buenos Aires.

DE AQUÍ Y DE ALLÁ

Buenos Aires, con unos 12 millones de habitantes en la zona metropolitana, es la capital de la Argentina y la ciudad hispana más grande del hemisferio sur. Es el centro nacional de la cultura, el comercio, la industria y la política.

La población de Buenos Aires es casi enteramente de origen europeo. Predominan los españoles y los italianos, pero hay también gran número de ingleses, franceses y alemanes. A las personas de Buenos Aires se las llama **porteños,** que significa "gente del puerto".

En Buenos Aires hay más de cuarenta universidades y la ciudad tiene una vida cultural muy activa. Hay numerosos museos y teatros muy importantes; el Teatro Colón es uno de los más famosos del mundo. La ciudad tiene muchos parques muy hermosos y la Avenida 9 de Julio es una de las más anchas del mundo.

DE ESTO Y AQUELLO

- En Argentina, como también en Costa Rica, Paraguay, Uruguay y Guatemala, la forma **tú** no se usa en la conversación. En lugar de (*In place of*) esta forma, se usa la forma **vos.** Por ejemplo, en estos países no dicen "tú vienes" sino (*but*) "vos venís". Este fenómeno se llama **voseo.**

- En la mayoría de los países de habla hispana, cuando una mujer se casa (*gets married*) retiene su apellido de soltera (*maiden name*). Puede también añadir (*add*) el apellido (*last name*) de su esposo. Por ejemplo, si Eva Rivas se casa con Jorge Vega, su nombre completo va a ser Eva Rivas de Vega.

  La mayoría de los hispanos usan dos apellidos: el del padre y el de la madre, en ese orden. Si Eva Rivas y Jorge Vega tienen un hijo que se llama Esteban, su nombre completo va a ser Esteban Vega Rivas.

Plaza de Mayo, Buenos Aires, Argentina.

¿Verdadero o falso?

1. Buenos Aires es una ciudad muy grande.
2. La población de Buenos Aires es mayormente de origen europeo.
3. La palabra **porteño** significa "gente de la ciudad".
4. El Teatro Colón es uno de los más famosos del mundo.
5. No hay parques en Buenos Aires.
6. Solamente en Argentina se usa el voseo.
7. Generalmente los hispanos usan dos apellidos, el del padre y el de la madre.

Puntos para recordar

1. Subjunctive to express indefiniteness and nonexistence
(El subjuntivo para expresar lo indefinido y lo no existente)

Write on the board:

MAIN CLAUSE
Él busca una casa
↓
nonspecific
SUBORDINATE CLAUSE
que **sea** grande.
↓
Verb: subjunctive

MAIN CLAUSE
Él tiene una casa
↓
specific
SUBORDINATE CLAUSE
que **es** grande.
↓
Verb: indicative

MAIN CLAUSE
No hay nadie
↓
nonexistent
SUBORDINATE CLAUSE
que lo **sepa.**
↓
Verb: subjunctive

■ The subjunctive is always used in the subordinate clause when the main clause refers to something or someone that is indefinite, unspecified, hypothetical, or nonexistent.

— **¿Hay alguna excursión** que **incluya** el hotel?

— No, **no hay ninguna** que lo **incluya.**

— **Necesito un secretario** que **hable** francés.

— **No conozco a nadie** que **hable** francés.

— **Estamos buscando un restaurante** donde **sirvan** comida italiana.

— **Hay varios restaurantes** donde **sirven** comida italiana.

"Is there any tour that includes the hotel?"

"No, there is not any that includes it."

"I need a secretary who speaks French."

"I don't know anyone who speaks French."

"We're looking for a restaurant where they serve Italian food."

"There are several restaurants where they serve Italian food."

¡Atención! If the subordinate clause refers to existent, definite, or specified persons or things, the indicative is used instead of the subjunctive.

Hay varios restaurantes donde **sirven** comida italiana.

MAIN CLAUSE
Hay alguien
↓
existent
SUBORDINATE CLAUSE
que lo **sabe.**
↓
Verb: indicative

Ask students for other examples, always explaining why the subjunctive or the indicative is used in the subordinate clause.

Doscientos setenta y uno **271**

¡Vamos a practicar!

A. Complete the following dialogues, using the indicative or the subjunctive, as appropriate. Then act out the dialogues with a partner.

1. — ¿Hay algún restaurante cerca que _____ (servir) comida española?
   — Sí, el restaurante Madrid _____ (servir) una comida española excelente.

2. — ¿Sabes si hay alguna aerolínea que _____ (dar) descuentos?
   — No, no hay ninguna que _____ (dar) descuentos en verano.

3. — ¿Hay alguien aquí que no _____ (tener) pasaporte?
   — No, todos tenemos pasaporte y visa.

4. — Necesito una secretaria que _____ (saber) inglés.
   — Conozco a una mujer que lo _____ (hablar) muy bien.

Pair students for this exercise.

B. A Cuban family has recently moved into your neighborhood. Answer their questions about your hometown.

1. ¿Hay alguien que venda su casa?
2. ¿Hay algún restaurante que sirva comida cubana?
3. ¿Hay alguien que sepa español y quiera trabajar de secretario(a)?
4. ¿Hay algún mercado que venda productos cubanos?
5. Nuestro hijo es agente de viajes. ¿Sabe Ud. de alguna agencia que necesite empleados?
6. Tenemos un Ford que queremos vender. ¿Conoce Ud. a alguien que necesite un auto?

C. Use your imagination to complete each statement.

1. Vivimos en una casa que tiene cuatro habitaciones, pero necesitamos una...
2. Tengo una camisa que es azul y blanca, pero prefiero una...
3. Hay un vuelo que sale por la mañana, pero yo necesito uno...
4. Tenemos una agente que habla inglés y español, pero ahora necesitamos una...
5. Hay una excursión que regresa por Nueva York, pero yo necesito una...

D. You and a classmate want to find out about each other's relatives and friends. Ask each other questions about the following, always beginning with **¿Hay alguien en tu familia o entre tus amigos que...?**

1. jugar al béisbol
2. viajar a México todos los veranos
3. bailar muy bien
4. tener una piscina en su casa
5. ser rico(a)
6. celebrar su aniversario de bodas este mes
7. conocer Buenos Aires
8. hablar japonés
9. saber varios idiomas
10. vivir en el campo
11. ser médico(a)
12. trabajar para una aerolínea
13. ser empleado(a) de banco
14. levantarse de madrugada
15. fumar mucho

E. In groups of three or four, play the roles of very wealthy and lazy travelers who want to make arrangements for a trip to Argentina. Say what you need people to do for you.

MODELO: *Necesitamos a alguien que vaya a la agencia de viajes.*

2. Familiar commands (*Las formas imperativas de* tú *y de* vosotros)

■ Regular affirmative commands in the **tú** form have exactly the same forms as the third-person singular (**él** form) of the present indicative.

Verb	*Present Indicative Third-Person Sing.*	*Familiar Command* (tú)
hablar	él habla	**habla**
comer	él come	**come**
abrir	él abre	**abre**
cerrar	él cierra	**cierra**
volver	él vuelve	**vuelve**
pedir	él pide	**pide**
traer	él trae	**trae**

— ¿Qué quieres que haga ahora? "What do you want me to do now?"

— **Compra** los billetes para el viaje. "**Buy** the tickets for the trip."

— ¿Vas a poner el equipaje aquí? "Are you going to put the luggage here?"

— Sí, **tráeme** las maletas y el bolso de mano. "Yes, **bring me** the suitcases and the carry-on bag."

¡Atención! As with the formal commands, direct, indirect, and reflexive pronouns are always placed *after* an affirmative command and are attached to it. A written accent must be placed on the stressed syllable.

■ Eight Spanish verbs are irregular in the affirmative command for the **tú** form. They are listed below.

decir **di**
hacer **haz**
ir **ve**[1]
poner **pon**
salir **sal**
ser **sé**
tener **ten**
venir **ven**

— **Dime,** ¿a qué hora quieres que venga? "**Tell me,** at what time do you want me to come?"
— **Ven** a las ocho. "**Come** at eight."

— **Haz**me un favor: **pon** esta silla en la cocina. "**Do** me a favor: **put** this chair in the kitchen."
— Sí, en seguida. "Yes, right away."

■ The affirmative command form for **vosotros** is formed by changing the final **r** of the infinitive to **d.**

Infinitive	*Familiar Command* (vosotros)
hablar	habla**d**
comer	come**d**
escribir	escribi**d**
ir	i**d**
salir	sali**d**

[1]Note that **ir** and **ver** have the same affirmative **tú** command, **ve.**

When the affirmative command of **vosotros** is used with the reflexive pronoun **os,** the final **d** is dropped.

bañar	bañad	**bañaos**
poner	poned	**poneos**
vestir	vestid	**vestíos**[1]

Bañaos antes de cenar.   ***Bathe** before dinner.*
Poneos los zapatos.   ***Put** your shoes **on.***
Vestíos aquí.   ***Get dressed** here.*

Only one verb doesn't drop the final **d** when the **os** is added.

irse   ¡Idos!   *Go away!*

■ The negative commands of **tú** and **vosotros** use the corresponding forms of the present subjunctive.

hablar	no **hables** tú	no **habléis** vosotros
vender	no **vendas** tú	no **vendáis** vosotros
decir	no **digas** tú	no **digáis** vosotros
salir	no **salgas** tú	no **salgáis** vosotros

— **No vayas** a la agencia de viajes   *"**Don't go** to the travel agency*
  hoy.   *today."*
— Entonces voy mañana.   *"Then I'm going tomorrow."*

— **No** me **esperes** para comer.   *"**Don't wait** for me to eat."*
— **¡No** me **digas** que hoy también   *"**Don't tell** me you have to work*
  tienes que trabajar!   *today also!"*

¡Atención!   In a negative command, all object pronouns are placed before the verb.

No **me** esperes para comer.

¡Vamos a practicar!

A. Using command forms, tell your friend what to do.

MODELO: Tienes que subir al avión ahora.
         Sube al avión ahora.

1. Tienes que llamarme este fin de semana.
2. Tienes que traernos el desayuno.
3. Tienes que tener paciencia con él.

---

[1]Note that the **-ir** verbs take a written accent over the **i** when the reflexive pronoun **os** is added.

4. Tienes que decirle que no venga entre semana.
5. Tienes que ir a la agencia de viajes y comprar los pasajes.
6. Tienes que salir en seguida.
7. Tienes que hacer cola ahora.
8. Tienes que venir dentro de quince días.

B. You are going away for the day. Tell your younger brother what to do and what not to do.

1. levantarse temprano y bañarse
2. preparar el desayuno
3. no tomar refrescos
4. hacer la tarea
5. no abrirle la puerta a nadie
6. limpiar su cuarto
7. no mirar la televisión y no traer a sus amigos a la casa
8. traer pan y ponerlo en la mesa
9. ir al mercado y comprar frutas
10. llamar a papá y decirle que venga temprano

As a follow-up, play a game of Simon says (**Simón dice…**). Form groups and have students give the commands.

C. Give two commands, one affirmative and one negative, that the following people would be likely to give.

1. una madre a su hijo de quince años
2. un estudiante a su compañero de cuarto
3. una muchacha a su novio
4. una doctora a una niña
5. un profesor a un estudiante
6. un esposo a su esposa

3. Some uses of the prepositions *a, de,* and *en*
(*Algunos usos de las preposiciones* a, de y en)

■ The preposition **a** (*to, at, in*) expresses direction toward a point in space or a moment in time. It is used for the following purposes:

• to indicate the time (hour) of day

A las cinco salimos para Lima.   *At five we leave for Lima.*

• after verbs of motion, when followed by an infinitive, a noun, or a pronoun

Siempre venimos **a** bailar aquí.   *We always come to dance here.*

• after the verbs **empezar, comenzar, enseñar,** and **aprender,** when followed by an infinitive

Los pasajeros empezaron **a** salir.   *The passengers began to leave.*
Te enseñé **a** conducir.   *I taught you to drive.*

- after the verb **llegar**

> Cuando él llegó **al** aeropuerto, le dieron los comprobantes.
>
> *When he arrived **at** the airport, they gave him the claim checks.*

- before a direct object noun that refers to a specific person. It may also be used to personify an animal or a thing.

> Yo no conozco **a** ese agente.   *I don't know that agent.*
> Bañé **a** mi perro.   *I bathed my dog.*

¡Atención!   If the direct object is not a definite person, the personal **a** is not used.

> Busco un buen médico.   *I'm looking for a good doctor.*

■ The preposition **de** (*of, from, about, with, in*) indicates possession, material, and origin. It is also used in the following ways:

- to refer to a specific period of the day or night when telling time

> El sábado pasado trabajamos hasta las ocho **de** la noche.
>
> *Last Saturday we worked until 8 P.M.*

- after the superlative to express *in* or *of*

> Orlando es el más simpático **de** la familia.
>
> *Orlando is the nicest **in** the family.*

- to describe personal physical characteristics

> Es morena, **de** ojos negros.   *She is brunette, **with** dark eyes.*

- as a synonym for **sobre** or **acerca de** (*about*)

> Hablaban **de** todo menos **del** viaje.
>
> *They were talking **about** everything except **about** the trip.*

■ The preposition **en** (*at, in, on, inside, over*) in general situates someone or something within an area of time or space. It is used for the following purposes:

- to refer to a definite place

> Él siempre se queda **en** casa.   *He always stays **at** home.*

- as a synonym for **sobre** (*on*)

> Está sentada **en** la silla.   *She is sitting **on** the chair.*

- to indicate means of transportation

> Nunca he viajado **en** avión.   *I have never traveled **by** plane.*

¡Vamos a practicar!

A. Complete the following letter, adding the missing prepositions.

Querida Alicia:

Como te prometí, te escribo en seguida. Ayer llegamos _____ Buenos Aires. Es una _____ las ciudades más hermosas _____ Argentina. Llegamos _____ las tres _____ la tarde y fuimos _____ buscar hotel.

_____ el hotel conocimos _____ unos chicos muy simpáticos que nos invitaron a salir con ellos. Yo salí con Carlos, que es alto, moreno, _____ ojos verdes. Me ha dicho que me va _____ enseñar _____ bailar el tango. Espero aprender _____ bailar otros bailes también. Mañana vamos _____ ir _____ visitar el barrio de La Boca. Vamos _____ ir _____ el coche _____ Carlos.

Bueno, _____ la próxima carta espero poder contarte más _____ mi vida _____ esta hermosa ciudad.

Isabel

B. Use the illustrations to complete the following sentences. Use appropriate prepositions.

1. Delia va a...

2. Sergio y Toña están...

3. Beatriz es rubia...

4. Teresa se quedó...

5. Rogelio quiere ir al club...

6. Tito salió de su casa...

7. Julio es... grupo.

8. Eva llega...

C. With a partner, talk about someone you met recently or someone you went out with. Include information about where you went, what time you left and returned home, what the person is like, and what you talked about.

Y ahora, ¿qué?

Palabras y más palabras

Internet

For more practice with lesson topics, see the related activities on the **¡Hola, amigos!** web site.

Complete each sentence with the correct word in parentheses, based on the vocabulary from **Lección 12.**

1. Voy a comprar el pasaje en la (sala de rayos X, agencia de viajes, oficina de correos).
2. Si vas a viajar a Argentina, te sugiero que lleves (el pasaporte, el recibo, la radiografía).
3. Necesito el comprobante para su (auxiliar de vuelo, tobillo, equipaje).
4. La puerta de (salida, venta, turno) es la número cinco.
5. No tengo mucho equipaje. Sólo tengo dos maletas y (un comprobante, una tarjeta de embarque, un bolso de mano).
6. "Última llamada para el (diario, vuelo, mercado) número 228 a Miami."
7. Creo que el pasaje es muy (caro, estrecho, ancho).
8. Los vuelos son más baratos entre (semana, personas, materias).
9. Los (grados, pasajeros, pisos) salen por la puerta número cuatro.
10. ¿Vas a la agencia de viajes? Te aconsejo que (pidas, regreses, cobres) folletos.
11. El avión (hace escala, trasborda, cambia) en Miami.
12. Esa excursión (muestra, incluye, enseña) el hotel.
13. Rebeca viaja por avión. Quiere que la llevemos (al aeropuerto, al cine, al mercado).
14. Yo no fumo. Quiero un asiento (de ventanilla, de pasillo, en la sección de no fumar).
15. Elsa sale de viaje (demasiado, tanto, dentro) de quince días.
16. ¿Vas a Buenos Aires? ¡Buen (viaje, bolígrafo, reloj)!
17. Quiero comprar pesos argentinos. ¿A cómo está el cambio de (banco, moneda, agencia)?
18. Tiene que (confirmar; cobrar; trasbordar) su vuelo 24 horas antes de salir.

¡Vamos a conversar!

A. Para conocerse mejor. Get to know your partner better by asking each other the following questions.

1. ¿Adónde piensas ir de vacaciones el verano que viene? ¿Con quién vas?
2. ¿Prefieres viajar solo(a) o acompañado(a)?
3. ¿Compras los pasajes en una agencia de viajes o en el aeropuerto?
4. Generalmente, ¿viajas en clase turista o en primera clase?
5. ¿Prefieres un asiento de ventanilla o de pasillo?
6. ¿Hiciste un crucero el verano pasado?
7. ¿Cuántas maletas llevaste la última vez que viajaste?

8. ¿Has tenido que pagar exceso de equipaje alguna vez?
9. ¿Dónde pones tu bolso de mano cuando viajas?
10. ¿Conoces a alguien que trabaje de auxiliar de vuelo?

B. Una encuesta. Interview your classmates to identify someone who fits the following descriptions. Include your instructor, but remember to use the **Ud.** form when addressing him/her.

	Nombre
1. Hace muchos viajes.	
2. Le gusta viajar entre semana.	
3. Tiene folletos de varios tipos de excursiones.	
4. Prefiere volar por la noche.	
5. Tuvo que hacer escala la última vez que viajó.	
6. Tuvo que trasbordar la última vez que viajó.	
7. Tiene su pasaporte en regla.	
8. Lleva mucho equipaje cuando viaja.	
9. No fue de vacaciones el año pasado.	
10. Le gusta veranear en un balneario.	

Situaciones

This exercise may be assigned as homework and presented orally in class. Encourage students to use commands in the last situation.

What would you say in the following situations? What might the other person say? Act out the scenes with a partner.

1. You want to find out how much a round-trip ticket to Lima costs and what documents you need for travel.
2. You ask the travel agent to give you brochures on several types of tours. Ask whether there are any excursions that include the hotel.
3. You need to know if there are flights to Guatemala on Sundays, and if it is cheaper to travel during the week.
4. A friend of yours is traveling abroad for the first time. Tell him (her) the do's and don'ts of traveling abroad.

Para escribir

Using elements from the dialogues at the beginning of the lesson, write a dialogue between you and a travel agent. Choose your destination, ask about prices, flights, and any necessary documentation. Then make your reservations and choose your seat.

¿Qué dice aquí?

You might wish to take the opportunity to discuss the marketing of U.S. products to Hispanics in the U.S. and overseas. Bring in newspaper and magazine ads in Spanish and English from other well-known companies such as Coca-Cola and Nike, and ask students to compare the two versions for cultural similarities and differences.

Read the ad below and answer the questions on page 283.

1. ¿De qué ciudad salen los vuelos a Managua?
2. ¿Tenían antes vuelos a Managua desde esta ciudad?
3. Si viajamos de esta ciudad a Managua, ¿tenemos que hacer escala?
4. ¿Cuándo comienzan estos vuelos?
5. ¿Cómo podemos obtener más información sobre estos vuelos y hacer reservaciones?
6. ¿Tenemos que pagar para llamar a la aerolínea?
7. ¿Cuál es el número de teléfono?
8. ¿Podemos llamar cualquier (*any*) día de la semana y a cualquier hora? ¿Cómo lo sabe?

Point out the use of the familiar command in this saying.

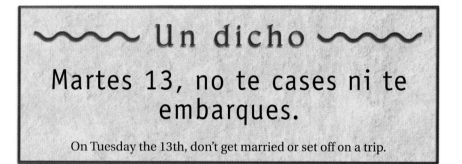

~~~ Un dicho ~~~

Martes 13, no te cases ni te embarques.

On Tuesday the 13th, don't get married or set off on a trip.

¿Dónde nos hospedamos?

For presentation of dialogue, see Introduction, Instructor's Annotated Edition.

🎧 *Hace unos minutos que los señores Paz llegaron al hotel Regis, en Asunción. Como no tienen reservación, hablan con el gerente para pedir una habitación.*

SR. PAZ — Queremos una habitación con baño privado, aire acondicionado y una cama doble.

GERENTE — Hay una con vista a la calle, pero tienen que esperar hasta que terminen de limpiarla.

SR. PAZ — Bien. Somos dos personas. ¿Cuánto cobran por el cuarto?

GERENTE — Tres cientos mil guaraníes[1] por noche.

SRA. PAZ — ¿Tienen servicio de habitación? Queremos comer en cuanto lleguemos al cuarto.

GERENTE — Sí, señora, pero dudo que a esta hora sirvan comida.

El señor Paz firma el registro; el gerente le da la llave y llama al botones para que lleve las maletas al cuarto.

---

[1]Paraguayan currency. About $90.00.

SR. PAZ — ¿A qué hora tenemos que desocupar el cuarto?

GERENTE — Al mediodía, aunque pueden quedarse media hora extra.

SRA. PAZ — (*A su esposo.*) Vamos a un restaurante y comamos algo antes de subir a la habitación.

SR. PAZ — Sí, pero primero dejemos tus joyas en la caja de seguridad del hotel.

SRA. PAZ — Oye, no es verdad que el Regis sea tan caro como nos dijeron.

Mario y Jorge están hablando con el dueño de la pensión Carreras, donde piensan hospedarse. Le preguntan el precio de las habitaciones.

DUEÑO — Con comida, cobramos novecientos noventa mil guaraníes por semana.

MARIO — ¿Eso incluye desayuno, almuerzo y cena?

DUEÑO — Sí. Es pensión completa. ¿Por cuánto tiempo piensan quedarse?

MARIO — No creo que podamos quedarnos más de una semana.

JORGE — Tienes razón... (*Al dueño.*) ¿El baño tiene bañadera o ducha?

DUEÑO — Ducha, con agua caliente y fría. Y todos los cuartos tienen calefacción.

MARIO — ¿Hay televisor en el cuarto?

DUEÑO — No, pero hay uno en el comedor.

MARIO — Gracias. (*A Jorge.*) Cuando vayamos a Montevideo, tratemos de encontrar otra pensión como ésta.

JORGE — Sí. Oye, apurémonos o vamos a llegar tarde al cine.

MARIO — Sí, quiero llegar antes de que empiece la película.

¿Recuerda usted?

With a partner, decide whether the following statements about the dialogues are true (**verdadero**) or false (**falso**).

1. El Sr. Paz y su esposa quieren una habitación con dos camas.
2. Probablemente tienen hambre.
3. El gerente no cree que los señores Paz puedan comer en su cuarto a esta hora.
4. El Sr. Paz lleva las maletas al cuarto.
5. Los señores Paz pueden estar en el cuarto hasta las doce y media.
6. El hotel no tiene caja de seguridad para los clientes.
7. Mario y Jorge también se hospedan en el hotel Regis.
8. Los muchachos piensan quedarse en la pensión por tres semanas.
9. Los muchachos pueden mirar televisión en el cuarto.
10. Los muchachos van a continuar viajando.

Vocabulario

Cognados

el aire acondicionado air-conditioning	**extra** extra **privado(a)** private	**el registro** register

Nombres

el agua (*f.*)   water
el almuerzo   lunch
la bañadera   bathtub
el baño, el cuarto de baño   bathroom
el botones   bellhop
la caja de seguridad   safe
la calefacción   heating
la calle   street
la cama doble (matrimonial)   double bed
el comedor   dining room
el desayuno   breakfast
la ducha, la regadera (*Mex.*)   shower

el (la) dueño(a)   owner, proprietor
el (la) gerente   manager
la habitación, el cuarto   room
la hora   hour, time
la joya, las joyas   jewel, jewelry
la llave   key
el mediodía   noon
la película   movie
la pensión   boarding house
la pensión completa   room and board
el precio   price
el servicio de habitación   room service
el televisor   TV set

Verbos

desocupar   to vacate
dudar   to doubt
hospedarse   to stay, to lodge
subir   to go up
tratar (de)   to try

Adjetivos

caliente   hot
frío(a)   cold

Otras palabras y expresiones

al mediodía   at noon
antes de que   before
aunque   although

como as, like	**en cuanto, tan pronto como** as soon as	**para que** so that
con vista a overlooking (with a view of)	**hasta que** until	**¿por cuánto tiempo?** how long?
desocupar el cuarto to check out of a hotel room	**los señores** Mr. and Mrs.	**por noche** per night
	media hora half an hour	**Somos dos.** There are two of us.

96 Amplíe su vocabulario

Más sobre los hoteles

Quiero una habitación con vista

- al jardín.   *garden*
- a la piscina.   *swimming pool*
- al patio.
- al mar.   *ocean*
- a la playa.   *beach*

Quiero una habitación

- interior.
- exterior.

cama chica (pequeña)	*twin bed*
ocupado(a)	*occupied*
libre, disponible	*vacant, available*
el puesto de revistas	*magazine stand*
el sofá-cama	*sleeper sofa*
la tienda de regalos	*souvenir shop*
el vestíbulo	*lobby*
el ascensor, elevador	*elevator*

¿Cuál es la solución?

What is the solution to these problems?

1. Quiero leer *Newsweek* pero no hay una copia en mi habitación.
2. No me gustan las habitaciones interiores.
3. Somos tres y sólo hay una cama doble en el cuarto.
4. Quiero comprar algo para llevarles a mis padres.
5. No hay habitaciones libres en los hoteles baratos.
6. No quiero recibir a mi amigo(a) en la habitación del hotel.
7. Tengo que subir a mi cuarto, que está en el décimo (*tenth*) piso.
8. Nos dieron una habitación con vista al patio, pero a nosotros nos gusta ver el mar.

NOTAS CULTURALES

Point out Paraguay and Asunción on the transparency showing the map of South America (SOT) and show slides.

DE AQUÍ Y DE ALLÁ

Paraguay es un país que tiene más o menos el tamaño de California. Paraguay y Bolivia son los únicos países latinoamericanos que no tienen salida al mar.

Las principales exportaciones de Paraguay eran el algodón, el ganado (*cattle*), el tabaco, la madera (*wood*) y las frutas cítricas, pero ahora Paraguay es el principal exportador de energía hidroeléctrica del mundo. La represa (*dam*) construida sobre el río Paraná tiene la capacidad de producir seis veces la electricidad que produce la represa de Asuán (Sadd al-Alí), en Egipto.

La moneda de Paraguay, el guaraní, es de valor bastante estable. El idioma oficial es el español, pero los paraguayos hablan también el guaraní, una lengua indígena que aún se conserva. El ochenta y uno por ciento de la población sabe leer y escribir.

Asunción, la capital, fue fundada en 1537. Allí se ve un gran contraste entre los edificios muy modernos y las casas coloniales.

Paraguay no tiene muchos problemas sociales. No muchos turistas visitan Paraguay, pero los que lo hacen hablan muy bien de la hospitalidad de los paraguayos.

Ask students: ¿Hay algo similar a las pensiones en los Estados Unidos?

DE ESTO Y AQUELLO

Las pensiones son muy populares en los países de habla hispana. Son más económicas que los hoteles y generalmente el precio incluye el cuarto y las comidas.

En muchos países latinoamericanos y en España, se usa el sistema de estrellas (*stars*) para clasificar los hoteles de lujo (*luxury*) y de primera clase.

Vista panorámica de Asunción. Al fondo, el río Paraguay.

¿Verdadero o falso?

1. Paraguay es mucho más grande que California.
2. Paraguay exporta energía hidroeléctrica.
3. Paraguay tiene salida al mar.
4. El guaraní es la moneda del Paraguay.
5. Los paraguayos hablan dos idiomas.
6. Las pensiones son mucho más caras que los hoteles.

Puntos para recordar

1. Subjunctive to express doubt, denial, and disbelief
(*El subjuntivo para expresar duda, negación e incredulidad*)

■ Doubt

When the verb of the main clause expresses uncertainty or doubt, the verb in the subordinate clause is in the subjunctive.

— Te esperan a las cinco y son las cuatro y media.
— **Dudo** que yo **pueda** estar ahí a esa hora.

"They expect you at five and it is four-thirty."
"I doubt that I can be there at that time."

— Podemos tomar el desayuno a las once.
— **Dudo** que lo **sirvan** después de las diez.
— Estoy segura de que lo sirven hasta las once.

"We can have breakfast at eleven."
"I doubt that they serve it after ten."
"I am sure that they serve it until eleven."

Notice that when no doubt is expressed and the speaker is certain of the reality (**estoy seguro[a], no dudo, sé**), the indicative is used.

Estoy seguro de que lo **sirven** hasta las once.

I am sure that they serve it until eleven.

¡Vamos a practicar!

A. Respond to each of the following statements, beginning with the suggested phrases.

1. — Dudo que el agente nos dé los comprobantes ahora.
   — ¡Sí, sí! Estoy seguro(a) de que...

2. — No dudo que hay vuelos por la mañana.
   — Pues, yo dudo que…

3. — Estoy seguro de que el avión hace escala en Panamá.
   — Yo sé que hace escala, pero no estoy seguro(a) de que…

4. — Dudo que tengan asiento de ventanilla.
   — Estoy seguro(a) de que…

5. — Dudo que tengan habitaciones con baño privado.
   — Yo tampoco estoy seguro(a) de que…

6. — Estoy segura de que ellos necesitan reservación.
   — ¿Sí? Yo dudo que…

Assign as homework and compare answers in class.

B. Use your imagination to complete each statement.

1. Dudamos que el (la) profesor(a)…
2. Mi mamá está segura de que yo…
3. Estoy seguro(a) de que en la pensión…
4. No dudo que mi mejor amigo(a)…
5. Mi médico(a) duda que yo…
6. Dudo que yo…
7. El (La) profesor(a) no está seguro(a) de que nosotros…
8. Estoy seguro(a) de que mañana…

Write on the board:
MAIN CLAUSE
No es verdad
↓
Denies
  SUBORDINATE CLAUSE
  que la fiesta **sea** hoy.
    ↓
  Verb: subjunctive

MAIN CLAUSE
Es verdad
↓
Does not deny
  SUBORDINATE CLAUSE
  que la fiesta **es** hoy.
    ↓
  Verb: indicative

Ask students for other examples and explanations about why the subjunctive or the indicative is used.

C. With a partner, take turns telling each other three or four things about yourself. Give some false information to see if your partner doubts or believes what you say.

MODELO: — *Tengo ocho clases este semestre.*
        — *Dudo que… (Estoy seguro[a] que…)*

■ Denial

When the main clause denies or negates what is expressed in the subordinate clause, the subjunctive is used.

— Ana **niega** que Carlos **sea** su novio. — *"Ana **denies** that Carlos **is** her boyfriend."*
— Sí, dice que son amigos… — *"Yes, she says that they are friends…"*

— Ellos trabajan mucho y siempre tienen dinero. — *"They work hard and always have money."*
— Es verdad que trabajan mucho, pero **no es cierto** que siempre **tengan** dinero. — *"It's true that they work hard, but **it's not true** that they always have money."*

¡Atención! Notice that when the main clause does not deny what is said in the subordinate clause, the indicative is used.

Es verdad que **trabajan** mucho.   *It's true that they **work** hard.*

¡Vamos a practicar!

Say whether each of the following statements is true or not.

> MODELO: Nosotros celebramos la independencia de Chile.
> *No es verdad que celebremos la independencia de Chile.*

For practice, have students make up five additional statements. Then in pairs or groups, students take turns asking each other to comment on the truth of their statements.

1. Argentina es más grande que Brasil.
2. Las pensiones son más caras que los hoteles.
3. Brasilia es la capital de Brasil.
4. En esta clase estudiamos francés.
5. Los Andes están en México.
6. Hoy hace mucho frío.
7. Está lloviendo.
8. Tengo un millón de dólares.

■ Disbelief

Point out that in questions with **creer**, the indicative or subjunctive can be used. Use of the subjunctive expresses some doubt or disbelief: **¿Crees que tengan habitaciones?**

The verb **creer** is followed by the subjunctive in negative sentences, where it expresses disbelief.

— ¿Teresa va a comprar el vestido?

"Is Teresa going to buy the dress?"

— No, **no creo** que **tenga** suficiente dinero.

*"No, **I don't think** that **she has** enough money."*

¡Atención!

Write on the board:

Disbelief
No creo que   **sea**   caro.
                subjunctive

Belief
Creo   que   **es**   caro.
               indicative

Follow the same procedure as for subjunctive with verbs of denial.

Creer is followed by the indicative in affirmative sentences, where it expresses belief.

— ¿Qué van a servir de postre?

"What are they going to serve for dessert?"

— **Creo** que **van** a servir flan.

"I think they are going to serve flan."

¡Vamos a practicar!

A. Carlos always contradicts everyone. How would he react to these statements?

> MODELO: Creo que Ana es bonita.
> *No creo que sea bonita.*

1. No creo que el baño tenga ducha y bañadera.
2. Creo que todos los cuartos tienen aire acondicionado.
3. Creo que tienen que desocupar el cuarto al mediodía.
4. No creo que cobren mucho.
5. No creo que él necesite la llave.
6. Creo que el cuarto tiene vista a la calle.

Assign as homework and compare answers in class.

B. Use your imagination to complete each statement, using the subjunctive or the indicative as appropriate.

1. Yo creo que el (la) profesor(a)...
2. No es verdad que yo...
3. Es cierto que los estudiantes...
4. No creo que en la cafetería de la universidad...
5. No es verdad que la clase de español...
6. No es cierto que los norteamericanos...
7. Dudo que yo...
8. No estoy seguro(a) de que el hotel Hilton...
9. No dudo que mis padres...
10. Estoy seguro(a) de que en los Estados Unidos...

C. Use the illustrations to complete the following sentences.

1. Yo no creo que el papá de Beto...   2. Dudo que Paquito...

3. No es verdad que Carlos...   4. Rita cree que el hotel México...

5. No es cierto que el baño...   6. No es verdad que Esteban siempre...

D. The following statements are made by someone who doesn't necessarily know what he/she is talking about. With a partner, take turns saying whether or not you think the comments are true. Use **creo, no creo, dudo, estoy seguro(a), es verdad,** or **no es verdad.**

1. Hay vuelos directos de Los Ángeles a Asunción.
2. El pasaje a Asunción cuesta doscientos dólares.
3. Uds. pueden viajar en primera clase.
4. Pueden viajar por Paraguay en tren.
5. Todas las ciudades paraguayas son muy pequeñas.
6. No hay hoteles elegantes en Asunción.
7. Las pensiones siempre tienen baño privado.
8. Todos los hoteles tienen aire acondicionado y calefacción.
9. En los hoteles de Asunción todas las habitaciones tienen vista al mar.
10. Todas las pensiones tienen servicio de habitación.

2. Subjunctive with certain conjunctions (*El subjuntivo con ciertas conjunciones*)

■ Subjunctive after conjunctions of time

The subjunctive is used after conjunctions of time when the main clause refers to a future action or is a command. Some conjunctions of time are:

cuando	when	**tan pronto como,**	
hasta que	until	**en cuanto**	as soon as

Note in the following examples that the action in the subordinate clause has not yet taken place.

— ¿Vamos a la pensión ahora? "Are we going to the boarding house now?"

— No, vamos a esperar **hasta que venga** Eva. "No, we're going to wait **until** Eva **comes.**"

— Bueno, llámeme **en cuanto llegue.** "Okay, call me **as soon as she arrives.**"

— ¿Cuándo vas a comprar las joyas? "When are you going to buy the jewelry?"

— **Cuando** mi papá me **dé** el dinero. "**When** my dad **gives** me the money."

¡Atención! If the action has already taken place or if the speaker views the action of the subordinate clause as a habitual occurrence, the indicative is used after the conjunction of time.

— ¿Ya llamaste a Rodolfo? "Did you already call Rodolfo?"

— Sí, lo llamé **en cuanto llegué.** "Yes, I called him **as soon as I arrived.**"

— ¿Cuándo llamas a Rodolfo? "When do you call Rodolfo?"

— Siempre lo llamo **cuando llego** del trabajo. "I always call him **when I arrive** from work."

■ Conjunctions that always take the subjunctive

Certain conjunctions by their very meaning imply uncertainty or condition; they are therefore always followed by the subjunctive. Examples include:

a menos que	unless	**con tal (de) que**	provided that
antes de que	before	**para que**	in order that

— Voy a llamar a Carlos **para que** me **traiga** el talonario de cheques. "I'm going to call Carlos **so that he brings** me my checkbook."

— Llámelo ahora, **antes de que salga** para el hospital. "Call him now, **before he leaves** for the hospital."

■ Subjunctive with **aunque**

The conjunction **aunque** (*even if*) takes the subjunctive if the speaker wants to express uncertainty. If not, **aunque** (*although*) takes the indicative.

— ¿Vamos a ir mañana **aunque llueva?** "Are we going tomorrow, **even if it rains?**"

— Sí. "Yes."

— ¿Vamos a comer? "Shall we eat?"

— Sí, **aunque** no **tengo** mucha hambre. "Yes, **although** I'm not very hungry."

¡Vamos a practicar!

A. Complete the following dialogues, using the indicative or the subjunctive of each verb. Then act them out with a partner.

1. desocupar / llegar
   — ¿Podemos limpiar el cuarto ahora?
   — No, no podemos limpiarlo hasta que ellos lo _____.
   — ¿Cuándo lo van a desocupar?
   — En cuanto _____ el taxi.

2. dar
   — ¿Qué vas a hacer si tus padres no te dan el dinero?
   — Aunque no me lo _____, yo voy a asistir a (*to attend*) la universidad.

3. llegar / traer
   — ¿Qué vas a hacer en cuanto _____ al hotel?
   — Voy a llamar al servicio de habitación para que (ellos) me _____ el almuerzo.

4. llamar
   — ¿Cuándo van a venir tus amigos?
   — Tan pronto como yo los _____.

5. terminar
   — ¿Los señores García te esperaron?
   — Sí, me esperaron hasta que _____ la película.

6. hablar / ver
   — Cuando Ud. _____ con el dueño, dígale que no tenemos agua caliente.
   — Voy a decírselo en cuanto lo _____.

7. servir
   — Todos los días, cuando yo _____ el desayuno, tú te vas...
   — Te he dicho que no me gusta comer por la mañana.

8. irse / salir
   — ¿Tú puedes subir a hablar con el gerente antes de que él _____?
   — Sí, a menos que (él) _____ muy temprano.

Assign as homework and compare answers in class.

B. Use your imagination to complete each statement, using the indicative or the subjunctive as appropriate.

1. Vamos a salir tan pronto como...
2. Ayer mi padre me llamó en cuanto...
3. No voy a poder hacer la reservación a menos que...
4. Voy a quedarme en el hotel hasta que...
5. No podemos ir al restaurante antes de que...
6. Siempre vamos de vacaciones cuando...
7. Yo trabajo para que mis hijos...
8. Voy a llamar a mi amigo(a) tan pronto como...

3. First-person plural commands (*El imperativo de la primera persona del plural*)

Review the first-person plural of the present subjunctive. Ask students for several examples, and write them on the board.

Tell students that you will suggest places to go and things to do, and that they should disagree and suggest alternatives.

Instructor: **Vamos a Asunción.**
Student: **No, no vayamos a Asunción. Vamos a Montevideo.**

■ In Spanish, the first-person plural of an affirmative command (*let's* + *verb*) can be expressed in two ways:

  • by using the first-person plural of the present subjunctive.

   Preguntemos el precio de la habitación. — ***Let's ask** the price of the room.*

  • by using the expression **vamos a** + *infinitive.*

   Vamos a preguntar el precio de la habitación. — ***Let's ask** the price of the room.*

■ The verb **ir** does not use the subjunctive form in the first-person plural affirmative command.

   Vamos a la piscina. — ***Let's go** to the pool.*

In a negative command, however, the subjunctive form is used.

   No vayamos a la piscina. — ***Let's not go** to the pool.*

■ In all direct, affirmative commands, object pronouns are attached to the verb, and a written accent is then placed on the stressed syllable.

   Comprémos**lo.** — *Let's buy **it.***
   Llamémos**los.** — *Let's call **them.***

If the pronouns **nos** or **se** are attached to the verb, the final **-s** of the verb is dropped before adding the pronoun.

   Sentémo**nos** aquí. — *Let's sit here.*
   Vistámo**nos** ahora. — *Let's get dressed now.*
   Démo**selo** a los niños. — *Let's give it to the children.*

   — **Vamos** a Mar del Plata; **no vayamos** a Córdoba. — *"**Let's go** to Mar del Plata; **let's not go** to Córdoba."*
   — **Quedémonos** en Buenos Aires. — *"**Let's stay** in Buenos Aires."*

   — ¿Dónde queda el Teatro Colón? — *"Where is the Colón Theater located?"*
   — No sé. **Preguntémoselo** a aquel señor. — *"I don't know. **Let's ask** that gentleman."*

¡Vamos a practicar!

Give students several sentences, using the expression **vamos a** + *infinitive* and have them change the sentences to the *first-person plural command.* **For example:** *Vamos a llamar* al dueño. *Vamos a darle* una propina al botones, etc.

A. With a partner take turns saying what these people should do in the following situations? Use first-person plural commands.

1. Tenemos hambre
2. Estamos en un restaurante y necesitamos el menú.
3. No queremos hospedarnos en una pensión.

Have students compare
their answers and discuss
alternatives.

4. No sabemos el precio de la habitación.
5. No tenemos la llave del cuarto.
6. Estamos cansados.
7. Tenemos sueño.
8. No sabemos qué hacer este fin de semana.

Have students invite a class-
mate to do different things.
Students may accept or
decline the invitation:
—**Juguemos al tenis.**
—**No puedo hoy. (Sí,
juguemos esta tarde.)**

B. You and a classmate are making plans to go on a trip. Take turns answering
the following questions using the first-person plural command.

1. ¿Adónde vamos?
2. ¿Cómo viajamos?
3. ¿Qué día y a qué hora salimos?
4. ¿Cuántas maletas llevamos?
5. ¿Nos hospedamos en un hotel
   o en una pensión?
6. ¿Pedimos una habitación con
   vista a la calle?
7. ¿Cuántos días nos quedamos
   en la ciudad?
8. ¿Comemos en un restaurante o
   en nuestra habitación?
9. ¿Dónde dejamos las joyas?
10. ¿Cuándo regresamos?

RODEO

Summary of the Command Forms
(*Resumen de las formas del imperativo*)

Usted	Ustedes	Tú		Nosotros
		Affirmative	*Negative*	
hable	hablen	habla	no hables	hablemos
coma	coman	come	no comas	comamos
abra	abran	abre	no abras	abramos
cierre	cierren	cierra	no cierres	cerremos
vaya	vayan	ve	no vayas	vamos[1]

Notice that the command forms of these verbs are identical to the sub-
junctive forms, except for the affirmative forms for **tú,** which use the
third-person singular of the present indicative. Also, the following verbs
have irregular **tú** command forms.

decir	**di**	ir	**ve**	salir	**sal**	tener	**ten**
hacer	**haz**	poner	**pon**	ser	**sé**	venir	**ven**

Remember the position of direct, indirect, and reflexive pronouns with
commands.

Affirmative	*Negative*
Cómpre**lo.**	No **lo** compre.
Dí**selo.**	No **se lo** digas.
Levanté**monos.**	No **nos** levantemos.

---

[1]Remember that the affirmative command uses the indicative form **vamos,** but the negative
command uses the subjunctive form **no vayamos.**

¡Vamos a practicar!

You and a partner are busy making plans for a visit by some foreign students who will spend the weekend with you and your friends. One of your neighbors, Sra. Vega, and her young daughter, María, offer their help. Use the appropriate command form to say who is going to do each of the following chores and categorize them under the appropriate heading.

nosotros   la señora Vega   María

1. limpiar el apartamento
2. ir al mercado
3. poner la mesa
4. preparar la comida
5. hacer las camas
6. invitar a otros estudiantes
7. ir al aeropuerto a esperar a los viajeros (*travelers*)
8. sacar entradas para el teatro
9. no levantarse tarde

10. llevarlos a visitar los lugares de interés
11. servir la comida
12. lavar los platos
13. darles una fiesta de bienvenida
14. pedirle los discos compactos a Roberto
15. llevarlos a las tiendas
16. no olvidarse de (*forget*) sacar dinero del banco

Y ahora, ¿qué?

Palabras y más palabras

Internet

For more practice with lesson topics, see the related activities on the **¡Hola, amigos!** web site.

Read the following statements and say whether each one is logical (**lógico**) or illogical (**ilógico**). If the statement is illogical, explain why.

1. Cuando tengo frío pongo (*I turn on*) el aire acondicionado.
2. Necesito la llave para abrir la puerta.
3. Mi esposo y yo vamos a necesitar una cama doble porque somos dos.
4. Sirven el almuerzo a las cinco de la tarde.
5. No hay ningún baño que tenga ducha y bañadera.
6. Voy a poner las joyas en la caja de seguridad.
7. Generalmente sirven el desayuno por la noche.
8. Tenemos que desocupar el cuarto dentro de media hora.
9. Todos los cuartos del hotel Hilton tienen baño privado.
10. Quieren una habitación interior con vista a la calle.
11. El botones lleva las maletas al cuarto.
12. Es pensión completa, pero no incluye el desayuno ni el almuerzo.
13. Nos vamos a hospedar en un hotel muy elegante.
14. Ahora tiene que firmar el registro.
15. Vamos al correo para ver una película.

¡Vamos a conversar!

A. Para conocerse mejor. Get to know your partner better by asking each other the following questions.

1. Cuando viajas, ¿tratas de llevar poco equipaje?
2. Cuando viajas, ¿te hospedas en un hotel o en una pensión?
3. Cuando vas a un hotel, ¿tú llevas tus maletas al cuarto o las lleva el botones?
4. Cuando vas a un hotel, ¿qué tipo de cuarto prefieres?
5. Si tu cuarto en el hotel está en el segundo piso, ¿usas el ascensor o la escalera?
6. ¿Tu casa tiene aire acondicionado y calefacción?
7. ¿Generalmente comes en la cocina o en el comedor?
8. ¿Tenías televisor en tu cuarto cuando eras niño(a)?
9. Si tienes que salir, ¿puedes estar listo(a) en media hora?
10. ¿Qué vas a hacer hoy en cuanto llegues a tu casa?

B. Una encuesta. Interview your classmates to identify who fits the following descriptions. Include your instructor, but remember to use the **Ud.** form when addressing him/her.

	Nombre
1. Tiene una piscina en su casa.	
2. Tiene un sofá-cama en su casa.	
3. Siempre come algo tan pronto como llega a su casa.	
4. Generalmente usa la ducha y no la bañadera.	
5. Tiene muchas joyas.	
6. Compró algo en una tienda de regalos la semana pasada.	
7. Nunca paga más de cien dólares por noche cuando se hospeda en un hotel.	
8. Siempre llama a sus amigos cuando vuelve de un viaje.	
9. Puede quedarse media hora extra en la clase hoy.	
10. Hoy tiene que apurarse para llegar a su casa.	

Situaciones

What would you say in the following situations? What might the other person say? Act out the scenes with a partner.

1. You don't have reservations, but you need a room for two people with a private bathroom and air-conditioning. You want to know the price and when you have to check out. You also want to know whether the room overlooks the street and whether the hotel has room service.
2. You are at a boarding house, and you need to find out what meals the price includes and what else the establishment has to offer.
3. A Spanish-speaking friend will be staying at your house (apartment) while you are away on vacation. Tell him (her) what to do while you are away.

Para escribir

Following the style of the dialogue in this lesson, write a conversation between you and a hotel clerk in Paraguay. Make reservations and ask about prices and accommodations.

¿Qué dice aquí?

Read this ad and answer the questions that follow.

HOTEL
Sol Bariloche

Mitre 212 Tel. 2-2715   Telex 80761 SOLBA 8400 San Carlos de Bariloche Argentina

140 habitaciones y 13 suites, todas con baño privado.

Salas de convenciones con capacidad para 1.200 personas. 2 canales video. TV color.

Música funcional. Cajas de seguridad.

Sala de juegos. Sauna.

Peluquería y salón de belleza.

Restaurante internacional con capacidad para 1.000 personas.

Panadería y repostería propias.

Garaje.

Todo en pleno centro de Bariloche.

1. ¿Cómo se llama el hotel?
2. ¿En qué ciudad argentina está?
3. ¿Es muy pequeño el hotel? ¿Cómo lo sabe Ud.?
4. ¿Qué tienen todas las habitaciones?
5. ¿Dónde puede Ud. dejar sus joyas si se hospeda en ese hotel?
6. Si necesita cortarse el pelo (*get a haircut*), ¿puede hacerlo en el hotel? ¿Dónde?
7. ¿Qué tipo de comida sirven en el restaurante del hotel?
8. ¿Cuántas personas pueden comer en el restaurante?

9. ¿Hay un lugar para dejar el coche?
10. Si Ud. quiere organizar una convención, ¿puede hacerlo en el hotel Sol Bariloche? ¿Cuántas personas pueden asistir (*attend*)?

Lectura

If needed, explain to students that, when they scan, they are looking for specific information and not reading every word. Help students recognize and interpret the images to better comprehend the poem.

A. Estrategia de lectura. What images or ideas do you associate with the colors green, red, and white? Scan the two poems and make a list of the words associated with nature.

B. Vamos a leer. As you read the introduction to Martí and the poems, answer the following questions.

1. ¿En qué año nació (*was born*) el poeta?
2. ¿Dónde y en qué año murió?
3. ¿Cuáles son los temas principales de la poesía de Martí?
4. ¿Cómo se describe el poeta en el primer poema?
5. ¿Qué quiere hacer Martí antes de morirse?
6. ¿Qué imágenes usa Martí para describir sus versos?
7. ¿Con quiénes quiere echar su suerte el poeta?
8. ¿Qué flor (*flower*) cultiva el poeta?
9. ¿Cultiva el poeta la rosa solamente para sus amigos o también para sus enemigos?
10. ¿Qué simboliza la rosa blanca?
11. Según este poema, ¿el poeta odia a sus enemigos?

campo... *battlefield*

José Martí (Cuba: 1853–1895) dedicó su vida y su obra a la independencia de Cuba, donde murió en el campo de batalla° en 1895. Es famoso no sólo como poeta y ensayista, sino también como orador.

oppressed

Los poemas de Martí se caracterizan por la melodía, el ritmo y el uso de frases cortas, con las que expresa ideas muy profundas. Sus temas principales son la libertad, la justicia, la independencia de su patria y la defensa de los pobres y los oprimidos.°

De *Versos sencillos*[1]
José Martí

I

Yo soy un hombre sincero

grows

de donde crece° la palma
y antes de morirme quiero

to pour out / soul

echar° mis versos del alma.°

---

[1]Este poema es la letra de la canción "La Guantanamera".

V

light
Mi verso es de un verde claro,°
carmín... bright red
y de un carmín encendido°
ciervo... wounded deer
mi verso es un ciervo herido°
shelter
que busca en el monte amparo.°

III

earth, land
Con los pobres de la tierra,°
mi... to share my destiny
quiero yo mi suerte echar;°
brook
el arroyo° de la sierra
pleases
me complace° más que el mar.

XXXIX

Cultivo una rosa blanca,
en julio como en enero,
para el amigo sincero
open
que me da su mano franca.°

tears out
Y para el cruel que me arranca°
heart
el corazón° con que vivo,
thistle / nettle
cardo° ni ortiga° cultivo:
cultivo la rosa blanca.

You might want to play the song in class.

C. Díganos. Answer the following questions based on your own thoughts and experiences.

1. ¿Ha oído Ud. la canción "La Guantanamera"?
2. Al final del segundo poema, el poeta perdona (*forgives*) las ofensas de sus enemigos. ¿Haría Ud. (*would you do*) lo mismo?

~~~ Un dicho ~~~

No hay mal que por bien no venga.

Everything happens for the best.

Lección 12

A. Subjunctive to express indefiniteness and nonexistence

Rewrite each sentence, using the subjunctive or the indicative, as appropriate.

1. El agente habla español.
   Necesitamos un agente que...
2. Ese viaje incluye el hotel.
   Aquí no hay ningún viaje que...
3. No hay ningún pasaje que no sea caro.
   Tenemos unos pasajes que...
4. No hay ningún vuelo que salga a las seis.
   Hay varios vuelos que...
5. Hay una señora que puede reservar los pasajes.
   ¿Hay alguien que...?

B. Familiar commands

Change the following negative commands to the affirmative.

1. No compres el pasaje.
2. No se lo digas.
3. No viajes mañana.
4. No salgas con esa persona.
5. No pongas la maleta debajo del asiento.
6. No lo invites.
7. No te vayas.
8. No vengas entre semana.
9. No regreses tarde.
10. No hagas escala.
11. No me traigas el folleto.
12. No le pidas los comprobantes ahora.

C. Some uses of the prepositions *a, de,* and *en*

Complete with **a, de,** or **en,** as necessary.

1. Anoche llamé _____ mi hermano por teléfono y hablamos _____ nuestros planes para el fin de semana. Pensamos ir _____ San Diego. Él quiere viajar _____ autobús, pero yo prefiero ir _____ coche. Mi hermana no quiere ir con nosotros; prefiere quedarse _____ casa porque no tiene con quién dejar _____ su perro.
2. Ayer Marta llegó _____ la biblioteca _____ las ocho y media _____ la mañana, pero no empezó _____ trabajar hasta las diez.
3. Mi hija es muy bonita; es morena, _____ ojos verdes y yo pienso que es la más inteligente _____ todos mis hijos.

D. Vocabulary

Complete the following sentences, using vocabulary from **Lección 12.**

1. Todos los _____ de esa aerolínea son 747.
2. ¿Necesito _____ para viajar a Caracas o es suficiente el pasaporte?
3. La puerta de _____ es la número siete.

4. Este verano vamos a ir de _____ a Lima.
5. "Última _____. Pasajeros del _____ 472, favor de _____ al avión."
6. Voy a la agencia de _____ para comprar el pasaje.
7. ¿Te vas a Montevideo? ¡Buen _____!
8. Voy a viajar en clase _____.
9. El agente le mostró _____ sobre varios _____ de excursiones.
10. No pienso volver. ¡Sólo quiero un billete de _____!
11. ¿Quiere asiento de _____ o de ventanilla?
12. No fumo. Quiero un asiento en la _____ de no _____.
13. Tenemos que hacer _____ en Panamá, pero no tenemos que _____.
14. Debe pagar _____ de equipaje porque tiene muchas _____.
15. Debe darle la tarjeta de _____ a la auxiliar de _____.
16. Si vas a viajar tienes que _____ la reservación y si no vas a viajar la tienes que _____.
17. ¿A cómo está el _____ de moneda?
18. No puedo viajar porque mis documentos no están en _____.

E. Culture

Circle the correct answer, based on the **Notas culturales** you have read.

1. La población de Buenos Aires es casi toda de origen (indígena / europeo).
2. En Buenos Aires hay (muchas / pocas) universidades.
3. La Avenida 9 de Julio es una de las avenidas (menos / más) anchas del mundo.
4. En Argentina se usa **vos** en lugar de (**usted / tú**).
5. Si Ana Ortiz se casa con Juan Rivas y ellos tienen un hijo, su nombre completo va a ser Julio (Rivas de Ortiz / Rivas Ortiz / Ortiz Rivas).

Lección 13

A. Subjunctive to express doubt

Complete the following sentences, using the subjunctive or the indicative of the verbs in parentheses.

1. Estoy seguro de que ellos _____ (desocupar) el cuarto hoy.
2. Dudo que el hotel _____ (tener) aire acondicionado.
3. No estoy seguro de que él _____ (poder) traernos el desayuno.
4. Estamos seguros de que él te _____ (dar) el televisor.
5. No dudo que ellos _____ (servir) el almuerzo a esa hora.

B. Subjunctive to express disbelief and denial

Rewrite each of the following sentences, using the phrases in parentheses and the subjunctive or the indicative, as appropriate.

1. Están firmando el registro.   (No es cierto que...)
2. Ellos van a hospedarse en una pensión.   (No creo que...)
3. Ella prefiere una cama doble.   (Es verdad que ella...)

4. Cobran cincuenta dólares por noche.   (Creo que...)
5. El cuarto no tiene calefacción.   (No es verdad que...)
6. Ella es su novia.   (Luis niega que...)

C. Subjunctive with certain conjunctions

Complete each sentence with the Spanish equivalent of the word(s) in parentheses.

1. Voy a llamar al gerente en cuanto ellos _____.   (*finish*)
2. No vamos a menos que _____ quedarnos en una pensión.   (*we can*)
3. Voy a llamar al botones para que nos _____ la llave.   (*bring*)
4. Vamos a ir a la cafetería tan pronto como ellos _____ a servir la comida.   (*begin*)
5. Siempre reservo una habitación con baño privado cuando _____.   (*I travel*)
6. En cuanto yo _____ a casa voy a poner la calefacción.   (*arrive*)
7. Aunque _____, vamos al comedor.   (*I'm not hungry*)
8. Mañana vamos a ir al cine aunque _____.   (*it may rain*)

D. First-person plural command

Answer the following questions, using the information provided in parentheses and first-person plural (**nosotros**) commands.

1. ¿Dónde nos hospedamos?   (aquí)
2. ¿A quién se lo decimos?   (a nadie)
3. ¿A qué hora nos levantamos?   (a las siete)
4. ¿Qué preguntamos?   (el precio)
5. ¿A quién se lo damos?   (al dueño)
6. ¿Adónde vamos?   (al hotel)

E. Vocabulary

Complete the following sentences, using vocabulary from **Lección 13**.

1. Necesito un cuarto que tenga _____ privado.
2. El baño no tiene bañadera; tiene _____.
3. El elevador no funciona. Tiene que _____ por la escalera.
4. Tengo mucho frío y este cuarto no tiene _____.
5. Mi esposo(a) y yo queremos una _____ doble.
6. El _____ de la pensión incluye todas las comidas.
7. El _____ va a llevar las maletas al cuarto.
8. ¿A qué hora debemos _____ el cuarto?
9. Dudo que haya una pensión _____ ésta en Mar del Plata.
10. El baño tiene agua _____ y agua _____.
11. Sirven el _____ de siete a nueve de la mañana y el _____ de doce a dos.
12. Mi cuarto no es con _____ a la calle; es interior.
13. Ellos no van a _____ en una pensión; van a quedarse en un hotel.

14. La pensión no tiene _____ de habitación. Tenemos que comer en el comedor.
15. Debemos salir temprano para el aeropuerto, _____ de que haya mucho tráfico.
16. Quiero una habitación exterior con _____ acondicionado.
17. Primero fui al _____ de revistas y después a la tienda de _____ .
18. No quiero usar la escalera. Voy a tomar el _____ .

F. Culture

Circle the correct answer, based on the **Notas culturales** you have read.

1. Paraguay (tiene / no tiene) salida al mar.
2. La moneda de Paraguay es el (balboa / guaraní).
3. Paraguay es el principal exportador de (tabaco / energía hidroeléctrica).
4. Los paraguayos hablan (una lengua / dos lenguas).
5. Las pensiones son (más / menos) económicas que los hoteles.

En el hogar

La Rambla de las Flores en Barcelona, España.

Lección 14: **Un día muy ocupado**
Lección 15: **Buscando apartamento**

By the end of this unit, you will be able to:

- discuss various features of living accommodations (house, apartment) and furnishings
- talk about household chores
- discuss future events
- talk about hypothetical actions
- express emotions and desires about past events

Un día muy ocupado

Hace dos meses que Rosa y Luis viven en el barrio Mirasierra, en Madrid. Hoy están limpiando la casa y cocinando porque los padres de Luis vendrán a pasar el fin de semana con ellos y la criada tiene el día libre.

ROSA	—Luis, pásale la aspiradora a la alfombra mientras yo barro la cocina.
LUIS	—¡Tendrás que tener paciencia, mi amor! Estoy fregando los platos.
ROSA	—¿¡Todavía!? Dame tu pantalón gris para lavarlo después.
LUIS	—Yo no lo lavaría aquí; yo lo mandaría a la tintorería para limpiarlo en seco.
ROSA	—Entonces tráeme las sábanas, las fundas y las toallas.
LUIS	—No las laves ahora; yo lo haré luego.
ROSA	—Gracias. Eres un ángel. No te olvides de sacar la basura. Está debajo del fregadero.
LUIS	—Bueno, y si quieres que limpie el garaje, dame la escoba y el recogedor.
ROSA	—Tendremos que darnos prisa. Oye, acuérdate de llevar mi coche para que lo arreglen.
LUIS	—Sí, ayer me di cuenta de que los frenos no funcionaban bien.

Luis cortó el césped, limpió el refrigerador y el garaje, bañó al perro y llevó el coche al taller de mecánica. Rosa lavó, planchó y cocinó.

Por la noche.

ROSA — Tus padres estarán aquí dentro de media hora.

LUIS — ¿Quieres que te ayude a hacer la sangría[1]?

ROSA — No, eso lo haremos después. Pon estas flores en el florero.

LUIS — ¿Ya pusiste el pan en el horno?

ROSA — No, todavía no. Ahora voy a preparar la ensalada.

LUIS — Ponle un poco de aceite, pero no le pongas mucho vinagre.

ROSA — Fíjate si tenemos alcachofas y espárragos. Me gustaría usarlos en la ensalada.

LUIS — Sí, hay. Bueno, tendré que empezar a preparer los filetes. Yo sé que a ti te gustan bien hechos.

ROSA — Sí, o término medio. Voy a poner los cubiertos en la mesa, y la vajilla que nos regalaron tus padres.

LUIS — Ellos se alegrarán mucho de ver que la usamos. ¡Ah! Tocan a la puerta. Voy a abrir.

---

[1]A typical Spanish drink made with red wine and fruit.

¿Recuerda usted?

With a partner, decide whether the following statements about the dialogues are true (**verdadero**) or false (**falso**).

1. Hace más de un año que Rosa y Luis viven en Madrid.
2. Los padres de Luis van a estar con ellos el lunes y el martes.
3. Rosa barre la cocina y Luis friega los platos.
4. Luis preferiría mandar sus pantalones a la tintorería.
5. Luis necesita la basura para limpiar el garaje.
6. Luis quiere que Rosa arregle el coche.
7. Rosa bañó al perro.
8. Luis va a poner flores en el florero.
9. A Luis no le gusta ponerle mucho vinagre a la ensalada.
10. Luis le dice a Rosa que abra la puerta.

Vocabulario

Cognados

el ángel angel	**el garaje** garage	**el refrigerador** refrigerator
el espárrago asparagus	**la paciencia** patience	**el vinagre** vinegar

Nombres

el aceite   oil
la alcachofa   artichoke
la alfombra   rug
la aspiradora   vacuum cleaner
el barrio   neighborhood
la basura   trash, garbage
el césped, el zacate (*Mex.*)
  lawn
la criada, la muchacha   maid
los cubiertos   silverware
la escoba   broom
el filete   tenderloin
la flor   flower
el florero   vase
el fregadero   sink
los frenos   brakes
la funda   pillowcase

el horno   oven
el perro   dog
el plato   plate, dish
el recogedor   dustpan
la sábana   sheet
el taller de mecánica   repair
  shop
la tintorería   dry cleaner's
la toalla   towel
la vajilla   china

Verbos

acordarse (o > ue) (de)   to
  remember
arreglar   to fix, to repair
ayudar   to help
barrer   to sweep
cortar   to cut

fijarse   to check, to notice
fregar (e > ie), lavar   to wash
  (*dishes*)
funcionar   to work, to
  function
lavar   to wash
olvidar(se) (de)   to forget
pasar   to spend (*time*)
planchar   to iron
regalar   to give (*as a gift*)

Otras palabras y expresiones

bien hecho (cocido)   well done
cortar el césped   to mow the
  lawn
darse cuenta de   to notice, to
  realize

darse prisa to hurry up	**pasar la aspiradora** to vacuum	**tocar (llamar) a la puerta** to
limpiar (lavar) en seco to dry	**tener el día libre** to have the	knock at the door
clean	day off	**todavía** still
mi amor my love, darling	**término medio**[1] medium,	**todavía no** not yet
	medium rare	

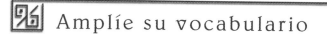

Amplíe su vocabulario

Aparatos electrodomésticos y batería de cocina
(Home appliances and kitchen utensils)

¿Qué necesitamos?

What do you need to do the following tasks? Begin each answer with
Necesitamos...

1. para lavar la ropa
2. para secar la ropa
3. para planchar
4. para lavar los platos
5. para hacer papas fritas
6. para tostar el pan
7. para preparar un batido
8. para cocinar algo muy rápido
9. para hacer sopa
10. para preparar una ensalada
11. para colar (*strain*) espaguetis
12. para hacer café

---

[1] **casi crudo, poco hecho** (*Spain*) = rare

NOTAS CULTURALES

Have students read and discuss the cultural notes before viewing Module 14 of the ¡Hola, amigos! video.

DE AQUÍ Y DE ALLÁ

Madrid, la capital de España, es una de las ciudades más visitadas del mundo. Es famosa por sus museos, sus plazas y sus jardines. De los museos, el más conocido es el Museo del Prado. Entre las plazas, las más visitadas son la Plaza Mayor, la Plaza de la Cibeles y la Puerta del Sol, que es el centro tradicional de la ciudad. Otros lugares de gran interés son el Parque del Retiro, la calle la Gran Vía, el Paseo de la Castellana, el Palacio de Cristal y el Palacio Real, residencia anterior de los Reyes de España.

Madrid es una ciudad muy animada y su vida nocturna es muy activa. Sus teatros, cines, discotecas y cafés al aire libre están llenos de gente aún después de la medianoche. Pero lo que más impresiona a los millones de turistas que visitan Madrid cada año es la hospitalidad de los madrileños. Madrid es la ciudad de la amistad (*friendship*).

Point out Madrid on the transparency with the map of Spain (SOT) and show available slides of Madrid, contrasting the traditional and the modern aspects of the city.

La Fuente de la Cibeles y la Oficina de Correos, Madrid, España.

DE ESTO Y AQUELLO

- El famoso Museo del Prado se encuentra en un espléndido edificio del siglo dieciocho. Su colección de pinturas contiene obras (*works*) que datan desde el siglo doce. Contiene la mayor colección de pinturas (*paintings*) de artistas españoles como El Greco, Velázquez, Ribera, Murillo y Goya.

   También hay obras de otros pintores europeos como Bosch, Van Eyck y Rembrandt. Además, el Prado tiene una colección de esculturas, otra de monedas antiguas (old coins) y una colección de objetos de oro muy valiosa.

- Actualmente muchos hombres hispanos, especialmente los más jóvenes, ayudan a sus esposas con los trabajos de la casa. Esto es debido a que los dos trabajan fuera de la casa.

El Palacio de Cristal en el Parque del Retiro, Madrid.

Museo del Prado, Madrid, España.

¿Verdadero o falso?

Have students correct false statements.

1. Mucha gente visita la capital de España.
2. El Museo del Prado es uno de los más famosos del mundo.
3. Madrid no tiene vida nocturna.
4. El Museo del Prado es un edificio muy moderno.
5. En el Museo del Prado sólo hay obras de pintores españoles.
6. Las mujeres españolas no trabajan fuera de casa.

Puntos para recordar

1. Future tense (*Futuro*)

Ask students personalized questions about what they plan to do in the future.
1. ¿Adónde irás de vacaciones? ¿Cuándo? ¿Con quién?
2. ¿Qué cursos tomarás el semestre / trimestre que viene? ¿Cuál será el más fácil / difícil?
3. ¿Comprarás un coche nuevo el año que viene? ¿De qué marca?
4. ¿Llevarás tu coche al taller de mecánica este fin de semana?
5. ¿Trabajarás este verano? ¿Dónde?

■ Most Spanish verbs are regular in the future, and the infinitive serves as the stem of almost all verbs. The endings are the same for all three conjugations.

FORMATION OF THE FUTURE TENSE			
Infinitive		*Stem*	*Endings*
trabajar	yo	trabajar-	**é**
aprender	tú	aprender-	**ás**
escribir	Ud., él, ella	escribir-	**á**
entender	nosotros(as)	entender-	**emos**
ir	vosotros(as)	ir-	**éis**
dar	Uds., ellos, ellas	dar-	**án**

¡Atención! Note that all the endings, except that of the **nosotros(as)** form, take accent marks.

— ¿Adónde **irán** Uds. este fin de semana?

— **Iremos** de excursión si hace buen tiempo.

*"Where **will you go** this weekend?"*

*"We **will go** on a trip if the weather is good."*

■ A small number of Spanish verbs are irregular in the future tense. These verbs have an irregular stem; however, the endings are the same as those for regular verbs.

IRREGULAR FUTURE STEMS

Infinitive	*Stem*	*First-Person Sing.*
decir	dir-	**diré**
hacer	har-	**haré**
haber	habr-	**habré**
querer	querr-	**querré**
saber	sabr-	**sabré**
poder	podr-	**podré**
salir	saldr-	**saldré**
poner	pondr-	**pondré**
venir	vendr-	**vendré**
tener	tendr-	**tendré**

— ¿A qué hora **saldrán** para el aeropuerto?

*"At what time **will you leave** for the airport?"*

— **Saldremos** tan pronto como lleguen mis padres.

*"We **will leave** as soon as my parents arrive."*

— **¿Podrás** venir mañana?

*"**Will you be able** to come tomorrow?"*

— Sí, **vendré** a menos que llueva.

*"Yes, **I will come** unless it rains."*

¡Atención!   The future of **hay** (impersonal form of **haber**) is **habrá**.

¿Habrá una fiesta?   *Will there be* a party?

■ Uses of the future tense

- The English equivalent of the Spanish future tense is *will* or *shall* plus a verb. As you have already learned, Spanish also uses the construction **ir a** plus an infinitive, or the present tense with a time expression, to refer to future actions, events, or states.

Esta noche **iremos** al cine.	Tonight *we will go* to the movies.
Esta noche **vamos a ir** al cine.	Tonight *we're going to go* to the movies.
Esta noche **vamos** al cine.	Tonight *we're going* to the movies.

- Unlike English, the Spanish future is *not* used to express willingness. In Spanish, willingness is expressed by the verb **querer.**

— ¿**Quieres** barrer la cocina?	*"Will you sweep the kitchen?"*
— Ahora no puedo.	*"I can't now."*

¡Vamos a practicar!

A. Rewrite the following sentences, using the future tense. Follow the model below.

> MODELO: Los hombres van a preparar el almuerzo.
> *Los hombres prepararán el almuerzo.*

1. Le voy a decir que debe limpiar el garaje.
2. Ella va a tener que pagar para arreglar el coche.
3. Ellos van a servir pollo con papas fritas.
4. Vamos a poner el pan en el horno.
5. ¿Luis va a bañar al perro?
6. ¿Qué va a hacer la criada?
7. ¿Tú vas a salir para el restaurante dentro de media hora?
8. ¿Qué le vas a decir a tu tío?
9. ¿Uds. van a venir a hacer las reservaciones?
10. Mañana va a hacer calor.

As a follow-up, involve students in a discussion of their futures, having them predict what will happen to each other. Start them off with your predictions (e.g., **Dentro de diez años, Miguel será profesor de química. Ángela estará casada**, etc.).

B. Tell what everybody will do, using the future tense.

1. Yo llevaré mi vestido a la tintorería y mi hijo...
2. Yo tendré que fregar los platos y ellos...
3. Elena pondrá los platos en la mesa y yo...
4. De postre, yo haré helado y tú...
5. Nosotros iremos al cine y Uds. ...
6. Olga podrá ir en el coche de Juan y yo...
7. Nosotros cobraremos veinte dólares y Ud. ...
8. Ellos comprarán los boletos y nosotros...

After completion of this activity, have students work in pairs to write a paragraph describing what they will do to prepare for a trip from Maine to California; and what they will do during the trip.

C. Interview a partner, using the following questions.

1. ¿Cuándo cortarás el césped en tu casa?
2. ¿Lavarás tu suéter o lo mandarás a la tintorería?
3. ¿Vendrás a la universidad mañana?
4. ¿Qué tendrás que hacer mañana por la mañana?
5. ¿Cuándo tendrás el día libre?
6. ¿Qué harás el sábado por la noche?
7. ¿Con quién saldrás este fin de semana?
8. ¿Adónde irán tú y tu familia de vacaciones?

Encourage students to ask for more information about their classmates' plans.

D. In groups of three, tell each other three or four things you plan to do during the summer, using the future tense. Your classmates may ask for more details.

Nunca olvidaré esta Navidad.
¡Nos regalaste un computador!

2. Conditional tense (*Condicional*)

Write the following words on the board or on an overhead transparency, and have each student ask a classmate if he/she would do these things for him/her. Tell them to use the conditional to ask and respond.   **1. limpiar / el apartamento   2. planchar / la ropa   3. preparar / la cena   4. lavar / la ropa   5. cortar / el césped   6. ir / de compras / mañana**

■ Like the future, the Spanish conditional uses the infinitive as the stem for most verbs and has only one set of endings for all three conjugations.

FORMATION OF THE CONDITIONAL TENSE			
Infinitive		*Stem*	*Endings*
trabajar	yo	trabajar-	**ía**
aprender	tú	aprender-	**ías**
escribir	Ud., él, ella	escribir-	**ía**
dar	nosotros(as)	dar-	**íamos**
hablar	vosotros(as)	hablar-	**íais**
preferir	Uds., ellos, ellas	preferir-	**ían**

— Me **gustaría** ir al parque.

— Nosotros **preferiríamos** ir a la piscina.

— Voy a barrer la cocina.

— Yo no la **barrería** ahora.

*"I **would like** to go to the park."*

*"We **would prefer** to go to the pool."*

"I'm going to sweep the kitchen."

*"I **would** not **sweep** it now."*

■ The verbs that are irregular in the future tense have the same irregular stems in the conditional. The endings are the same as those for regular verbs.

IRREGULAR CONDITIONAL STEMS		
Infinitive	*Stem*	*First-Person Sing.*
decir	dir-	**diría**
hacer	har-	**haría**
haber	habr-	**habría**
querer	querr-	**querría**
saber	sabr-	**sabría**
poder	podr-	**podría**
salir	saldr-	**saldría**
poner	pondr-	**pondría**
venir	vendr-	**vendría**
tener	tendr-	**tendría**

— ¿Qué **podría** hacer yo para   *"What **could** I do to help you?"*
ayudarte?
— **Podrías** cocinar.   *"**You could** cook."*

¡Atención!   The conditional of **hay** (impersonal form of **haber**) is **habría.**

Dijo que **habría** una fiesta.   *He said **there would be** a party.*

■ Uses of the conditional

• The Spanish conditional is equivalent to the English *would* plus a verb.

— ¿Qué **harías** tú?	*"What **would** you **do**?"*
— Yo lo **mandaría** a la tintorería.	*"I **would send** it to the dry cleaner."*

• In Spanish, the conditional is also used to soften a request or to express politeness.

— ¿**Podrías** venir un momento?	*"**Could you** come for a minute?"*
— Sí, en seguida.	*"Yes, right away."*

¡Vamos a practicar!

A. Rewrite the following sentences using the conditional.

> **MODELO:** Yo prefiero no ponerle pimienta a la comida.
> *Yo no le pondría pimienta a la comida.*

1. Yo prefiero decírselo a la criada.
2. Nosotros preferimos pasar la aspiradora.
3. Ángel prefiere lavar el pantalón en seco.
4. ¿Ud. prefiere fregar los platos?
5. Ellos prefieren venir por la noche.
6. ¿Tú prefieres invitarlos a la fiesta?
7. Yo prefiero limpiar el refrigerador.
8. Ella prefiere no planchar el mantel y las servilletas.
9. Yo prefiero salir mañana.
10. Uds. prefieren poner la mesa ahora.

B. Tell what you would do in the following situations, using the conditional.

> **MODELO:** El (La) profesor(a) le dice que mañana hay un examen.
> *Yo estudiaría mucho.*

1. Su hermana le pide que limpie la cocina, pero Ud. está estudiando.
2. Hoy es el último día para pagar la matrícula y Ud. no tiene dinero.
3. El mozo le trae la sopa y está fría.
4. Sus padres vienen a pasar el fin de semana con Ud.
5. Le duele mucho la cabeza.
6. Los frenos del coche no funcionan.

C. Interview a partner, using the following questions.

1. Para preparar una ensalada, ¿qué vegetales comprarías?
2. ¿Qué le pondrías a la ensalada?
3. ¿Tú servirías espárragos o alcachofas?
4. ¿Qué te gustaría cenar esta noche?
5. ¿Lavarías un suéter de angora o lo mandarías a la tintorería?
6. ¿Qué cosas usarías para barrer la cocina?
7. ¿Tú preferirías pasarle la aspiradora a la alfombra o cortar el césped?
8. ¿Tú llevarías tu coche al taller de mecánica o lo arreglarías tú?

D. With a partner, decide what you would do to be the perfect host to some for-
eign students who are visiting your home town. Include meals you would
serve, places you would take them, and things you would do to entertain
them.

3. Verbs and prepositions (*Verbos y preposiciones*)

The prepositions **con, de,** and **en** can be used with verbs to form certain expres-
sions. Some of the idioms are as follows:

casarse con	to marry, to get married (to)
comprometerse con	to get engaged to
acordarse de	to remember
alegrarse de	to be glad
darse cuenta de	to realize
enamorarse de	to fall in love with
olvidarse de	to forget
confiar en	to trust
convenir en	to agree on
entrar en	to go (come) into
fijarse en	to notice
insistir en	to insist on

— Celia **se comprometió con**   *"Celia **got engaged to** David."*
 David.
— Yo creía que **se casaría con**   *"I thought **she would marry***
 Alberto.   *Alberto."*
— No, ella **se enamoró de** David. *"No, she **fell in love with** David."*

— **Insistieron en** venir esta noche. *"**They insisted on** coming*
                                    tonight."
— Sí, no **se dieron cuenta de** que   *"Yes, **they didn't realize** that we*
 teníamos que trabajar.   *had to work."*

¡Atención!   Notice that the English translation of these expressions may not use an equiva-
lent preposition.

¡Vamos a practicar!

For variation, have students work in pairs on this exercise or write the answers as homework.

A. Answer the following questions.

1. ¿En quién confías?
2. ¿Preferirías casarte con un(a) médico(a) o con un(a) profesor(a)?
3. ¿De quién te enamoraste por primera vez (*first time*)?
4. ¿Algún amigo tuyo se ha comprometido últimamente? ¿Con quién?
5. ¿Te fijaste si la biblioteca estaba abierta?
6. ¿Te acordaste de traer tus libros a clase?
7. ¿Te alegras de estar en esta universidad?
8. ¿A qué hora entró el (la) profesor(a) en la clase?

B. Look at the pictures below and complete each statement.

1. Marisa decidió ___
_____ Daniel.

2. Mirta _____
_____. Piensan casarse en junio.

3. Graciela no _____
_____.

4. Marisol _____
_____ a Tito.

5. Rodolfo _____
_____.

6. Pedro _____
_____.

RODEO

Summary of the Tenses of the Indicative
(*Resumen de los tiempos del indicativo*)

Tiempos simples

	-ar	**-er**	**-ir**
Presente	hablo	como	vivo
Pretérito	hablé	comí	viví
Imperfecto	hablaba	comía	vivía
Futuro	hablaré	comeré	viviré
Condicional	hablaría	comería	viviría

Tiempos compuestos

	-ar	**-er**	**-ir**
Pretérito perfecto	**he** hablado	**he** comido	**he** vivido
Pretérito plus-cuamperfecto	**había** hablado	**había** comido	**había** vivido
Futuro perfecto[1]	**habré** hablado	**habré** comido	**habré** vivido
Condicional perfecto[1]	**habría** hablado	**habría** comido	**habría** vivido

[1]Optional material. See pages 348–350.

¡Vamos a practicar!

Interview a partner using the following questions.

1. ¿Cuánto tiempo hace que estudias español?
2. ¿En qué año empezaste a estudiar español?
3. ¿Quién fue tu profesor(a) de español el semestre pasado?
4. ¿Habías hablado con el (la) profesor(a) antes de comenzar esta clase?
5. ¿Sabías un poco de español antes de venir a la universidad?
6. ¿Continuarás estudiando español?
7. ¿Qué tendrás que hacer para hablar español perfectamente?
8. ¿Has visitado algún país de habla hispana?
9. ¿En qué país de habla hispana te gustaría vivir?
10. ¿Qué ciudades importantes de los Estados Unidos has visitado?
11. ¿Qué te gustaba hacer cuando estabas en la escuela secundaria?
12. ¿Qué películas has visto últimamente?
13. ¿Qué tuviste que hacer hoy antes de venir a la clase?
14. ¿Vives cerca o lejos de la universidad?

▣ Y ahora, ¿qué?

Palabras y más palabras

Internet

For more practice with lesson topics, see the related activities on the **¡Hola, amigos!** web site.

Complete each sentence, using vocabulary from **Lección 14**.

1. Voy a poner las frutas en el (refrigerador, cuchillo, lavaplatos).
2. Vamos a pasarle (el fregadero, la toalla, la aspiradora) al cuarto.
3. Necesito cortar el (tenedor, dependiente, césped) del jardín.
4. Todavía no he barrido. Necesito (la escoba, la sábana, la funda).
5. Mandaré el (resfrío, probador, pantalón) a la tintorería mañana.
6. Yo usaría detergente para (fregar, planchar, pasar) los platos.
7. ¿Podrías (ayudar, cortar, sacar) la basura?
8. Llaman a la puerta. ¡Date (cuenta, prisa, herida)! ¡Ve a abrir!
9. Voy a (lavarme, fijarme, olvidarme) si hay alcachofas en el refrigerador.
10. Le puse vinagre y (biftec, paciencia, aceite) a la ensalada.
11. Voy a poner el pan en el (horno, recogedor, césped).
12. Snoopy es un (barrio, perro, ángel).
13. Me gustaría hacer un batido. ¿Tienes (tostadora, licuadora, microondas)?
14. Mis padres (tienen, funcionan, tocan) a la puerta.
15. ¿Quieres que ponga las flores en (el florero, la sartén, el colador)?
16. ¿Quieres ir a la playa, mi amor? Mañana tengo el día (ocupado, libre, caro).

¡Vamos a conversar!

A. Para conocerse mejor. Get to know your partner better by asking each other the following questions.

1. Para tu cumpleaños, ¿prefieres que te regalen flores o bombones (*chocolates*)?
2. ¿Qué le vas a regalar a tu mejor amigo(a) para su cumpleaños?
3. ¿Siempre te acuerdas del cumpleaños de tu padre?
4. ¿Tienes el día libre mañana?
5. ¿Pasas mucho tiempo limpiando la casa?
6. ¿Tú planchas las sábanas y las fundas?
7. ¿Tienes cubiertos de plata (*silver*)?
8. Cuando tocan a la puerta, ¿miras por la mirilla (*peephole*) antes de abrir?
9. Cuando comes un filete, ¿lo prefieres bien cocido, término medio o casi crudo?
10. ¿Te gustan los espárragos? ¿las alcachofas?

B. Una encuesta. Interview your classmates to identify who fits the following descriptions. Include your instructor, but remember to use the **Ud.** form when addressing him/her.

	Nombre
1. Todavía no ha comido hoy.	
2. Le pone aceite y vinagre a la ensalada.	
3. Plancha sus pantalones.	
4. Le gustaría tomar sangría.	
5. Todavía vive con sus padres.	
6. Tenía un perro cuando era niño(a).	
7. Le gusta cortar el césped.	
8. No tiene lavaplatos en su casa.	
9. Siempre se olvida del cumpleaños de sus amigos.	
10. Tiene mucha paciencia.	

Situaciones

Use Transparency 13 (SOT) to introduce some of the stores listed below. Ask students to write their grocery shopping list for the dinner they are going to give. Tell them to include the quantity (**una libra (pound)**, **½ libra**, **dos latas**, etc.) and the type of shop where each item can be purchased.
carnicería, frutería y verdulería, panadería, lechería, heladería, pastelería, dulcería

What would you say in the following situations? What might the other person say? Act out the scenes with a partner.

1. You and a friend have invited guests over for dinner and must decide what each of you will do to prepare for them. The house will have to be spotless and you will have to prepare a lavish dinner.
2. You and a friend are discussing what each of you would like to do next weekend. Money is no object.
3. You and a friend are discussing three things that each of you forgot to do and three things that you remembered to do last week.

 **Para escribir**

For variation, have students write their classmates' fortunes. Put all of the fortunes in a bag and ask a student to draw one. The student reads the fortune aloud and the other students guess who it is for and/or who wrote the fortune. They could also comment on the probability of the fortune coming true.

You have been asked to play fortune teller at a charity bazaar. Using the future tense, prepare a few predictions for the following clients. Include some advice about what they will have to do.

1. a teenage girl
2. a young woman
3. a sixteen-year-old boy
4. a man in his twenties

5. an unmarried woman in her thirties
6. a married man in his forties
7. an older man
8 an older woman

¿Qué pasa aquí?

Get together in groups of three or four and create a story about the people in the illustration. Say who they are, what their relationship is to one another, what they are doing, and what they might be getting ready for.

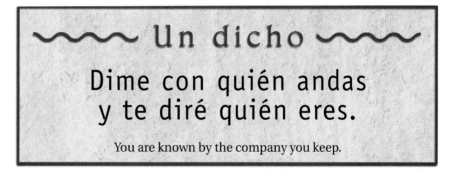

~~~ Un dicho ~~~

Dime con quién andas
y te diré quién eres.

You are known by the company you keep.

Buscando apartamento

🎧 *Magali, una chica cubana, y Rafael, un muchacho sevillano, están comprometidos para casarse. Ahora están preparando las invitaciones para la boda.*

MAGALI — (*Bromeando.*) Si no tuvieras tantos parientes, no tendríamos que mandar tantas invitaciones.

RAFAEL — (*Se ríe.*) ¡Pero, cariño, si no los invitáramos, no nos traerían regalos! ¡Ah! Y no te olvides de invitar a mis padrinos.

MAGALI — ¡Claro que no! Pero, en serio... La recepción va a costar un ojo de la cara...

RAFAEL — No te preocupes... Oye, mis padres me dijeron ayer que eligiéramos los muebles para el dormitorio.

MAGALI — Yo tengo una cama, así que sólo vamos a necesitar la cómoda y dos mesitas de noche. Y dos lámparas...

RAFAEL — Mira, Magali. Aquí en el periódico anuncian un piso que parece estupendo. Escucha.

MAGALI — ¡Vamos a verlo hoy mismo!

Esa tarde.

RAFAEL — Yo preferiría un piso que tuviera sala de estar y una terraza...

MAGALI — ¡Me encantan las cortinas y el piso de madera!

RAFAEL — Sí, pero si alquiláramos este piso, tendríamos que pintarlo. Además, es un poco caro...

MAGALI — Si lo pintáramos, a lo mejor no nos cobrarían el depósito de limpieza.

RAFAEL — Bueno, y debo admitir que tiene una ventaja: no tenemos que conducir mucho porque con el autobús llegamos fácilmente al centro.

MAGALI — Vamos a hablar con el encargado. Si consigo el puesto en la compañía de seguros, no tendremos problemas para pagar el alquiler.

RAFAEL — Bueno, cariño, me has convencido.

Un mes más tarde, Rafael y Magali se casan y van a Mallorca[1] de luna de miel.

---

[1]One of the Balearic Islands. See map on p. 330.

¿Recuerda usted?

Have students correct false statements.

With a partner, decide whether the following statements about the dialogues are true (**verdadero**) or false (**falso**).

1. Magali es de España.
2. Rafael tiene muchos parientes.
3. Rafael no quiere que Magali se olvide de invitar a sus padrinos.
4. Magali cree que la recepción va a ser muy cara.
5. Los padres de Rafael les van a hacer un buen regalo.
6. El piso que anuncian tiene sólo un dormitorio.
7. A Magali le gustaría que alquilaran el apartamento.
8. Magali cree que podrían pintar el apartamento.
9. Magali no quiere trabajar después de casarse.
10. Magali y Rafael pasan la luna de miel en Menorca.

Vocabulario

Cognados

central central	**el depósito** deposit	**la recepción** reception
clasificados classified	**la lámpara** lamp	**la terraza** terrace
la compañía company		

Nombres

el alquiler   rent
el anuncio, aviso   ad
la boda   wedding
el centro   downtown (*area*)
la cómoda   chest of drawers
la cortina   curtain, drape
el dormitorio, la recámara
  (*Mex.*)   bedroom
el (la) encargado(a)   manager
  (*of an apartment building*),
  superintendent
el espacio para estacionar
  parking space
la limpieza   cleaning

la luna de miel   honeymoon
la madera   wood
la madrina   godmother
la mesita de noche   night table
los muebles   furniture
el padrino   godfather
los padrinos   godparents
el (la) pariente(a)   relative
el piso (*Spain*)   apartment
el puesto   position, job
el regalo   gift, present
la sala   living room
la sala de estar   den, family
  room
la ventaja   advantage

Verbos

admitir   to admit
alquilar   to rent
anunciar   to announce
bromear   to joke
convencer (yo convenzo)   to
  convince
**elegir (e > i), escoger (yo
  escojo)**   to choose
escuchar   to listen (to)
estacionar, aparcar, parquear
  to park
invitar   to invite
pintar   to paint
preocuparse   to worry
reírse[1]   to laugh

---

[1]Present indicative: **me río, te ríes, se ríe, nos reímos, os reís, se ríen.**

Adjetivos

comprometido(a)   engaged
  (to be married)
estupendo(a)   great, wonderful
sevillano(a)   person from
  Seville

Otras palabras y expresiones

a lo mejor   maybe, perhaps
así que   so
cariño   love (*term of
  endearment*)
¡Claro (que sí)!   Of course!
¡Claro que no!   Of course not!

costar un ojo de la cara   to
  cost an arm and a leg
en serio   seriously
encantarle a uno   to love, to
  like very much
hoy mismo   this very day
se alquila   for rent
tantos(as)   so many

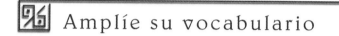 Amplíe su vocabulario

Otros parientes

la bisabuela	*great-grandmother*
el bisabuelo	*great-grandfather*
la bisnieta	*great-granddaughter*
el bisnieto	*great-grandson*
la hermanastra	*stepsister*
el hermanastro	*stepbrother*
la media hermana	*half sister*
el medio hermano	*half brother*
la hijastra	*stepdaughter*
el hijastro	*stepson*
la madrastra	*stepmother*
el padrastro	*stepfather*

¿Cómo se relacionan?

Some students may wish to sketch a family tree as a visual aid for this activity.

Who is related to whom? With your partner, read the following paragraph and then explain the relationships between the people indicated.

El Sr. Carlos Vega, que tiene dos hijos: Esteban y Sergio, se divorció de su esposa y se casó con Rosa Carreras, que tiene dos hijas: Teresa y Marina. Ellos tuvieron un hijo, Ramiro, que ahora tiene seis años. El Sr. Luis Vega, el abuelo de Carlos Vega, quiere mucho a todos sus bisnietos.

1. Rosa Carreras y Esteban
2. Teresa y Marina y el Sr. Carlos Vega
3. Ramiro y Sergio
4. Sergio y Marina
5. El Sr. Luis Vega y Sergio

NOTAS CULTURALES

Point out Sevilla on the transparency with the map of Spain (SOT) and show slides of Sevilla.

DE AQUÍ Y DE ALLÁ

Sevilla, junto al río (*river*) Guadalquivir, en Andalucía, es una ciudad industrial y turística con bellos jardines, barrios pintorescos e importantes monumentos históricos. Su arquitectura muestra la grandeza de la civilización árabe que, en la Edad Media, le dio carácter a la ciudad. Los moros ocuparon Sevilla por más de 500 años y dejaron en ella construcciones de las cuales la ciudad se siente orgullosa (*proud*) todavía.

La gran catedral gótica de Sevilla, la más grande de Europa y una de las más espectaculares del mundo cristiano, fue construida en el mismo sitio donde se levantaba la gran mezquita árabe, pero los cristianos tuvieron el acierto (*good sense*) de respetar gran parte de su arquitectura original. El minarete desde donde los musulmanes llamaban a la oración (*prayer*), es hoy la Giralda, el famoso campanario (*bell tower*) de la catedral, símbolo de la ciudad.

En el Alcázar, la gran fortaleza-palacio de los moros, se encuentra el famoso Cuarto del Almirante, donde la reina Isabel la Católica le dio la bienvenida a Colón después de su segundo viaje. Otras estructuras árabes de gran interés son el Puente de San Telmo y la Torre del Oro.

Cerca de la Catedral y del Alcázar se encuentra el Archivo de Indias con una gran colección de libros, manuscritos y unos 40.000 documentos relativos al descubrimiento, la conquista y la colonización de América, entre ellos, el *Diario de Colón*.

La Universidad de Sevilla ocupa el antiguo edificio de la fábrica (*factory*) de cigarrillos que sirvió de escenario a la Carmen de Mallarmé y de Bizet. De construcción mucho más reciente, pero igualmente impresionante, es la Plaza de España, construida para la exposición hispanoamericana de 1929.

Have students read and discuss the cultural notes prior to viewing Module 15 of the ¡Hola, amigos! video.

Torre del Oro, Sevilla, junto al río Guadalquivir en España.

Ask students: ¿Tienes padrinos? ¿Quiénes son?

DE ESTO Y AQUELLO

Cuando se bautiza un hijo o una hija, los padres invitan a dos amigos o parientes a participar en la ceremonia del bautismo. El compadre es el que sirve de padrino del hijo o de la hija. La comadre es la madrina, y los hijos son respectivamente ahijado y ahijada de los padrinos.

Baile flamenco en la Feria de Sevilla.

¿Verdadero o falso?

Have students correct false statements.

1. Sevilla está situada junto a un río.
2. En Sevilla se nota la influencia árabe.
3. Los moros estuvieron en Sevilla durante cinco siglos.
4. La arquitectura de la catedral es muy similar a la de la mezquita árabe.
5. La reina Isabel no conoció a Colón.
6. En Sevilla no se conserva nada sobre el descubrimiento y la colonización de América.
7. Los moros construyeron la plaza de España.
8. El símbolo de la ciudad de Sevilla es La Giralda.
9. Su compadre es el ahijado de Ud.

Puntos para recordar

1. Forms of the imperfect subjunctive
(*Formas del imperfecto de subjuntivo*)

Review the preterit, especially the third-person plural, before you present this tense.

■ To form the imperfect subjunctive of all Spanish verbs—regular and irregular—drop the **-ron** ending of the third-person plural of the preterit and add the following endings to the stem.

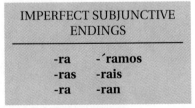

IMPERFECT SUBJUNCTIVE
ENDINGS

-ra	-´ramos
-ras	-rais
-ra	-ran

¡Atención!   Notice that an accent mark is required in the **nosotros(as)** form:
  ...**que nosotros habláramos**
  ...**que nosotros fuéramos**

Point out that there is another form of the imperfect subjunctive: -se, -ses, -se, -´semos, -seis, -sen. Although the two forms may be used interchangeably in almost every case, the -ra ending is more commonly used.

	FORMS OF THE IMPERFECT SUBJUNCTIVE		
Verb	**Third-Person Preterit**	**Stem**	**First-Person Sing. Imperf. Subjunctive**
			(*-ra* form)
hablar	habla**ron**	habla-	**hablara**
aprender	aprendie**ron**	aprendie-	**aprendiera**
vivir	vivie**ron**	vivie-	**viviera**
dejar	deja**ron**	deja-	**dejara**
ir	fue**ron**	fue-	**fuera**
saber	supie**ron**	supie-	**supiera**
decir	dije**ron**	dije-	**dijera**
poner	pusie**ron**	pusie-	**pusiera**
pedir	pidie**ron**	pidie-	**pidiera**
estar	estuvie**ron**	estuvie-	**estuviera**

¡Atención!   The imperfect subjunctive of **hay** (impersonal form of **haber**) is **hubiera.**

¡Vamos a practicar!

Supply the imperfect subjunctive forms of the following verbs.

1. *que yo:*   llenar, comer, vivir, decir, ir, admitir
2. *que tú:*   dejar, atender, abrir, poner, estar, elegir
3. *que él:*   volver, dormir, pedir, tener, alquilar, traer
4. *que nosotros:*   ver, ser, entrar, saber, hacer, pedir
5. *que ellas:*   leer, salir, llegar, sentarse, aprender, poder

2. Uses of the imperfect subjunctive (*Usos del imperfecto de subjuntivo*)

Write on the board:
MAIN CLAUSE
Yo **quería**
↓
Past tense
  SUBORDINATE CLAUSE
  que tú **vinieras.**
       ↓
  Imperfect Subjunctive

MAIN CLAUSE
Siento
↓
Present tense
  SUBORDINATE CLAUSE
  que tú no **vinieras ayer.**
       ↓   ↓
  Imperfect Subjunctive
       Refers to past

■ The imperfect subjunctive is always used in a subordinate clause when the verb of the main clause calls for the subjunctive and is in the past or the conditional.

— ¿Por qué no compraste los billetes?
"Why didn't you buy the tickets?"

— **Temía** que no **pudiéramos** viajar hoy.
"I was afraid we wouldn't be able to travel today."

■ When the verb of the main clause is in the present, but the subordinate clause refers to the past, the imperfect subjunctive is often used.

— Oscar es un muchacho muy simpático.
"Oscar is a very charming young man."

— ¡Sí! **Me alegro** de que **viniera** a vernos ayer.
"Yes! I'm glad (that) he came to see us yesterday."

¡Vamos a practicar!

A. Rewrite the following sentences, using the cues in parentheses and making any other necessary changes.

> MODELO: Me alegro de que estés aquí. (Me alegré)
> *Me alegré de que estuvieras aquí.*

1. Dudo que consigas ese puesto.   (Dudaba)
2. No es verdad que necesite cortinas.   (No era verdad)
3. Es difícil que ellos alquilen ese piso.   (Era difícil)
4. Quiero que me escuche.   (Quería)
5. Le digo que no compre esa cómoda.   (Le dije)
6. Me sugiere que no vaya a la boda.   (Me sugirió)
7. Le pido que me alquile su casa.   (Le pedí)
8. Siento que tu padrino no pueda venir.   (Sentí)

B. Say what Mrs. Vega told her children to do or not to do while she was away.

> MODELO: Roberto, lava el coche.
> *La Sra. Vega le dijo a Roberto que lavara el coche.*

1. Marta, no estaciones el coche allí y no vayas al centro hoy.
2. Pablo, barre el piso de la cocina y limpia la sala de estar.
3. Luis, pon el anuncio en el periódico, llama a tu padre y dile que traiga frutas.
4. Ana, haz la comida.
5. Inés, compra el regalo para tu madrina.
6. Inés y Ana, pásenle la aspiradora a la alfombra.
7. Chicos, no le abran la puerta a nadie.

C. Interview a partner, using the following questions.

1. ¿Tú querías que el (la) profesor(a) nos diera un examen hoy?
2. ¿Te gustaría que tus hijos supieran hablar español?
3. Cuando eras niño(a), ¿qué querían tus padres que hicieras?
4. Cuando estabas en la escuela secundaria, ¿qué te decían tus padres que no hicieras?
5. ¿Tus padres te permitían que manejaras cuando tenías quince años?
6. ¿Quién te sugirió que tomaras esta clase?

D. In groups of three, talk about what your parents told you to do and what not to do when you went out on your first date.

3. If-clauses (*Cláusulas que comienzan con* si)

Give an English example of a hypothetical statement: *If **I** were you, I would go.* (Not *I was*, but *I were* = subjunctive.)

■ When a clause introduced by **si** refers to a situation that is hypothetical or contrary to fact, **si** is always followed by the imperfect subjunctive.

— **Si** yo **tuviera** dinero, le daría mil dólares a mi hijo.

*"If I **had** money, I would give my son a thousand dollars."*

— **Si** yo **fuera** tú, no le daría nada.

*"If I **were** you, I wouldn't give him anything."*

Hypothetical

Si yo **hablara** con el presidente...

*If I **were to speak** to the president . . .*

Contrary-to-fact

Si yo **fuera** tú...

*If I **were** you . . .*

Write the following sentence builder on the board or on an overhead transparency. Have students tell, orally or in writing, what they or their friends would do if they followed certain careers. Remind them that they **¡Atención!** should use the imperfect subjunctive in the **si** clause and the conditional in the main clause.

Si yo fuera actriz, viajaría por todo el mundo.

Si
mi amigo(a) / tú / mi compañero(a) de cuarto / mi novio(a) / mi hermano(a)

ser   ¡Atención!
actor, actriz / médico(a) / psicólogo(a) / profesor(a) / arquitecto(a) / escritor(a) / científico(a)

hacer / tener / trabajar / participar / viajar / escribir / necesitar / ganar / estar

Note that the imperfect subjunctive is used in the *if*-clause, while the conditional is used in the main clause.

Si yo **tuviera** dinero, le **daría** mil dólares a mi hijo.

*If I **had** money, I **would give** a thousand dollars to my son.*

■ When the *if*-clause refers to something that is likely to happen or possible, the indicative is used.

— **¿Puedes** llevar mi coche al taller de mecánica mañana?

*"**Can you** take my car to the repair shop tomorrow?"*

— Lo llevaré si **tengo** tiempo.

*"I will take it if **I have** time."*

The present subjunctive is never used in an *if*-clause.

■ The imperfect subjunctive is always used after the expression **como si** (*as if*) because it implies a condition that is contrary to fact.

— Marcos se compra mucha ropa.

"Marcos buys himself a lot of clothes."

— Sí, ese muchacho gasta dinero **como si fuera** rico.

*"Yes, that boy spends money **as if he were** rich."*

Si tu piel
pudiera hablar,
diría...

PAÑUELOS
Kleenex

¡Vamos a practicar!

A. Complete each sentence with the correct form of the verb in parentheses. Use the imperfect subjunctive or indicative as appropriate.

1. Si yo _____ (poder) estacionar aquí, lo haría.
2. Si _____ (tener) tiempo, iré a verte.
3. Habla como si lo _____ (saber) todo.
4. Me aconseja como si ella _____ (ser) mi mamá.
5. Si Carlos _____ (estar) aquí, le daría el regalo.
6. Si Uds. lo _____ (ver), díganle que ponga el anuncio en el diario.
7. Si el encargado _____ (venir) hoy, le voy a pagar el alquiler.
8. Si nosotros _____ (tener) dinero, compraríamos una mesita de noche.
9. Si yo _____ (querer) vender mi auto, lo anunciaría en el *Times*.
10. Oye, cariño, tú te quejas (*complain*) como si yo te _____ (dar) muchos problemas.

B. Referring to the pictures below for ideas, tell what the following people would do if circumstances were different.

MODELO: Yo no tengo dinero. Si...
Si yo tuviera dinero, viajaría.

1. Ellos no tienen hambre. Si...

2. Nosotros no podemos estudiar hoy. Si...

3. Tú tienes que trabajar. Si no...

4. Uds. no van a la fiesta. Si...

5. Hoy es sábado. Si...

6. El coche funciona. Si...

7. Laura no está enferma. Si...

8. La señora Soto no tiene el periódico. Si...

C. Interview a partner, using the following questions.

1. ¿Qué harías si tuvieras un millón de dólares?
2. Si fueras muy rico(a), ¿trabajarías?
3. Si yo te pidiera cien dólares, ¿me los darías?
4. Si pudieras viajar a Latinoamérica, ¿qué país visitarías?
5. Si el coche que te gusta costara un ojo de la cara, ¿qué harías?
6. Si te casaras hoy mismo, ¿adónde irías de luna de miel?
7. Si tu mejor amigo(a) se casara en Australia, ¿irías a la boda?
8. Si te dieran un puesto en Sevilla, ¿lo aceptarías?

Start by giving one or two hypotheticals about your own life. If needed, write some phrases on the board: **si vivir en otra ciudad/otro país, si cambiar de universidad,** etc. Encourage students to mention three or four things each.

D. In groups of three or four, discuss what you would do if circumstances in your lives were different. Include place of residence, schooling, work, and so on.

RODEO

Summary of the Uses of the Subjective
(*Resumen de los usos del subjuntivo*)

Subjunctive vs. Infinitive

Use the subjunctive . . .

1. After verbs of volition (when there is a change of subject).

   Yo quiero que **él salga.**

2. After verbs of emotion (when there is a change of subject).

   Me alegro de que **tú estés** aquí.

3. After impersonal expressions (when there is a subject).

   Es necesario que **él estudie.**

Use the infinitive . . .

1. After verbs of volition (where there is no change of subject).

   Yo quiero **salir.**

2. After verbs of emotion (when there is no change of subject).

   Me alegro de **estar** aquí.

3. After impersonal expressions (when speaking in general).

   Es necesario **estudiar.**

Have students provide new examples for all uses.

Subjunctive vs. Indicative

Use the subjunctive . . .

1. To refer to something indefinite or nonexistent.

   Busco una casa que **sea** grande.
   No hay nadie que lo **sepa.**

2. If the action is to occur at some indefinite time in the future as a condition of another action.

   Cenarán cuando él **llegue.**

3. To express doubt, disbelief, and denial.

   Dudo que **pueda** venir.
   Niego que él **esté** aquí.
   No creo que él **venga.**

Use the indicative . . .

1. To refer to something that exists or is specific.

   Tengo una casa que **es** grande.
   Hay alguien que lo **sabe.**

2. If the action has been completed or is habitual.

   Cenaron cuando él **llegó.**
   Siempre cenan cuando él **llega.**

3. When there is no doubt, disbelief, or denial.

   No dudo que **puede** venir.
   No niego que él **está** aquí.
   Creo que él **viene.**

4. In an *if*-clause, to refer to something contrary to fact, impossible, or very improbable.

> Si **pudiera,** iría.
> Si el presidente me **invitara** a la Casa Blanca, yo aceptaría.

4. In an *if*-clause, when referring to something that is factual, probable, or very possible.

> Si **puedo,** iré.
> Si Juan me **invita** a su casa, aceptaré.

¡Vamos a practicar!

Pair up students and have them write ten questions to ask other students about Marisa's letter.

Marisa wrote this letter to her parents from Sevilla. Complete it, using the subjunctive, indicative, or infinitive of the verbs that appear in parentheses.

Sevilla, 10 de junio

Queridos papá y mamá:

Recibí la tarjeta que me mandaron de Acapulco. Me alegro de que se _____ (estar) divirtiendo; cuando _____ (volver) a México el año próximo, yo quiero _____ (ir) con Uds. También me gustaría que Uds. _____ (poder) visitar Sevilla, porque es una ciudad magnífica.

Ana y yo encontramos un piso que _____ (estar) en el centro, cerca de la universidad. Si Uds. _____ (decidir) venir a visitarme, tenemos un dormitorio extra. No creo que los padres de Ana _____ (poder) venir, como nos habían dicho, porque no les dan vacaciones.

Mamá, es verdad que la comida de aquí _____ (ser) muy buena, pero no hay nadie que _____ (cocinar) tan bien como tú, así que en cuanto yo _____ (llegar) a California, quiero que me _____ (hacer) tu famoso pollo con mole[1].

Ayer fuimos con unos amigos a visitar la mezquita y después fuimos a un café en el barrio Santa Cruz. ¡Me estoy enamorando de Sevilla! Si _____ (poder), me quedaría a vivir aquí. ¡No se rían! Ya sé que no puedo vivir lejos de Uds.

Díganle a Héctor que quiero que me _____ (escribir) y me _____ (contar) cómo le va en la universidad.

Besos,

Marisa

---

[1]**Mole,** a sauce made with many spices and unsweetened chocolate, is used in Mexican cuisine.

Y ahora, ¿qué?

Palabras y más palabras

Internet

For more practice with lesson topics, see the related activities on the **¡Hola, amigos!** web site.

Match the questions in column A with the answers in column B, using the vocabulary from **Lección 15.**

A

1. ¿Para dónde son los muebles?
2. ¿Estás bromeando?
3. ¿Te gusta esta lámpara?
4. ¿Se vende la casa?
5. ¿Están comprometidos?
6. ¿Para qué necesitas el dinero?
7. ¿Qué estás leyendo?
8. ¿Viniste en coche?
9. ¿De qué es la mesa?
10. ¿José fue a la boda?
11. ¿Es pariente tuyo?
12. ¿Con qué compañía tienes el seguro?
13. ¿Con quién vas a hablar?
14. ¿Por qué no estacionas aquí?
15. ¿Qué ventajas tiene la casa?
16. ¿Te gustaría ir a Barcelona?
17. ¿Viste una comedia?
18. ¿Qué te pareció la boda?

B

a. No, se alquila.
b. Para pagar el alquiler.
c. No, no pude convencerlo.
d. No, tomé el metro.
e. ¡No hay espacio!
f. Con Prudential.
g. Es grande y barata.
h. Con el encargado.
i. ¡Me encanta!
j. Los avisos clasificados.
k. Para la sala de estar.
l. Sí, y me reí mucho.
m. Claro que sí. Se casan en mayo.
n. Sí, es mi hermanastro.
o. No, lo digo en serio.
p. Es de madera.
q. Estupenda.
r. Claro que sí. Me encantaría.

¡Vamos a conversar!

A. Para conocerse mejor. Get to know your partner better by asking each other the following questions.

1. ¿Te gustaría vivir en una casa que tuviera terraza?
2. ¿Cuántos dormitorios tiene tu casa?
3. ¿Qué muebles tienes en tu dormitorio?
4. ¿Lees los anuncios clasificados todos los días?
5. Si pudieras ir a Sevilla, ¿qué lugares visitarías?
6. Si dieras una recepción muy elegante, ¿invitarías a todos tus compañeros de clase?
7. La última fiesta que diste, ¿te costó un ojo de la cara?
8. De todos tus parientes, ¿cuáles son tus favoritos?
9. Si tuvieras mucho dinero, ¿qué lugar escogerías para una luna de miel?
10. ¿Has viajado en metro alguna vez? ¿Dónde?

B. Una encuesta. Interview your classmates to identify who fits the following descriptions. Include your instructor, but remember to use the **Ud.** form when addressing him/her.

Nombre

1. Está comprometido(a). _____
2. Se preocupa mucho por su familia. _____
3. Tiene madrina. _____
4. Es muy cariñoso(a). _____
5. Tiene que hacer algo importante hoy mismo. _____
6. Le gustaría trabajar para una compañía grande. _____
7. Pintó su casa (apartamento) recientemente. _____
8. Tuvo que pagar el alquiler la semana pasada. _____
9. Ve a sus parientes frecuentemente. _____
10. Casi nunca habla en serio. _____

Situaciones

Assign as homework, then have students do in pairs orally in class.

What would you say in the following situations? What might the other person say? Act out the scenes with a partner.

1. You are helping a friend make plans for a wedding reception. Discuss all the arrangements that have to be made.
2. You are discussing your idea of the "perfect house" with a friend.
3. You and a friend are debating various possible wedding gifts for a mutual friend.

Para escribir

Develop a conversation involving you, your fiancé(e), spouse, or roommate and a rental agent showing you apartments. Assume that the agent has shown you a number of apartments, none of which met your needs. Discuss why the apartments were unsuitable and reiterate your requirements. Do not let the agent dissuade you with persuasive arguments!

¿Qué dice aquí?

Read these ads and answer the questions that follow.

VIVA EN EL CENTRO
DE BLANES
A 5 minutos de la playa
APARTAMENTOS
Con Plazas de Parking, 1 y 2 hab. Salón–Comedor–
Cocina equipada–Baño completo–Acabados
ALTO STANDING. Información: FINCAS VERA.
C. Murala, n.º 3. BLANES. Tels.:(972)33-53-74 y (972)33-70-47

CONJUNTO RESIDENCIAL DE **TIANA**

Con participación en Club Social, Piscina, tenis, squash, y zona ajardinada de recreo.

Vivir todo el año a 8 Km. de Barcelona.

ALTING
Tel. 321 32 36

4 dormitorios (1 suite) • cocina office • salón con chimenea • 3 baños • 1 aseo • 1 estudio • 1 solarium y terraza • garaje 3 coches. Acabados de calidad. 225 m² + jardín individual.

Veranee todo el año en Barcelona. Vista panorámica, por encima capa polución ciudad, 135 m. sobre el nivel del mar

APARTAMENTOS
(JUNTO AL PARQUE GUINARDO)

Calle Dr. Cadevall, 1-3 Barcelona (entrada por Avda. V.de Montserrat y calle Fco. Alegre)
Gran calidad, estar-comedor, 2 ó 3 dorm., cocina, baño, calef. ind., terraza, antena colectiva, y parabólica, 70 a 90 m².

Información: MANSUR, S.A. De 5.30 a 8.30 h. tarde Tel. 257-53-45. Con financiación de Caja Postal

1. ¿Hay algún apartamento que esté cerca de la ciudad de Barcelona? ¿Cuál? ¿Cuántos dormitorios tiene? ¿Tiene piscina?
2. ¿Hay algún apartamento que quede cerca de la playa? ¿Cuál es la dirección? ¿Los apartamentos son grandes o pequeños? ¿Se puede estacionar allí?
3. ¿Hay algún apartamento que quede cerca de un parque? ¿De qué parque? ¿A qué hora se puede ver?
4. ¿Qué apartamentos tienen terraza?
5. ¿Qué apartamentos tienen un club social ?

 **Lectura**

Stress to students that visualizing the words or images in a poem will help them better understand the feelings or message the poet is conveying.

A. Estrategia de lectura. Reading a poem is different from reading a story or an essay. A poet often uses words in original ways to express his/her feelings. Think about the following words from *Rimas,* which you are going to read. Try to visualize them individually, and then together. What feelings do they convey?

tierra	*earth*	mundo	*world*
cielo	*heaven*	beso	*kiss*
alma	*soul*	suspiros	*sighs*
sol	*sun*	lágrimas	*tears*
poesía	*poetry*	amor	*love*

B. Vamos a leer. As you read this poem, try to answer the following questions.

1. ¿En quién cree hoy el poeta? ¿Por qué?
2. ¿De qué color son los ojos de la mujer que el poeta ama?
3. ¿Qué le pregunta la mujer al poeta?
4. ¿Qué le contesta el poeta?
5. ¿Qué daría el poeta por una mirada (*look*) de su amada?
6. ¿Qué daría por una sonrisa (*smile*)?
7. ¿Qué crees que sería lo más maravilloso para el poeta?
8. ¿Con qué compara el poeta los suspiros y las lágrimas?

Gustavo Adolfo Bécquer nació en Sevilla, España, en 1836 y murió en el año 1870. Se le considera un precursor de la poesía moderna, y se le conoce mayormente por sus Rimas *y sus* Leyendas. *Sus poemas son breves y suponen la máxima condensación lírica. Los temas principales de su poesía son el amor, la soledad y el misterio.*

Rimas
Gustavo Adolfo Bécquer

XVII

Hoy la tierra y los cielos me sonríen;
hoy llega al fondo de mi alma el sol;
hoy la he visto..., la he visto y me ha mirado...
¡Hoy creo en Dios!

XXI

"¿Qué es poesía?," dices mientras clavas
en mi pupila tu pupila azul;
¿Qué es poesía? ¿Y tú me lo preguntas?
Poesía... eres tú.

XXIII

Por una mirada, un mundo;
por una sonrisa, un cielo;
por un beso... ¡yo no sé
qué te diera por un beso!

XXXVIII

¡Los suspiros son aire y van al aire!
¡Las lágrimas son agua y van al mar!
Dime, mujer, cuando el amor se olvida,
¿sabes tú a dónde va?

C. Díganos. Answer the following questions based on your own thoughts or experiences.

1. ¿Está Ud. enamorado(a)? ¿De quién?
2. ¿De qué color son los ojos de su amado(a)?
3. ¿A quién le ha dado Ud. un beso últimamente?
4. ¿Ha tenido Ud. un amor que ahora sólo es parte de su pasado?

~~~~~~ Un dicho ~~~~~~

Hogar, dulce hogar

Home, sweet home

Lección 14

A. Future tense

Change the verbs from the past tense to the future tense.

1. Fui al taller de mecánica.
2. Tuvimos que arreglar el coche.
3. Salieron para Madrid.
4. Vino en avión.
5. Estuvo ocupado.
6. Tú no te diste cuenta de nada.
7. Alicia no pudo ayudar.
8. Cerraron todas las puertas antes de salir.

B. Conditional tense

Complete the following sentences, using the conditional form of the verbs in parentheses.

1. Nosotros no _____ (hablar) con ellos.
2. Yo _____ (poner) la escoba en la cocina.
3. ¿Tú _____ (hacer) eso?
4. Ella no _____ (saber) qué hacer.
5. ¿Adónde _____ (ir) usted de vacaciones?
6. Ellos no le _____ (pedir) dinero a su padre.

C. Verbs and prepositions

Write the following sentences in Spanish.

1. When she fell in love with Roberto, she forgot Luis.
2. Did you remember to wash the clothes, Paquito?
3. I realized that I wouldn't be able to marry her.
4. She insisted on getting engaged to Mario.
5. I don't trust him. Did you notice his eyes . . . ?
6. We agreed on having the party next Saturday.

D. Vocabulary

Complete the following sentences, using vocabulary from **Lección 14.**

1. Le voy a poner _____ y vinagre a la ensalada.
2. ¿Trabajas o tienes el día _____?
3. Voy a _____ los platos después de comer.
4. Tocan a la _____. ¿Puedes abrirla, por favor?
5. Le voy a _____ la aspiradora a la _____.

6. ¿Lo van a _____ o lo van a limpiar en _____?
7. ¡Ya son las cinco! Tengo que darme _____.
8. ¿Vas a _____ el césped hoy?
9. No puedo ir a la universidad porque mi coche no _____.
10. Voy a poner las flores en un _____.
11. Necesito la _____ para barrer la cocina.
12. No hay _____ en el baño.
13. Ellos viven en un _____ muy elegante.
14. Voy a llevar el coche al _____ de mecánica.
15. Ellos quieren el filete _____ medio.
16. Necesito la vajilla y los _____ para poner la mesa.
17. Voy a lavar la ropa en la _____ y después la voy a poner en la
_____.
18. Necesito la _____ para hacer huevos fritos, la _____ para hacer las
tostadas y la _____ para hacer el café.

E. Culture

Answer the following questions, based on the **Notas culturales** you have
read.

1. ¿Cuál es la capital de España?
2. ¿Cuál es el parque más famoso de Madrid?
3. ¿Qué es la Gran Vía?
4. ¿Cuál es el museo más importante de Madrid?
5. Actualmente, ¿por qué ayuda más el hombre hispano a su esposa con
los trabajos de la casa?

Lección 15

A. Forms of the imperfect subjunctive

Give the imperfect subjunctive of the following verbs according to the cues
provided.

1. nosotros / poder
2. tú /entender
3. ellos / poner
4. yo / querer
5. Ud. / traer

6. Uds. / tener
7. nosotras / saber
8. ella / decir
9. yo / ir
10. tú / ser

B. Uses of the imperfect subjunctive

Write the following sentences in Spanish.

1. My brother wanted me to rent the apartment.
2. I'm glad she came to see me last night.
3. I told him not to worry.
4. He suggested that we go to Mallorca.
5. I would like my children to speak Spanish.

C. *If*-clauses

Complete each sentence with the Spanish equivalent of the words in parentheses.

1. Yo compraría el coche... (*if I had money*).
2. Vamos a ir a verte... (*if we have time*).
3. Nosotros iríamos a México... (*if we could*).
4. (*If you see her*)..., díganle que venga mañana.
5. Ella le habla a su esposo,... (*as if she were his mother*).

D. Vocabulary

Complete the following sentences, using vocabulary from **Lección 15.**

1. Está leyendo los _____ clasificados.
2. Mi apartamento queda en el _____, cerca de todo.
3. Compró _____ nuevas para la ventana del dormitorio.
4. ¿Tuviste que pagar depósito de _____?
5. Necesito una mesita de _____.
6. Fueron de _____ de miel a Río.
7. Vienen todos mis _____: mis tíos, mis primos, etc.
8. Mi casa tiene una sala de _____ muy grande.
9. No puede alquilar el apartamento porque no tiene dinero para pagar el _____.
10. ¿Dónde puedo estacionar mi coche? Aquí no hay _____ para estacionar.
11. Ella está _____. Se casa en febrero.
12. Mi cómoda no es de plástico, es de _____.
13. El coche le costó un ojo de la _____.
14. No estoy bromeando; te lo digo en _____.
15. No vamos a ir mañana; vamos a ir hoy _____.
16. Es mi _____. Es el abuelo de mi papá.
17. Voy a comprar _____ para mi dormitorio: una cama, una cómoda y unas lámparas.
18. Es el hijo de mi madrastra. Es mi _____.

E. Culture

Answer the following questions, based on the **Notas culturales** you have read.

1. ¿En qué región de España está Sevilla?
2. ¿Por cuántos años ocuparon los moros Sevilla?
3. ¿Qué sabes de la catedral de Sevilla?
4. ¿Cuándo y para qué se construyó la Plaza de España?
5. ¿Qué relación tienen mi compadre y mi comadre con mi hijo después que lo bautizan?

Un poco más

Material suplementario

Compound tenses of the indicative

1. Future perfect (*El futuro perfecto*)

■ Forms

The future perfect tense in Spanish corresponds closely in formation and meaning to the same tense in English. The Spanish future perfect is formed with the future tense of the auxiliary verb **haber** + past participle of the main verb.

FORMATION OF THE FUTURE PERFECT TENSE			
	Future of haber	+	*Past* *Participle*	
yo	**habré**	**terminado**	I will have finished
tú	**habrás**	**vuelto**	you (*fam.*) will have returned
Ud., él, ella	**habrá**	**comido**	you (*form.*), he, she will have eaten
nosotros(as)	**habremos**	**escrito**	we will have written
vosotros(as)	**habréis**	**dicho**	you (*fam.*) will have said
Uds., ellos, ellas	**habrán**	**salido**	you (*form., fam.*), they will have left

■ Use

Like its English equivalent, the Spanish future perfect tense is used to express an action that will have taken place by a certain time in the future.

— ¿Tus padres estarán aquí para el dos de junio?

— Sí, para esa fecha ya **habrán vuelto** de Madrid.

"Will your parents be here by June second?"

*"Yes, by that date **they will have returned** from Madrid."*

¡Vamos a practicar!

A. Complete each sentence with the corresponding form of the future perfect tense.

1. Para junio nosotros _____ (volver) del viaje, pero Carlos no _____ (llegar) de México todavía.
2. Para las nueve yo _____ (servir) la cena y ellos _____ (comer).
3. ¿A qué hora _____ (terminar) tú el trabajo?
4. ¿Ya _____ (leer) Uds. la novela para la próxima semana?
5. Para las doce la secretaria _____ (escribir) todas las cartas.

B. Interview a partner, using the following questions.

1. ¿Habremos terminado esta lección para la semana que viene?
2. ¿Las clases habrán terminado para el 15 de junio?
3. ¿Te habrás graduado (*graduate*) para el año que viene?
4. ¿Tú habrás vuelto a tu casa para las 10 de la noche?
5. ¿Tú y tu familia habrán terminado de cenar para las siete de la noche?
6. ¿Te habrás acostado para las once de la noche?

C. Use your imagination to complete each statement, using the future perfect tense.

1. Para el próximo año yo...
2. Para diciembre mis padres...
3. Para el sábado mi mejor amigo(a)...
4. Para la próxima semana el (la) profesor(a)...
5. Para el verano nosotros(as)...
6. Para esta noche tú...

2. Conditional perfect (*El condicional perfecto*)

■ Forms

The conditional perfect tense is formed with the conditional of the verb **haber** + past participle of the main verb.

FORMATION OF THE CONDITIONAL PERFECT TENSE			
	Conditional of haber +	*Past Participle*	
yo	**habría**	**hablado**	I would have spoken
tú	**habrías**	**comido**	you (*fam.*) would have eaten
Ud., él, ella	**habría**	**vuelto**	you (*form.*), he, she would have returned
nosotros(as)	**habríamos**	**dicho**	we would have said
vosotros(as)	**habríais**	**roto**	you (*fam.*) would have broken
Uds., ellos, ellas	**habrían**	**hecho**	you (*form., fam.*), they would have done, made

■ Uses

The conditional perfect (expressed in English by *would have* + past participle of the main verb) is used:

- To indicate an action that *would have taken place* (*but didn't*), if a certain condition had been true.

    De haber sabido[1] que venía, lo **habría llamado.**

    Had I known that he was coming, I would have called him.

- To refer to a future action in relation to the past.

    Él dijo que para mayo **habrían terminado** la clase.

    He said that by May they would have finished the class.

¡Vamos a practicar!

Write the following infinitive phrases on the board. Then have students tell about the things they or their friends wanted to do or should have done over the weekend but for some reason did not.

Mi compañero habría
limpiado el apartamento.
reunirse para planear una
   fiesta
ver a la familia
leer una novela interesante
lavar el coche
bañar al perro
pasar más tiempo en la
   biblioteca
ir al banco para sacar
   dinero
limpiar el apartamento
ir al supermercado para
   hacer las compras de la
   semana
tomar algo en la cafetería

A. Complete each sentence, using the conditional perfect tense of the verbs given in parentheses.

1. De haber sabido que él no estaba aquí, yo no _____ (venir).
2. De haber sabido que yo no tenía dinero, él me lo _____ (comprar).
3. Él dijo que para mayo nosotros _____ (volver).
4. Carlos nos dijo que para septiembre tú _____ (terminar).
5. De haber sabido que Uds. tenían los libros, ellos se los _____ (pedir).
6. Él me dijo que para esta noche ellos _____ (llamar).

B. Using the conditional perfect tense and the cues provided, tell what you and the other people would have done differently.

MODELO: Tú fuiste de vacaciones a México.   (yo)
         Yo habría ido a España.

1. Ellos comieron hamburguesas.   (yo)
2. Teresa salió con Ernesto.   (tú)
3. Yo preparé pollo para la cena.   (ellos)
4. Uds. estuvieron en México por una semana.   (nosotras)
5. Nosotros invitamos a muchas personas.   (Marta)
6. Yo escribí las cartas en español.   (Uds.)

C. With a classmate, discuss what you did last summer. Say whether you would have done the same thing as your partner or if you would have done something different.

---

[1]**De haber sabido** is an impersonal expression.

Compound tenses of the subjunctive

1. Present perfect subjunctive (*El pretérito perfecto de subjuntivo*)

■ Forms

The present perfect subjunctive tense is formed with the present subjunctive of the auxiliary verb **haber** + past participle of the main verb.

FORMATION OF THE PRESENT PERFECT SUBJUNCTIVE		
Present Subjunctive of haber	+	*Past Participle*
yo haya		hablado
tú hayas		comido
Ud., él, ella haya		vivido
nosotros(as) hayamos		hecho
vosotros(as) hayáis		ido
Uds., ellos, ellas hayan		puesto

¡Vamos a practicar!

For each subject below, conjugate the following verbs in the present perfect subjunctive.

1. *que yo:*   escuchar, oír, divertirse, decir
2. *que tú:*   llenar, despertarse, volver, pedir
3. *que ella:*   celebrar, poner, estacionar, escribir
4. *que nosotros:*   hacer, decidir, vestirse, ayudar
5. *que ellos:*   conversar, abrir, morir, irse

■ Uses

The Spanish present perfect subjunctive tense is used in the same way as the present perfect tense in English, but only in sentences that call for the subjunctive in the subordinate clause.

— Espero que Eva **haya traído** las cintas.   *"I hope (that) Eva **has brought** the tapes."*

— Sí, y también ha traído la grabadora.   *"Yes, and she has also brought the tape recorder."*

— Álvaro prometió llevar a los niños al cine.   *"Álvaro promised to take the children to the movies."*

— Dudo que lo **haya hecho.**   *"I doubt that he **has done** it."*

¡Vamos a practicar!

A. Rewrite the following sentences, using the cues in parentheses. Make any necessary changes.

> MODELO: Ha llevado el coche al taller de mecánica.
> *Espero que haya llevado el coche al taller de mecánica.*

1. Ha estado aquí sólo un momento.   (Dudo)
2. Han comprado una casa nueva.   (Espero)
3. Ha podido celebrar su aniversario.   (No creo)
4. Has perdido parte del interés.   (Es posible)
5. No hemos comprado la alfombra.   (Siento)
6. Me he divertido mucho en la fiesta.   (No es verdad)
7. Han pasado unos días felices.   (Me alegro de)
8. Le han dado la dirección del teatro.   (Espero)
9. Le han mandado el dinero.   (No creo)
10. Han ido al concierto.   (No es cierto)

B. Complete the following dialogues by supplying the present perfect subjunctive of the verbs given. Then act them out with a partner.

1. — Espero que los chicos _____ (volver).
   — Dudo que ya _____ (regresar) porque es muy temprano.
   — Temo que _____ (tener) un accidente.
   — Tú te preocupas demasiado.
2. — ¿Hay alguien que _____ (estar) en Madrid alguna vez?
   — No, aquí no hay nadie que _____ (ir) a España.
3. — Siento que Uds. no _____ (poder) terminar el trabajo.
   — No es verdad que no lo _____ (terminar).
4. — ¿Ellos van a vivir en San Diego?
   — Sí, pero no creo que ya _____ (alquilar) un apartamento.
5. — Me alegro de que tú _____ (conseguir) el puesto.
   — Yo también.

C. Use your imagination to complete each statement, using the present perfect subjunctive tense.

1. Me alegro mucho de que mis padres...
2. Siento mucho que los invitados...
3. Espero que la clase de español...
4. No creo que los estudiantes...
5. No es cierto que yo...
6. Me sorprende que el concierto...
7. Dudo que el (la) profesor(a)...
8. No es verdad que él...

2. Pluperfect subjunctive (*El pluscuamperfecto de subjuntivo*)

■ Forms

The Spanish pluperfect subjunctive is formed with the imperfect subjunctive of the auxiliary verb **haber** + past participle of the main verb.

FORMATION OF THE PLUPERFECT SUBJUNCTIVE TENSE		
Imperfect Subjunctive of haber	+	*Past Participle*
yo	hubiera	hablado
tú	hubieras	comido
Ud., él, ella	hubiera	vivido
nosotros(as)	hubiéramos	visto
vosotros(as)	hubierais	hecho
Uds., ellos, ellas	hubieran	vuelto

■ Use

The Spanish pluperfect subjunctive tense is used in the same way the past perfect is used in English, but in sentences in which the main clause calls for the subjunctive.

Yo dudaba que ellos **hubieran llegado.**   *I doubted that they **had arrived.***

Yo esperaba que tú **hubieras pagado** tus cuentas.   *I was hoping that you **had paid** your bills.*

¡Vamos a practicar!

A. Rewrite the following sentences, using the cues in parentheses. Make any necessary changes.

MODELO: Él se alegra de que ellos hayan hecho el trabajo.   (Él se alegró)
Él se alegró de que ellos hubieran hecho el trabajo.

1. Nosotros sentimos que hayas estado solo en Lima.   (Nosotros sentíamos)
2. Yo espero que Uds. hayan hecho el trabajo.   (Yo esperaba)
3. Siente que yo no haya podido venir el sábado.   (Sintió)
4. No creo que hayas comprado esas sábanas.   (No creí)
5. Me sorprende que no hayas cambiado el pasaje.   (Me sorprendió)
6. Me alegro de que hayamos conseguido la reservación.   (Me alegré)
7. Es probable que ellos hayan tenido que trasbordar.   (Era probable)
8. No es verdad que él haya llegado tarde.   (No era verdad)

B. Write the following sentences in Spanish.

1. We were hoping that they had done the work.
2. I was sorry you had been sick.
3. They were glad that he had bought the tickets for the trip.
4. I didn't think that they hadn't gotten a discount.
5. We were glad that you had brought your driver's license.

C. Use the pluperfect subjunctive to finish the following in an original manner.

1. Mis padres se alegraron de que yo...
2. Yo esperaba que mis amigos...
3. Ellos sintieron que nosotros...
4. Aquí no había nadie que...
5. ¿Había alguien en esa familia que...?
6. Mi compañero de cuarto dudaba que yo...

APPENDIXES

Appendix A   Spanish Sounds

Vowels

There are five distinct vowels in Spanish: **a, e, i, o, u.** Each vowel has only one basic, constant sound. The pronunciation of each vowel is constant, clear, and brief. The length of the sound is practically the same whether it is produced in a stressed or unstressed syllable.[1]

While producing the sounds of the English stressed vowels that most closely resemble the Spanish ones, the speaker changes the position of the tongue, lips, and lower jaw, so that the vowel actually starts as one sound and then *glides* into another. In Spanish, however, the tongue, lips, and jaw keep a constant position during the production of the sound.

> **English:** ban*a*na   **Spanish:** ban*a*na

The stress falls on the same vowel and syllable in both Spanish and English, but the English stressed *a* is longer than the Spanish stressed **a.**

> **English:** ban*a*na   **Spanish:** ban*a*na

Note also that the English stressed *a* has a sound different from the other *a*'s in the word, while the Spanish **a** sound remains constant.

a   in Spanish sounds similar to the English *a* in the word *father.*

> alta   casa   palma   Ana   cama   Panamá   alma   apagar

e   is pronounced like the English *e* in the word *eight.*

> mes   entre   este   deje   ese   encender   teme   prender

i   has a sound similar to the English *ee* in the word *see.*

> fin   ir   sí   sin   dividir   Trini   difícil

o   is similar to the English *o* in the word *no*, but without the glide.

> toco   como   poco   roto   corto   corro   solo   loco

u   is pronounced like the English *oo* sound in the word *shoot* or the *ue* sound in the word *Sue.*

> su   Lulú   Úrsula   cultura   un   luna   sucursal   Uruguay

---

[1] In a stressed syllable, the prominence of the vowel is indicated by its loudness.

Diphthongs and triphthongs

When unstressed **i** or **u** falls next to another vowel in a syllable, it unites with that vowel to form what is called a *diphthong*. Both vowels are pronounced as one syllable. Their sounds do not change; they are only pronounced more rapidly and with a glide. For example:

tra**i**ga	Lid**ia**	tre**i**nta	s**ie**te	**oi**go	ad**ió**s
Aurora	ag**ua**	b**ue**no	antig**uo**	c**iu**dad	L**ui**s

A triphthong is the union of three vowels, a stressed vowel between two unstressed ones (**i** or **u**) in the same syllable. For example: Parag**uay,** estud**iéi**s.

NOTE: Stressed **i** and **u** do not form diphthongs with other vowels, except in the combinations **iu** and **ui**. For example: **rí**-o, sa-**bí**-ais.

In syllabication, diphthongs and triphthongs are considered a single vowel; their components cannot be separated.

Consonants

p   Spanish **p** is pronounced in a manner similar to the English *p* sound, but without the puff of air that follows after the English sound is produced.

pesca	pude	puedo	parte	papá
postre	piña	puente	Paco	

k   The Spanish **k** sound, represented by the letters **k** and **c** before **a, o, u,** or a consonant, and **qu,** is similar to the English *k* sound, but without the puff of air.

casa	comer	cuna	clima	acción	que
quinto	queso	aunque	quiosco	kilómetro	kilo

t   Spanish **t** is produced by touching the back of the upper front teeth with the tip of the tongue. It has no puff of air as in the English *t*.

todo	antes	corto	Guatemala	diente
resto	tonto	roto	tanque	

d   The Spanish consonant **d** has two different sounds depending on its position. At the beginning of an utterance and after **n** or **l,** the tip of the tongue presses the back of the upper front teeth.

día	doma	dice	dolor	dar
anda	Aldo	caldo	el deseo	un domicilio

In all other positions the sound of **d** is similar to the *th* sound in the English word *they,* but softer.

medida	todo	nada	nadie	medio
puedo	moda	queda	nudo	

g   The Spanish consonant **g** is similar to the English *g* sound in the word *guy* except before **e** or **i.**

goma   glotón gallo   gloria   lago alga
gorrión garra   guerra angustia algo Dagoberto

j   The sound of Spanish **j** (or **g** before **e** and **i**) is similar to a strongly exaggerated English *h* sound.

gemir juez jarro gitano agente
juego giro bajo   gente

b, v There is no difference in sound between Spanish **b** and **v.** Both letters are pronounced alike. At the beginning of an utterance or after **m** or **n, b** and **v** have a sound identical to the English *b* sound in the word *boy.*

vivir   beber   vamos barco   enviar
hambre   batea   bueno vestido

When pronounced between vowels, the Spanish **b** and **v** sound is produced by bringing the lips together but not closing them, so that some air may pass through.

sábado   autobús   yo voy   su barco

y, ll In most countries, Spanish **ll** and **y** have a sound similar to the English sound in the word *yes.*

el llavero un yelmo el yeso   su yunta llama yema
oye   trayecto trayectoria mayo   milla bella

NOTE: When it stands alone or is at the end of a word, Spanish **y** is pronounced like the vowel **i.**

rey hoy y doy buey muy voy estoy soy

r   The sound of Spanish **r** is similar to the English *dd* sound in the word *ladder.*

crema   aroma cara arena aro
harina   toro   oro   eres   portero

rr   Spanish **rr** and also **r** in an initial position and after **n, l,** or **s** are pronounced with a very strong trill. This trill is produced by bringing the tip of the tongue near the alveolar ridge and letting it vibrate freely while the air passes through the mouth.

rama   carro   Israel cierra roto
perro alrededor rizo   corre   Enrique

s   Spanish **s** is represented in most of the Spanish world by the letters **s, z,** and **c** before **e** or **i.** The sound is very similar to the English sibilant *s* in the word *sink.*

sale   sitio   presidente signo
salsa   seda   suma   vaso
sobrino ciudad   cima   canción
zapato   zarza   cerveza   centro

h   The letter **h** is silent in Spanish.

        hoy   hora   hilo   ahora
        humor huevo horror almohada

ch   Spanish **ch** is pronounced like the English *ch* in the word *chief.*

        hecho   chico   coche   Chile
        mucho muchacho salchicha

f   Spanish **f** is identical in sound to the English *f.*

        difícil   feo   fuego forma
        fácil   fecha foto   fueron

l   Spanish **l** is similar to the English *l* in the word *let.*

        dolor lata ángel lago   sueldo
        los   pelo lana   general fácil

m   Spanish **m** is pronounced like the English *m* in the word *mother.*

        mano   moda   mucho muy
        mismo tampoco multa   cómoda

n   In most cases, Spanish **n** has a sound similar to the English *n.*

        nada   nunca ninguno norte
        entra tiene   sienta

The sound of Spanish **n** is often affected by the sounds that occur around it. When it appears before **b, v,** or **p,** it is pronounced like an **m.**

        tan bueno   toman vino   sin poder
        un pobre   comen peras siguen bebiendo

ñ   Spanish **ñ** is similar to the English *ny* sound in the word *canyon.*

        señor otoño   ñoño   uña
        leña   dueño niños años

x   Spanish **x** has two pronunciations depending on its position. Between vowels the sound is similar to English *ks.*

        examen exacto   boxeo   éxito
        oxidar   oxígeno existencia

When it occurs before a consonant, Spanish **x** sounds like *s.*

        expresión explicar   extraer   excusa
        expreso   exquisito extremo

NOTE: When **x** appears in **México** or in other words of Mexican origin, it is pronounced like the Spanish letter **j.**

Rhythm

Rhythm is the variation of sound intensity that we usually associate with music. Spanish and English each regulate these variations in speech differently, because they have different patterns of syllable length. In Spanish the length of the stressed and unstressed syllables remains almost the same, while in English stressed syllables are considerably longer than unstressed ones. Pronounce the following Spanish words, enunciating each syllable clearly.

es-tu-dian-te   bue-no   Úr-su-la
com-po-si-ción   di-fí-cil   ki-ló-me-tro
po-li-cí-a   Pa-ra-guay

Because the length of the Spanish syllables remains constant, the greater the number of syllables in a given word or phrase, the longer the phrase will be.

Linking

In spoken Spanish, the different words in a phrase or a sentence are not pronounced as isolated elements but combined together. This is called *linking*.

Pepe come pan.   Pe-pe-co-me-pan
Tomás toma leche.   To-más-to-ma-le-che
Luis tiene la llave.   Luis-tie-ne-la-lla-ve
La mano de Roberto.   La-ma-no-de-Ro-ber-to

1. The final consonant of a word is pronounced together with the initial vowel of the following word.

Carlos anda   Car-lo-san-da
un ángel   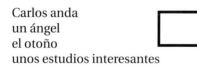 u-nán-gel
el otoño   e-lo-to-ño
unos estudios interesantes   u-no-ses-tu-dio-sin-te-re-san-tes

2. A diphthong is formed between the final vowel of a word and the initial vowel of the following word. A triphthong is formed when there is a combination of three vowels (see rules for the formation of diphthongs and triphthongs on page 356).

su hermana   suher-ma-na
tu escopeta   tues-co-pe-ta
Roberto y Luis 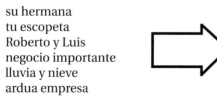 Ro-ber-toy-Luis
negocio importante   ne-go-cioim-por-tan-te
lluvia y nieve   llu-viay-nie-ve
ardua empresa   ar-duaem-pre-sa

3. When the final vowel of a word and the initial vowel of the following word are identical, they are pronounced slightly longer than one vowel.

Ana alcanza A-n*a*l-can-za tiene eso   tie-n*e*-so
lo olvido   l*o*l-vi-do   Ada atiende Ad*a*-tien-de

The same rule applies when two identical vowels appear within a word.

crees	cr*e*s
Teherán	T*e*-rán
coordinación	c*o*r-di-na-ción

4. When the final consonant of a word and the initial consonant of the following word are the same, they are pronounced like one consonant with slightly longer than normal duration.

el lado	e-*l*a-do	tienes sed	tie-ne-*s*ed
Carlos salta	Car-lo-*s*al-ta		

Intonation

Intonation is the rise and fall of pitch in the delivery of a phrase or sentence. In general, Spanish pitch tends to change less than English, giving the impression that the language is less emphatic.

As a rule, the intonation for normal statements in Spanish starts in a low tone, raises to a higher one on the first stressed syllable, maintains that tone until the last stressed syllable, and then goes back to the initial low tone, with still another drop at the very end.

Tu amigo viene mañana.	José come pan.
Ada está en casa.	Carlos toma café.

Syllable formation in Spanish

Below are general rules for dividing words into syllables:

Vowels

1. A vowel or a vowel combination can constitute a syllable.

   a-lum-no a-bue-la Eu-ro-pa

2. Diphthongs and triphthongs are considered single vowels and cannot be divided.

   bai-le puen-te Dia-na es-tu-diáis an-ti-guo

3. Two strong vowels (**a, e, o**) do not form a diphthong and are separated into two syllables.

   em-ple-ar vol-te-ar lo-a

4. A written accent on a weak vowel (**i** or **u**) breaks the diphthong, separating the vowels into two syllables.

   trí-o dú-o Ma-rí-a

Consonants

1. A single consonant forms a syllable with the vowel that follows it.

   po-der   ma-no   mi-nu-to

   NOTE: **ch, ll,** and **rr** are considered single consonants: **a-ma-ri-llo, co-che, pe-rro.**

2. When two consonants appear between two vowels, they are separated into two syllables.

   al-fa-be-to   cam-pe-ón   me-ter-se   mo-les-tia

   EXCEPTION: When a consonant cluster composed of **b, c, d, f, g, p,** or **t** with **l** or **r** appears between two vowels, the cluster joins the following vowel: **so-bre, o-tros, ca-ble, te-lé-gra-fo.**

3. When three consonants appear between two vowels, only the last one goes with the following vowel.

   ins-pec-tor   trans-por-te   trans-for-mar

   EXCEPTION: When there is a cluster of three consonants in the combinations described in rule 2, the first consonant joins the preceding vowel and the cluster joins the following vowel: **es-cri-bir, ex-tran-je-ro, im-plo-rar, es-tre-cho.**

Accentuation

In Spanish, all words are stressed according to specific rules. Words that do not follow the rules must have a written accent to indicate the change of stress. The basic rules for accentuation are as follows.

1. Words ending in a vowel, **n,** or **s** are stressed on the next-to-the-last syllable.

   hi-jo   **ca**-lle   **me**-sa   fa-**mo**-sos
   flo-**re**-cen   **pla**-ya   **ve**-ces

2. Words ending in a consonant, except **n** or **s,** are stressed on the last syllable.

   ma-**yor**   a-**mor**   tro-pi-**cal**   na-**riz**   re-**loj**   co-rre-**dor**

3. All words that do not follow these rules must have a written accent.

   ca-**fé**   sa-**lió**   rin-**cón**   fran-**cés**   sa-**lón**
   án-gel   **lá**-piz   **dé**-bil   a-**zú**-car   **Víc**-tor
   sim-**pá**-ti-co **lí**-qui-do   **mú**-si-ca   e-**xá**-me-nes de-**mó**-cra-ta

4. Pronouns and adverbs of interrogation and exclamation have a written accent to distinguish them from relative pronouns.

¿Qué comes?	*What are you eating?*
La pera que él no comió.	*The pear that he did not eat.*
¿Quién está ahí?	*Who is there?*
El hombre a quien tú llamaste.	*The man whom you called.*
¿Dónde está él?	*Where is he?*
En el lugar donde trabaja.	*At the place where he works.*

5. Words that have the same spelling but different meanings take a written accent to differentiate one from the other.

el	*the*	él	*he, him*	te	*you*	té	*tea*
mi	*my*	mí	*me*	si	*if*	sí	*yes*
tu	*your*	tú	*you*	mas	*but*	más	*more*

Appendix B Verbs

Regular verbs
Model -ar, -er, -ir verbs

INFINITIVE

amar (*to love*)	**comer** (*to eat*)	**vivir** (*to live*)

PRESENT PARTICIPLE

amando (*loving*)	**comiendo** (*eating*)	**viviendo** (*living*)

PAST PARTICIPLE

amado (*loved*)	**comido** (*eaten*)	**vivido** (*lived*)

SIMPLE TENSES

Indicative Mood

PRESENT

(*I love*)		(*I eat*)		(*I live*)	
amo	am**amos**	como	com**emos**	vivo	viv**imos**
am**as**	am**áis**	com**es**	com**éis**	viv**es**	viv**ís**
am**a**	am**an**	com**e**	com**en**	viv**e**	viv**en**

IMPERFECT

(*I used to love*)		(*I used to eat*)		(*I used to live*)	
am**aba**	am**ábamos**	com**ía**	com**íamos**	viv**ía**	viv**íamos**
am**abas**	am**abais**	com**ías**	com**íais**	viv**ías**	viv**íais**
am**aba**	am**aban**	com**ía**	com**ían**	viv**ía**	viv**ían**

PRETERIT

(*I loved*)		(*I ate*)		(*I lived*)	
am**é**	am**amos**	com**í**	com**imos**	viv**í**	viv**imos**
am**aste**	am**asteis**	com**iste**	com**isteis**	viv**iste**	viv**isteis**
am**ó**	am**aron**	com**ió**	com**ieron**	viv**ió**	viv**ieron**

FUTURE

(*I will love*)		(*I will eat*)		(*I will live*)	
amaré	amaremos	comeré	comeremos	viviré	viviremos
amarás	amaréis	comerás	comeréis	vivirás	viviréis
amará	amarán	comerá	comerán	vivirá	vivirán

CONDITIONAL

(*I would love*)		(*I would eat*)		(*I would live*)	
amaría	amaríamos	comería	comeríamos	viviría	viviríamos
amarías	amaríais	comerías	comeríais	vivirías	viviríais
amaría	amarían	comería	comerían	viviría	vivirían

Subjunctive Mood

PRESENT

([*that*] I [*may*] love)		([*that*] I [*may*] eat)		([*that*] I [*may*] live)	
ame	amemos	coma	comamos	viva	vivamos
ames	améis	comas	comáis	vivas	viváis
ame	amen	coma	coman	viva	vivan

IMPERFECT

([*that*] I [*might*] love)	([*that*] I [*might*] eat)	([*that*] I [*might*] live)
amara(-ase)	comiera(-iese)	viviera(-iese)
amaras(-ases)	comieras(-ieses)	vivieras(-ieses)
amara(-ase)	comiera(-iese)	viviera(-iese)
amáramos(-ásemos)	comiéramos(-iésemos)	viviéramos(-iésemos)
amarais(-aseis)	comierais(-ieseis)	vivierais(-ieseis)
amaran(-asen)	comieran(-iesen)	vivieran(-iesen)

IMPERATIVE MOOD

(*love*)	(*eat*)	(*live*)
ama (tú)	come (tú)	vive (tú)
ame (Ud.)	coma (Ud.)	viva (Ud.)
amemos (nosotros)	comamos (nosotros)	vivamos (nosotros)
amad (vosotros)	comed (vosotros)	vivid (vosotros)
amen (Uds.)	coman (Uds.)	vivan (Uds.)

COMPOUND TENSES

PERFECT INFINITIVE

haber amado   **haber comido**   **haber vivido**

PERFECT PARTICIPLE

habiendo amado   **habiendo comido**   **habiendo vivido**

Indicative Mood

PRESENT PERFECT

(*I have loved*)		(*I have eaten*)		(*I have lived*)	
he amado	hemos amado	he comido	hemos comido	he vivido	hemos vivido
has amado	habéis amado	has comido	habéis comido	has vivido	habéis vivido
ha amado	han amado	ha comido	han comido	ha vivido	han vivido

PAST PERFECT (PLUPERFECT)

(*I had loved*)	(*I had eaten*)	(*I had lived*)
había amado	había comido	había vivido
habías amado	habías comido	habías vivido
había amado	había comido	había vivido
habíamos amado	habíamos comido	habíamos vivido
habíais amado	habíais comido	habíais vivido
habían amado	habían comido	habían vivido

FUTURE PERFECT

(*I will have loved*)	(*I will have eaten*)	(*I will have lived*)
habré amado	habré comido	habré vivido
habrás amado	habrás comido	habrás vivido
habrá amado	habrá comido	habrá vivido
habremos amado	habremos comido	habremos vivido
habréis amado	habréis comido	habréis vivido
habrán amado	habrán comido	habrán vivido

CONDITIONAL PERFECT

(*I would have loved*)	(*I would have eaten*)	(*I would have lived*)
habría amado	habría comido	habría vivido
habrías amado	habrías comido	habrías vivido
habría amado	habría comido	habría vivido
habríamos amado	habríamos comido	habríamos vivido
habríais amado	habríais comido	habríais vivido
habrían amado	habrían comido	habrían vivido

Subjunctive Mood

PRESENT PERFECT

([*that*] I [*may*] *have loved*)
haya amado
hayas amado
haya amado

hayamos amado
hayáis amado
hayan amado

([*that*] I [*may*] *have eaten*)
haya comido
hayas comido
haya comido

hayamos comido
hayáis comido
hayan comido

([*that*] I [*may*] *have lived*)
haya vivido
hayas vivido
haya vivido

hayamos vivido
hayáis vivido
hayan vivido

PAST PERFECT (PLUPERFECT)

([*that*] I [*might*] *have loved*)
hubiera(-iese) amado
hubieras(-ieses) amado
hubiera(-iese) amado

hubiéramos(-iésemos) amado
hubierais(-ieseis) amado
hubieran(-iesen) amado

([*that*] I [*might*] *have eaten*)
hubiera(-iese) comido
hubieras(-ieses) comido
hubiera(-iese) comido

hubiéramos(-iésemos) comido
hubierais(-ieseis) comido
hubieran(-iesen) comido

([*that*] I [*might*] *have lived*)
hubiera(-iese) vivido
hubieras(-ieses) vivido
hubiera(-iese) vivido

hubiéramos(-iésemos) vivido
hubierais(-ieseis) vivido
hubieran(-iesen) vivido

Stem-changing verbs

The -ar and -er stem-changing verbs

Stem-changing verbs are those that have a spelling change in the root of the verb. Verbs that end in **-ar** and **-er** change the stressed vowel **e** to **ie**, and the stressed **o** to **ue**. These changes occur in all persons, except the first- and second-persons plural of the present indicative, present subjunctive, and imperative.

INFINITIVE	Indicative	Imperative	Subjunctive
cerrar (*to close*)	cierro cierras cierra	———— cierra cierre	cierre cierres cierre
	cerramos cerráis cierran	cerremos cerrad cierren	cerremos cerréis cierren
perder (*to lose*)	pierdo pierdes pierde	———— pierde pierda	pierda pierdas pierda
	perdemos perdéis pierden	perdamos perded pierdan	perdamos perdáis pierdan

INFINITIVE	Indicative	Imperative	Subjunctive
contar (*to count; to tell*)	cuento cuentas cuenta	——— cuenta cuente	cuente cuentes cuente
	contamos contáis cuentan	contemos contad cuenten	contemos contéis cuenten
volver (*to return*)	vuelvo vuelves vuelve	——— vuelve vuelva	vuelva vuelvas vuelva
	volvemos volvéis vuelven	volvamos volved vuelvan	volvamos volváis vuelvan

Verbs that follow the same pattern are:

acordarse	*to remember*	despertar(se)	*to wake up*	probar	*to prove; to taste*
acostar(se)	*to go to bed*	empezar	*to begin*	recordar	*to remember*
almorzar	*to have lunch*	encender	*to light; to turn on*	rogar	*to beg*
atravesar	*to go through*	encontrar	*to find*	sentar(se)	*to sit down*
cocer	*to cook*	entender	*to understand*	soler	*to be in the habit of*
colgar	*to hang*	llover	*to rain*	soñar	*to dream*
comenzar	*to begin*	mover	*to move*	tender	*to stretch; to unfold*
confesar	*to confess*	mostrar	*to show*	torcer	*to twist*
costar	*to cost*	negar	*to deny*		
demostrar	*to demonstrate, show*	nevar	*to snow*		
		pensar	*to think; to plan*		

The -ir stem-changing verbs

There are two types of stem-changing verbs that end in **-ir:** one type changes stressed **e** to **ie** in some tenses and to **i** in others, and stressed **o** to **ue** or **u;** the second type changes stressed **e** to **i** only in all the irregular tenses.

Type I: -ir: e > ie or i / o > ue or u

These changes occur as follows.

Present Indicative: all persons except the first- and second-persons plural change **e** to **ie** and **o** to **ue**. *Preterit:* third person, singular and plural, changes **e** to **i** and **o** to **u**. *Present Subjunctive:* all persons change **e** to **ie** and **o** to **ue**, except the first- and second-persons plural, which change **e** to **i** and **o** to **u**. *Imperfect Subjunctive:* all persons change **e** to **i** and **o** to **u**. *Imperative:* all persons except the first- and second-persons plural change **e** to **ie** and **o** to **ue**; first-person plural changes **e** to **i** and **o** to **u**. *Present Participle:* changes **e** to **i** and **o** to **u**.

INFINITIVE	Indicative		Imperative	Subjunctive	
sentir *(to feel)*	PRESENT	PRETERIT		PRESENT	IMPERFECT
PRESENT PARTICIPLE sintiendo	siento sientes siente	sentí sentiste sintió	siente sienta	sienta sientas sienta	sintiera(-iese) sintieras sintiera
	sentimos sentís sienten	sentimos sentisteis sintieron	sintamos sentid sientan	sintamos sintáis sientan	sintiéramos sintierais sintieran
dormir *(to sleep)* PRESENT PARTICIPLE durmiendo	duermo duermes duerme	dormí dormiste durmió	duerme duerma	duerma duermas duerma	durmiera(-iese) durmieras durmiera
	dormimos dormís duermen	dormimos dormisteis durmieron	durmamos dormid duerman	durmamos durmáis duerman	durmiéramos durmierais durmieran

Other verbs that follow the same pattern are:

advertir	*to warn*	divertir(se)	*to amuse (oneself)*	preferir	*to prefer*
arrepentirse	*to repent*	herir	*to wound, hurt*	referir	*to refer*
consentir	*to consent; to pamper*	mentir	*to lie*	sugerir	*to suggest*
convertir(se)	*to turn into*	morir	*to die*		

Type II: -ir: e > i

The verbs in the second category are irregular in the same tenses as those of the first type. The only difference is that they have just one change: **e > i** in all irregular persons.

INFINITIVE	Indicative		Imperative	Subjunctive	
pedir *(to ask for,* *request)*	PRESENT	PRETERIT		PRESENT	IMPERFECT
PRESENT PARTICIPLE pidiendo	pido pides pide	pedí pediste pidió	pide pida	pida pidas pida	pidiera(-iese) pidieras pidiera
	pedimos pedís piden	pedimos pedisteis pidieron	pidamos pedid pidan	pidamos pidáis pidan	pidiéramos pidierais pidieran

Verbs that follow this pattern:

competir	*to compete*	impedir	*to prevent*	reñir	*to fight*
concebir	*to conceive*	perseguir	*to pursue*	seguir	*to follow*
despedir(se)	*to say good-bye*	reír(se)	*to laugh*	servir	*to serve*
elegir	*to choose*	repetir	*to repeat*	vestir(se)	*to dress*

Orthographic-changing verbs

Some verbs undergo a change in the spelling of the stem in some tenses in order to maintain the sound of the final consonant. The most common ones are those with the consonants **g** and **c**. Remember that **g** and **c** in front of **e** or **i** have a soft sound, and in front of **a, o,** or **u** have a hard sound. In order to keep the soft sound in front of **a, o,** or **u, g** and **c** change to **j** and **z,** respectively. In order to keep the hard sound of **g** or **c** in front of **e** and **i, u** is added to the **g** (**gu**) and the **c** changes to **qu**. The following are the most important verbs of this type that are regular in all tenses but change in spelling.

1. Verbs ending in **-gar** change **g** to **gu** before **e** in the first person of the preterit and in all persons of the present subjunctive.

   pagar   *to pay*
   Preterit: pa**gu**é, pagaste, pagó, etc.
   Pres. Subj.:   pa**gu**e, pa**gu**es, pa**gu**e, pa**gu**emos, pa**gu**éis, pa**gu**en

   Verbs that follow the same pattern: **colgar, llegar, navegar, negar, regar, rogar, jugar.**

2. Verbs ending in **-ger** or **-gir** change **g** to **j** before **o** and **a** in the first person of the present indicative and in all the persons of the present subjunctive.

   proteger   *to protect*
   Pres. Ind.:   prote**j**o, proteges, protege, etc.
   Pres. Subj.:   prote**j**a, prote**j**as, prote**j**a, prote**j**amos, prote**j**áis, prote**j**an

   Verbs that follow the same pattern: **coger, dirigir, elegir, escoger, exigir, recoger, corregir.**

3. Verbs ending in **-guar** change **gu** to **gü** before **e** in the first person of the preterit and in all persons of the present subjunctive.

   averiguar   *to find out*
   Preterit: averi**gü**é, averiguaste, averiguó, etc.
   Pres. Subj.:   averi**gü**e, averi**gü**es, averi**gü**e, averi**gü**emos, averi**gü**éis, averi**gü**en

   The verb **apaciguar** follows the same pattern.

4. Verbs ending in **-guir** change **gu** to **g** before **o** and **a** in the first person of the present indicative and in all persons of the present subjunctive.

   conseguir   *to get*
   Pres. Ind.:   consi**g**o, consigues, consigue, etc.
   Pres. Subj.:   consi**g**a, consi**g**as, consi**g**a, consi**g**amos, consi**g**áis, consi**g**an

   Verbs that follow the same pattern: **distinguir, perseguir, proseguir, seguir.**

5. Verbs ending in **-car** change **c** to **qu** before **e** in the first person of the preterit and in all persons of the present subjunctive.

   tocar   *to touch; to play (a musical instrument)*
   Preterit: to**qu**é, tocaste, tocó, etc.
   Pres. Subj.:   to**qu**e, to**qu**es, to**qu**e, to**qu**emos, to**qu**éis, to**qu**en

   Verbs that follow the same pattern: **atacar, buscar, comunicar, explicar, indicar, sacar, pescar.**

6. Verbs ending in **-cer** or **-cir** preceded by a consonant change **c** to **z** before **o** and **a** in the first person of the present indicative and in all persons of the present subjunctive.

torcer   *to twist*
Pres. Ind.:   tuerzo, tuerces, tuerce, etc.
Pres. Subj.:   tuerza, tuerzas, tuerza, torzamos, torzáis, tuerzan

Verbs that follow the same pattern: **convencer, esparcir, vencer.**

7. Verbs ending in **-cer** or **-cir** preceded by a vowel change **c** to **zc** before **o** and **a** in the first person of the present indicative and in all persons of the present subjunctive.

conocer   *to know, be acquainted with*
Pres. Ind.:   conozco, conoces, conoce, etc.
Pres. Subj.:   conozca, conozcas, conozca, conozcamos, conozcáis, conozcan

Verbs that follow the same pattern: **agradecer, aparecer, carecer, establecer, entristecer** (*to sadden*), **lucir, nacer, obedecer, ofrecer, padecer, parecer, pertenecer, relucir, reconocer.**

8. Verbs ending in **-zar** change **z** to **c** before **e** in the first person of the preterit and in all persons of the present subjunctive.

rezar   *to pray*
Preterit: recé, rezaste, rezó, etc.
Pres. Subj.:   rece, reces, rece, recemos, recéis, recen

Verbs that follow the same pattern: **alcanzar, almorzar, comenzar, cruzar, empezar, forzar, gozar, abrazar.**

9. Verbs ending in **-eer** change the unstressed **i** to **y** between vowels in the third-person singular and plural of the preterit, in all persons of the imperfect subjunctive, and in the present participle.

creer   *to believe*
Preterit: creí, creíste, creyó, creímos, creísteis, creyeron
Imp. Subj.:   creyera(-ese), creyeras, creyera, creyéramos, creyerais, creyeran
Pres. Part.:   creyendo
Past Part.:   creído

Verbs that follow the same pattern: **leer, poseer.**

10. Verbs ending in **-uir** change the unstressed **i** to **y** between vowels (except **-quir,** which has the silent **u**) in the following tenses and persons.

huir   *to escape; to flee*
Pres. Part.:   huyendo
Pres. Ind.:   huyo, huyes, huye, huimos, huís, huyen
Preterit: huí, huiste, huyó, huimos, huisteis, huyeron
Imperative: huye, huya, huyamos, huid, huyan
Pres. Subj.:   huya, huyas, huya, huyamos, huyáis, huyan
Imp. Subj.:   huyera(-ese), huyeras, huyera, huyéramos, huyerais, huyeran

Verbs that follow the same pattern: **atribuir, concluir, constituir, construir, contribuir, destituir, destruir, disminuir, distribuir, excluir, incluir, influir, instruir, restituir, sustituir.**

11. Verbs ending in **-eír** lose the **e** in all but the first- and second-persons plural of the present indicative, in the third-person singular and plural of the preterit, in all persons of the imperfect subjunctive, and in the present participle.

reír   *to laugh*
Pres. Ind.:   río, ríes, ríe, reímos, reís, ríen
Preterit: reí, reíste, rió, reímos, reísteis, rieron
Pres. Subj.:   ría, rías, ría, riamos, riáis, rían
Imp. Subj.:   riera(-ese), rieras, riera, riéramos, rierais, rieran
Pres. Part.:   riendo

Verbs that follow the same pattern: **sonreír, freír.**

12. Verbs ending in **-iar** add a written accent to the **i,** except in the first- and second-persons plural of the present indicative and subjunctive.

fiar(se)   *to trust*
Pres. Ind.:   (me) fío, (te) fías, (se) fía, (nos) fiamos, (os) fiáis, (se) fían
Pres. Subj.:   (me) fíe, (te) fíes, (se) fíe, (nos) fiemos, (os) fiéis, (se) fíen

Verbs that follow the same pattern: **enviar, ampliar, criar, desviar, enfriar, guiar, telegrafiar, vaciar, variar.**

13. Verbs ending in **-uar** (except **-guar**) add a written accent to the **u,** except in the first- and second-persons plural of the present indicative and subjunctive.

actuar   *to act*
Pres. Ind.:   actúo, actúas, actúa, actuamos, actuáis, actúan
Pres. Subj.:   actúe, actúes, actúe, actuemos, actuéis, actúen

Verbs that follow the same pattern: **continuar, acentuar, efectuar, exceptuar, graduar, habituar, insinuar, situar.**

14. Verbs ending in **-ñir** lose the **i** of the diphthongs **ie** and **ió** in the third-person singular and plural of the preterit and all persons of the imperfect subjunctive. They also change the **e** of the stem to **i** in the same persons and in the present indicative and present subjunctive.

teñir   *to dye*
Pres. Ind.:   tiño, tiñes, tiñe, teñimos, teñís, tiñen
Preterit: teñí, teñiste, tiñó, teñimos, teñisteis, tiñeron
Pres. Subj.:   tiña, tiñas, tiña, tiñamos, tiñáis, tiñan
Imp. Subj.:   tiñera(-ese), tiñeras, tiñera, tiñéramos, tiñerais, tiñeran

Verbs that follow the same pattern: **ceñir, constreñir, desteñir, estreñir, reñir.**

Some common irregular verbs

Only tenses with irregular forms are given below.

adquirir   *to acquire*
Pres. Ind.:   adquiero, adquieres, adquiere, adquirimos, adquirís, adquieren
Pres. Subj.:   adquiera, adquieras, adquiera, adquiramos, adquiráis, adquieran
Imperative: adquiere, adquiera, adquiramos, adquirid, adquieran

andar   *to walk*
Preterit: anduve, anduviste, anduvo, anduvimos, anduvisteis, anduvieron
Imp. Subj.:   anduviera (anduviese), anduvieras, anduviera, anduviéramos, anduvierais, anduvieran

avergonzarse *to be ashamed, embarrassed*
Pres. Ind.: me avergüenzo, te avergüenzas, se avergüenza, nos avergonzamos, os avergonzáis, se avergüenzan
Pres. Subj.: me avergüence, te avergüences, se avergüence, nos avergoncemos, os avergoncéis, se avergüencen
Imperative: avergüénzate, avergüéncese, avergoncémonos, avergonzaos, avergüéncense

caber *to fit; to have enough room*
Pres. Ind.: quepo, cabes, cabe, cabemos, cabéis, caben
Preterit: cupe, cupiste, cupo, cupimos, cupisteis, cupieron
Future: cabré, cabrás, cabrá, cabremos, cabréis, cabrán
Conditional: cabría, cabrías, cabría, cabríamos, cabríais, cabrían
Imperative: cabe, quepa, quepamos, cabed, quepan
Pres. Subj.: quepa, quepas, quepa, quepamos, quepáis, quepan
Imp. Subj.: cupiera (cupiese), cupieras, cupiera, cupiéramos, cupierais, cupieran

caer *to fall*
Pres. Ind.: caigo, caes, cae, caemos, caéis, caen
Preterit: caí, caíste, cayó, caímos, caísteis, cayeron
Imperative: cae, caiga, caigamos, caed, caigan
Pres. Subj.: caiga, caigas, caiga, caigamos, caigáis, caigan
Imp. Subj.: cayera (cayese), cayeras, cayera, cayéramos, cayerais, cayeran
Past Part.: caído

conducir *to guide; to drive* (All verbs ending in **-ducir** follow this pattern.)
Pres. Ind.: conduzco, conduces, conduce, conducimos, conducís, conducen
Preterit: conduje, condujiste, condujo, condujimos, condujisteis, condujeron
Imperative: conduce, conduzca, conduzcamos, conducid, conduzcan
Pres. Subj.: conduzca, conduzcas, conduzca, conduzcamos, conduzcáis, conduzcan
Imp. Subj.: condujera (condujese), condujeras, condujera, condujéramos, condujerais, condujeran

convenir *to agree* (see **venir**)

dar *to give*
Pres. Ind.: doy, das, da, damos, dais, dan
Preterit: di, diste, dio, dimos, disteis, dieron
Imperative: da, dé, demos, dad, den
Pres. Subj.: dé, des, dé, demos, deis, den
Imp. Subj.: diera (diese), dieras, diera, diéramos, dierais, dieran

decir *to say, tell*
Pres. Ind.: digo, dices, dice, decimos, decís, dicen
Preterit: dije, dijiste, dijo, dijimos, dijisteis, dijeron
Future: diré, dirás, dirá, diremos, diréis, dirán
Conditional: diría, dirías, diría, diríamos, diríais, dirían
Imperative: di, diga, digamos, decid, digan
Pres. Subj.: diga, digas, diga, digamos, digáis, digan
Imp. Subj.: dijera (dijese), dijeras, dijera, dijéramos, dijerais, dijeran
Pres. Part.: diciendo
Past Part.: dicho

detener *to stop; to hold; to arrest* (see **tener**)

entretener *to entertain, amuse* (see **tener**)

errar   *to err; to miss*
Pres. Ind.:   yerro, yerras, yerra, erramos, erráis, yerran
Imperative: yerra, yerre, erremos, errad, yerren
Pres. Subj.:   yerre, yerres, yerre, erremos, erréis, yerren

estar   *to be*
Pres. Ind.:   estoy, estás, está, estamos, estáis, están
Preterit: estuve, estuviste, estuvo, estuvimos, estuvisteis, estuvieron
Imperative: está, esté, estemos, estad, estén
Pres. Subj.:   esté, estés, esté, estemos, estéis, estén
Imp. Subj.:   estuviera (estuviese), estuvieras, estuviera, estuviéramos, estuvierais, estuvieran

haber   *to have*
Pres. Ind.:   he, has, ha, hemos, habéis, han
Preterit: hube, hubiste, hubo, hubimos, hubisteis, hubieron
Future: habré, habrás, habrá, habremos, habréis, habrán
Conditional: habría, habrías, habría, habríamos, habríais, habrían
Pres. Subj.:   haya, hayas, haya, hayamos, hayáis, hayan
Imp. Subj.:   hubiera (hubiese), hubieras, hubiera, hubiéramos, hubierais, hubieran

hacer   *to do, make*
Pres. Ind.:   hago, haces, hace, hacemos, hacéis, hacen
Preterit: hice, hiciste, hizo, hicimos, hicisteis, hicieron
Future: haré, harás, hará, haremos, haréis, harán
Conditional: haría, harías, haría, haríamos, haríais, harían
Imperative: haz, haga, hagamos, haced, hagan
Pres. Subj.:   haga, hagas, haga, hagamos, hagáis, hagan
Imp. Subj.:   hiciera (hiciese), hicieras, hiciera, hiciéramos, hicierais, hicieran
Past Part.:   hecho

imponer   *to impose; to deposit* (see **poner**)

ir   *to go*
Pres. Ind.:   voy, vas, va, vamos, vais, van
Imp. Ind.:   iba, ibas, iba, íbamos, ibais, iban
Preterit: fui, fuiste, fue, fuimos, fuisteis, fueron
Imperative: ve, vaya, vayamos, id, vayan
Pres. Subj.:   vaya, vayas, vaya, vayamos, vayáis, vayan
Imp. Subj.:   fuera (fuese), fueras, fuera, fuéramos, fuerais, fueran

jugar   *to play*
Pres. Ind.:   juego, juegas, juega, jugamos, jugáis, juegan
Imperative: juega, juegue, juguemos, jugad, jueguen
Pres. Subj.:   juegue, juegues, juegue, juguemos, juguéis, jueguen

obtener   *to obtain* (see **tener**)

oír   *to hear*
Pres. Ind.:   oigo, oyes, oye, oímos, oís, oyen
Preterit: oí, oíste, oyó, oímos, oísteis, oyeron
Imperative: oye, oiga, oigamos, oíd, oigan
Pres. Subj.:   oiga, oigas, oiga, oigamos, oigáis, oigan
Imp. Subj.:   oyera (oyese), oyeras, oyera, oyéramos, oyerais, oyeran
Pres. Part.:   oyendo
Past Part.:   oído

oler   *to smell*
Pres. Ind.:   huelo, hueles, huele, olemos, oléis, huelen
Imperative: huele, huela, olamos, oled, huelan
Pres. Subj.:   huela, huelas, huela, olamos, oláis, huelan

poder   *to be able to*
Preterit: pude, pudiste, pudo, pudimos, pudisteis, pudieron
Future: podré, podrás, podrá, podremos, podréis, podrán
Conditional: podría, podrías, podría, podríamos, podríais, podrían
Imperative: puede, pueda, podamos, poded, puedan
Imp. Subj.:   pudiera (pudiese), pudieras, pudiera, pudiéramos, pudierais, pudieran
Pres. Part.:   pudiendo

poner   *to place, put*
Pres. Ind.:   pongo, pones, pone, ponemos, ponéis, ponen
Preterit: puse, pusiste, puso, pusimos, pusisteis, pusieron
Future: pondré, pondrás, pondrá, pondremos, pondréis, pondrán
Conditional: pondría, pondrías, pondría, pondríamos, pondríais, pondrían
Imperative: pon, ponga, pongamos, poned, pongan
Pres. Subj.:   ponga, pongas, ponga, pongamos, pongáis, pongan
Imp. Subj.:   pusiera (pusiese), pusieras, pusiera, pusiéramos, pusierais, pusieran
Past Part.:   puesto

querer   *to want, wish; to like, love*
Preterit: quise, quisiste, quiso, quisimos, quisisteis, quisieron
Future: querré, querrás, querrá, querremos, querréis, querrán
Conditional: querría, querrías, querría, querríamos, querríais, querrían
Imp. Subj.:   quisiera (quisiese), quisieras, quisiera, quisiéramos, quisierais, quisieran

resolver   *to decide on, to solve*
Past Part.:   resuelto

saber   *to know*
Pres. Ind.:   sé, sabes, sabe, sabemos, sabéis, saben
Preterit: supe, supiste, supo, supimos, supisteis, supieron
Future: sabré, sabrás, sabrá, sabremos, sabréis, sabrán
Conditional: sabría, sabrías, sabría, sabríamos, sabríais, sabrían
Imperative: sabe, sepa, sepamos, sabed, sepan
Pres. Subj.:   sepa, sepas, sepa, sepamos, sepáis, sepan
Imp. Subj.:   supiera (supiese), supieras, supiera, supiéramos, supierais, supieran

salir   *to leave; to go out*
Pres. Ind.:   salgo, sales, sale, salimos, salís, salen
Future: saldré, saldrás, saldrá, saldremos, saldréis, saldrán
Conditional: saldría, saldrías, saldría, saldríamos, saldríais, saldrían
Imperative: sal, salga, salgamos, salid, salgan
Pres. Subj.:   salga, salgas, salga, salgamos, salgáis, salgan

ser   *to be*
Pres. Ind.:   soy, eres, es, somos, sois, son
Imp. Ind.:   era, eras, era, éramos, erais, eran
Preterit: fui, fuiste, fue, fuimos, fuisteis, fueron
Imperative: sé, sea, seamos, sed, sean
Pres. Subj.:   sea, seas, sea, seamos, seáis, sean
Imp. Subj.:   fuera (fuese), fueras, fuera, fuéramos, fuerais, fueran

suponer   *to assume* (see **poner**)

tener   *to have*
Pres. Ind.:   tengo, tienes, tiene, tenemos, tenéis, tienen
Preterit: tuve, tuviste, tuvo, tuvimos, tuvisteis, tuvieron
Future: tendré, tendrás, tendrá, tendremos, tendréis, tendrán
Conditional: tendría, tendrías, tendría, tendríamos, tendríais, tendrían
Imperative: ten, tenga, tengamos, tened, tengan
Pres. Subj.:   tenga, tengas, tenga, tengamos, tengáis, tengan
Imp. Subj.:   tuviera (tuviese), tuvieras, tuviera, tuviéramos, tuvierais, tuvieran

traducir   *to translate* (see **conducir**)

traer   *to bring*
Pres. Ind.:   traigo, traes, trae, traemos, traéis, traen
Preterit: traje, trajiste, trajo, trajimos, trajisteis, trajeron
Imperative: trae, traiga, traigamos, traed, traigan
Pres. Subj.:   traiga, traigas, traiga, traigamos, traigáis, traigan
Imp. Subj.:   trajera (trajese), trajeras, trajera, trajéramos, trajerais, trajeran
Pres. Part.:   trayendo
Past Part.:   traído

valer   *to be worth*
Pres. Ind.:   valgo, vales, vale, valemos, valéis, valen
Future: valdré, valdrás, valdrá, valdremos, valdréis, valdrán
Conditional: valdría, valdrías, valdría, valdríamos, valdríais, valdrían
Imperative: vale, valga, valgamos, valed, valgan
Pres. Subj.:   valga, valgas, valga, valgamos, valgáis, valgan

venir   *to come*
Pres. Ind.:   vengo, vienes, viene, venimos, venís, vienen
Preterit: vine, viniste, vino, vinimos, vinisteis, vinieron
Future: vendré, vendrás, vendrá, vendremos, vendréis, vendrán
Conditional: vendría, vendrías, vendría, vendríamos, vendríais, vendrían
Imperative: ven, venga, vengamos, venid, vengan
Pres. Subj.:   venga, vengas, venga, vengamos, vengáis, vengan
Imp. Subj.:   viniera (viniese), vinieras, viniera, viniéramos, vinierais, vinieran
Pres. Part.:   viniendo

ver   *to see*
Pres. Ind.:   veo, ves, ve, vemos, veis, ven
Imp. Ind.:   veía, veías, veía, veíamos, veíais, veían
Preterit: vi, viste, vio, vimos, visteis, vieron
Imperative: ve, vea, veamos, ved, vean
Pres. Subj.:   vea, veas, vea, veamos, veáis, vean
Imp. Subj.:   viera (viese), vieras, viera, viéramos, vierais, vieran
Past Part.:   visto

volver   *to return*
Past Part.:   vuelto

Appendix C   Glossary of Grammatical Terms

adjective: A word that is used to describe a noun: *tall* girl, *difficult* lesson.

adverb: A word that modifies a verb, an adjective, or another adverb. It answers the questions "How?" "When?" "Where?": She walked *slowly*. She'll be here *tomorrow*. She is *here*.

agreement: A term applied to changes in form that nouns cause in the words that surround them. In Spanish, verb forms agree with their subjects in person and number (**yo** habl**o**, **él** habl**a**, etc.). Spanish adjectives agree in gender and number with the noun they describe. Thus, a feminine plural noun requires a feminine plural ending in the adjective that describes it (cas**as** amarill**as**), and a masculine singular noun requires a masculine singular ending in the adjective (libr**o** negr**o**).

auxiliary verb: A verb that helps in the conjugation of another verb: I *have* finished. He *was* called. She *will* go. He *would* eat.

command form: The form of the verb used to give an order or direction: *Go! Come back! Turn* to the right!

conjugation: The process by which the forms of the verb are presented in their different moods and tenses: I *am*, you *are*, he *is*, she *was*, we *were*, etc.

contraction: The combination of two or more words into one: *isn't, don't, can't.*

definite article: A word used before a noun indicating a definite person or thing: *the* woman, *the* money.

demonstrative: A word that refers to a definite person or object: *this, that, these, those.*

diphthong: A combination of two vowels forming one syllable. In Spanish, a diphthong is composed of one *strong* vowel (**a, e, o**) and one *weak* vowel (**u, i**) or two weak vowels: **ei, au, ui.**

exclamation: A word used to express emotion: *How* strong! *What* beauty!

gender: A distinction of nouns, pronouns, and adjectives, based on whether they are masculine or feminine.

indefinite article: A word used before a noun that refers to an indefinite person or object: *a* child, *an* apple.

infinitive: The form of the verb generally preceded in English by the word *to* and showing no subject or number: *to do, to bring.*

interrogative: A word used in asking a question: *Who? What? Where?*

main clause: A group of words that includes a subject and a verb and that by itself has complete meaning: *They saw me. I go now.*

noun: A word that names a person, place, or thing: *Ann, London, pencil,* etc.

number: Number refers to singular and plural: *chair, chairs.*

object: Generally a noun or a pronoun that is the receiver of the verb's action. A direct object answers the question "What?" or "Whom?": We know *her*. Take *it*. An indirect object answers the question "To whom?" or "To what?": Give *John* the money. Nouns and pronouns can also be objects of prepositions: The letter is *from Rick*. I'm thinking *about you*.

past participle: Past forms of a verb: *gone, worked, written,* etc.

person: The form of the pronoun and of the verb that shows the person referred to: *I* (first-person singular), *you* (second-person singular), *she* (third-person singular), etc.

possessive: A word that denotes ownership or possession: This is *our* house. The book isn't *mine*.

preposition: A word that introduces a noun or pronoun and indicates its function in the sentence: They were *with* us. She is *from* Nevada.

pronoun: A word that is used to replace a noun: *she, them, us,* etc. A **subject pronoun** refers to the person or thing spoken of: *They* work. An **object pronoun** receives the action of the verb: They arrested *us* (direct object pronoun). She spoke to *him* (indirect object pronoun). A pronoun can also be the object of a preposition: The children stayed with *us.*

reflexive pronoun: A pronoun that refers back to the subject: *myself, yourself, himself, herself, itself, ourselves,* etc.

subject: The person, place, or thing spoken of: *Robert* works. *Our car* is new.

subordinate clause: A clause that has no complete meaning by itself but depends on a main clause: They knew *that I was here.*

tense: The group of forms in a verb that show the time in which the action of the verb takes place: *I go* (present indicative), *I'm going* (present progressive), *I went* (past), *I was going* (past progressive), *I will go* (future), *I would go* (conditional), *I have gone* (present perfect), *I had gone* (past perfect), *that I may go* (present subjunctive), etc.

verb: A word that expresses an action or a state: We *sleep.* The baby *is* sick.

Appendix D English Translations of Dialogues

Lección preliminar

Greetings and Farewells

At Chapultepec Park, in Mexico City.
In the morning
Good morning, José Luis.
Good morning, Inés. How are you?
Fine, and you?
Very well, thank you. What's new?
Not much . . .

In the afternoon
Good afternoon, Amelia.
Hello, Lupe. How is it going?
Fine. Listen, what's your phone number?
Five-zero-seven-four-two-nine-eight.

In the evening
See you tomorrow, Raúl.
Bye, and good-night. Say hi to Veronica.
Thanks. See you.

Lección 1

The First Day of Class

At the University of Puebla, in Mexico.
Professor Vargas speaks with María Inés Vega, a student.
M: Good afternoon, madam.
Pr. V: Good afternoon, young lady. What is your name?
M: My name is María Inés Vega.
Pr. V: It's a pleasure (to meet you), Miss Vega.
M: The pleasure is mine.

In the classroom, María Inés speaks with Pedro.
P: Hi, what's your name?
M: My name's María Inés Vega. What's yours?
P: Pedro Morales.
M: Where are you from, Pedro? From Mexico?
P: Yes, I'm Mexican. And you are (a) North American?
M: No, I'm Cuban. I'm from Havana.

Daniel speaks with Sergio.
D: What does your new classmate look like?
S: Ana? She's a tall, slender girl. She's pretty, intelligent, and very charming.
D: Is she (a) Mexican?
S: Yes, she's from Guadalajara.

Doctor Martínez speaks with the students.
R: Good morning, professor. How are you?
Pr: Fine, and you?

R: Very well. Professor, how do you say "*de nada*" in English?
Pr: You say "you're welcome."
M: What does "I'm sorry" mean?
Pr: It means "*lo siento.*"
M: Thank you very much.
Pr: You're welcome. I'll see you tomorrow.
M: Are there classes tomorrow, professor?
Pr: Yes, miss.

Lección 2

What Classes Are We Taking?

Four Latin American students are talking at the University of California in Los Angeles. Pedro talks with his friend Jorge.
P: What subjects are you taking this semester, Jorge?
J: I'm taking math, English, history, and chemistry. And you?
P: I'm studying biology, physics, literature, and Spanish.
J: Is your physics class difficult?
P: No, all my classes are easy.
J: Do you work in the cafeteria?
P: No, I work in the language lab.
J: And Adela? Where does she work?
P: She and Susana work in the library.
J: How many hours do they work?
P: Three hours a day.
J: Do they work in the summer?
P: No, in June, July, and August they don't work.

Elsa and Dora are talking in the cafeteria.
E: What do you want to drink?
D: A cup of coffee. And you?
E: A glass of milk.
D: Listen, I need my class schedule.
E: Here it is. How many classes are you taking this semester?
D: Four. Let's see . . . What time is the history class?
E: It's at nine.
D: What time is it?
E: It's eight-thirty.
D: Wow! I'm leaving.
E: Why?
D: Because it's late.
E: What time do you get through today?
D: I finish at one. Oh, with whom are you studying today?
E: With Eva, my roommate.

Lección 3

Registration Day

At a university in San Antonio, Texas. Today is the last day to pay tuition. Juan speaks with the cashier.

J: How much do I have to pay for each unit?

C: Are you a resident of the state?

J: Yes, I'm a resident.

C: You have to pay eighty-five dollars per unit.

J: Do you accept checks?

C: Yes, but you need an I.D.

J: Is my driver's license sufficient?

C: Yes. Here's your receipt.

Juan writes his class schedule in his notebook and then decides to go home to see if he has any e-mail.

Since Juan and Roberto are very hungry, they decide to eat in the cafeteria. A while later Olga, Roberto's girlfriend, comes along.

R: Where are you coming from, Olga?

O: I'm coming from the bookstore. I (already) have all the books I need.

J: Do you live in the dormitory?

O: No, I live in an apartment, near the university.

J: What classes are you taking this trimester?

O: Math, French, computer science, and accounting.

J: You're taking computer science . . . Do you like to surf the net?

O: Yes, and I receive a lot of e-mail from my friends.

R: Okay . . . What shall we eat? Sandwiches and salad?

O: Yes, and lemonade, because I'm very thirsty. Listen, Roberto, what time do we run tomorrow morning?

R: At six, as usual. Juan, you run too, right?

J: Me? No! I'm always sleepy in the morning.

Lección 4

Weekend Activities

Lupe and her husband, Raúl, plan several activities for the weekend. The couple lives in Miami, Florida.

L: Tonight, we're invited to go to the theater with your mother and your aunt and uncle.

R: Why don't we take my sister too?

L: No, today she's going to the movies with her boyfriend and then they're going to visit Ana.

R: That's right. Oh! Your parents are coming to eat tomorrow, right?

L: Yes, and afterwards we're all going to the club to play tennis.

R: I don't like to play tennis. Why don't we go swimming?

L: But I can't (don't know how to) swim well.

R: You have to learn, Lupita.

L: Okay, let's go to the swimming pool, and in the evening, let's go to the concert.

R: Perfect. Listen, I'm very hungry. Is there anything to eat?

L: Yes, we have cheese, fruit, and those ham sandwiches (that are) on the table.

The next day Carmen, Raúl's sister, is at a sidewalk cafe with her boyfriend, Héctor.

C: What are we doing this afternoon? Where are we going (to)? Shall we go skating?

H: I don't know . . . I'm tired and I feel like seeing the baseball game.

C: Okay, let's go to the stadium and in the evening we'll go to the club.

H: No, my boss is giving a party tonight, and we're invited.

C: Oh, Hector! I don't know your boss. Besides, he lives very far away.

H: Why don't we go to the party for a while and then go to the club to dance?

C: Good idea! Listen, shall we have something to eat?

H: Yes, I'm going to call the waiter. What are you going to eat?

C: A ham and cheese sandwich.

H: Me too. At this cafe, they make very good sandwiches.

C: Listen, shall we have (drink) a soda?

H: Yes, a Coke.

Lección 5

A Welcome Party

Eva, Luis's younger sister, is arriving in San Juan, the capital of Puerto Rico, today, and he and his friends are giving a party for her. Luis phones his friend Estela.

L: Hello, Estela? Luis speaking.

E: Hi, how's it going, Luis?

L: Fine. Listen, we're going to give a welcome party for Eva. Do you want to come? It's at my cousin Jorge's house.

E: Yes, sure. When is it?

L: Next Saturday. It starts at eight P.M.

E: Thanks for the invitation. Are Juan and Olga going too?

L: I'm not sure, but I think they're planning on coming, if they aren't busy.

E: Is Andrés going to take his compact discs and his tapes?

L: Yes, but Jorge's stereo is not very good.

E: If you want, I can take my stereo; it's better than yours.

L: Great! See you Saturday, then.

At the party, Pablo and Estela are talking. Pablo is young, handsome, and much taller than Estela. She is a pretty young woman, blonde with blue eyes, slim, and medium height. Now they are talking about Sara.

E: Pablo, you have to meet Sara, my roommate.

P: What is she like? Tall . . . short . . . ? Is she as beautiful as you?

E: She's very pretty! She has black hair and brown eyes. And she's very charming!

P: But, is she intelligent? And, the most important thing (*joking*) . . . does she have money?

E: Yes, she's rich; and she's the most intelligent one in the group.

P: She's perfect for me. Is she here?

E: No, she's at home because she's sick.

P: Too bad! Listen! They're serving the drinks. Do you want punch?

E: No, I prefer a soda, but first I want to dance with you.

P: O.K. Let's dance. They are playing a salsa.

Lección 6

At the Bank and at the Post Office

At Bank of America, in Panama City.
It is ten o'clock in the morning and Alicia enters the bank. She doesn't have to stand in line because there aren't many people.

T: What can I do for you, miss? (How may I serve you, miss?)

A: I want to open a savings account. What interest do you pay?

T: We pay three percent.

A: Can I use the automatic teller machine to take my money out at any time?

T: Yes, but if you take out the money, you may lose part of the interest.

A: Okay . . . Now I want to cash this check.

T: How do you want the money?

A: One hundred balboas in cash. I'm going to deposit a thousand in my checking account.

T: I need your account number.

A: One moment . . . I can't find my checkbook and I don't remember the number . . .

T: It doesn't matter. I'll look it up.

A: Oh, where do I get traveler's checks?

T: They sell them at window number two.

In another department, Alicia asks for information about a loan.

Alicia has been standing in line at the post office for fifteen minutes when she finally reaches the window. There she buys stamps and requests information.

A: I want to send these letters by air mail.

C: Do you want to send them registered?

A: Yes, please. How much is it?

C: Ten balboas, miss.

A: I also need stamps for three postcards.

C: Here you are.

A: Thanks. How much does it cost to send a money order to Mexico?

C: Twenty balboas. Anything else, miss?

A: Nothing else. Thank you.

Alicia leaves the post office, takes a taxi, and returns home.

Lección 7

Going Shopping

Aurora Ibarra is an engineering student. She is from Puerto Limón, Costa Rica, but last year she moved to San José. Today she got up very early, bathed, washed her hair, and got ready to go shopping. At the París store, which is having a big sale today, Aurora is speaking with the salesperson in the women's department.

A: I like that pink blouse. How much does it cost?

S: Seven thousand colones. What size do you wear?

A: Size thirty-eight. Where can I try on the blouse?

S: There is a fitting room to the right and another to the left.

A: I'm also going to try on this dress and that skirt.

S: Do you need a coat? We're having a big sale on coats today.

A: What a pity! I bought one yesterday . . . Are underwear and pantyhose also on sale?

S: Yes, we give you a 20 percent discount.

Aurora bought the blouse and skirt, but decided not to buy the dress. Later she went to the shoe store to buy a pair of sandals and a purse. When she left the shoe store, she went to do several errands and didn't return home until very late.

Enrique is at a shoe store because he needs a pair of shoes and some boots.

S: What size shoe do you wear?

E: I wear (size) forty-two.

S: (*Tries the shoes on him.*) Do you like them?

E: Yes, I like them, but they're a little tight (on me); they're very narrow.

S: Do you want some wider ones?

E: Yes, and some boots in the same size, please.

S: (*Brings him the boots and the shoes.*) These boots are very good quality.

E: (*Tries on the boots and the shoes.*) The shoes fit me well, but the boots are too big.

After paying for the shoes, Enrique went to the men's department of a very elegant store. There he bought a suit, (a pair of) pants, a shirt, two ties, and a pair of socks. Afterwards he went home loaded with packages.

E: (*He thinks while he gets dressed.*) I'm going to wear (to put on) the new suit to go to the party at the club. It was a stroke of luck to find this suit, so elegant and so inexpensive.

Lección 8

At the Supermarket

Beto and Sara are buying food and other things at a supermarket in Lima.

B: We don't need lettuce or tomatoes because Rosa bought many vegetables yesterday.

S: She came to the market yesterday?

B: Yes, yesterday she did many things: she cleaned the floor, went to the pharmacy . . .

S: She made a cake . . . Listen, we need butter, sugar, and cereal.

B: Also, you said that we needed two dozen eggs.

S: Yes. Oh! Mom came yesterday?

B: Yes, I told you last night . . . She brought us some magazines and some newspapers. Oh, do we have toilet paper?

S: No. We also need bleach, detergent, and soap.

B: Okay, we have to hurry. Rosa told me that she could stay with the children only until five.

S: Well, generally she stays until later . . . Where did you put the credit card?

B: I think I left it at home . . . No, here it is!

When Beto and Sara were going to their home, they saw Rosa and the children, who were playing in the park.

Irene and Paco are at an outdoor market.

I: You were here the day before yesterday. Didn't you buy apples?

P: Yes, but I gave them to Marta. She wanted to use them (in order) to make a pie.

I: We need apples, oranges, pears, grapes, and peaches for the fruit salad.

P: We also have to go buy meat and fish. Let's go now to the meat market and the fish market.

I: And to the bakery to buy bread. I didn't have time to go yesterday.

P: Listen, we need carrots, potatoes, onions, and . . .

I: And nothing else! We don't have much money . . .

P: It's true . . . Unfortunately, we spent a lot last week.

I: Do you know if your brother obtained the loan that he asked for?

P: Yes, they gave it to him.

I: Thank goodness!

Lección 9

At a Restaurant

Pilar and her husband, Victor, are on vacation in Colombia, and two days ago they arrived in Bogotá, where they plan on staying (being) for a month. Last night they hardly slept (almost didn't sleep) because they went to the theater and then to a night club to celebrate their wedding anniversary. Now they are at a cafe in an international hotel, ready to have breakfast. The waiter brings them the menu.

V: (*To the waiter.*) I want two fried eggs, orange juice, coffee, and bread and butter.

W: And you, madam, do you want the same thing?

P: No, I only want coffee with milk and toast with jam.

V: Why don't you eat eggs with bacon or sausage and pancakes?

P: No, because at one we are going to have lunch at the Acostas' house. Today is Armando's birthday.

V: That's true. And tonight we're going to a restaurant for dinner.

In the afternoon Victor called the La Carreta restaurant from the hotel and asked what time it opened. He made reservations for nine, but they were late because there was a lot of traffic.

At the restaurant.

W: I want to recommend to you the specialty of the house: steak with lobster, rice, and salad. For dessert, flan with cream.

P: No, I want fish soup and roast chicken with mashed potatoes. For dessert, ice cream.

V: For me, lamb chops, a baked potato, no, excuse me, French fries, and salad. For dessert, a piece of cake.

The waiter wrote down the order and left for the kitchen.

P: My grandmother used to make very tasty pastries. When I was little, I always used to go to her house to eat pastries.

V: I didn't see mine much because she lived in the country, but she cooked very well too.

After dining, they continued to talk for a while. Then Victor asked for the bill, paid it, and left the waiter a good tip. When they went out, it was cold and they had to take a taxi to go to the hotel. It was eleven o'clock when they arrived.

Lección 10

At a Hospital

In Santiago, Chile. Susana has had an accident and they have brought her to the hospital in an ambulance. Now she is in the emergency room talking with the doctor.

D: Tell me what happened to you, miss.

S: I had stopped at a (street) corner and a bus collided with my car.

D: Did you lose consciousness after the accident?

S: Yes, for a few seconds.

D: Do you have pain anywhere?

S: Yes, doctor, the wound in my arm hurts a lot.

D: When was the last time they gave you a tetanus shot?

S: Six months ago.

D: Okay, I'm going to bandage the wound right now. And afterwards, the nurse is going to give you an injection for the pain. Does anything else hurt (you)?

S: My back hurts a lot and my head hurts too.

D: Okay, we're going to take some X-rays to see if you've broken anything. (*To the nurse.*) Take the young lady to the X-ray room.

An hour later, Susana left the hospital. She didn't have to pay anything because she had medical insurance. She went to a pharmacy and bought the medicine that the doctor had prescribed for her for the pain.

Pepito fell down the stairs in his house, and his mother took him to the hospital. They have been waiting for an hour when Dr. Alba finally comes.

D: What happened to your son, madam?

W: It seems that he's twisted his ankle.

D: Let's see. . . . I think it's a fracture.

They have taken Pepito to the X-ray room and they have taken several X-rays.

D: He has a broken leg. We're going to have to put a cast on it.

W: Is he going to have to use crutches for walking?

D: Yes, for six weeks. Give him these pills for the pain and make an appointment for next week.

Later

S: (*To Pepito*) How do you feel, darling?

P: A little better. Did you call Dad?

S: Yes, he's coming to pick us up right away.

Lección 11

At the Drugstore and in the Doctor's Office

Alicia arrived in Quito yesterday. During the day she had a very good time, but at night she didn't feel well and didn't sleep well. It was four o'clock in the morning when she was finally able to fall asleep. She got up at eight o'clock and went to the drugstore. There she spoke with Mr. Paz, the pharmacist.

Mr. P: What can I do for you, miss?

A: I want you to give me something for a cold.

Mr. P: Do you have a fever?

A: Yes, I have a temperature of thirty-nine degrees. Besides, I have a cough and a bad headache.

Mr. P: Take two aspirins every four hours and this cough syrup.

A: And if the fever doesn't go down?

Mr. P: In that case, you're going to need penicillin. I suggest that you go to the doctor.

A: I fear that it's the flu . . . or pneumonia!

Mr. P: I don't think so. Do you need anything else?

A: Yes, nose drops, adhesive bandages, and cotton.

The next day, Alicia is still sick and decides to go to the doctor. The doctor examines her and then speaks with her.

Dr. S: You have an infection in the throat and ears. Are you allergic to any medicine?

A: No, doctor.

Dr. S: Very well, I'm going to prescribe some pills for you. You're not pregnant, are you?

A: No, doctor. Is there a drugstore near here?

Dr. S: Yes, there's one on the corner. Here's the prescription.

A: Do I have to take the pills before or after meals?

Dr. S: After (meals). I hope you get better soon.

A: Thank you. I'm glad that it isn't anything serious.

Alicia leaves the doctor's office and goes to the pharmacy.

A: (*Thinks*) I hope that the pills are inexpensive. If they are very expensive I am not going to have enough money.

Lección 12

A Trip to Buenos Aires

Isabel and Delia want to go to Buenos Aires on vacation and they go to a travel agency to reserve the tickets. Now they are talking with the agent.

I: How much does a round-trip ticket, tourist class to Buenos Aires cost?

A: Fifteen hundred dollars if you travel during the week.

I: Is there any excursion (tour) that includes the hotel?

A: Yes, there are several that include the hotel, especially for people who travel with someone else.

The agent shows them brochures on several types of excursions.

D: We like this one. Is there a flight that leaves next Thursday?

A: Let's see. . . . Yes, there is one that leaves in the afternoon and has a stopover in Miami.

I: Do we have to change planes?

A: Yes, you have to change planes. When do you want to come back?

D: In two weeks.

A: Very well. You need a passport but you don't need a visa to travel to Argentina.

I: (*To Delia.*) Call your mother on the phone and tell her that you need your passport.

D: Okay . . . and you go to the bank and buy traveler's checks.

On the day of the trip, Isabel and Delia talk with the airline (ticket) agent in the airport.

A: Your passports, please. Let's see . . . Isabel Vargas Peña, Delia Sánchez Rivas. Yes, here you are. What seats do you want?

I: We want an aisle seat and a window seat in the nonsmoking section.

A: There is no smoking section on these flights. How many suitcases do you have?

I: Five, and two carry-on bags.

A: You have to pay excess baggage. It's fifty dollars.

D: All right. What is the gate number?

A: Number four. Here are the claim checks. Have a nice trip!

At gate number four:

"Last call. Passengers on flight 712 to Buenos Aires, please board the plane."

I: They charged too much for the excess luggage!

D: There is no one who travels with as much luggage as we do!

Isabel and Delia give the boarding pass to the flight attendant, board the plane, and put the carry-on luggage under their seats.

Lección 13

Where Are We Staying?

Mr. and Mrs. Paz arrived at the Regis Hotel in Asunción a few minutes ago. Since they don't have a reservation, they speak with the manager to ask for a room.

Mr. P: We want a room with private bath, air conditioning, and a double bed.

M: There is one overlooking the street, but you have to wait until they finish cleaning it.

Mr. P: Fine. There are two of us. How much do you charge for the room?

M: Three hundred thousand guaranis a night.

Mrs. P: Do you have room service? We want to eat as soon as we get to the room.

M: Yes, madam, but I doubt that they serve food at this hour.

Mr. Paz signs the register; the manager gives him the key and calls the bellhop so he'll take the suitcases to the room.

Mr. P: At what time do we have to check out of (vacate) the room?

M: At noon, although you can stay an extra half hour.

Mrs. P: (*To her husband.*) Let's go to a restaurant and eat something before we go up to the room.

Mr. P: Yes, but first let's leave your jewels in the hotel safe-deposit box.

Mrs. P: Listen, it's not true that the Regis is as expensive as they told us.

Mario and Jorge are speaking with the owner of the Carreras boarding house, where they are planning to stay. They ask him the price of the rooms.

O: With meals, we charge nine hundred and ninety thousand guaranis a week.

M: Does that include breakfast, lunch, and dinner?

O: Yes, it's room and board. How long are you planning on staying?

M: I don't think we can stay more than a week.

J: You're right . . . . (*To the owner.*) Does the bathroom have a bathtub or shower?

O: Shower, with hot and cold water. And all the rooms have heating.

M: Is there a TV set in the room?

O: No, but there is one in the dining room.

M: Thanks. (*To Jorge.*) When we go to Montevideo, let's try to find another boarding house like this one.

J: Yes. Listen, let's hurry, or we are going to be late to the movies.

M: Yes. I want to arrive before the movie starts.

Lección 14

A Very Busy Day

Rosa and Luis have been living in the Mirasierra neighborhood in Madrid for two months. Today they're cleaning house and cooking because Luis's parents will come to spend the weekend with them and the maid has the day off.

R: Luis, vacuum the rug while I sweep the kitchen.

L: You will have to be patient, my love (darling)! I'm washing the dishes.

R: Still?! Give me your gray pants to wash afterwards.

L: I wouldn't wash them here; I would send them to the cleaner's to have them dry cleaned.

R: Then bring me the sheets, pillowcases, and towels.

L: Don't wash them now; I'll do it later.

R: Thanks. You're an angel. Don't forget to take out the garbage. It's under the sink.

L: Okay, and if you want me to clean the garage, give me the broom and the dustpan.

R: We'll have to hurry up. Listen, remember to take my car so they can fix it.

L: Yes, yesterday I noticed that the brakes didn't work well.

Luis mowed the lawn, cleaned the refrigerator and the garage, gave the dog a bath, and took the car to the repair shop. Rosa washed, ironed, and cooked.

In the evening

R: Your parents will be here within half an hour.

L: Do you want me to help you make the *sangría*?

R: No, we will do that later. Put these flowers in the vase.

L: Did you already put the bread in the oven?

R: No, not yet. I'm going to prepare the salad now.

L: Put a little oil on it, but don't put (too) much vinegar (on it).

R: Check (and see) if we have artichokes and asparagus, I would like to use them in the salad.

L: Yes, there are (some). Well I'll have to start to prepare the tenderloins. I know that you like them well done.

R: Yes, or medium. I'm going to put the silverware on the table and the china that your parents gave us.

L: They'll be very glad to see that we use it. Someone is knocking at the door. I'm going to open (it).

Lección 15

Looking for an Apartment

Magali, a Cuban girl, and Rafael, a young man from Seville, are engaged to be married. They are now preparing the invitations for the wedding.

M: (*Joking.*) If you didn't have so many relatives, we wouldn't have to send so many invitations.

R: (*He laughs.*) But, darling, if we didn't invite them, they wouldn't bring us presents! Oh! And don't forget to invite my godparents.

M: Of course not! But, seriously. . . . The reception is going to cost an arm and a leg. . . .

R: Don't worry. . . . Listen, my parents told me yesterday to choose the furniture for the bedroom.

M: I have a bed, so we're only going to need the chest of drawers and two night tables. And two lamps. . . .

R: Look, Magali. Here in the newspaper they advertise an apartment that seems great. Listen:

CLASSIFIED ADS

Two bedroom apartment for rent. Living room, dining room, kitchen, and bathroom. Central heating. Parking space. Near the subway station. Telephone: 256-34-28

M: Let's go see it today!

That afternoon.

R: I would prefer an apartment that had a family room and a terrace. . . .

M: I love the curtains and the wood floor!

R: Yes, but if we were to rent this apartment, we would have to paint it. Besides, it's a little expensive. . . .

M: If we were to paint it, maybe they wouldn't charge us the cleaning deposit.

R: Okay, and I must admit that it has one advantage: we don't have to drive much because, with the bus, we can easily get downtown.

M: Let's go talk to the superintendent. If I get the job at the insurance company, we won't have problems paying the rent.

R: Okay, love, you have convinced me.

A month later, Rafael and Magali get married and go to Majorca for their honeymoon.

Appendix E Answer Key to Tome este examen

Lección preliminar

A. 1. Ve-e-ere-a 2. pe-a-zeta 3. ese-o-te-o 4. ele-a-ere-e-de-o 5. be-a-erre-i-o-ese
6. ene-u-eñe-e-zeta

B. martes / miércoles / viernes / sábado

C. 1. ocho 2. cuatro 3. seis 4. uno 5. cinco 6. diez 7. tres 8. cero 9. dos 10. siete
11. nueve

D. 1. amarillo 2. marrón (café) 3. verde 4. azul 5. gris 6. negro 7. anaranjado 8. blanco
9. morado

E. 1. Buenos / Cómo 2. hay / nuevo 3. es / número / teléfono 4. vista / Saludos 5. despacio
6. tome asiento

F. 1. antiguas 2. hermosa

Lección 1

A. 1. los / unos 2. los / unos 3. el / un 4. las / unas 5. la / una 6. la / una 7. los / unos 8. los /
unos

B. 1. nosotras 2. ellos 3. él 4. nosotros 5. ellas 6. usted 7. tú

C. 1. soy / es 2. son 3. somos 4. son 5. eres 6. es

D. 1. El alumno es norteamericano. 2. Los lápices son verdes. 3. Las mesas son blancas. 4. Es un
hombre español. 5. Las profesoras son inglesas. 6. Los muchachos son altos. 7. Es una mujer
inteligente. 8. Los señores son muy simpáticos.

E. 1. treinta bolígrafos 2. dieciséis mochilas 3. veintidós relojes 4. trece ventanas 5. sesenta y dos
libros 6. quince cuadernos 7. dieciocho estudiantes (alumnos) 8. once mapas 9. noventa y cinco
computadoras 10. setenta y tres cestos de papeles 11. cien plumas (bolígrafos) 12. cincuenta y ocho
borradores

F. 1. llama 2. gusto 3. dice 4. quiere 5. estudiantes 6. es 7. está 8. nada 9. compañera
10. es

G. 1. sur 2. coloniales 3. es

Lección 2

A. 1. tomas 2. habla (conversa) 3. hablamos 4. deseo 5. estudia 6. trabajan 7. necesita
8. terminamos

B. 1. ¿Hablan ellos inglés con los estudiantes? Ellos no hablan inglés con los estudiantes. 2. ¿Estudia ella
química? Ella no estudia química. 3. ¿Terminan ustedes hoy? Uds. no terminan hoy.

C. 1. tu 2. su 3. nuestra 4. mis 5. sus 6. nuestros 7. su

D. 1. las 2. el 3. el 4. las 5. los 6. el 7. la 8. la

E. 1. Oye, ¿qué hora es? ¿La una? 2. Él toma química a las nueve y media de la mañana. 3. Nosotros
estudiamos español por la tarde. 4. Son las ocho menos cuarto.

F. 1. el primero de marzo   2. el diez de junio   3. el trece de agosto   4. el veintiséis de diciembre
5. el tres de septiembre   6. el veintiocho de octubre   7. el diecisiete de julio   8. el cuatro de abril
9. el dos de enero   10. el cinco de febrero

1. invierno   2. primavera   3. otoño   4. verano

G. 1. hora   2. horario / aquí   3. laboratorio   4. taza   5. toman   6. semestre / trimestre   7. tarde
8. asignatura (materia)   9. vaso   10. al   11. compañera   12. quién

H. 1. mexicano   2. antiguas   3. escuela secundaria

Lección 3

A. 1. escribe   2. vivimos   3. deben   4. corres   5. bebo   6. come   7. decide   8. reciben

B. 1. la novia de Pedro   2. la licencia para conducir de Alicia   3. el apartamento de la Sra. Peña
4. los cheques de Carlos

C. 1. vienes   2. venimos / tenemos   3. tienen / vienen   4. vengo / tengo   5. tiene

D. 1. Yo no tengo que trabajar mañana por la mañana.   2. ¿Tenemos que decidir hoy?   3. Ellos tienen que
pagar la matrícula.   4. Nosotros tenemos que escribir en español.

E. 1. ...tengo mucho calor.   2. ...tiene mucha hambre.   3. ...tiene mucha sed.   4. ...tienes mucho frío.
5. ...tenemos mucho sueño.   6. ...tienen mucho miedo.   7. ...tengo mucha prisa.

F. 1. quinientos sesenta y siete   2. setecientos noventa   3. mil   4. trescientos cuarenta y cinco
5. seiscientos quince   6. ochocientos setenta y cuatro   7. novecientos sesenta y cinco   8. doscientos
trece   9. cuatrocientos ochenta y uno   10. trece mil ochocientos dieciséis

G. 1. licencia / identificación   2. paga / cada   3. tiene   4. cerca / apartamento   5. escribe   6. mensajes
7. siempre   8. estado   9. último / pagar   10. navegar   11. universitaria / casa   12. limonada

H. 1. Guadalupe Hidalgo   2. mexicano   3. pensiones   4. poco

Lección 4

A. 1. esas / esos   2. esta / este   3. aquel / aquella   4. esa / ese   5. estos / estas

B. 1. Yo conozco a la tía de Julio.   2. Luis tiene tres tíos y dos tías.   3. Ana lleva a su prima a la fiesta.
4. Uds. conocen Nueva York.

C. 1. No conocemos al señor Vega.   2. Es la hermana del profesor.   3. Venimos del laboratorio.   4. Voy al
teatro.   5. Vengo de la piscina.

D. 1. doy   2. está   3. vamos   4. estás   5. están   6. va   7. dan   8. voy

E. 1. ¿Dónde vas a estudiar?   2. ¿Qué van a comer Uds.?   3. ¿Con quién va a ir Roberto?   4. ¿A qué hora va
a terminar Ud.?   5. ¿Cuándo van a trabajar ellos?

F. 1. ¿Conoces al Sr. Soto, Anita?   2. ¿Sabe bailar, Srta. Peña?   3. Conozco varias ciudades.   4. ¿Sabes el
(número de) teléfono de Pablo, Paco?

G. 1. libre   2. algo   3. fin   4. invitados   5. ganas   6. jugar   7. siguiente   8. piscina   9. llevas
10. aprender   11. jamón   12. visita (llama)

H. 1. La mayoría de los hispanos que viven en Miami son de Cuba.   2. Se nota la influencia hispana en lo
cultural y en lo económico.   3. El deporte más popular es el fútbol.

Lección 5

A. 1. estamos sirviendo   2. estoy leyendo   3. están patinando   4. ¿Qué estás comiendo?   5. está durmiendo

B. 1. es / está   2. está / Es   3. son   4. estás   5. es   6. es   7. estamos   8. Son

C. 1. prefieres / quiere   2. empiezan   3. pensamos   4. prefieren   5. queremos

D. 1. —¿Él es mayor que tú, Anita?   —Sí, pero yo soy mucho más alta.   2. —Él es muy guapo.   —Tú eres tan guapo como él, Paquito... y él es menos inteligente.   3. —¿Ellos son los mejores estudiantes de la clase?   —No, son los peores!   4. —¿Trabaja?   —Sí, pero no trabaja tantas horas como yo.

E. 1. conmigo / contigo / con ellos (ellas)   2. para ti / para mí / para ella

F. 1. discos   2. ojos   3. menor   4. morena   5. estatura   6. rica   7. bienvenida   8. llamar   9. Cómo   10. ponche   11. bebida   12. tocando / bailar   13. Cuándo   14. ocupado(a)   15. joven

G. 1. Puerto Rico fue descubierto por Cristóbal Colón.   2. No necesitan visa porque son ciudadanos americanos.   3. Es una fortaleza construida por los españoles para defender el puerto (de los ataques de los corsarios y piratas en la época colonial).   4. La salsa es música caribeña con cierta influencia del jazz. (Es un baile.)

Lección 6

A. 1. recuerdo   2. vuelve   3. cuestan   4. puedo   5. encontramos   6. podemos   7. duerme

B. 1. piden   2. servimos   3. consigues   4. dice   5. sirve   6. digo   7. pedimos   8. consigue

C. 1. No, no voy a leerlos. (No, no los voy a leer.)   2. No, no lo (la) conoce.   3. No, no me llevan.   4. No, ella no te llama mañana.   5. No, no lo necesito.   6. No, no la tengo.   7. No, ellos no nos conocen.   8. No, no las conseguimos.

D. 1. Tengo alguna(s) tarjeta(s) postal(es).   2. ¿Quiere algo más?   3. Siempre vamos al banco los lunes.   4. Quiero (o) la pluma roja o la pluma verde.   5. Siempre llamo a alguien.

E. 1. Hace cinco años que (yo) vivo en Caracas.   2. ¿Cuánto tiempo hace que (Ud.) estudia español, Sr. Smith?   3. Hace dos horas que (ellos) escriben.   4. Hace dos días que (ella) no come.

F. 1. interés / ciento   2. sacar / cualquier   3. estampilla   4. talonario   5. depositar   6. aérea   7. postal   8. efectivo   9. parte   10. importa   11. viajero   12. préstamo   13. cuenta   14. libreta   15. fechar

G. 1. español   2. las operaciones del Canal   3. diez   4. balboa

Lección 7

A. 1. vendí   2. compró   3. comieron   4. saliste   5. bebimos   6. escribió   7. volví   8. trabajaste

B. 1. fue   2. dieron   3. fue   4. fui   5. fue   6. Di   7. fui   8. fuimos

C. 1. No, no me quedan grandes (los zapatos).   2. No, no le doy el cinturón (a Aurora, a ella).   3. No, no te voy a comprar una chaqueta.   4. No, no les voy a dar los guantes (a la chica, a ella).   5. No, no me aprietan (las botas).   6. No, no nos van a dar las camisas.

D. 1. (A ella) No le gusta esa blusa.   2. Me gusta llevar (usar) este abrigo.   3. Nos gustan estos pantalones.   4. ¿Te gusta esta falda, Anita?   5. (A ellos) Les gusta bailar.

E. 1. se levantan / se acuestan   2. afeitarme   3. te pruebas   4. se sienta   5. nos bañamos   6. vestirse

F. 1. zapatería / par 2. anchos 3. calzas 4. compras / liquidación / ropa / traje 5. número 6. cartera (bolsa) 7. probador 8. dependienta / descuento 9. departamento / izquierda 10. corbata 11. par 12. pasado 13. pones 14. quedan 15. abrigo / bufanda 16. lavar / camisón 17. cargado 18. calzoncillos / combinación

G. 1. las bananas 2. analfabetos 3. 40 4. 3,28

Lección 8

A. 1. trajeron 2. Tuve 3. hizo 4. dijo 5. vino 6. estuvimos 7. hizo 8. supe 9. condujeron 10. quiso

B. 1. Sí, te (se) las compré. 2. Sí, se los trajimos. 3. Sí, me lo van a dar. (Sí, van a dármelo.) 4. Sí, nos los va a traer. (Sí, va a traérnoslos.) 5. Sí, se la va a comprar. (Sí, va a comprársela.) 6. Sí, me las traen.

C. 1. se divirtieron / siguieron / durmieron 2. pidió 3. murió 4. consiguió

D. 1. ibas 2. era 3. hablaban 4. veíamos 5. comían 6. comía

E. 1. fácilmente 2. especialmente 3. lentamente 4. rápidamente 5. lenta y claramente 6. francamente

F. 1. apurarnos 2. farmacia 3. lechuga 4. Desgraciadamente 5. durazno 6. panadería 7. cereal 8. mercado (supermercado) / docena 9. detergente 10. gasto 11. pastel 12. jugando 13. cerdo / ternera 14. langosta / camarones / cangrejo 15. naranja 16. caliente / helado 17. apio / pepino 18. mantequilla

G. 1. españoles 2. Perú 3. Oro 4. incas 5. mercados pequeños con tiendas especiales

Lección 9

A. 1. para 2. por 3. por 4. por 5. para 6. para / por 7. para / por / por 8. por

B. 1. hace / calor 2. hace / frío / nieva 3. llueve 4. hay / niebla 5. hace / sol

C. 1. celebramos 2. Eran / salí 3. dijo / era 4. era / vivía 5. estaba / vi 6. fue / estaba 7. hice 8. estábamos / llamaste

D. 1. Hace tres horas que el mozo llegó. 2. Hace dos años que yo comencé a estudiar español. 3. Hace tres meses que nosotros llegamos. 4. Hace diez minutos que me trajeron el postre. 5. Hace dos semanas que hicimos las reservaciones.

E. 1. el tuyo 2. mías 3. los tuyos 4. nuestros 5. El suyo (El de ellos) 6. mío / suyo (de ella)

F. 1. riquísimas 2. desayunar / mantequilla 3. especialidad / asado 4. puré / horno 5. campo 6. cenamos 7. nocturno 8. cuenta 9. crema 10. dejar 11. vacaciones 12. luego 13. tenedor / cuchillo 14. nublado 15. cálido 16. huracanes / terremotos 17. poner / servilletas 18. tarde / tráfico

G. 1. esmeraldas 2. XVI 3. aire 4. el almuerzo 5. tarde

Lección 10

A. 1. cerradas 2. abierta 3. rota 4. dormidos 5. escritas 6. hecha

B. 1. ha llegado 2. he roto 3. han traído 4. han vuelto / hemos podido 5. han muerto 6. has dicho

C. 1. Él me había dado las muletas. 2. Yo le había dicho que sí. 3. No habían visto al médico. 4. ¿Tú no le habías puesto la inyección? 5. Él no había muerto en el accidente. 6. Nosotros habíamos abierto las ventanas.

D. 1. Llame 2. Camine 3. Salgan 4. Esté 5. venga 6. Vayan 7. dé 8. lo haga 9. sean 10. Póngala

E. 1. vendar 2. poner 3. sala de rayos X 4. escalera / sala 5. torcí 6. pasó 7. recetar 8. pierna 9. conocimiento 10. ambulancia 11. seguro médico 12. enyesaron 13. duele / estómago 14. dientes / lengua 15. dedos

F. 1. Santiago 2. españoles 3. se ve 4. Cerca 5. son 6. mantenidos por el gobierno

Lección 11

A. 1. Yo quiero que ella vaya al hospital. 2. Nosotros deseamos que el doctor nos examine. 3. Ella me sugiere que yo tome aspirinas. 4. El farmacéutico no quiere venderme penicilina. 5. Ellos nos aconsejan que compremos pastillas. 6. Yo no quiero usar esas gotas. 7. Ellos no quieren que ella los lleve al médico. 8. Nosotros no queremos ir a su consultorio. 9. ¿Tú me sugieres que venga luego? 10. Ella necesita que Uds. le den las curitas.

B. 1. que ella se mejore pronto. 2. que las radiografías sean muy caras. 3. estar aquí. 4. irse de vacaciones. 5. que mamá se sienta bien hoy. 6. que ellos no puedan ir a la fiesta.

C. 1. infección 2. resfrío (resfriado) 3. gotas 4. grados / fiebre 5. tos 6. mejore 7. alérgica 8. aspirina 9. farmacéutico 10. antes 11. calmante 12. dermatólogo / cardiólogo 13. grave 14. antiácidos 15. vitamina

D. 1. templado 2. cerca 3. antigua 4. las mujeres 5. ponen inyecciones 6. hierbas y raíces

Lección 12

A. 1. ...hable español. 2. ...incluya el hotel. 3. ...no son caros. 4. ...salen a las seis. 5. ...pueda reservar los pasajes?

B. 1. Compra el pasaje. 2. Díselo. 3. Viaja mañana. 4. Sal con esa persona. 5. Pon la maleta debajo del asiento. 6. Invítalo. 7. Vete. 8. Ven entre semana. 9. Regresa tarde. 10. Haz escala. 11. Tráeme el folleto. 12. Pídele los comprobantes ahora.

C. 1. a / de / a / en / en / en / a 2. a / a / de / a 3. de / de

D. 1. aviones 2. visa 3. salida 4. vacaciones 5. llamada / vuelo / subir 6. viajes 7. viaje 8. turista 9. folletos / tipos 10. ida 11. pasillo 12. sección / fumar 13. escala / trasbordar 14. exceso / maletas (valijas) 15. embarque / vuelo 16. confirmar / cancelar 17. cambio 18. regla

E. 1. europeo 2. muchas 3. más 4. tú 5. Rivas Ortiz

Lección 13

A. 1. desocupan 2. tenga 3. pueda 4. da 5. sirven

B. 1. ...estén firmando el registro. 2. ...ellos vayan a hospedarse en una pensión. 3. ...prefiere una cama doble. 4. ...cobran cincuenta dólares por noche. 5. ...el cuarto no tenga calefacción. 6. ...ella sea mi novia.

C. 1. terminen 2. podamos 3. traiga 4. empiecen 5. viajo 6. llegue 7. no tengo hambre 8. llueva

D. 1. Hospedémonos aquí. 2. No se lo digamos a nadie. 3. Levantémonos a las siete. 4. Preguntemos el precio. 5. Démoselo al dueño. 6. Vamos al hotel.

E. 1. baño   2. ducha   3. subir   4. calefacción   5. cama   6. precio   7. botones   8. desocupar   9. como   10. fría / caliente   11. desayuno / almuerzo   12. vista   13. hospedarse   14. servicio   15. antes   16. aire   17. puesto / regalos   18. ascensor (elevador)

F. 1. no tiene   2. guaraní   3. energía hidroeléctrica   4. dos lenguas   5. más

Lección 14

A. 1. Iré   2. Tendremos   3. Saldrán   4. Vendrá   5. Estará   6. darás   7. podrá   8. Cerrarán

B. 1. hablaríamos   2. pondría   3. harías   4. sabría   5. iría   6. pedirían

C. 1. Cuando (ella) se enamoró de Roberto, se olvidó de Luis.   2. ¿Te acordaste de lavar la ropa, Paquito?   3. Me di cuenta de que no podría casarme con ella.   4. Ella insistió en comprometerse con Mario.   5. Yo no confío en él. ¿Te fijaste (Se fijó Ud.) en sus ojos...?   6. Convinimos en tener la fiesta el próximo sábado.

D. 1. aceite   2. libre   3. fregar   4. puerta   5. pasar / alfombra   6. lavar / seco   7. prisa   8. cortar   9. funciona   10. florero   11. escoba   12. toallas   13. barrio (piso)   14. taller   15. término   16. cubiertos   17. lavadora / secadora   18. sartén / tostadora / cafetera

E. 1. La capital de España es Madrid.   2. El parque más famoso de Madrid es el Parque del Retiro.   3. La Gran Vía es una calle de Madrid.   4. El museo más importante es el Museo del Prado.   5. Actualmente, el hombre hispano ayuda más a su esposa con los trabajos de la casa porque los dos trabajan fuera de la casa.

Lección 15

A. 1. pudiéramos   2. entendieras   3. pusieran   4. quisiera   5. trajera   6. tuvieran   7. supiéramos   8. dijera   9. fuera   10. fueras

B. 1. Mi hermano quería que yo alquilara el apartamento.   2. Me alegro de que ella viniera a verme anoche.   3. Yo le dije que no se preocupara.   4. Él sugirió que nosotros fuéramos a Mallorca.   5. Me gustaría que mis hijos hablaran español.

C. 1. ...si tuviera dinero.   2. ...si tenemos tiempo.   3. ...si pudiéramos.   4. Si Uds. la ven...   5. ...como si ella fuera su madre (mamá).

D. 1. anuncios (avisos)   2. centro   3. cortinas   4. limpieza   5. noche   6. luna   7. parientes   8. estar   9. alquiler   10. espacio   11. comprometida   12. madera   13. cara   14. serio   15. mismo   16. bisabuelo   17. muebles   18. hermanastro

E. 1. Sevilla está en la región de Andalucía.   2. Los moros ocuparon Sevilla, por más de 500 años.   3. La catedral gótica de Sevilla es la más grande de Europa; fue construida en el mismo sitio donde se levantaba la mezquita árabe.   4. La Plaza de España se construyó en 1929 para la exposición hispanoamericana, que tuvo lugar ese año.   5. Su compadre y su comadre son los padrinos de su hijo después que lo bautizan.

VOCABULARIES

The number following each vocabulary item indicates the lesson in which it first appears.

The following abbreviations are used:

abbr.	abbreviation	*Mex.*	Mexico
adj.	adjective	*neut. pron.*	neuter pronoun
conj.	conjunction	*obj.*	object
dir. obj.	direct object	*pl.*	plural
f.	feminine	*prep.*	preposition
fam.	familiar	*pron.*	pronoun
form.	formal	*rel. pron.*	relative pronoun
indir. obj.	indirect object	*sing.*	singular
m.	masculine	*subj.*	subjunctive

Spanish-English

A

a at (with time of day), 2; to, in, 12; —— **gusto** to taste, 9; —— **lo mejor** maybe, perhaps; —— **menos que** unless, 13; ¿—— **qué hora?** at what time?, 2; —— **veces** sometimes, 4; —— **ver** let's see, 2

abierto(a) open(ed), 10

abogado(a) *(m., f.)* lawyer, 1

abrigo *(m.)* coat, 7

abril April, 2

abrir to open, 6

abuela *(f.)* grandmother, 4

abuelo *(m.)* grandfather, 4

abuelos *(m. pl.)* grandparents, 4

aburrirse to be bored, 7

accidente *(m.)* accident, 10

aceite *(m.)* oil, 14

aceptar to accept, 3

acierto *(m.)* good sense, 15

acompañado(a) with someone else, accompanied, 12

aconsejar to advise, 11

acordarse (de) (o > ue) to remember, 14

acostarse (o > ue) to go to bed, 7

actividad *(f.)* activity, 4

además *(adv.)* besides, 4; —— **de** *(prep.)* in addition to, 4; besides, 7

adiós good-bye, LP

administración de empresas *(f.)* business administration, 2

admitir to admit, 15

adolescente *(m., f.)* teenager, 8

¿adónde? where (to)?, 4

advertencia *(f.)* warning, 11

aerolínea *(f.)* airline, 12

aeropuerto *(m.)* airport, 12

afeitarse to shave, 7

agencia *(f.)* agency, 12; —— **de viajes** *(f.)* travel agency, 12

agente *(m., f.)* agent, 12

agosto August, 2

agradable pleasant, 11

agregar to add, 9

agua (el) *(f.)* water, 13; —— **con hielo** *(f.)* ice water, 2; —— **mineral** *(f.)* mineral water, 2

aguacate *(m.)* avocado, 8

ahijada *(f.)* goddaughter, 15

ahijado *(m.)* godson, 15

ahora now, 5; —— **mismo** right now, 10

ahorrar to save *(i.e., money)*, 6

aire *(m.)* air; —— **acondicionado** *(m.)* air-conditioning, 13; **al —— libre** outdoor, 4

al *(a + el)* to the; —— **día siguiente** (on) the following day, 10; —— **rato** a while later, 3

albóndiga *(f.)* meatball, 9

alcachofa *(f.)* artichoke, 14

alcanzar to reach, 9

alegrarse (de) to be glad (about), 11

alemán *(m.)* German *(language)*, 3

alérgico(a) allergic, 11

alfombra *(f.)* rug, 14

algo something, anything, 6;
  ¿—— más? anything else?, 6;
  —— para comer (tomar)
  something to eat, (drink) 4
algodón *(m.)* cotton, 11
alguien someone, anyone, 6
algún, alguno(s), alguna(s)
  any, 3; some, 6; **en alguna parte**
  anywhere, somewhere, 10;
  alguna vez ever, 6; **algunas
  veces** sometimes, 6
allí there, 5
alma (el) *(f.)* soul, 13
almorzar (o > ue) to have
  lunch, 9
almuerzo *(m.)* lunch, 13
alquilar to rent, 15; **se alquila**
  for rent, 15
alquiler *(m.)* rent, 15
alto(a) tall, 1
alumno(a) *(m., f.)* student,
  pupil, 1
amado(a) *(m., f.)* loved one, 15
amar to love, 15
amarillo(a) yellow, LP
ambulancia *(f.)* ambulance,
  10
amigo(a) *(m., f.)* friend, 2
amistad *(f.)* friendship, 14
amor: mi —— my love,
  darling, 14
amparo *(m.)* shelter, 13
analfabeto(a) *(m., f.)* illiterate, 7
anaranjado(a) orange, LP
ancho(a) wide, 7; **más ——**
  wider, 7
ángel *(m.)* angel, 14
aniversario *(m.)* anniversary, 9;
  —— de bodas *(m.)* wedding
  anniversary, 9
anoche last night, 8
anotar to write down, 9
anteayer the day before yester-
  day, 8
antes de *(prep.)* before, 11; **——
  que** *(conj.)* before, 13
antiácido *(m.)* antacid, 11
antibiótico *(m.)* antibiotic, 11
antiguo(a) old, LP
antropología *(f.)* anthropology, 2
anunciar to announce, 15
anuncio *(m.)* ad, 15

añadir to add, 12
año *(m.)* year, 7; **—— escolar** *(m.)*
  school year, 2; **—— pasado** last
  year, 7
apagar to quench, 9
aparcar to park, 15
apartamento *(m.)* apartment, 3
apellido *(m.)* last name, 5; **—— de
  soltera** maiden name, 12
apio *(m.)* celery, 8
aprender (a) to learn (to), 4
apretar (e > ie) to be tight, 7
apurarse to hurry, 8
aquel(los), aquella(s) *(adj.)* that,
  those *(distant)*, 4
aquél, aquéllos, aquélla(s) *(pron.)*
  that (one), those *(distant)*, 4
aquello *(neut. pron.)* that, 4
aquí here, 3; **—— está** here it is,
  2; **—— tiene...** here is . . . , 3
archivar la información to store
  information, 3
arrancar to tear out, 13
arreglar to fix, to repair, 14
arroyo *(m.)* brook, 13
arroz *(m.)* rice, 8
arte *(m.)* art, 2
asado(a) roast, 9
ascensor *(m.)* elevator, 12
asegurado(a) insured, 7
así que so, 15
asiento *(m.)* seat, 12; **—— de
  pasillo** *(m.)* aisle seat, 12; **——
  de ventanilla** *(m.)* window seat,
  12
asignatura *(f.)* course, subject, 2
asistir to attend, 3
aspiradora *(f.)* vacuum cleaner,
  14
aspirina *(f.)* aspirin, 11
atlético(a) athletic, 1
aunque although, 11; even if, 13
ausente absent, LP
auto *(m.)* automobile, 10
autobús *(m.)* bus, 10
automóvil *(m.)* automobile, 10
auxiliar de vuelo *(m., f.)* flight at-
  tendant, 12
avión *(m.)* plane, 9
aviso *(m.)* ad, 15
ayer yesterday, 7
ayudar to help, 14

azúcar *(m.)* sugar, 7
azul blue, LP

B

bailar to dance, 4
bajar to go down, 11
bajo(a) short *(height)*, 5
balneario *(m.)* beach resort, 12
banco *(m.)* bank, 6
bañadera *(f.)* bathtub, 13
bañarse to bathe, 7
baño *(m.)* bathroom, 13; **——
  María** *(m.)* double boiler, 9
barato(a) inexpensive, 7
barba *(f.)* beard, 7
barrer to sweep, 14
barrio *(m.)* neighborhood, 14
básquetbol *(m.)* basketball, 5
basura *(f.)* trash, garbage, 14
bata *(f.)* robe, 7
batido *(m.)* milkshake, 9
batir to beat, 9
beber to drink, 3; **—— algo** to
  have something to drink, 4
bebida *(f.)* drink, 5
béisbol *(m.)* baseball, 4
bellísimo(a) extremely beautiful, 5
beso *(m.)* kiss, 15
biblioteca *(f.)* library, 2
bien fine, well, LP; **—— cocido(a)**
  well-done, 14; **muy ——** very
  well, just fine, LP; **no muy ——**
  not very well, 3
bienvenido(a) welcome, 5
biftec *(m.)* steak, 9
billete *(m.)* ticket, 12
billetera *(f.)* wallet, 7
biología *(f.)* biology, 2
bisabuela *(f.)* great-grandmother,
  15
bisabuelo *(m.)* great-grandfather,
  15
bisnieta *(f.)* great-granddaughter,
  15
bisnieto *(m.)* great-grandson, 15
bistec *(m.)* steak, 9
blanco(a) white, LP
blanquillo *(m.) (Mex.)* egg, 8
blusa *(f.)* blouse, 7
boca *(f.)* mouth, 10
boda *(f.)* wedding, 15

bolígrafo *(m.)* ballpoint pen, 1
bolsa *(f.)* handbag, purse, 7
bolso *(m.)* handbag, purse, 7; —— **de mano** *(m.)* carry-on bag, 12
bonito(a) pretty, attractive, 1
borrador *(m.)* eraser, 1
bota *(f.)* boot, 7
botella *(f.)* bottle, 2
botones *(m.)* bellhop, 13
brazo *(m.)* arm, 10
brócoli *(m.)* broccoli, 8
bromear to joke, to kid, 5
bueno(a) good, 4; okay, 3; **buenas noches** good evening, good night, LP; **buenas tardes** good afternoon, LP; **buenos días** good morning, LP
bufanda *(f.)* scarf, 7
buscar to look up, to look for, 6; to pick up, 10
búsqueda *(f.)* search, 15

C

caballería *(f.)* chivalry, 11
caballero *(m.)* gentleman, 5; knight, 11
cabeza *(f.)* head, 7
cacerola *(f.)* saucepan, 14
cada each, every, 3
caerse to fall down, 10
café *(m.)* coffee, 2; —— **con leche** coffee with milk, 2; **café** *(m.)* (restaurant), 4; —— **al aire libre** outdoor cafe, 4; *(adj.)* brown, LP
cafetera *(f.)* coffeepot, 14
cafetería *(f.)* cafeteria, 2
caja de seguridad *(f.)* safe-deposit box, 16
cajero(a) *(m., f.)* cashier, 3; teller, 6; —— **automático** *(m.)* automatic teller machine, 6
calcetín *(m.)* sock, 7
calefacción *(f.)* heating, 13
calidad *(f.)* quality, 7
cálido(a) hot, 9
caliente hot, 13
calle *(f.)* street, 2
calmante *(m.)* tranquilizer, painkiller, 11
calzar to wear a certain shoe size, 7

calzoncillos *(m. pl.)* undershorts, 7
cama *(f.)* bed, 13; —— **chica (pequeña)** *(f.)* twin bed, 13; —— **doble** *(f.)* double bed, 13; —— **matrimonial** *(f.)* double bed, 13
camarero(a) *(m., f.)* waiter, waitress, 4
camarón *(m.)* shrimp, 8
cambiar to change, 3; —— **de avión** to change planes, 12
cambio: —— **de moneda** *(m.)* rate of exchange, 13
caminar to walk, 10
camisa *(f.)* shirt, 7
camiseta *(f.)* T-shirt, 7
camisón *(m.)* nightgown, 7
campanario *(m.)* bell tower, 15
campo *(m.)* country *(as opposed to city)*, 9; field, 2; —— **de batalla** battlefield, 13
cancelar to cancel, 12
cangrejo *(m.)* crab, 8
cansado(a) tired, 4
cantidad *(f.)* amount, 7
caña de azúcar *(f.)* sugar cane, 7
capital *(f.)* capital, LP
cara *(f.)* face, 10
¡caramba! gee!, wow!, 2
cardiólogo(a) *(m., f.)* cardiologist, 11
cardo *(m.)* thistle, 13
cargado(a) loaded, 7
cargo *(m.)* fee, 7
cariño *(m.)* love (term of endearment), 15
carmín *(m.)* red, 13
carne *(f.)* meat, 8; —— **asada** *(f.)* roast beef, 9
carnicería *(f.)* meat market, 8
caro(a) expensive, 11
carro *(m.)* automobile, 10
carta *(f.)* letter, 6
cartera *(f.)* handbag, purse, 7
casa *(f.)* house, 3; —— **central** main office, 6; **en** —— at home, 5
casarse (con) to marry, to get married (to), 12
caset *(m.)* (cassette) tape, 5
casi almost, 9; —— **crudo** rare, 14

caso *(m.)* case, 11; **en ese** —— in that case, 11
castaño(a) brown *(hair or eyes)*, 5
catarro *(m.)* cold, 11
catorce fourteen, 1
cebolla *(f.)* onion, 8
celebrar to celebrate, 9
cena *(f.)* dinner, 9
cenar to have dinner (supper), 5
central central, 15
centro *(m.)* downtown area, 15
cerca (de) near, 3; —— **de aquí** near here, 11
cerdo *(m.)* pork, 8
cereal *(m.)* cereal, 8
cereza *(f.)* cherry, 8
cero zero, LP
cerrar (e > ie) to close, 5
certificado(a) certified, 6
cerveza *(f.)* beer, 2
césped *(m.)* lawn, 14
cesto de papeles *(m.)* wastebasket, 1
chaleco *(m.)* vest, 7
champiñón *(m.)* mushroom, 8
chaqueta *(f.)* jacket, 7
chau bye, LP
cheque *(m.)* check, 3; —— **de viajero** *(m.)* traveler's check, 6
chica *(f.)* young woman, 1; girl, 5
chico *(m.)* young man, 1; boy, 5
chico(a) little, 9
chino *(m.)* Chinese *(language)*, 3
chocar (con) to run into, to collide (with), 10
chocolate *(m.)* chocolate, 8; —— **caliente** *(m.)* hot chocolate, 2
chorizo *(m.)* sausage, 9
chuleta *(f.)* chop *(of meat)*, 8; —— **de cerdo** *(f.)* pork chop, 8; —— **de ternera** *(f.)* veal chop, 8
cibernética *(f.)* computer science, 2
ciclón *(m.)* cyclone, 9
cielo *(m.)* sky, 9
cien (ciento) one hundred, 1
ciencias políticas *(f. pl.)* political science, 2
cierto(a) true, 13
ciervo *(m.)* deer, 13
cigüeña *(f.)* stork, 5
cinco five, LP

cincuenta fifty, 1
cine *(m.)* movies, movie theater, 4
cinta *(f.)* tape, 5
cinto *(m.)* belt, 7
cinturón *(m.)* belt, 7
cirujano(a) *(m., f.)* surgeon, 11
ciudad *(f.)* city, 6
claramente clearly, 8
claro(a) clear, 8; light, 13; **¡claro (que sí)!** of course!, 15; **¡claro que no!** of course not!, 15
clase *(f.)* class, classroom, 1
clasificado(a) classified, 15
clavar la pupila to stare, 15
clima *(m.)* climate, 2
club *(m.)* club, 4; —— **nocturno** *(m.)* nightclub, 5
cobrar to charge, 3; —— **un cheque** to cash a check, 6
cocina *(f.)* kitchen, 9; stove, 9
cocinar to cook, 9
coche *(m.)* car, 8; automobile, 10
codo *(m.)* elbow, 10
colador *(m.)* strainer, 14
combinación *(f.)* slip, 7
comedor *(m.)* dining room, 13
comenzar (e > ie) to start, to begin, 5
comer to eat, 3
comestibles *(m. pl.)* groceries (food items), 8
comida *(f.)* food, meal, 8
como as, 2; like, 13; since, being that, 3; —— **si** as if, 15; —— **siempre** as always, as usual, 3
¿cómo? pardon, LP; how, 1; **¿—— es...?** what is . . . like?, 1; **¿—— está usted?** how are you?, 1; **¿—— estás?** how are you:, LP; —— **no** of course, sure, 5; **¿—— se dice...?** how do you say . . . ?, 1; **¿—— se llama usted?** what is your name *(form.)*?, 1; **¿—— te llamas?** what is your name *(fam.)*?, 1; **¿—— se deletrea tu apellido?** how do you spell your last name?, LP; **¿a —— está el cambio de moneda?** what's the rate of (monetary) exchange?, 12
cómoda *(f.)* chest of drawers, 15
compañero(a) de clase *(m., f.)* classmate, 1; **¿—— de cuarto** *(m., f.)* roommate, 2

compañía *(f.)* company, 15
complacer to please, 13
completamente completely, 8
completo(a) complete, 8
comprar to buy, 6
comprobante *(m.)* claim check, 12
comprometerse (con) to get engaged (to), 14
comprometido(a) engaged (to be married), 15
compromiso *(m.)* engagement, 5
computadora (personal) *(f.)* (personal) computer, 1
con with, 1; **¿—— quién?** with whom?, 2; —— **tal (de) que** provided that, 13
concierto *(m.)* concert, 4
condimentar to season (food), 9
conducir to drive, 8
confiar en to trust, 14
confirmar to confirm, 12
conmigo with me, 5
conocer to know, to be acquainted with, 4
conseguir (e > i) to obtain, to get, 6
conservador(a) conservative, 1
consultorio *(m.)* doctor's office, 11
contabilidad *(f.)* accounting, 2
contigo with you, 5
convencer to convince, 15
convenir (en) to agree (on), 14
conversar to talk, to converse, 2
copa *(f.)* wineglass, 2
corazón *(m.)* heart, 10
corbata *(f.)* tie, 7
cordero *(m.)* lamb, 9
correo *(m.)* post office, 6
correr to run, 3
corsario *(m.)* privateer, 5
cortar to cut, 14; —— **el césped** to mow the lawn, 14; —— **se el pelo** to get one's hair cut, 13
cortina *(f.)* curtain, drape, 15
cosa *(f.)* thing, 8
costar (o > ue) to cost, 6; —— **un ojo de la cara** to cost an arm and a leg, 15
costumbre *(f.)* custom, 8
crecer to grow, 13
creer to think, to believe, 5

crema *(f.)* cream, 9
criada *(f.)* maid, 14
crucero *(m.)* cruise, 12
crudo(a): medio —— rare, 9
cuaderno *(m.)* notebook, 1
¿cuál? *(pl. ¿cuáles?)* which?, what?, 2; **¿—— es tu número de teléfono?** what's your phone number?, LP
cualquier(a) any, 12; **en —— momento** at any time, 6
cuando when, 3
¿cuándo? when?, 2
¿cuánto(a)? how much?, 3; **¿por cuánto tiempo?** how long?, 13
¿cuántos(as)? how many?, 2
cuarenta forty, 1
cuarto *(m.)* room, 13; —— **de baño** *(m.)* bathroom, 13; quarter, 2; **menos ——** quarter to, 2; **y ——** quarter past or after, 2
cuatro four, LP
cuatrocientos(as) four hundred, 3
cubano(a) *(m., f.)* Cuban, 1
cubiertos *(m., pl.)* silverware, 14
cubrir to cover, 9
cuchara *(f.)* spoon, 9
cucharada *(f.)* spoonful, 9
cucharita *(f.)* teaspoon, 9
cuchillo *(m.)* knife, 9
cuello *(m.)* neck, 7; collar, 7
cuenta *(f.)* account, 6; bill, check *(at a restaurant)*, 9; —— **de ahorros** savings account, 6; —— **conjunta** joint account, 6; —— **corriente** checking account, 6
cuerpo *(m.)* body, 10
cuidadosamente carefully, 3
cuidarse to take care of oneself, 11
cumpleaños *(m. s.)* birthday, 5
cuñada *(f.)* sister-in-law, 4
cuñado *(m.)* brother-in-law, 4
curita *(f.)* adhesive bandage, 11

D

danza aeróbica *(f.)* aerobics, 2
dar to give, 4; —— **derecho** to entitle, 7
darse cuenta (de) to notice, to realize, 11

darse por vencido(a)   to give up, 9

darse prisa   to hurry up, 14

de   of, 2; in, 2; from 12; about 6; with, 12; ¿—— **dónde eres?** where are you from?, 1; —— **estatura mediana**   of medium height, 5; —— **la mañana (noche, tarde)**   in the morning (evening, afternoon), 2; —— **nada**   you're welcome, LP

debajo de   under, 12

deber   to have to, must, should, 3

decidir   to decide, 3

décimo   tenth, 13

decir (e > i)   to say, to tell, 5; **¿cómo se dice...?**   how do you say . . . ?, 1

dedo (*m.*)   finger, 10; —— **del pie** toe, 10

dejar   to leave (behind), 8; let, 9; —— **enfriar**   to let it cool, 9; —— **para mañana lo que uno puede hacer hoy**   to procrastinate, 11

deletrear   to spell, 11

deletreo (*m.*)   spelling, 11

delgado(a)   slim, thin, 1

demasiado(a)   too much, 12

departamento (*m.*)   department, 6; —— **de caballeros** (*m.*)   men's department, 7

dependiente(a) (*m., f.*)   clerk, 7

deporte (*m.*)   sport, 4

depositar   to deposit, 6

depósito (*m.*)   deposit, 15

derecho(a)   right, 7; **a la derecha** to the right, 7

dermatólogo(a) (*m., f.*)   dermatologist, 11

derretir (e > i)   to melt, 9

desayunar   to have breakfast, 9

desayuno (*m.*)   breakfast, 13

descubrir   to discover, 3

descuento (*m.*)   discount, 7

desde   from, 9

desdeñar   to scorn, 9

desear   to wish, to want, 2

desfallecer   to faint, 11

desgraciadamente   unfortunately, 8

desmayarse   to lose consciousness, to faint, 10

desocupar   to vacate, 13; —— **el cuarto**   to check out of a hotel room, 13

despacio   slow; **más** —— slower, 1

despejado(a)   clear (*sky*), 9

despertarse (e > ie)   to wake up, 7

después (de)   after, 9; afterwards, 3; then, 3

detenerse   to stop, 11

detergente (*m.*)   detergent, 8

día (*m.*)   day, LP; **al** —— per day, 2; **al** —— **siguiente**   (on) the following (next) day, 4; **el último** —— —— **para...**   the last day to . . . , 3

diario (*m.*)   newspaper, diary, 11

dicho(a)   said, 10

diciembre   December, 2

diecinueve   nineteen, 1

dieciocho   eighteen, 1

dieciséis   sixteen, 1

diecisiete   seventeen, 1

diente (*m.*)   tooth, 10

dieta (*f.*)   diet, 8; **estar a** —— to be on a diet, 8

diez   ten, LP

difícil   difficult, 2

diligencia (*f.*)   errand, 6

dinero (*m.*)   money, 5

dirección (*f.*)   address, 10; —— **electrónica**   e-mail address, 3

disco (*m.*)   disk, 3; record, 5; —— **compacto** (*m.*)   compact disc (CD), 5

disponible   vacant, available, 13

divertirse (e > ie)   to have fun, 7

doce   twelve, 1

docena (*f.*)   dozen, 8

doctor (Dr.) (*m.*)   doctor, 1; M.D., 10

doctora (Dra.) (*f.*)   doctor, 1; M.D., 10

doctorado (*m.*)   Ph.D., 1

documento (*m.*)   document, 12

dólar (*m.*)   dollar, 3

doler (o > ue)   to hurt, to ache, 10

dolor (*m.*)   pain, 10; —— **de cabeza** (*m.*)   headache, 11

domingo (*m.*)   Sunday, LP

¿dónde?   where?, 2; **¿de** ——**?** where from?, 2

dorado(a)   golden brown, 9

dormir (o > ue)   to sleep, 6; —— **se** to fall asleep, 11

dormitorio (*m.*)   bedroom, 15

dos   two, LP; **somos** —— there are two of us, 13

doscientos(as)   two hundred, 3

ducha (*f.*)   shower, 13

dudar   to doubt, 13

dueño(a) (*m., f.*)   owner, 13

durante   during, 11

durar   to last, 2

durazno (*m.*)   peach, 8

E

echar   to pour out, 13

educación (*f.*)   education, 6

efectivo (*m.*)   cash, 6

eficiente   efficient, 1

ejercicio (*m.*)   exercise, 8

el (*m. sing.*)   the, 1

él   he, 1; (*obj. of prep.*) him, 5

elegante   elegant, 7

elegir (e > i)   to choose, 2

elevador (*m.*)   elevator, 12

ella   she, 1; (*obj. of prep.*) her, 5

ellas (*f.*)   they, 1; (*obj. of prep.*) them, 5

ellos (*m.*)   they, 1; (*obj. of prep.*) them, 5

embarazada   pregnant, 11

emergencia (*f.*)   emergency, 10

empezar (e > ie)   to start, to begin, 5

empleado(a) (*m., f.*)   clerk, 6

en   in, on, at, LP; inside, over, 12; —— **casa**   at home, 5; —— **la ciudad de México**   in Mexico City, LP; —— **cuanto**   as soon as, 13; —— **efectivo**   in cash, 6; —— **español**   in Spanish, 1; —— **inglés**   in English, 1; —— **lugar de** in place of, 12; —— **el parque**   in the park, LP; —— **seguida**   right away, 10; —— **serio**   seriously, 15; —— **vez de**   instead of, 2

enamorarse (de)   to fall in love (with), 14

encantado(a)   delighted, 1

encantarle a uno   to love, to like very much, 15

encargado(a) (*m., f.*)   manager, superintendent, 15

encendido(a) bright, 13
encontrar (o > ue) to find, 2
enero January, 2
enfermero(a) *(m., f.)* nurse, 10
enfermo(a) sick, 5
enhorabuena *(f.)* congratulations, 5
ensalada *(f.)* salad, 3; —— **mixta** *(f.)* mixed salad, 9
ensayo *(m.)* essay, 11
enseñar to show, 12
entender (e > ie) to understand, 5
entonces then, in that case, 5
entrar (en) to enter, to go (in), 6; —— **al sistema** to log on the system, 3
entre between, LP; —— **semana** during the week, 12
enviar to send, 6
enyesar to put a cast on, 10
época *(f.)* time *(period)*, 11
equipaje *(m.)* luggage, 12
escala *(f.)* stopover, 12
escalera *(f.)* stairs, 10
esclusa *(f.)* lock *(in a canal)*, 6
escoba *(f.)* broom, 14
escoger to choose, 15
escribir to write, 3
escrito(a) written, 10
escritorio *(m.)* desk, 1
escuchar to listen (to), 15
escuela *(f.)* school, 8
ese, esos, esa(s) *(adj.)* that, those *(nearby)*, 4
ése, ésos, ésa(s) *(pron.)* that (one), those, 4
eso *(neut. pron.)* that, 4
espacio *(m.)* space, 15; —— **para estacionar** *(m.)* parking space, 15
espaguetis *(m. pl.)* spaghetti, 8
espalda *(f.)* back, 10
España Spain, 13
español *(m.)* Spanish *(language)*, 2; **español(a)** Spanish *(person)*, 1
espárrago *(m.)* asparagus, 14
especialidad *(f.)* specialty, 9
especialmente especially, 8
esperar to wait (for), 10; to hope, 11
esposa *(f.)* wife, 4
esposo *(m.)* husband, 4

esquiar to ski, 5
esquina *(f.)* corner, 10
esta *(adj.)* this, 6; *(pron.)*; this (one), 6
estacionar to park, 15
estadio *(m.)* stadium, 4
estado *(m.)* state, 3
estadounidense *(m., f.)* U.S. *(used to denote citizenship)*, 1
estampilla *(f.)* stamp, 6
estar to be, 4; **¿está bien?** is it okay?, LP; —— **de vacaciones** to be on vacation, 9
estatura *(f.)* height, 5; **de —— mediana** of medium height, 5
este, estos, esta(s) *(adj.)* this, these, 3
éste, éstas, ésta(s) *(pron.)* this (one), these, 4
estéreo *(m.)* record player, stereo, 5
estimar to hold in high regard, 11
esto *(neut. pron.)* this, 4
estómago *(m.)* stomach, 10
estrecho(a) narrow, 7
estrella *(f.)* star, 13
estudiante *(m., f.)* student, 1
estudiar to study, 2
estupendo(a) great, wonderful, 15
examen *(m.)* exam, LP
examinar to examine, to check, 11
exceso *(m.)* excess, 12; —— **de equipaje** *(m.)* excess baggage (charge), 12
excursión *(f.)* tour, excursion, 12
exterior *(m.)* exterior, 13
extra extra, 13

F

fábrica *(f.)* factory, 15
fácil easy, 2
fácilmente easily, 8
falda *(f.)* skirt, 7
falso(a) false, LP
farmacéutico(a) *(m., f.)* pharmacist, 11
farmacia *(f.)* pharmacy, 8
fe *(f.)* faith, 11
febrero February, 2
fechar to date *(a document)*, 6
feliz happy, 1

fiebre *(f.)* fever, 11
fiesta *(f.)* party, 4; —— **de bienvenida** welcome party, 5
fijarse to check, to notice, 14
filete *(m.)* tenderloin, 14
fin *(m.)* end; —— **de semana** *(m.)* weekend, 4; **por ——** finally, 6
firmar to sign, 6
física *(f.)* physics, 2
flan *(m.)* caramel custard, 9
flor *(f.)* flower, 13
florero *(m.)* vase, 14
folleto *(m.)* brochure, 12
fondo *(m.)* depth, 15
formar parte (de) to become part (of), 2
fortaleza *(f.)* fortress, 3
fractura *(f.)* fracture, 10
fracturar (se) to fracture, 10
francamente frankly, 8
francés *(m.)* French *(language)*, 3
franco(a) frank, 8; open, 13
frecuente frequent, 8
frecuentemente frequently, 8
fregadero *(m.)* sink, 14
fregar (e > ie) to wash (dishes), 14
freno *(m.)* brake, 14
fresa *(f.)* strawberry, 8
frijol *(m.)* bean, 8
frío(a) cold, 13; iced, 3
frito(a) fried, 9
fruta *(f.)* fruit, 8
fuego *(m.)* fire, 9; **a —— lento** at low temperature, 9
fuente de ingresos *(f.)* source of income, 6
fumar to smoke, 12
funcionar to work, to function, 14
funda *(f.)* pillowcase, 14
fundar to found, 2
fútbol *(m.)* soccer, 4

G

gamba *(f.)* shrimp, 8
ganado *(m.)* cattle, 13
garaje *(m.)* garage, 14
garganta *(f.)* throat, 11
gastar to spend *(money)*, 8
general general, 8
generalmente generally, 3
gente *(f.)* people, 6
geografía *(f.)* geography, 2

geología *(f.)* geology, 2
gerente *(m., f.)* manager, 13
ginecólogo(a) *(m., f.)* gynecologist, 11
giro postal *(m.)* money order, 6
gobierno *(m.)* government, 1
goma de borrar *(f.)* eraser, 1
gota *(f.)* drop, 11; ——**s para la nariz** *(f. pl.)* nose drops, 11
gracias thank you, LP
grado *(m.)* degree, 9
graduar(se) to graduate, PM
grande, gran big, 5
gratis free, 6
grave serious, 11
gripe *(f.)* flu, 11
gris gray, LP
grupo *(m.)* group, 5
guante *(m.)* glove, 7
guapo(a) handsome, good-looking, 1
guardar to save (computer files), 3; to keep, 6
guerra *(f.)* war, 2
guisante *(m.)* pea, 8
gustar to like, to be pleasing to, 7
gusto pleasure, 1; **el —— es mío** the pleasure is mine, 1; **mucho ——** it's a pleasure to meet you; how do you do?, 1

H

Habana *(f.)* Havana, 1
haber *(auxiliary verb)* to have, 10
habichuela *(f.)* bean, 8
habitación *(f.)* room, 13
hablar to speak, 2; **habla... (nombre)** this is . . . (name) speaking, 5
hacer to do, to make, 4; **hace... . . . ago**, 9; —— **buen (mal) tiempo** to be good (bad) weather, 9; —— **calor** to be hot, 9; —— **cola** to stand in line, 6; —— **diligencias** to run errands, 6; —— **ejercicio** to exercise, 3; —— **escala** to stop over, 12; —— **frío** to be cold, 9; —— **sol** to be sunny, 9; —— **viento** to be windy, 9
hambre *(f.)* hunger, 4; **tener ——** to be hungry, 4

hamburguesa *(f.)* hamburger, 8
hasta until, 5; —— **la vista** (I'll) see you around, LP; —— **luego** (I'll) see you later, so long, LP; —— **mañana** (I'll) see you tomorrow, LP; —— **que** *(conj.)* until, 13
hay there is, there are, 1
hecho(a) made, done, 10
helado *(m.)* ice cream, 8
helado(a) iced, 3
herida *(f.)* wound, 10
hermana *(f.)* sister, 4
hermanastra *(f.)* stepsister, 15
hermanastro *(m.)* stepbrother, 15
hermano *(m.)* brother, 4
hermoso(a) beautiful, LP
hielo *(m.)* ice, 3
hija *(f.)* daughter, 4
hijastra *(f.)* stepdaughter, 15
hijastro *(m.)* stepson, 15
hijo *(m.)* son, 4
hijos *(m. pl.)* children, 4
historia *(f.)* history, 2
hogar *(m.)* home, 5
hola hello, hi, LP
hombre *(m.)* man, 1
hora *(f.)* hour, 2; time, 13; **¿qué —— es?** what time is it?, 2; **¿a qué ——?** at what time?, 2
horario de clases *(m.)* class schedule, 2
horno *(m.)* oven, 14; **al ——** baked, 9; —— **de microondas** microwave oven, 4
hospedarse to stay, to lodge *(i.e., at a hotel)*, 13
hospital *(m.)* hospital, 10
hotel *(m.)* hotel, 9
hoy today, 2; —— **mismo** this very day, 15
hubo there was, there were, 8
huerto *(m.)* orchard, 9
huevo *(m.)* egg, 8
húmedo(a) humid, 9
huracán *(m.)* hurricane, 9

I

ida *(f.)* departure, 12; **de ——** one-way, 12; **de —— y vuelta** round-trip, 12
idea *(f.)* idea, 4

identificación *(f.)* identification, 3
idioma *(m.)* language, 2
iglesia *(f.)* church, 9
impermeable *(m.)* raincoat, 9
importante important, 5
importar to matter, 6
impresora *(f.)* printer, 3
incluir to include, 12
infección *(f.)* infection, 11
información *(f.)* information, 6
informática *(f.)* computer science, 2
ingeniería *(f.)* engineering, 7
ingeniero(a) *(m., f.)* engineer, 11
inglés *(m.)* English *(language)*, 2; **inglés(esa)** English *(person)*, 1
ingreso *(m.)* income, 6
inscribirse to sign up, 7
insistir en to insist on, 14
inteligente intelligent, 1
interés *(m.)* interest, 6
interesante interesting, 4
interior interior, 13
internacional international, 9
invierno *(m.)* winter, 2
invitación *(f.)* invitation, 5
invitado(a) invited, 4
invitar to invite, 15
inyección *(f.)* injection, 10; —— **antitetánica** tetanus shot, 10
ir to go, 3; —— **de compras** to go shopping, 7; —— **a nadar** to go swimming, 4; —— **se** to go away, 9; —— **(se) de vacaciones** to go on vacation, 12
istmo *(m.)* isthmus, 6
italiano *(m.)* Italian *(language)*, 3
izquierdo(a) left, 7; **a la izquierda** to the left, 7

J

jabón *(m.)* soap, 8
jamás never, 6
jamón *(m.)* ham, 4
japonés *(m.)* Japanese *(language)*, 3
jarabe *(m.)* syrup, 11
jardín *(m.)* garden, 11
jefe(a) *(m., f.)* boss, 4
joven young, 5
jóvenes *(m. pl.)* young people, 5

joya *(f.)* jewel, 13; *(pl.)* jewelry, 13
judía verde *(f.)* green bean, 8
juego *(m.)* game, 4
jueves *(m.)* Thursday, LP
jugador(a) *(m., f.)* player, 4
jugar to play *(i.e., a game)* 8; —— **al tenis** to play tennis, 4
jugo *(m.)* juice, 2; —— **de manzana** apple juice, 2; —— **de naranja** orange juice, 2; —— **de tomate** tomato juice, 2; —— **de toronja** grapefruit juice, 2; —— **de uva** grape juice, 2
julio July, 2
junio June, 2
junto(a) next (to), 9

L

la *(f. sing.)* the, 1; *(pron.)* her, you, it, 6
laboratorio de lenguas *(m.)* language lab, 2
ladera *(f.)* hillside, 11
lágrima *(f.)* tear, 15
lámpara *(f.)* lamp, 15
langosta *(f.)* lobster, 8
lápiz *(m.)* pencil, 1
las *(f. pl.)* the, 1; *(pron.)* them, you, 6
lastimarse to get hurt, 11
Latinoamérica *(f.)* Latin America, 2
lavadora *(f.)* washing machine, 14
lavaplatos *(m.)* dishwasher, 14
lavar (se) to wash (oneself), 7; —— **la cabeza** to wash one's hair, 7; —— **en seco** to dry clean, 14
le (to) him, (to) her, (to) you *(form.)*, 7
lección *(f.)* lesson, 1
leche *(f.)* milk, 2
lechuga *(f.)* lettuce, 8
lector *(m.)* reader, 11
leer to read, 5
lejía *(f.)* bleach, 8
lejos far (away), 4
lengua *(f.)* language, 2; tongue, 10
lentamente slowly, 8
lento(a) slow, 8

les (to) them, (to) you *(pl. form.)*, 7
letrero *(m.)* sign, 4
levantar(se) to raise, LP; to get up, 7
liberal liberal, 1
libertad *(f.)* liberty, 2
libre free, 4; vacant, available, 13
librería *(f.)* bookstore, 3
libreta de ahorros *(f.)* passbook, 6
libro *(m.)* book, 1
licencia para conducir (manejar) *(f.)* driver's license, 3
licenciado(a) *(m., f.)* Ph.D. (in Mexico), 1
licuadora *(f.)* blender, 14
ligero(a) light, 11
limonada *(f.)* lemonade, 3
limpiar to clean, 8; —— **en seco** to dry clean, 14
limpieza *(f.)* cleaning, 15
liquidación *(f.)* sale, 7
lista de espera *(f.)* waiting list, 12
listo(a) ready, 9
literatura *(f.)* literature, 2
llamada *(f.)* call, 12; —— **telefónica** *(f.)* phone call, 11
llamar to call, 4; —— **a la puerta** to knock at the door, 14; —— **por teléfono** to phone, 5
llamarse to be named, 1; **¿cómo se llama?** what is your name *(form.)*?, 1; **¿cómo te llamas?** what is your name *(fam.)*?, 1; **me llamo...** my name is . . . , 1
llave *(f.)* key, 13
llegada *(f.)* arrival, 13
llegar to arrive, 5; —— **tarde (temprano)** to be late (early), 9
llevar to take (someone or something someplace), 4; to wear, 7; —— **a cabo** to carry out, 5; —— **el nombre de** to be named, 5
llover (o > ue) to rain, 9
lluvia *(f.)* rain, 9
lo him, you, it, 6; —— **importante** the important thing, 5; —— **mismo** the same (thing), 9; —— **siento** I'm sorry, 1
los *(m. pl.)* the, 1; *(pron.)* them, you *(form.)*, 6
luego afterwards, 3; then, 3; later, 9

lugar *(m.)* place, 5; **en —— de** in place of, 5; —— **de interés** *(m.)* place of interest, 1
lujo *(m.)* luxury, 13
luna de miel *(f.)* honeymoon, 5
lunes *(m.)* Monday, LP
luz *(f.)* light, 1

M

madera *(f.)* wood, 13
madrastra *(f.)* stepmother, 15
madre *(f.)* mom, mother, 4
madrina *(f.)* godmother, 15
madrugada *(f.)* early morning (pre-dawn), 11
maestro(a) *(m., f.)* teacher, 7
magnífico(a) great, 5
mal badly, 5; poorly, 11
maleta *(f.)* suitcase, 12
maletín *(m.)* hand luggage, small suitcase, 12
malo(a) bad, 5
mamá *(f.)* mom, mother, 4
mandar to send, 6; to order, 11; —— **por correo electrónico** to send by e-mail, 3; **¿mande?** *(Mex.)* pardon?, LP
manga *(f.)* sleeve, 7
mano *(f.)* hand, 1
mantel *(m.)* tablecloth, 9
mantequilla *(f.)* butter, 8
manzana *(f.)* apple, 2
mañana tomorrow, morning, LP; **por la ——** in the morning, LP; —— **por la ——** tomorrow morning, 3
mapa *(m.)* map, 1
mar *(m.)* ocean, 13; sea, 15
marisco *(m.)* shellfish, 8
marrón brown, LP
martes *(m.)* Tuesday, LP
marzo March, 2
más plus, 1; more, 5; —— **de** more than, 13; —— **despacio,** slower, LP; —— **...que** more . . . than, 3
matar to kill, 11
matemáticas *(f. pl.)* mathematics, 2
materia *(f.)* course, subject, 2
matrícula *(f.)* registration, 3
mayo May, 2

mayor older, bigger, 5; **(el, la)** —— oldest, biggest, 5; —— **comodidad** extra convenience, 7
me *(obj. pron.)* me, 6; (to) me, 7; *(refl. pron.)* (to) myself, 7; —— **gusta...** I like . . . , LP; —— **llamo...** my name is . . . , 1; —— **voy** I'm leaving, 2
media hermana *(f.)* half sister, 15
mediano(a) medium, 5
medicina *(f.)* medicine, 10
médico(a) *(m., f.)* doctor, M.D., 10
medida *(f.)* measure, 7
medio(a) half; **media hora** half an hour, 13; **y media** half past, 2
medio hermano *(m.)* half brother, 15
mediodía *(m.)* noon, 13; **al** —— at noon, 13
mejor better, 5; **(el, la)** —— best, 5
mejorar to improve, 11
mejorarse to get better, 11
melocotón *(m.)* peach, 8
memoria *(f.)* memory, 3
menor younger, smaller, 5; **(el, la)** —— youngest, smallest, 5
menos minus, 1; to, till, 2; less, 5; —— **...que** less . . . than, 3; —— **mal** thank goodness, 8
mensaje *(m.)* message, 3; —— **electrónico** e-mail, 3
mensual monthly, 7
mentir (e > ie) to lie, 11
menú *(m.)* menu, 9
mercader *(m.)* merchant, 3
mercado *(m.)* market, 8; —— **al aire libre** *(m.)* outdoor market, 8
merienda *(f.)* afternoon snack, 9
mermelada *(f.)* jam, marmalade, 9
mes *(m.)* month, 21
mesa *(f.)* table, 1
mesero(a) *(m., f.)* waiter *(Mex.)*, 4
mesita de noche *(f.)* night table, 15
meta *(f.)* goal, 11
mexicano(a) *(m., f.)* Mexican, 1
mezcla *(f.)* mixture, 6
mezclar to mix, 8; to unite, 13
mi(s) my, 3

mí *(obj. of prep.)* me, 5
microcomputadora *(f.)* microcomputer, laptop, 3
mientras while, 7
miércoles *(m.)* Wednesday, LP
mil one thousand, 3
millón *(m.)* million, 13
mineral *(m.)* mineral, 3
minuto *(m.)* minute, 6
mío(a), míos(as) *(pron.)* mine, 9
mirada *(f.)* glance, 15
mismo(a) same, 7; **lo** —— the same thing, 9
mochila *(f.)* backpack, 1
modo *(m.)* way, 11
momento *(m.)* moment, 6
moneda *(f.)* coin, 14
monitor *(m.)* monitor, 3
montar a caballo to go horseback riding, 5
morado(a) purple, LP
moraleja *(f.)* moral, 9
moreno(a) dark, brunette, 5
morir (o > ue) to die, 8
mostrar (o > ue) to show, 12
mozo *(m.)* waiter, 4
muchacha *(f.)* girl, 5; maid, 14
muchacho *(m.)* boy, 5
mucho(a) much, 5; —— **gusto** it's a pleasure to meet you; how do you do?, 1
muchos(as) many, 3; **muchas gracias** thank you very much, LP
mudarse to move (relocate), 7
muebles *(m. pl.)* furniture, 15
muerto(a) dead, 10
mujer *(f.)* woman, 1
muletas *(f. pl.)* crutches, 10
mundo *(m.)* world, 15
muñeca *(f.)* wrist, 10
muro *(m.)* wall, 15
museo *(m.)* museum, 5
música *(f.)* music, 2
muy very, LP; —— **bien** very well, just fine, LP

N

nacer to be born, 13
nada nothing, 6; **de** —— you're welcome, 1; —— **más** nothing else, 6

nadar to swim, 4
nadie nobody, no one, 6
naranja *(f.)* orange, 2
nariz *(f.)* nose, 10
navegar la red to surf the net, 3
Navidad *(f.)* Christmas, 6
necesitar to need, 2
negro(a) black, LP
nevada *(f.)* snowfall, 9
nevar (e > ie) to snow, 9
ni neither, nor, 6
niebla *(f.)* fog, 9
nieta *(f.)* granddaughter, 4
nieto *(m.)* grandson, 4
ningún, ninguno(a) none, not any, no one, nobody, 6; no, 6
niño(a) *(m., f.)* child, 8
nivel *(m.)* level, 2
no no, not, 1; —— **importa** it doesn't matter, 6; —— **lo creo** I don't believe it, 11
noche *(f.)* night, LP; **esta** —— tonight, 4; **por la** —— in the evening, at night, LP
nombre *(m.)* name, 5
normal normal, 8
normalmente normally, 8
norte *(m.)* north, 13
norteamericano(a) *(m., f.)* North American, 1
nos *(obj. pron.)* us, 6; (to) us, 7; (to) ourselves, 7; —— **vemos** (I'll) see you, LP
nosotros(as) we, 1; *(obj. of prep.)* us, 5
nota *(f.)* grade, 2
novecientos(as) nine hundred, 3
novela *(f.)* novel, 4
noventa ninety, 1
novia *(f.)* girlfriend (steady), 3; bride, 5
noviembre November, 2
novio *(m.)* boyfriend (steady), 3
nublado(a) cloudy, 9
nuera *(f.)* daughter-in-law, 4
nuestro(s), nuestra(s) *(adj.)* our, 3; *(pron.)* ours, 9
nueve nine, LP
nuevo(a) new, 1
número *(m.)* number, 6
nunca never, 6

O

o or, 5; **o... o** either . . . or, 6
obra (f.) work (e.g., of art), 14
ochenta eighty, 1
ocho eight, LP
ochocientos(as) eight hundred, 3
octubre October, 2
oculista (m. f.) oculist, 11
ocupado(a) busy, 5; occupied, 13
oeste (m.) west, 13
oficina (f.) office, 6; —— **de correos** post office, 6
oído (m.) (inner) ear, 10
ojalá I hope, 11
ojo (m.) eye, 5
olvidar(se) (de) to forget, 14
ómnibus (m.) bus, 10
once eleven, 1
oprimido(a) oppressed, 13
optimista optimistic, 1
oración (f.) prayer, 15
ordenador (personal) (m.) (personal) computer (in Spain), 1
oreja (f.) (external) ear, 10
orgulloso(a) proud, 15
oro (m.) gold, 2
ortiga (f.) nettle, 13
os (fam. pl. obj. pron) you, 6; (to) you, 7; (to) yourselves, 7
otoño (m.) autumn, 2
otro(a) other, another, 6
oye listen, 2

P

paciencia (f.) patience, 14
paciente (m., f.) patient, 1
padrastro (m.) stepfather, 15
padre (m.) dad, father, 4
padres (m. pl.) parents, 4
padrino (m.) godfather, 15
padrinos (m. pl) godparents, 15
pagar to pay, 3
página (f.) page, LP
pago (m.) payment, 3
país (m.) country, 15
palabra (f.) word, LP
pan (m.) bread, 8; —— **tostado** toast, 9
panadería (f.) bakery, 8
panqueque (m.) pancake, 9
pantalla (f.) screen, 3

pantalón, pantalones (m.) pants, trousers, 7
pantimedias (f. pl.) pantyhose, 7
papa (f.) potato, 8; —— **s fritas** french fries, 9
papá (m.) dad, father, 4
papanicolaus (m.) pap smear, 11
papel (m.) paper, 1; —— **higiénico** toilet paper, 8
paquete (m.) package, 7
par (m.) pair, 7
para in order to, 3; for, 4; —— **que** in order that, 13; ¿—— **qué?** what for?, 9
paraguas (m.) umbrella, 9
parar to stop, 10
parecer to seem, 10
pared (f.) wall, 2
pareja (f.) couple, 4; **la feliz ——** the happy couple, 5
pariente(a) (m., f.) relative, 15
parque (m.) park, 8; —— **de diversiones** amusement park, 5
parquear to park, 15
parte (f.) part, 6; **la tercera ——** one-third, 9
partido (m.) game, 4; —— **de básquetbol** (m.) basketball game, 5
pasado(a) last, 7
pasaje (m.) ticket, 12
pasajero(a) (m., f.) passenger, 12
pasaporte (m.) passport, 12
pasar to happen, 10; to spend (time), 13; —— **la aspiradora** to vacuum, 14; —— **por la aduana** to go through customs, 13; **pase** come in, LP
pasatiempo (m.) pastime, 11
pastel (m.) pastry, cake, pie, 8
pastilla (f.) pill, 10
patata (f.) potato (Spain), 8
patinar to skate, 4
patio (m.) patio, 13
pecho (m.) chest, 10
pedazo (m.) piece, 9
pediatra (m., f.) pediatrician, 11
pedido (m.) order, 9
pedir (e > i) to ask for, to request, 6; to order, 9; —— **un préstamo** to apply for a loan, 6; —— **turno** to make an appointment, 10
pelar to peel, 9
película (f.) movie, 13

pelo (m.) hair, 5
penicilina (f.) penicillin, 11
pensar (e > ie) to think, 5; —— + infinitive to plan to (do something), 5
pensión (f.) boarding house, 3; —— **completa** (f.) room and board, 13
peor worse, 5; **(el, la) ——** worst, 5
pepino (m.) cucumber, 8
pequeño(a) small, 2; little, 9
pera (f.) pear, 8
perder (e > ie) to lose, 6; —— **el conocimiento** to lose consciousness, to faint, 10
perdón sorry, LP; excuse me, 9
perdonar to forgive, 13
perfeccionista perfectionist, 1
perfecto(a) perfect, 4
periódico (m.) newspaper, 8
permiso excuse me, LP
pero but, 3
perro(a) (m., f.) dog, 14; —— **caliente** (m.) hot dog, 8
persona (f.) person, 12
pescadería (f.) fish market, 8
pescado (m.) fish, 8
pesimista pessimistic, 1
peso (m.) weight, 11
picnic (m.) picnic, 5; **de ——** on a picnic, 5
pie (m.) foot, 7
pierna (f.) leg, 10
pijama, pijamas (m.) pajamas, 7
pimienta (f.) pepper, 9
pimiento (m.) green pepper, 8
pintar to paint, 15
pintura (f.) painting, 14
piña (f.) pineapple, 8
piscina (f.) swimming pool, 4
piso (m.) floor, 8; (Spain) apartment, 15
pizarra (f.) chalkboard, 1
plan de ahorros (m.) savings plan, 6
plancha (f.) iron, 14
planchar to iron, 14
planear to plan, 4
plástico (m.) plastic, 5
plata (f.) silver, 9
plátano (m.) banana, 8
platillo (m.) saucer, 9

plato *(m.)*   dish, plate, 9
playa *(f.)*   beach, 5
pluma *(f.)*   fountain pen, 1
poco(a)   few, 2; little, 3; **un ——** a little, 7; **—— hecho (cocido)** rare, 14
poder (o > ue)   to be able to, can, 6
poema *(m.)*   poem, 4
poesía *(f.)*   poetry, 15
pollo *(m.)*   chicken, 8
polvo *(m.)*   powder, 11
ponche *(m.)*   punch *(beverage)*, 5
poner   to put, 7; to turn on, 13; **—— fin**   to end, 3; **—— una inyección**   to give a shot, 10; **—— la mesa**   to set the table, 14; **——se**   to put on, 7
popular   popular, 1
por   for, per, 3; through, along, by, via, because of, on account of, on behalf of, 9; **—— ciento**   percent, 6; **—— favor**   please, LP; **—— fin**   finally, 6; **—— la mañana (noche, tarde)**   in the morning (evening, afternoon), LP; **—— medio de**   by, through, 7; **—— noche**   per night, 13; **—— vía aérea**   air mail, 6
porque   because, 2
¿por qué?   why?, 2
portugués *(m.)*   Portuguese *(language)*, 3
posible   possible, 8
posiblemente   possibly, 8
postre *(m.)*   dessert, 9; **de ——** for dessert, 9
precio *(m.)*   price, 13
preferir (e > ie)   to prefer, 5
preguntar   to ask *(a question)*, 9
prender   to pin, 15
preocuparse   to worry, 15
prepararse   get ready, 7; to prepare oneself, 11
presente   present, here, LP
préstamo *(m.)*   loan, 6
primavera *(f.)*   spring, 2
primer(a)   first, LP; **——a clase** *(f.)* first-class, 12; **——a vez**   first time, 14
primo(a) *(m., f.)*   cousin, 4
privado(a)   private, 13
probador *(m.)*   fitting room, 7

probar(se) (o > ue)   to try (on), 7
problema *(m.)*   problem, 2
profesor(a) *(m., f.)*   professor, 1
programa *(m.)*   program, 2
prometido(a) *(m., f.)*   fiancé(e), 5
pronto   soon, 11
propina *(f.)*   tip *(for service)*, 9
propio(a)   own, 2
propósito *(m.)*   purpose, 7
próximo(a)   next, 5
prueba *(f.)*   quiz, test, LP
psicología *(f.)*   psychology, 2
puerta *(f.)*   door, 1; **—— de salida** *(f.)*   boarding gate, 12
pues   well, OK, 8
puesto *(m.)*   job, position, 15
puesto(a)   put, placed, 10
puesto de revistas *(m.)*   magazine stand, 13
pulmonía *(f.)*   pneumonia, 11
puño *(m.)*   fist, 11
pupitre *(m.)*   desk, 1
puré de papas *(m.)*   mashed potatoes, 9
puso fin   ended, 3

Q

que   that, 3; than, 5; **—— viene** next, 10
¿qué?   what?, 2; **¿en —— puedo servirle?**   how may I help you?, 6; **¿—— día es hoy?**   what day is today?, 2; **¿—— fecha es hoy?** what is today's date?, 2; **¿—— hay de nuevo?**   what's new?, LP; **¿—— hora es?**   what time is it?, 2; **¡—— lástima!**   too bad!, 5, what a pity!, 7; **¿—— pasa aquí?** what's going on here?, 1; **¿—— quiere decir...?**   what does . . . mean?, 1; **¿—— tal?**   how's it going?, LP
quebrado(a)   broken, 10
quedar   to fit, to suit, 7
quedar(le) grande/chico(a) (a uno o una)   to be too big/ small (on someone), 7; **——le bien**   to fit, 7
quedarse   to stay, to remain, 8
quejarse   to complain, 15
querer (e > ie)   to want, to wish, 5; **—— decir**   to mean, 1

queso *(m.)*   cheese, 4
¿quién(es)?   who?, 2; **¿con ——?** with whom?, 2
quiere decir...   it means . . . , 1
química *(f.)*   chemistry, 2
quince   fifteen, 1; **dentro de —— días**   in two weeks, 12
quinientos(as)   five hundred, 3
quitarse   to take off, 7

R

radiografía *(f.)*   X-ray, 10
raíz *(f.)*   root, 11
rajita *(f.)*   (small) slice, 9
rápidamente   rapidly, 8
rápido(a)   fast, 8
raramente   rarely, 8
raro(a)   rare, strange, 8
rascacielo *(m.)*   skyscraper, 9
rasurarse   to shave, 7
rato *(m.)*   while, 4; **al ——**   a while later, 3; **un ——**   a while, 4
ratón *(m.)*   mouse, 3
real   real, 8
realmente   really, 8
rebaja *(f.)*   sale, 7
recámara *(f.) (Mex.)*   bedroom, 15
recepción *(f.)*   reception, 15
receta *(f.)*   prescription, 11; recipe, 9
recetar   to prescribe, 10
recibir   to receive, 3
recibo *(m.)*   receipt, 3
reciente   recent, 8
recientemente   recently, 8
recogedor *(m.)*   dustpan, 14
recomendar (e > ie)   to recommend, 9
recordar (o > ue)   to remember, 6
refresco *(m.)*   soft drink, soda, 4
refrigerador *(m.)*   refrigerator, 14
regadera *(f.) (Mex.)*   shower, 13
regalar   to give *(as a gift)*, 14
regalo *(m.)*   present, gift, 15
regatear   to bargain, 8
registro *(m.)*   register, 13
regresar   to return, 12
reírse   to laugh, 15
reloj *(m.)*   clock, watch, 1
repaso *(m.)*   review, LP
repetir (e > i)   to repeat, LP

represa *(f.)* dam, 13
reservación *(f.)* reservation, 9
reservar to reserve, 12
resfriado *(m.)* cold, 11
resfrío *(m.)* cold, 11
residencia universitaria *(f.)* dormitory, 3
residente *(m., f.)* resident, 3
restaurante *(m.)* restaurant, 9
revisar to check, 3
revista *(f.)* magazine, 8
rico(a) rich, 5
río *(m.)* river, 15
riquísimo(a) delicious, 9
rodeado(a) surrounded by, 1
rodilla *(f.)* knee, 10
rojo(a) red, LP
romper(se) to fracture, 10
ropa *(f.)* clothes, 7; —— **interior** *(f.)* underwear, 7
rosado(a) pink, LP; rosé *(wine)*, 2
rosbif *(m.)* roast beef, 9
rostro *(m.)* face, 11
roto(a) broken, 10
rubio(a) blond, 5
ruso *(m.)* Russian *(language)*, 3

S

sábado *(m.)* Saturday, LP; **el pasado** —— last Saturday, 5
sábana *(f.)* sheet, 14
saber to know *(a fact, how to do something)*, 4
sabor *(m.)* flavor, 9
sabroso(a) delicious, tasty, 9
sacapuntas *(m.)* pencil sharpener, 1
sacar to take out, 6
sal *(f.)* salt, 14
sala *(f.)* living room, 15; —— **de emergencia** *(f.)* emergency room, 10; —— **de estar** *(f.)* family room, den, 15; —— **de rayos X (equis)** *(f.)* X-ray room, 10
saldo *(m.)* balance, 6
salida *(f.)* exit, 12
salir to leave, to go out, 6
salsa *(f.)* salsa *(dance)*, 5
salud *(f.)* health, 10
saludos a... say hi to . . . , LP
sandalia *(f.)* sandal, 7
sandía *(f.)* watermelon, 8

sándwich *(m.)* sandwich, 3
sartén *(f.)* frying pan, 14
se (to) herself, himself, itself, themselves, yourself, yourselves, 7; —— **dice...** you say . . . , 1; —— **usa...** it's used . . . , 1
secadora *(f.)* dryer, clothes dryer, 14
sección *(f.)* section, 12; —— **de (no) fumar** *(f.)* (non)smoking section, 12
seco(a) dry, 9
secretario(a) *(m., f.)* secretary, 1
sedante *(m.)* sedative, 11
sedativo *(m.)* sedative, 11
seguir (e > i) to continue, 6; to follow, 6
segundo *(m.)* second, 10
seguro(a) sure, 5
seguro médico *(m.)* medical insurance, 10
seguro social *(m.)* social security, 6
seis six, LP
seiscientos(as) six hundred, 3
sello *(m.)* stamp, 6
selva *(f.)* rain forest, 7
semana *(f.)* week, 8
semestre *(m.)* semester, 2
sentar(se) (e > ie) to sit down, 7
sentir (e > ie) to regret, 11; **lo siento** I'm sorry, 1; ——**(se)** to feel, 10
señor (Sr.) *(m.)* Mr., sir, gentleman, 1; **los señores** Mr. and Mrs., 13
señora (Sra.) *(f.)* lady, Madam, Mrs., 1
señorita (Srta.) *(f.)* Miss, young lady, 1
septiembre September, 2
ser to be, 1; —— **de** to be from, 1
serio(a) serious, 11
servicio de habitación *(m.)* room service, 13
servilleta *(f.)* napkin, 9
servir (e > i) to serve, 6; **¿en qué puedo** ——**le?** how may I help you?, 6
sesenta sixty, 1
setecientos(as) seven hundred, 3
setenta seventy, 1
sevillano(a) person from Seville, 15

si if, 3
sí yes, 1
siempre always, 3; **como** —— as usual, as always, 3
siete seven, LP
siglo *(m.)* century, 3
silla *(f.)* chair, 1
simpático(a) charming, nice, 1; fun to be with
sino but, 12
sistema *(m.)* system, 2
sitio web *(m.)* website, 3
sobrante excess, left over, 9
sobre about, 6; —— **todo** especially, 7
sobrina *(f.)* niece, 4
sobrino *(m.)* nephew, 4
sociología *(f.)* sociology, 2
sofá-cama *(m.)* sleeper sofa, 13
solamente only, 8
solicitar un préstamo to apply for a loan, 6
sólo only, 8
solo(a) alone, 5
sombrero *(m.)* hat, 7
sombrilla *(f.)* parasol, 9
sonreír to smile, 15
sonrisa *(f.)* smile, 15
sopa *(f.)* soup, 9
su(s) his, her, its, their, your *(form.)*, 3
subir to go up, 13; **subir (a)** to board *(a vehicle)*, 12
sucursal *(f.)* branch (of a bank), 6
suegra *(f.)* mother-in-law, 4
suegro *(m.)* father-in-law, 4
suerte *(f.)* luck, 7
suéter *(m.)* sweater, 7
suficiente sufficient, 3
sugerir (e > ie) to suggest, 11
sujetar (se) to hold, 7
supermercado *(m.)* supermarket, 8
sur *(m.)* south, 13
suspiro *(m.)* sigh, 15
suyo(s), suya(s) *(pron.)* his, hers, theirs, yours *(form.)*, 9

T

tablilla de anuncios *(f.)* bulletin board, 1
talla *(f.)* size *(of clothing)*, 7
tallarines *(m. pl.)* spaghetti, 9

taller de mecánica *(m.)* repair shop, 14

talonario de cheques *(m.)* checkbook, 6

tamaño *(m.)* size, 7

también also, too, 1

tampoco neither, 6

tan as, so, 3; —— **...como** as . . . as, 5; —— **pronto como** as soon as, 13

tanto(a) so much, 4; as much, (many), 5; *(pl.)* so many, 15

tarde late, 7; **más** —— later, 10

tarde *(f.)* afternoon, LP; **esta** —— this afternoon, 4; **por la** —— in the afternoon, LP

tarea *(f.)* homework, LP

tarjeta *(f.)* card, 6; —— **de crédito** *(f.)* credit card, 8; —— **de embarque** *(f.)* boarding pass, 12; —— **postal** *(f.)* postcard, 6

tarta *(f.)* cake, 8

taxi *(m.)* taxi, 6

taza *(f.)* cup, 2

tazón *(m.)* bowl, 14

te *(pron. fam.)* you, 6; (to) you, 7; (to) yourself, 7

té *(m.)* tea, 2; —— **helado, frío** iced tea, 2

teatro *(m.)* theater, 4

teclado *(m.)* keyboard, 3

teléfono *(m.)* telephone, 5; **llamar por** —— to phone, 5; **número de** —— *(m.)* telephone number, LP

telegrama *(m.)* telegram, 2

televisión *(f.)* television, 2

televisor *(m.)* TV set, 13

temer to be afraid, to fear, 11

temperatura *(f.)* temperature, 11

templado(a) warm, 9; moderate, 8

temprano early, 7

tenedor *(m.)* fork, 9

tener to have, 3; —— **acceso a la red** to have access to the Internet, 3; —— **...años (de edad)** to be . . . years old, 4; —— **calor** to be warm, 3; —— **cuidado** to be careful, 11; —— **el día libre** to have the day off, 14; —— **frío** to

be cold, 3; —— **ganas de...** to feel like . . . , 4; —— **(mucha) hambre** to be (very) hungry, 3; —— **lugar** to take place, 5; —— **miedo** to be afraid, scared, 3; —— **prisa** to be in a hurry, 3; —— **que** to have to, 3; —— **razón** to be right, 4; **no** —— **razón** to be wrong, 4; —— **(mucha) sed** to be (very) thirsty, 3; —— **(mucho) sueño** to be (very) sleepy, 3

terminar to end, to finish, to get through, 2

término medio *(m.)* medium-rare, 14

ternera *(f.)* veal, 9

terraza *(f.)* terrace, 15

terremoto *(m.)* earthquake, 9

ti *(obj. of prep.)* you, 5

tía *(f.)* aunt, 4

tiempo *(m.)* time, 8; weather, 9

tienda *(f.)* shop, 2; store, 7; —— **de regalos** *(f.)* souvenir shop, 13

tierra *(f.)* earth, 13

timbre *(m.) (Mex.)* stamp, 6; doorbell, 9

tinto red *(wine)*, 2

tintorería *(f.)* dry cleaner's, 14

tío *(m.)* uncle, 4

tipo *(m.)* type, 12

tiza *(f.)* chalk, 1

toalla *(f.)* towel, 14

tobillo *(m.)* ankle, 10

tocadiscos *(m.)* record player, 5

tocar to play (music, an instrument), 5; —— **a la puerta** to knock at the door, 14

tocino *(m.)* bacon, 9

todavía still, 14; yet, 14; —— **no** not yet, 14

todo all, 11; everything, 12; —— **el día** all day long, 11; —— **está en regla** everything is in order, 12

todos(as) all, 2

tomar to take, *(a class)*, 2; to drink, 2; —— **algo** to have something to drink, 4; —— **asiento** to take a seat, 12; —— **una decisión** to make a decision, 11; —— **helado** to eat

ice cream, 9; —— **sopa** to eat soup, 9; **tome asiento** have a seat, LP

tomate *(m.)* tomato, 2

torcer(se) (o > ue) to twist, 10

tormenta *(f.)* storm, 9

tornado *(m.)* tornado, 9

toronja *(f.)* grapefruit, 2

torpeza *(f.)* stupidity, 11

torta *(f.)* cake, 8

tos *(f.)* cough, 11

tostada *(f.)* toast, 9

tostadora *(f.)* toaster, 14

trabajador(a) hardworking, 1

trabajar to work, 2

trabajo *(m.)* work, LP

traducir to translate, 8

traer to bring, 7

tráfico *(m.)* traffic, 9

traje *(m.)* suit, 7; —— **de baño** *(m.)* bathing suit, 7

tranquilo(a) quiet, 11

trasbordar to change planes, ships, etc., 12

tratar (de) to try, 13

trece thirteen, 1

treinta thirty, 1

tres three, LP

trescientos(as) three hundred, 3

trimestre *(m.)* quarter, trimester, 3

trozo *(m.)* piece, 9

tu(s) your *(fam. sing.)*, 1

tú you *(fam. sing.)*, 1

turista *(m., f.)* tourist, 12

turno *(m.)* appointment, 10

tuyo(s), tuya(s) *(pron.)* yours *(fam. sing.)*, 9

U

últimamente lately, 11

último(a) last *(in a series)*, 3

un(a) a, an, 1

unidad *(f.)* unit, 3

unir to join, 6

universidad *(f.)* university, 1

uno one, LP

unos(as) some, 1

usar to wear, 7; to use, 6

usted (Ud.) *(form. s.)* you, 1; *(obj. of prep.)* you, 5

ustedes (Uds.) *(form. pl.)* you, 1; *(obj. of prep.)* you, 5
uva *(f.)* grape, 2

V

vacaciones *(f. pl.)* vacation, 9; **estar de ——** to be on vacation, 9; **ir(se) de ——** to go on vacation, 12
vainilla *(f.)* vanilla, 8
vajilla *(f.)* china, 14
valija *(f.)* suitcase, 12
valor *(m.)* value, 6
vamos let's go, 4
varios(as) several, 4
vaso *(m.)* glass, 2
vegetal *(m.)* vegetable, 8
veinte twenty, 1
vendar to bandage, 10
vendedor(a) *(m., f.)* merchant, 8
vender to sell, 6
venir to come, 3
venta *(f.)* sale, 7
ventaja *(f.)* advantage, 15
ventana *(f.)* window, 1
ventanilla *(f.)* ticket window, 6
ver to see, 3
veranear to spend the summer (vacationing), 12
verano *(m.)* summer, 2

verdad *(f.)* truth, 4
verdadero(a) true, LP
verde green, LP
verdulería *(f.)* vegetable market, 8
verter (e > ie) to pour, 9
vestíbulo *(m.)* lobby, 13
vestido *(m.)* dress, 7
vestir(se) (e > i) to dress (oneself), to get dressed, 7
veterinario(a) *(m., f.)* vet, 4
vez *(f.)* time, 7; **la última ——** the last time, 7
vía aérea airmail, 6
viajar to travel, 12
viaje *(m.)* journey, 5; trip, 12; **¡buen ——!** have a nice trip!, 12; **de ——** on a trip, 12
viajero(a) *(m., f.)* traveler, 13
vida *(f.)* life, 11; **mi ——** darling, 10
viejo(a) old, 5
viernes *(m.)* Friday, LP
vinagre *(m.)* vinegar, 14
vino *(m.)* wine, 2; **—— rosado** rosé wine, 2; **—— tinto** red wine, 2
virar to turn over, 9
visa *(f.)* visa, 12
visitar to visit, 4
vista *(f.)* view, 13; **con —— a** overlooking (with a view of), 13

visto(a) seen, 10
vitamina *(f.)* vitamin, 11
vivir to live, 3
volver (o > ue) to return, to go (come) back, 6
vosotros(as) you *(fam. pl.)*, 1; you *(obj. of prep.)*, 5
vuelo *(m.)* flight, 9
vuelto(a) returned, 10
vuestro(s), vuestra(s) *(adj.)* your *(fam. pl.)*, 3; yours, 9

Y

y and, 1; past, after, 2 **—— media** half past, 2
ya already, 3; **¡ —— es tarde!** it's (already) late!, 2
yerno *(m.)* son-in-law, 4
yo I, 1

Z

zacate *(m.) (Mex.)* lawn, 14
zanahoria *(f.)* carrot, 8
zapatería *(f.)* shoe store, 7
zapatilla *(f.)* slipper, 7
zapato *(m.)* shoe, 7
zorro(a) *(m., f.)* fox, 9
zumo *(m.)* juice *(Spain)*, 2

English–Spanish

A

a, an un(a), 1
about de, 6; sobre, 6
absent ausente, LP
accept aceptar, 3
accident accidente *(m.)*, 10
accompanied acompañado(a), 12
account cuenta *(f.)*, 6 **on —— of**
   por, 9
accounting contabilidad *(f.)*, 2
ache doler (o > ue), 10
activity actividad *(f.)*, 4
ad aviso *(m.)*, 15; anuncio *(m.)*, 15
add agregar, 9; añadir, 12
address dirección *(f.)*, 10
adhesive bandage curita *(f.)*, 11
admit admitir, 15
advantage ventaja *(f.)*, 15
advise aconsejar, 11
aerobics danza aeróbica *(f.)*, 2
after y, 2; después (de), 9
afternoon tarde *(f.)*, LP; **this ——**
   esta tarde, 4
afterwards después, 3; luego, 3
agency agencia *(f.)*, 12
agent agente *(m., f.)*, 12
ago hace..., 9
agree on convenir en, 14
air aire *(m.)*; **—— -conditioning**
   aire acondicionado, 13
airline aerolínea *(f.)*, 12
airmail por vía aérea, 6
airplane avión *(m.)*, 9
airport aeropuerto *(m.)*, 12
all todos(as), 3; **—— day long**
   todo el día, 11
allergic alérgico(a), 11
almost casi, 9
alone solo(a), 5
along por, 9
already ya, 3
also también, 1
although aunque, 11
always siempre, 3
ambulance ambulancia *(f.)*, 10
amount cantidad *(f.)*, 7
amusement park parque de
   diversiones *(m.)*, 5

and y, 1
angel ángel *(m.)*, 14
ankle tobillo *(m.)*, 10
anniversary aniversario *(m.)*, 9
announce anunciar, 15
another otro(a), 6
antacid antiácido *(m.)*, 11
anthropology antropología *(f.)*,
   2
antibiotic antibiótico *(m.)*, 11
any algún, alguno(a), algunos(as),
   3; cualquier(a), 12; **at —— time**
   en cualquier momento, 6
anyone alguien, 6
anything algo, 6; **—— else?**
   ¿algo más?, 6
anywhere en alguna parte, 10
apartment apartamento *(m.)*, 3;
   piso *(m.)* 15
appeal to gustar, 4
apple manzana *(f.)*, 12
apply for a loan solicitar (pedir)
   un préstamo, 6
appointment turno *(m.)*, 10;
   make an —— pedir turno, 10
April abril, 2
arm brazo *(m.)*, 10
arrival llegada *(f.)*, 13
arrive llegar, 5; **—— late (early)**
   llegar tarde (temprano), 9
art arte *(m.)*, 2
artichoke alcachofa *(f.)*, 14
as como, 2; **as if** como si, 15; **as**
   much . . . tanto(a)..., 5; **as soon**
   as en cuanto, tan pronto como,
   13; **as usual, as always** como
   siempre, 3
ask (for) pedir (e > i), 6; **—— (a**
   question) preguntar, 9
asparagus espárrago *(m.)*, 14
aspirin aspirina *(f.)*, 11
at a, 2; en, LP; **—— any time** en
   cualquier momento, 6; **——**
   home en casa, 5
athletic atlético(a), 1
attend asistir, 3
attractive bonito(a), 1
August agosto, 2
aunt tía *(f.)*, 4

automatic teller machine cajero
   automático *(m.)*, 6
automobile coche *(m.)*, au-
   tomóvil *(m.)*, auto *(m.)*, carro
   (m.), 10
autumn otoño *(m.)*, 2
available libre, disponible, 13
avocado aguacate *(m.)*, 8

B

back espalda *(f.)*, 10
backpack mochila *(f.)*, 1
bacon tocino *(m.)*, 9
bad malo(a), 5; **too ——!** ¡qué
   lástima!, 5
badly mal, 5
baked al horno, 9
bakery panadería *(f.)*, 8
balance saldo *(m.)*, 6
ballpoint pen bolígrafo *(m.)*, 1
banana plátano *(m.)*, 8
bandage vendar, 10
bank banco *(m.)*, 6
bargain regatear, 8
baseball béisbol *(m.)*, 4
basketball básquetbol *(m.)*, 5
bathe bañarse, 7
bathing suit traje de baño *(m.)*, 7
bathroom baño *(m.)*, 13; cuarto
   de baño *(m.)*, 13
bathtub bañadera *(f.)* 13
battlefield campo *(m.)* de batalla,
   13
be ser, 1, estar, 4; **—— able to**
   poder (o > ue), 6; **—— ac-**
   quainted with conocer, 4;
   —— afraid, scared tener
   miedo, 3, temer, 11; **—— bored**
   aburrirse, 7; **—— born** nacer,
   13; **—— careful** tener cuidado,
   11; **—— cold** tener frío, 3, hacer
   frío, 9; **—— from** ser de, 1; **——**
   good (bad) weather hacer buen
   (mal) tiempo, 9; **—— hot** tener
   calor, 4, hacer calor, 9; **—— (very)**
   hungry tener (mucha) hambre,
   3; **—— in a hurry** tener prisa, 3;
   —— right tener razón, 4;

—— **serving**   estar sirviendo, 5; —— **(very) sleepy**   tener (mucho) sueño, 3; —— **sorry**   sentir (e > ie), 1; —— **sunny**   hacer sol, 9; —— **(very) thirsty**   tener (mucha) sed, 3; —— **tight**   apretar (e > ie), 7; —— **too big/small on someone**   quedarle grande/chico(a) (a uno o una), 7; —— **windy**   hacer viento, 9; —— **wrong**   no tener razón, 4; —— **. . . years old**   tener... años de edad, 4

beach   playa (f.), 5; —— **resort**   balneario (m.), 12

bean   frijól (m.), habichuela (f.), 8; **green** ——   judía verde (f.), 8

beard   barba (f.), 7

beat   batir, 9

beautiful   hermoso(a), LP; **extremely** ——   bellísimo(a), 5

because   porque, 2; —— **of**   por, 9

become part (of)   formar parte (de), 2

bed   cama (f.), 13; **double** ——   cama doble (f.), 13; **twin** ——   cama chica (pequeña) (f.), 13

bedroom   dormitorio (m.), recámara (f.), 15

beer   cerveza (f.), 5

before   antes (adv.), antes de (prep.), 11; antes de que (conj.), 13

begin   comenzar (e > ie), empezar (e > ie), 5

behalf: on —— **of**   por, 9

believe   creer, 5; **I don't** —— **it**   no lo creo, 11

bellhop   botones (m.), 13

bell tower   campanario (m.), 15

belt   cinto (m.), cinturón (m.), 7

besides   además (adv.), 4; además de (prep.), 7

best   (el, la) mejor, 5

better   mejor, 5

between   entre, LP

big   gran, grande, 5

bigger   mayor, 5

biggest   (el, la) mayor, 5

bill   cuenta (f.), 9

biology   biología (f.), 2

birthday   cumpleaños (m. s.), 5

black   negro(a), LP

blackboard   pizarra (f.), 1

bleach   lejía (f.), 8

blender   licuadora (f.), 14

blond   rubio(a), 5

blouse   blusa (f.), 7

blue   azul, LP

board   subir (a), 12

boarding gate   puerta de salida (f.), 12

boarding house   pensión (f.), 3

boarding pass   tarjeta de embarque (f.), 12

body   cuerpo (m.), 10

book   libro (m.), 1

bookstore   librería (f.), 3

boot   bota (f.), 7

boss   jefe(a) (m., f.), 4

bottle   botella (f.), 2

bowl   tazón (m.), 14

boy   chico (m.), muchacho (m.), 5

boyfriend   novio (m.), 3

brake   freno (m.) 14

branch (of a bank)   sucursal (f.), 6

bread   pan (m.), 8

breakfast   desayuno (m.), 13

bride   novia (f.), 5

bring   traer, 7

broccoli   brócoli (m.), 8

brochure   folleto (m.), 12

broken   quebrado(a), roto(a), 10

brook   arroyo (m.), 13

broom   escoba (f.), 14

brother   hermano (m.), 4

brother-in-law   cuñado (m.), 5

brown   marrón, café, LP; **(hair or eyes)**   castaño, 5

brunette   moreno(a), 5

bulletin board   tablilla de anuncios (f.), 1

bus   autobús (m.), ómnibus (m.), 10

business administration   administración de empresas (f.), 2

busy   ocupado(a), 5

but   pero, 3; sino, 12

butter   mantequilla (f.), 8

buy   comprar, 6

by   por, 9; por medio de, 7

bye   chau, LP

C

cafe   café (m.), 4

cafeteria   cafetería (f.), 2

cake   torta (f.), 8; pastel (m.), 8; tarta (f.), 8

call   llamar, 4; llamada (f.), 12

cancel   cancelar, 12

capital   capital (f.), LP

car   coche (m.), 8; carro (m.), 8; auto (m.), 8; automóvil (m.), 8

caramel custard   flan (m.), 9

card   tarjeta (f.), 6; **credit** ——   tarjeta de crédito (f.), 8

cardiologist   cardiólogo(a) (m., f.), 11

carefully   cuidadosamente, 3

carrot   zanahoria (f.), 8

carry out   llevar a cabo, 5

carry-on bag   bolso de mano (m.), 12

case   caso (m.), 11; **in that** ——   entonces, 5, en ese caso, 11

cash   efectivo (m.), 6; —— **(a check)**   cobrar un cheque, 6

cashier   cajero(a), (m., f.), 3

cassette tape   caset (m.), 5

cattle   ganado (m.), 13

celebrate   celebrar, 9

celery   apio (m.), 8

central   central, 15

century   siglo (m.), 3

cereal   cereal (m.), 8

certified   certificado(a), 6

chair   silla (f.), 1

chalk   tiza (f.), 1

chalkboard   pizarra (f.), LP

change   cambiar, 3; —— **planes**   trasbordar, cambiar de avión, 12

charge   cobrar, 3

charming   simpático(a), 1; gentil, 5

check   cheque (m.), 3; cuenta (f.), 9; examinar, 11; fijarse, 14; revisar, 3; —— **out (of a hotel room)**   desocupar, 13

checkbook   talonario de cheques (m.), 6

checking account   cuenta corriente (f.), 6

cheese queso *(m.)*, 4
chemistry química *(f.)*, 2
cherry cereza *(f.)*, 8
chest pecho *(m.)*, 10
chest of drawers cómoda *(f.)*, 15
chicken pollo *(m.)*, 8
child niño(a) *(m., f.)*, 8
children hijos *(m. pl.)*, 5
china vajilla *(f.)*, 14
Chinese *(language)* chino *(m.)*, 3
chivalry caballería *(f.)*, 11
chocolate chocolate *(m.)*, 8
choose elegir (e > i),2; escoger, 15
chop (of meat) chuleta *(f.)*, 8
Christmas Navidad *(f.)*, 6
church iglesia *(f.)*, 9
city ciudad *(f.)*, 6
claim check comprobante *(m.)*, 12
class clase *(f.)*, 1
classified clasificado(a), 15
classmate compañero(a) de clase
   (m., f.), 1
classroom clase *(f.)*, 1
class schedule horario de clases
   (m.), 2
clean limpiar, 8
cleaning limpieza *(f.)*, 15
clear claro(a), 8; despejado(a), 9
clearly claramente, 8
clerk empleado(a) *(m., f.)*, 6;
   dependiente(a) *(m., f.)*, 7
climate clima *(m.)*, 2
clock reloj *(m.)*, 1
close cerrar (e > ie), 5
clothes ropa *(f.)*, 7; —— **dryer**
   secadora *(f.)*, 15
cloudy nublado(a), 9
club club *(m.)*, 4
coat abrigo *(m.)*, 7
coffee café *(m.)*, 2; —— **with milk**
   café con leche, 3
coffee pot cafetera *(f.)*, 14
coin moneda *(f.)*, 14
cold catarro *(m.)*, 11; resfriado
   (m.), 11; resfrío *(m.)*, 11; frío(a),
   13
collar cuello *(m.)*, 7
collide (with) chocar (con), 10
come venir, 3; —— **in** pasar, 1;
   pase, LP
compact disc (CD) disco com-
   pacto *(m.)*, 5

company compañía *(f.)*, 15
complain quejarse, 15
complete completo(a), 8
completely completamente, 8
computer computadora *(f.)*,
   ordenador *(m.) (Spain)*, 1
computer science informática
   (f.), 2; cibernética *(f.)*, 2
concert concierto *(m.)*, 4
confirm confirmar, 12
congratulations enhorabuena
   (f.), 5
consciousness conocimiento
   (m.), 10; **lose** —— perder el
   conocimiento, 10
conservative conservador(a), 1
continue seguir (e > i), 6
converse conversar, 2
convince convencer, 15
cook cocinar, 9
corner esquina *(f.)*, 10
cost costar (o > ue), 6; —— **an**
   arm and a leg costar un ojo de
   la cara, 15
cotton algodón *(m.)*, 11
cough tos *(f.)*, 11
country *(as opposed to city)*
   campo *(m.)*, 9; país *(m.)*, 15
couple pareja *(f.)*, 4; **the happy**
   —— la feliz pareja, 5
course asignatura *(f.)*, 2; materia
   (f.), 2
cousin primo(a) *(m., f.)*, 4
cover cubrir, 9
crab cangrejo *(m.)*, 8
cream crema *(f.)*, 9
cruise crucero *(m.)*, 12
crutches muletas *(f. pl.)*, 10
Cuban cubano(a) *(m., f.)*, 1
cucumber pepino *(m.)*, 8
cup taza *(f.)*, 2
curtain cortina *(f.)*, 15
cut cortar, 14
cyclone ciclón *(m.)*, 9

D

dad padre *(m.)*, papá *(m.)*, 4
dam represa *(f.)*, 13
dance bailar, 4
dark moreno(a), 5
darling mi vida, 10; mi amor, 14

date (a document) fechar, 6
daughter hija *(f.)*, 4
daughter-in-law nuera *(f.)*, 4
day día *(m.)*, LP; **all —— long**
   todo el día, 11; **per ——** al día,
   2; **the last —— to . . .** el último
   día para..., 3; **(on) the following**
   (next) day al día siguiente, 4;
   have the —— off tener el día
   libre, 14; **this very ——** hoy
   mismo, 15
dead muerto(a), 10
December diciembre, 2
decide decidir, 3
deer ciervo *(m.)*, 13
degree grado *(m.)*, 19
delicious riquísimo(a), 9;
   sabroso(a), 9
delighted encantado(a), 1
den sala de estar *(f.)*, 15
department departamento *(m.)*, 6
departure ida *(f.)*, 12
deposit depositar, 6; depósito
   (m.), 15
depth fondo *(m.)*, 15
dermatologist dermatólogo(a)
   (m., f.), 11
desk escritorio *(m.)*, 1; pupitre
   (m.), 1
design programs diseñar progra-
   mas, 3
dessert postre *(m.)*, 9; **for ——**
   de postre, 9
detergent detergente *(m.)*, 8
diary diario *(m.)*, 11
die morir (o > ue), 8
diet dieta *(f.)*, 8
difficult difícil, 2
dining room comedor *(m.)*, 13
dinner cena *(f.)*, 9; **have ——**
   cenar, 9
discount descuento *(m.)*, 7
discover descubrir, 3
dish plato *(m.)*, 9
dishwasher lavaplatos *(m.)*, 14
disk disco *(m.)*, 3
do hacer, 4
doctor doctor(a), 1; médico(a)
   (m., f.), 10
doctor's office consultorio *(m.)*,
   11
document documento *(m.)*, 12

dog perro(a), 14; **hot** —— perro caliente *(m.)*, 9
dollar dólar *(m.)*, 3
done hecho(a), 10
door puerta *(f.)*, 1
doorbell timbre *(m.)*, 9
dormitory residencia universitaria *(f.)*, 3
double bed cama doble *(f.)*, cama matrimonial *(f.)*, 13
double boiler Baño María *(m.)*, 9
doubt dudar, 13
downtown centro *(m.)*, 15
dozen docena *(f.)*, 8
drape cortina *(f.)*, 15
dress vestido *(m.)*, 7; —— **(oneself)** vestir(se) (e > i), 7
drink tomar, 2; beber, 3; bebida *(f.)*, 4
drive conducir, 8
driver's license licencia para conducir (manejar) *(f.)*, 3
drop gota *(f.)*, 11
drugstore farmacia *(f.)*, 8
dry seco(a), 9
dry clean limpiar (lavar) en seco, 14
dry cleaner's tintorería *(f.)*, 14
dryer (clothes) secadora *(f.)*, 14
during durante, 11; —— **the week** entre semana, 12
dustpan recogedor *(m.)*, 14

E

each cada, 3
ear (internal) oído *(m.)*, 10; **(external)** —— oreja *(f.)*, 10
early temprano, 7
earth tierra *(f.)*, 13
earthquake terremoto *(m.)*, 9
easily fácilmente, 8
easy fácil, 2
eat comer, 3; **something to** —— algo para comer, 4; —— **ice cream** tomar helado, 9; —— **soup** tomar sopa, 9
education educación *(f.)*, 6
efficient eficiente, 1
egg huevo *(m.)*, 8; blanquillo *(m.) (Mex.)*, 8
eight ocho, LP

eight hundred ochocientos(as), 3
eighteen dieciocho, 1
eighty ochenta, 1
either ... or o... o, 6
elbow codo *(m.)*, 10
elegant elegante, 7
elevator ascensor *(m.)*, elevador *(m.)*, 13
eleven once, 1
e-mail mensaje electrónico *(m.)*, 3; —— **address** dirección electrónica *(f.)*, 3
emergency emergencia *(f.)*, 10; —— **room** sala de emergencia *(f.)*, 10
end terminar, 2; poner fin, 3
engaged (to be married) comprometido(a), 15
engagement compromiso *(m.)*, 5
engineer ingeniero(a) *(m., f.)*, 11
engineering ingeniería *(f.)*, 7
English *(language)* inglés *(m.)*, 2; **(person)** inglés(esa)
enter entrar (en), 6
entitle dar derecho, 7
eraser borrador *(m.)*, 1; goma de borrar *(f.)*, 1
errand diligencia *(f.)*, 6; **to run** ——**s** hacer diligencias, 6
especially sobre todo, 7; especialmente, 8
essay ensayo *(m.)*, 11
even if aunque, 13
evening noche *(f.)*, LP
ever alguna vez, 6
every cada, 3
everything todo, 12; —— **is in order** todo está en regla, 12
exam examen *(m.)*, LP
examine examinar, 11
excess exceso *(m.)*, 12; —— **baggage (charge)** exceso de equipaje *(m.)*, 12; *(adj.)* sobrante, 9
excursion excursión *(f.)*, 12
excuse me permiso, LP; perdón, 9
exercise hacer ejercicio, 3; ejercicio *(m.)*, 8
exit salida *(f.)*, 12
expensive caro(a), 11
exterior exterior *(m.)*, 13

extra extra, 13; —— **convenience** mayor comodidad, 7
eye ojo *(m.)*, 5

F

face cara *(f.)*, 10; rostro *(m.)*, 11
factory fábrica *(f.)*, 15
faint perder el conocimiento, desmayarse, 10; desfallecer, 11
faith fe *(f.)*, 11
fall otoño *(m.)*, 2; —— **down** caerse, 10; —— **asleep** dormirse (o > ue), 11; —— **in love (with)** enamorarse (de), 14
false falso(a), LP
family room sala de estar *(f.)*, 15
far lejos, 4
fast rápido(a), 8
father padre *(m.)*, papá *(m.)*, 4
father-in-law suegro *(m.)*, 4
fear temer, 11
February febrero, 2
fee cargo, 7
feel sentir(se) (e > ie), 10; —— **like** tener ganas de, 4
fever fiebre *(f.)*, 11
few pocos(as), 2
fiancé(e) prometido(a) *(m., f.)*, 5
field campo *(m.)*, 2
fifteen quince, 1
fifty cincuenta, 1
finally por fin, 6
find encontrar (o > ue), 2
fine bien, LP
finger dedo *(m.)*, 10
finish terminar, 2
fire fuego *(m.)*, 9
first primer(a), LP; —— **-class** (de) primera clase, 12; —— **time** primera vez, 14
fish pescado *(m.)*, 8
fish market pescadería *(f.)*, 8
fist puño *(m.)*, 11
fit quedar, 7; quedarle bien, 7
fitting room probador *(m.)*, 7
five cinco, LP
five hundred quinientos(as), 3
fix arreglar, 14
flavor sabor *(m.)*, 9
flight vuelo *(m.)* 9; —— **attendant** auxiliar de vuelo *(m., f.)*, 12

floor piso *(m.)*, 8
flower flor *(f.)*, 13
flu gripe *(f.)*, 11
fog niebla *(f.)*, 9
follow seguir (e > i), 6
food comida *(f.)*, 8
foot pie *(m.)*, 7
for para, 4; por, 3
forget olvidarse (de), 14
forgive perdonar, 13
fork tenedor *(m.)*, 3
fortress fortaleza *(f.)*, 9
forty cuarenta, 1
found fundar, 2
fountain pen pluma *(f.)*, 1
four cuatro, LP
four hundred cuatrocientos(as), 3
fourteen catorce, 1
fox zorro(a) *(m., f.)*, 9
fracture fractura *(f.)*, 10; frac-
  turar(se), 10; romper(se), 10
frank franco(a), 8
frankly francamente, 8
free libre, 4; gratis, 6
French *(language)* francés
  (m.), 3
french fries papas fritas *(f. pl.)*, 9
frequent frecuente, 8
frequently frecuentemente, 8
Friday viernes *(m.)*, LP
fried frito(a), 9
friend amigo(a) *(m., f.)*, 2; **best**
  —— mejor amigo(a) *(m., f.)*, 3
friendship amistad *(f.)*, 14
from de, 2; desde, 9
fruit fruta *(f.)*, 8
frying pan sartén *(f.)*, 14
fun to be with simpático(a), 5
function funcionar, 14
furniture muebles *(m. pl.)*, 15

G

game juego *(m.)*, 4; partido *(m.)*,
  4; **basketball** —— partido de
  básquetbol *(m.)*, 5
garage garaje *(m.)*, 14
garbage basura *(f.)*, 14
garden jardín *(m.)*, 11
gee! ¡caramba!, 2
general general, 8
generally generalmente, 3

gentleman señor *(m.) (abbr.* Sr.),
  1; caballero *(m.)*, 5
geography geografía *(f.)*, 2
geology geología *(f.)*, 2
German *(language)* alemán *(m.)*,
  3
get conseguir (e > i), 6; ——
  acquainted conocer, 4; ——
  better mejorarse, 11; ——
  dressed vestirse (e > i), 7; ——
  engaged (to) comprometerse
  (con), 14; —— **a haircut** cortarse
  el pelo, 13; —— **hurt** lastimarse,
  11; —— **married (to)** casarse
  (con), 12; —— **ready** prepararse,
  7; —— **through** terminar,
  2; —— **up** levantarse, 7
gift regalo *(m.)*, 15
girl chica *(f.)*, muchacha *(f.)*, 5
girlfriend novia *(f.)*, 3
give dar, 4; *(as a gift)* regalar, 14;
  —— **a shot** poner una inyec-
  ción, 10; —— **up** darse por
  vencido(a), 9
glad: to be glad (about) alegrarse
  (de), 11
glance mirada *(f.)*, 15
glass vaso *(m.)*, 2
glove guante *(m.)*, 7
go ir, 4; —— **away** irse, 9; ——
  back volver (o > ue), 6; ——
  down bajar, 11; —— **in** entrar
  (en), 6; —— **on vacation** ir(se)
  de vacaciones, 12; —— **out**
  salir, 6; —— **shopping** ir de
  compras, 7; —— **to bed**
  acostarse (o > ue), 7; ——
  through customs pasar por la
  aduana, 13; —— **up** subir, 13;
  —— **swimming** ir a nadar, 4
goal meta *(f.)*, 11
goddaughter ahijada *(f.)*, 15
godfather padrino *(m.)*, 15
godmother madrina *(f.)*, 15
godparents padrinos *(m. pl.)*, 15
godson ahijado *(m.)*, 15
gold oro *(m.)*, 2
golden brown dorado(a), 9
good bueno(a), 4; —— **afternoon**
  buenas tardes, LP; —— **evening**
  buenas noches, LP; —— **morning**
  buenos días, LP; —— **night**

  buenas noches, LP; —— **-looking**
  guapo(a), 1; —— **sense** acierto
  (m.), 15
good-bye adiós, LP
government gobierno *(m.)*, 1
grade nota *(f.)*, 2
graduate graduar(se), PM
granddaughter nieta *(f.)*, 5
grandfather abuelo *(m.)*, 9
grandmother abuela *(f.)*, 9
grandparents abuelos *(m.)*, 5
grandson nieto *(m.)*, 5
grape uva *(f.)*, 2
grapefruit toronja *(f.)*, 2
gray gris, LP
great magnífico(a), 5; gran,
  estupendo(a), 15
great-granddaughter bisnieta *(f.)*,
  15
great-grandfather bisabuelo *(m.)*,
  15
great-grandmother bisabuela *(f.)*,
  15
great-grandson bisnieto *(m.)*, 15
green verde, LP; —— **bean** judía
  verde *(f.)*, 8; —— **pepper**
  pimiento *(m.)*, 8
groceries (food items) comestibles
  (m. pl.), 8
group grupo *(m.)*, 5
grow crecer, 13
gynecologist ginecólogo(a) *(m.,
  f.)*, 11

H

hair pelo *(m.)*, 5
half medio(a), 2; —— **past** y
  media, 2; —— **an hour** media
  hora, 13
half brother medio hermano
  (m.), 15
half sister media hermana *(f.)*, 15
ham jamón *(m.)*, 9
hamburger hamburguesa *(f.)*, 8
hand mano *(f.)*, 1
handbag bolso *(m.)*, 7; cartera *(f.)*,
  7; bolsa *(f.)*, 7
hand luggage maletín *(m.)*, 12
handsome guapo(a), 1
happen pasar, 10
happy feliz, 1

hardworking   trabajador(a), 1
hat   sombrero *(m.)*, 7
Havana   La Habana *(f.)*, 1
have   tener, 3, haber 10; —— **access to the Internet**   tener acceso a la red, 3; —— **breakfast** desayunar, 9; —— **the day off** tener el día libre, 14; —— **dinner (supper)**   cenar, 5; —— **fun** divertirse (e > ie), 7; —— **lunch** almorzar (o > ue), 9; —— **a seat** tomar asiento, 1; —— **something to drink**   tomar (beber) algo, 4; —— **to** deber, 3, tener que, 3
he   él, 1
head   cabeza *(f.)*, 7
headache   dolor de cabeza *(m.)*, 11
health   salud *(f.)*, 10
heart   corazón *(m.)*, 10
heating   calefacción *(f.)*, 13
height   estatura *(f.)*, 5; **of medium** —— de estatura mediana, 5
hello   hola, LP
help   ayudar, 14
her   ella *(subj. pron.)*, 1; su(s) *(adj.)*, 3; ella *(obj. of prep.)*, 5; la *(dir. obj.)*, 6; **(to)** —— le *(ind. obj.)*, 7
here   presente, LP; aquí, 3; —— **it is**   aquí está, 2; —— **is . . .** aquí tiene..., 3
hers   suyo(a), suyos(as), 9
herself   se, 7
hi   hola, LP; **say** —— **. . .** saludos a..., LP
hillside   ladera *(f.)*, 11
him   él *(obj. of prep.)*, 5; lo *(dir. obj.)*, 6; **(to)** —— le *(ind. obj.)*, 7
himself   se, 7
his   su(s) *(adj.)*, 3; suyo(a), suyos(as), 9
history   historia *(f.)*, 2
hold   sujetar (se), 7; —— **in high regard**   estimar, 11
home   hogar *(m.)*, 5; **at** —— en casa, 5
homework   tarea *(f.)*, LP
honeymoon   luna de miel *(f.)*, 5
hope   esperar, 11; **I** —— ojalá, 11
horseback riding   montar a caballo, 5
hospital   hospital *(m.)*, 10

hot   cálido(a), 9; caliente, 13; —— **chocolate**   chocolate caliente *(m.)*, 3; —— **dog**   perro caliente *(m.)*, 8
hotel   hotel *(m.)*, 9
hour   hora *(f.)*, 2
house   casa *(f.)*, 3
how   cómo, 1; —— **are you?** ¿cómo está usted?, ¿cómo estás?, LP; —— **do you say . . . ?** ¿cómo se dice...?, 1; —— **do you spell your last name?** ¿cómo se deletrea tu apellido?, LP; —— **is it going?** ¿qué tal?, LP; —— **long?** ¿por cuánto tiempo?, 13; —— **many?** ¿cuántos(as)?, 2; —— **may I serve you?** ¿en qué puedo servirle?, 6; —— **much?** ¿cuánto(a)?, 2
humid   húmedo(a), 9
hunger   hambre *(f.)*, 4
hungry: to be hungry   tener hambre, 4
hurricane   huracán *(m.)*, 9
hurry   apurarse, 8; —— **up** darse prisa, 14
hurt   doler (o > ue), 10
husband   esposo *(m.)*, 4

I

I   yo, 1
ice   hielo *(m.)*, 3; —— **cream** helado *(m.)*, 8
iced   helado(a), 3; frío(a), 3; —— **tea**   té helado, té frío *(m.)*, 3
idea   idea *(f.)*, 4
identification   identificación *(f.)*, 3
if   si, 3
illiterate   analfabeto(a) *(m., f.)*, 7
important   importante, 5; **the** —— **thing**   lo importante, 5
improve   mejorar, 11
in   en, LP; de, 2; a, 12; —— **addition to**   además de, 3; —— **English**   en inglés, 1; —— **order that** para que, 13; —— **order to** para, 3; —— **place of**   en lugar de, 12; —— **Spanish**   en español, 1; —— **the morning (afternoon, evening)**   por (de) la mañana (tarde, noche), 2
include   incluir, 12

income   ingreso *(m.)*, 6
inexpensive   barato(a), 7
infection   infección *(f.)*, 11
information   información *(f.)*, 6
injection   inyección *(f.)*, 10
inside   en, 12
insist on   insistir en, 14
instead of   en vez de, 2
insurance   seguro *(m.)*, 10; **medical** —— seguro médico, 10
insured   asegurado(a), 7
intelligent   inteligente, 1
interest   interés *(m.)*, 6
interesting   interesante, 4
interior   interior, 13
international   internacional, 9
invitation   invitación *(f.)*, 5
invite   invitar, 15
invited   invitado(a), 4
iron   plancha *(f.)*, 14; planchar, 14
isthmus   istmo *(m.)*, 6
it   *(dir. obj. pron.)* la, 6; lo, 6
Italian *(language)*   italiano *(m.)*, 3
its   su(s), 3
itself   se, 7

J

jacket   chaqueta *(f.)*, 7
jam   mermelada *(f.)*, 9
January   enero, 2
Japanese *(language)*   japonés *(m.)*, 3
jewel   joya *(f.)*, 13
jewelry   joyas *(f. pl.)*, 13
job   puesto *(m.)*, 15
join   unir, 6
joint account   cuenta conjunta *(f.)*, 6
joke   bromear, 5
journey   viaje *(m.)*, 5
juice   jugo *(m.)*, 2; zumo *(m.)* *(Spain)*, 2
July   julio, 2
June   junio, 2

K

keep   guardar, 6
keyboard   teclado *(m.)*, 3
key   llave *(f.)*, 13
kid   bromear, 5
kill   matar, 11
kind   gentil, 5

kiss   beso *(m.)*, 15
kitchen   cocina *(f.)*, 9
knee   rodilla *(f.)*, 10
knife   cuchillo *(m.)*, 9
knight   caballero *(m.)*, 11
knock (at the door)   tocar (llamar) a la puerta, 14
know   conocer, 4; saber, 4

L

lab   laboratorio *(m.)*, 2
lady   señora *(f.)* *(abbr.* Sra.), 1
lamb   cordero *(m.)*, 9
lamp   lámpara *(f.)*, 15
land   tierra *(f.)*, 13
language   idioma *(m.)*, 2; lengua *(f.)*, 2; —— **lab**   laboratorio de lenguas *(m.)*, 2
last   durar, 2; **(in a series)** último(a), 3; pasado(a), 7; —— **name** apellido *(m.)*, 5; —— **night** anoche, 8; —— **year** el año pasado *(m.)*, 7
late   tarde, 7; **it's (already)** ——! ¡ya es tarde!, 2
lately   últimamente, 11
later   luego, 9; más tarde, 10; **see you** —— hasta luego, LP
Latin America   Latinoamérica *(f.)*, 2
laugh   reírse, 15
lawn   césped *(m.)*, zacate *(m.)(Mex.)*, 14
lawyer   abogado(a) *(m., f.)*, 1
learn   aprender (a), 4
leave   salir, 6; dejar, 8; **I'm leaving** me voy, 2
left   izquierdo(a), 7; **to the** —— a la izquierda, 7
left over   sobrante, 9
leg   pierna *(f.)*, 10
lemonade   limonada *(f.)*, 3
less   menos, 5; —— **... than** menos... que, 3
lesson   lección *(f.)*, 1
let   dejar, 9; —— **it cool** dejar enfriar, 9; ——**'s go** vamos, 4; ——**'s see** a ver, 2
letter   carta *(f.)*, 6
lettuce   lechuga *(f.)*, 8
level   nivel *(m.)*, 2
liberal   liberal, 1

liberty   libertad *(f.)*, 2
library   biblioteca *(f.)*, 2
license   licencia *(f.)*, 3
lie   mentir (e > ie), 11
life   vida *(f.)*, 11
light   luz *(f.)*, 1; ligero(a), 11; claro(a), 13
like   gustar, 7; como *(prep.)*, 13; —— **very much** encantarle a uno, 15
listen (to)   escuchar, 15; **listen!** ¡oye!, 2
literature   literatura *(f.)*, 2
little *(adj.)*   poco(a), 3; chico(a), 9; pequeño(a), 9; **a** —— un poco, 7
live   vivir, 3
living room   sala *(f.)*, 15
loaded   cargado(a), 7
loan   préstamo *(m.)*, 6
lobby   vestíbulo *(m.)*, 13
lobster   langosta *(f.)*, 8
lock (in a canal)   esclusa *(f.)*, 6
lodge   hospedarse, 13
log on the system   entrar al sistema, 3
look for, up   buscar, 6
lose   perder (e > ie), 6; —— **consciousness** perder el conocimiento, 10
love (term of endearment)   cariño *(m.)*, 15; **my** —— mi amor, 14; encantarle a uno, 15, amar, 15
loved one   amado(a) *(m., f.)*, 15
luck   suerte *(f.)*, 7
luggage   equipaje *(m.)*, 12
lunch   almuerzo *(m.)*, 13; **have** —— almorzar (o > ue), 9
luxury   lujo *(m.)*, 13

M

Madam   señora *(f.)* *(abbr.* Sra.), 1
made   hecho(a), 10
magazine   revista *(f.)* 8; —— **stand** puesto de revistas *(m.)*, 13
maid   criada *(f.)*, 14; muchacha *(f.)*, 14
maiden name   nombre de soltera *(m.)*, 12
main office   casa central *(f.)*, 6
make   hacer, 4; —— **a decision** tomar una decisión, 11
man   hombre *(m.)*, 1

manager   gerente *(m., f.)*, 13; encargado(a) *(m., f.)*, 15
many   muchos(as), 3
map   mapa *(m.)*, 1
March   marzo, 2
market   mercado *(m.)*, 8
marmalade   mermelada *(f.)*, 9
marry   casarse (con), 14
mashed potatoes   puré de papas *(m.)*, 9
mathematics   matemáticas *(f. pl.)*, 2
matter   importar, 6; **it doesn't** —— no importa, 6
May   mayo, 2
maybe   a lo mejor, 15
M.D.   médico(a) *(m., f.)*, doctor(a) *(m., f.)*, 10
me   mí *(obj. of prep.)*, 5; me *(dir. obj.)*, 6; me *(indir. obj.)*, 7; me *(refl. pron.)*, 7
meal   comida *(f.)*, 8
mean   querer (e > ie) decir, 1
measure   medida *(f.)*, 7
meat   carne *(f.)*, 8; —— **market** carnicería *(f.)*, 8
meatball   albóndiga *(f.)*, 9
medicine   medicina *(f.)*, 10
medium   mediano(a), 5; —— **-rare** término medio, 14
melt   derretir (e > i), 9
memory   memoria *(f.)*, 3
men's department   departamento de caballeros *(m.)*, 7
menu   menú *(m.)*, 9
merchant   mercader *(m.)*, 3; vendedor(a) *(m., f.)*, 8
message   mensaje *(m.)*, 3
Mexican   mexicano(a) *(m., f.)*, 1
microcomputer   microcomputadora *(f.)*, 3
microwave oven   horno de microondas *(m.)*, 15
milk   leche *(f.)*, 2
milkshake   batido *(m.)*, 9
million   millón *(m.)*, 13
mine   mío(a), míos(as), 9
mineral   mineral *(m.)*, 3; —— **water** agua mineral *(f.)*, 3
minus   menos, 1
minute   minuto *(m.)*, 6
Miss   señorita *(f.)* *(abbr.* Srta.), 1
mix   mezclar, 9

mixture mezcla *(f.),* 6
moderate templado(a), 8
mom madre *(f.),* mamá *(f.),* 4
moment momento *(m.),* 6
Monday lunes *(m.),* LP
money dinero *(m.),* 5; —— **order** giro postal *(m.),* 6
monitor monitor *(m.),* 3
month mes *(m.),* 21
monthly mensual, 7
moral moraleja *(f.),* 9
more más, 5; ——...**than** más... que, 3; —— **than (number)** más de, 13
morning mañana *(f.),* LP; **early** —— madrugada *(f.),* 11; **in the** —— por la mañana, LP
mother madre *(f.),* mamá *(f.),* 4
mother-in-law suegra *(f.),* 4
mouse ratón *(m.),* 3
mouth boca *(f.),* 9
move (relocate) mudarse, 7
movie theater cine *(m.),* 4
movies cine *(m.),* 4
mow (the lawn) cortar el césped, 14
Mr. señor *(m.) (abbr.* Sr.), 1; **Mr. and Mrs. . . .** los señores..., 13
Mrs. señora *(f.) (abbr.* Sra.), 1
much mucho(a), 5
museum museo *(m.),* 5
mushroom champiñón *(m.),* 8
music música *(f.),* 2
must deber, 3
my mi(s), 3
myself me, 7

N

name nombre *(m.),* 5; **be ——d** llamarse, 1, llevar el nombre de, 5; **my —— is . . .** me llamo..., 1; **what is your ——?** ¿cómo se llama usted? *(form.),* ¿cómo te llamas? *(fam.),* 1
napkin servilleta *(f.),* 9
narrow estrecho(a), 7
near cerca (de), 3; —— **here** cerca de aquí, 11
neck cuello *(m.),* 7
need necesitar, 2
neighborhood barrio *(m.),* 14
neither ni, 6; tampoco, 6

nephew sobrino *(m.),* 4
nettle ortiga *(f.),* 13
never jamás, nunca, 6
new nuevo(a), 1
newspaper diario *(m.),* periódico *(m.),* 8
next próximo(a), 5; que viene, 10; —— **to** junto a, 9
nice simpático(a), 1
niece sobrina *(f.),* 4
night noche *(f.),* LP
nightclub club nocturno *(m.),* 5
nightgown camisón *(m.),* 7
night table mesita de noche *(f.),* 15
nine nueve, LP
nine hundred novecientos(as), 3
nineteen diecinueve, 1
ninety noventa, 1
no no, 1; ningún, ninguno(a), 6
nobody nadie, 6; ninguno(a), 6
nocturne nocturno *(m.),* 11
none ninguno(a), 6
noon mediodía *(m.),* 13; **at ——** al mediodía, 13
no one nadie, 6; ninguno(a), 6
normal normal, 8
normally normalmente, 8
north norte *(m.),* 13
North American norteamericano(a) *(m., f.),* 1
nose nariz *(f.),* 10; —— **drops** gotas para la nariz *(f. pl.),* 11
not no, 1; —— **any** ningún, ninguno(a), 6
notebook cuaderno *(m.),* 1
nothing nada, 6; —— **else** nada más, 6
notice fijarse, 14; darse cuenta de, 14
novel novela *(f.),* 4
November noviembre, 2
now ahora, 5; **right ——** ahora mismo, 10
number número *(m.),* 6
nurse enfermero(a) *(m., f.),* 10

O

obtain conseguir (e > i), 6
occupied ocupado(a), 13
ocean mar *(m.),* 13
October octubre, 2

oculist oculista *(m., f.),* 11
of de, 2; —— **course** cómo no, 5, ¡claro (que sí)!, 15; —— **course not** ¡claro que no!, 15
office oficina *(f.),* 6
oil aceite *(m.),* 14
okay bueno, 3; **is it ——?** ¿está bien?, LP
old antiguo(a), LP; viejo(a), 5
older mayor, 5
oldest (el, la) mayor, 5
on en, LP
one uno, LP; un(a), 1
one hundred cien (ciento), 1
one-third la tercera parte, 9
one-way de ida, 12
onion cebolla *(f.),* 8
only sólo, 8, solamente, 8
open abrir, 6; abierto(a), 10; franco(a), 13
oppressed oprimido(a), 13
optimistic optimista, 1
or o, 5
orange anaranjado(a), LP; naranja *(f.),* 2
orchard huerto *(m.),* 9
order pedir, 8; pedido *(m.),* 9; mandar, 11; **in —— that** para que, 13
other otro(a), 6
our nuestro(s), nuestra(s), 3
ours nuestro(s), nuestra(s) *(pron.),* 9
ourselves nos, 7
outdoor al aire libre, 4; —— **market** mercado al aire libre *(m.),* 8
oven horno *(m.),* 14
over en, 12
overlooking con vista a, 13
own propio(a), 2
owner dueño(a), *(m., f.),* 13

P

package paquete *(m.),* 7
page página *(f.),* LP
pain dolor *(m.),* 10
painkiller calmante *(m.),* 11
paint pintar, 15
painting pintura *(f.),* 14
pair par *(m.),* 7
pajamas pijama, pijamas *(m.),* 7
pancake panqueque *(m.),* 9

pants pantalón *(m.)*, pantalones *(m., pl.)*, 7
pantyhose pantimedias *(f. pl.)*, 7
pap smear papanicolaus *(m.)*, 11
paper papel *(m.)*, 1
parasol sombrilla *(f.)*, 9
pardon? ¿cómo?, ¿mande? *(Mex.)*, LP
parents padres *(m. pl.)*, 4
park parque *(m.)*, 8; estacionar, 15; aparcar, 15; parquear, 15
part parte *(f.)*, 6
party fiesta *(f.)*, 4
passbook libreta de ahorros *(f.)*, 6
passenger pasajero(a) *(m., f.)*, 12
passport pasaporte *(m.)*, 12
past y *(ref. to time)*, 2
pastime pasatiempo *(m.)*, 11
pastry pastel *(m.)*, 8
patience paciencia *(f.)*, 14
patient paciente *(m., f.)*, 1
patio patio *(m.)*, 13
pay pagar, 3
payment pago *(m.)*, 3
pea guisante *(m.)*, 8
peach durazno *(m.)*, melocotón *(m.)*, 8
pear pera *(f.)*, 8
pediatrician pediatra *(m., f.)*, 11
peel pelar, 9
pen bolígrafo *(m.) (ballpoint)*, pluma *(f.) (fountain)*, 1
pencil lápiz *(m.)*, 1; —— sharpener sacapuntas *(m.)*, 1
penicillin penicilina *(f.)*, 11
people gente *(f.)*, 6
pepper pimiento *(m.) (green)*, ají *(m.)*, 8; pimienta *(f.) (black)*, 9
per por, 3; —— night por noche, 13
percent por ciento, 6
perfect perfecto(a), 3
perfectionist perfeccionista, 1
perhaps a lo mejor, 15
person persona *(f.)*, 12
pessimistic pesimista, 1
pharmacist farmacéutico(a), *(m., f.)*, 11
pharmacy farmacia *(f.)*, 8
Ph.D. doctorado *(m.)*, 1; licenciado(a) *(m., f.) (in Mexico)*, 1
phone llamar por teléfono, 5; —— call llamada telefónica *(f.)*, 11

physics física *(f.)*, 2
pick up buscar, 10
picnic picnic *(m.)*, 5; on a —— de picnic, 5
pie pastel *(m.)*, 8
piece pedazo *(m.)*, trozo *(m.)*, 9
pill pastilla *(f.)*, 10
pillowcase funda *(f.)*, 14
pin prender, 15
pineapple piña *(f.)*, 8
pink rosado(a), LP
place lugar *(m.)*, 5; poner, 7; in —— of en lugar de, 5; —— of interest lugar de interés *(m.)*, 1
placed puesto(a), 10
plan planear, 4; to —— to (do something) pensar (e > ie) + *infinitive*, 5
plane avión *(m.)*, 12
plastic plástico *(m.)*, 5
plate plato *(m.)*, 9
play jugar (i.e., a game), 8; —— music, an instrument tocar, 5; —— tennis jugar al tenis, 4
player jugador(a) *(m., f.)*, 4
pleasant agradable, 11
please por favor, LP; complacer, 13
pleasure gusto *(m.)*, 1; it's a —— to meet you; how do you do? mucho gusto, 1; the —— is mine el gusto es mío, 1
plus más, 1
pneumonia pulmonía *(f.)*, 11
poem poema *(m.)*, 4
poetry poesía *(f.)*, 15
political science ciencias políticas *(f. pl.)*, 2
poorly mal, 11
popular popular, 1
pork cerdo *(m.)*, 8
Portuguese *(language)* portugués *(m.)*, 3
position puesto *(m.)*, 15
possible posible, 8
possibly posiblemente, 8
postcard tarjeta postal *(f.)*, 6
post office correo *(m.)*, oficina de correos *(f.)*, 6
potato patata *(f.) (Spain)*, papa *(f.)*, 8; mashed ——s puré de papas *(m.)*, 9
pour verter (e > ie), 9; —— out echar, 13

powder polvo *(m.)*, 11
prayer oración *(f.)*, 15
prefer preferir (e > ie), 5
pregnant embarazada, 11
prepare (oneself) prepararse, 11
prescribe recetar, 10
prescription receta *(f.)*, 11
present presente, LP; regalo *(m.)*, 15
pretty bonito(a), 1
price precio *(m.)*, 13
printer impresora *(f.)*, 3
private privado(a), 13
privateer corsario *(m.)*, 5
problem problema *(m.)*, 2
procrastinate dejar para mañana lo que uno puede hacer hoy, 11
professor profesor(a) *(m., f.)*, 1
program programa *(m.)*, 2
proud orgulloso(a), 15
provided that con tal (de) que, 13
psychology psicología *(f.)*, 2
punch ponche *(m.)*, 5
pupil alumno(a) *(m., f.)*, 1
purple morado(a), LP
purpose propósito *(m.)*, 7
purse bolso *(m.)*, 7; cartera *(f.)*, 7; bolsa *(f.)*, 7
put poner, 7; puesto(a), 10; —— on ponerse, 7; —— a cast on enyesar, 10

Q

quality calidad *(f.)*, 7
quarter cuarto *(m.)*, 2; trimestre *(m.)*, 3; —— past (or after) . . . ...y cuarto, 2; —— to . . . ...menos cuarto, 2
quench apagar, 9
quiet tranquilo(a), 11
quiz prueba *(f.)*, LP

R

rain lluvia *(f.)* 9; llover (o > ue), 9
raincoat impermeable *(m.)*, 9
rain forest selva *(f.)*, 7
raise levantar, LP
rapid rápido, 8
rapidly rápidamente, 8
rare raro(a), 8; casi crudo(a), poco hecho, 14

rarely raramente, 8
rate of exchange cambio de moneda *(m.)*, 13
reach alcanzar, 9
read leer, 5
reader lector *(m.)*, 11
ready listo(a), 9
real real, 8
realize darse cuenta (de), 11
really realmente, 8
receipt recibo *(m.)*, 3
receive recibir, 3
recent reciente, 8
recently recientemente, 8
reception recepción *(f.)*, 15
recipe receta *(f.)*, 9
recommend recomendar (e > ie), 9
record disco *(m.)*, 5; —— **player** tocadiscos *(m.)*, estéreo *(m.)*, 5
red rojo(a), LP; carmín, 13; —— **wine** vino tinto, 2
refrigerator refrigerador *(m.)*, 14
register registro *(m.)*, 13
registration matrícula *(f.)*, 3
regret sentir (e > ie), 11
relative pariente *(m., f.)*, 15
remain quedarse, 8
remember recordar (o > ue), 6; acordarse (o > ue) (de), 14
rent alquilar, 15; alquiler *(m.)*, 15; **for** —— se alquila, 15
repair arreglar, 14
repair shop taller de mecánica *(m.)*, 14
repeat repetir (e > i), LP
request pedir (e > i), 6
reservation reservación *(f.)*, 9
reserve reservar, 12
resident residente *(m., f.)*, 3
restaurant restaurante *(m.)*, 9
return volver (o > ue), 6; regresar, 12
returned vuelto(a), 10
review repaso *(m.)*, LP
rice arroz *(m.)*, 8
rich rico(a), 5
ride horses montar a caballo, 5
right derecho(a), 7; **to the** —— a la derecha, 7; —— **away** en seguida, 10
river río *(m.)*, 15

roast asado(a), 9; —— **beef** carne asada *(f.)*, 9; rosbif *(m.)*, 9
robe bata *(f.)*, 7
room cuarto *(m.)*, 7; habitación *(f.)*, 13; —— **service** servicio de habitación, 13; —— **and board** pensión completa *(f.)*, 13
roommate compañero(a) de cuarto *(m., f.)*, 2
root raíz *(f.)*, 11
rosé rosado *(wine)*, 2
round-trip de ida y vuelta, 12
rug alfombra *(f.)*, 14
run correr, 3; —— **errands** hacer diligencias, 6; —— **into** chocar (con), 10
Russian *(language)* ruso *(m.)*, 3

S

safe deposit box caja de seguridad *(f.)*, 6
said dicho(a), 10
salad ensalada *(f.)*, 3; **mixed** —— ensalada mixta *(f.)*, 9
sale liquidación *(f.)*, 7; venta *(f.)*, 7; rebaja *(f.)*, 7
salsa *(dance)* salsa *(f.)*, 5
salt sal *(f.)*, 9
same mismo(a), 7; **the** —— **thing** lo mismo, 9
sandal sandalia *(f.)*, 7
sandwich sándwich *(m.)*, 3
Saturday sábado *(m.)*, LP; **last** —— el pasado sábado, 5
sauce pan cacerola *(f.)*, 14
saucer platillo *(m.)*, 9
sausage chorizo *(m.)*, 9
save (money) ahorrar, 6; —— **computer files** guardar, 3
savings account cuenta de ahorros *(f.)*, 6
savings plan plan de ahorros *(m.)*, 6
say decir (e > i), 5; ——**hi to . . .** saludos a..., LP; **how do you —— . . . ?** ¿cómo se dice...?, 1; **you —— . . .** se dice..., 1
scarf bufanda *(f.)*, 7
schedule horario (de clases) *(m.)*, 2

school escuela *(f.)*, 8; —— **year** año escolar *(m.)*, 2
scorn desdeñar, 9
screen pantalla *(f.)*, 3
sea mar *(m.)*, 15
search búsqueda *(f.)*, 15
season (food) condimentar, 9
seat asiento *(m.)*, 12; **aisle** —— asiento de pasillo, 12; **window** —— asiento de ventanilla, 12
second segundo *(m.)*, 10
secretary secretario(a) *(m., f.)*, 1
section sección *(f.)*, 12; **(non)smoking** —— sección de (no) fumar, 12
sedative sedativo *(m.)*, sedante *(m.)*, 11
see ver, 3; —— **you later** hasta la vista, hasta luego, LP; —— **you tomorrow** hasta mañana, LP; **I'll —— you** nos vemos, LP
seem parecer, 10
seen visto(a), 10
sell vender, 6
semester semestre *(m.)*, 2
send mandar, 5, enviar, 6; —— **by e-mail** mandar por correo electrónico, 3
September septiembre, 2
serious grave, serio(a), 11
seriously en serio, 15
serve servir (e > i), 6
set the table poner la mesa, 14
seven siete, LP
seven hundred setecientos(as), 3
seventeen diecisiete, 1
seventy setenta, 1
several varios(as), 4
shave afeitarse, rasurarse, 7
she ella, 1
sheet sábana *(f.)*, 14
shellfish marisco *(m.)*, 8
shelter amparo *(m.)*, 13
shirt camisa *(f.)*, 7
shoe zapato *(m.)*, 7; —— **store** zapatería *(f.)*, 7
shop tienda *(f.)*, 2
short bajo(a), 5
shot inyección *(f.)*, 10; **tetanus** —— inyección antitetánica, 10
should deber, 3

show enseñar, mostrar (o > ue), 12
shower ducha *(f.)*, regadera *(Mex.)(f.)*, 13
shrimp camarón *(m.)*, gamba *(f.)*, 8
sick enfermo(a), 5
sigh suspiro *(m.)*, 15
sign firmar, 6; —— **up** inscribirse, 7; letrero *(m.)*, 4
silver plata *(f.)*, 8
silverware cubiertos *(m.)*, 14
sink fregadero *(m.)*, 14
sir señor *(m.)* *(abbr.* Sr.), 1
sister hermana *(f.)*, 4
sister-in-law cuñada *(f.)*, 4
sit down sentarse (e > ie), 7
six seis, LP
six hundred seiscientos(as), 3
sixteen dieciséis, 1
sixty sesenta, 1
size talla *(of clothing) (f.)*, tamaño *(m.)*, 7
skate patinar, 4
ski esquiar, 5
skirt falda *(f.)*, 7
sky cielo *(m.)*, 9
skyscraper rascacielo *(m.)*, 9
sleep dormir (o > ue), 6
sleeper sofa sofá-cama *(f.)*, 13
sleeve manga *(f.)*, 7
slice (small) rajita *(f.)*, 9
slim delgado(a), 1
slip combinación *(f.)*, 7
slipper zapatilla *(f.)*, 7
slow despacio, 1; lento(a), 8; ——**er, please** más despacio, por favor, LP
slowly lentamente, 8
small pequeño(a), 5
smaller menor, 5
smallest (el, la) menor, 5
smile sonreír, 15; sonrisa *(f.)*, 15
smoke fumar, 12
snack (afternoon) merienda *(f.)*, 9
snow nevar (e > ie), 9
snowfall nevada *(f.)*, 9
so así que, 15; —— **long** hasta luego, LP; —— **much** tanto(a), 4; —— **many** tantos(as), 15
soap jabón *(m.)*, 8
soccer fútbol *(m.)*, 4
Social Security Seguro Social, 6

sociology sociología *(f.)*, 2
sock calcetín *(m.)*, 7
soda refresco *(m.)*, 4
soft drink refresco *(m.)*, 4
some unos(as), 1; algún, alguno(a), algunos(as), 6
someone alguien, 6
something algo, 6
sometimes a veces, 4; algunas veces, 6
somewhere en alguna parte, 10
son hijo *(m.)*, 4
son-in-law yerno *(m.)*, 4
soon pronto, 11
sorry perdón, LP; **I'm ——** lo siento, 1
soul alma *(m.)*, 13
soup sopa *(f.)*, 9
source fuente *(f.)*, 6
south sur *(m.)*, 13
souvenir shop tienda de regalos *(f.)*, 13
space espacio *(m.)*, 15; **parking ——** espacio para estacionar *(m.)*, 15
spaghetti tallarines *(m. pl.)*, 9; espaguetis *(m. pl.)*, 8
Spain España, 13
Spanish *(language)* español *(m.)*, 2; **(person)** español(a), 2
speak hablar, 2; **this is . . . (name) speaking** habla... (nombre), 5
specialty especialidad *(f.)*, 9
spell deletrear, 11
spelling deletreo *(m.)*, 11
spend (money) gastar, 8; —— **(time)** pasar, 12; —— **the summer** veranear, 12
spoon cuchara *(f.)*, 9
spoonful cucharada *(f.)*, 9
sport deporte *(m.)*, 4
spring primavera *(f.)*, 2
stadium estadio *(m.)*, 4
stairs escalera *(f.)*, 10
stamp estampilla *(f.)*, 6; sello *(m.)*, 6, timbre *(m.) (Mex.)*, 6
stand in line hacer cola, 6
star estrella *(f.)*, 13
stare clavar la pupila, 15
start comenzar (e > ie), empezar (e > ie), 5
state estado *(m.)*, 3

stay quedarse, 8; **(at a hotel)** hospedarse, 13
steak bistec *(m.)*, biftec *(m.)*, 9
stepbrother hermanastro *(m.)*, 15
stepdaughter hijastra *(f.)*, 15
stepfather padrastro *(m.)*, 15
stepmother madrastra *(f.)*, 15
stepsister hermanastra *(f.)*, 15
stepson hijastro *(m.)*, 15
stereo estéreo *(m.)*, tocadiscos *(m.)*, 5
still todavía, 14
stomach estómago *(m.)*, 10
stop parar, 10; detenerse, 11
stopover escala *(f.)*, 12; **to stop over** hacer escala, 12
store tienda *(f.)*, 7
store information archivar la información, 3
stork cigüeña *(f.)*, 5
storm tormenta *(f.)*, 9
stove cocina *(f.)*, 9
strainer colador *(m.)*, 15
strange raro(a), 8
strawberry fresa *(f.)*, 8
street calle *(f.)*, 2
student estudiante *(m., f.)*, 1; alumno(a) *(m., f.)*, 1
study estudiar, 2
stupidity torpeza *(f.)*, 11
subject asignatura *(f.)*, 2; materia *(f.)*, 2
sufficient suficiente, 3
sugar azúcar *(m.)*, 7; —— **cane** caña de azúcar *(f.)*, 7
suggest sugerir (e > ie), 11
suit traje *(m.)*, 7
suitcase maleta *(f.)*, valija *(f.)*, 12; **small ——** maletín, 12
summer verano *(m.)*, 2
Sunday domingo *(m.)*, LP
superintendent encargado(a) *(m., f.)*, 15
supermarket supermercado *(m.)*, 8
sure seguro(a), cómo no, 5
surf the net navegar la red, 3
surgeon cirujano(a) *(m., f.)*, 11
surrounded rodeado(a), 1
sweater suéter *(m.)*, 7
sweep barrer, 14
swim nadar, 4

swimming pool piscina *(f.)*, 4
syrup jarabe *(m.)*, 11
system sistema *(m.)*, 2

T

table mesa *(f.)*, 1
tablecloth mantel *(m.)*, 9
take tomar, 2; —— (someone or something someplace) llevar, 4; —— out sacar, 6; —— off (clothes) quitarse, 7; —— a seat tomar asiento, 1; —— care of oneself cuidarse, 11; —— place tener lugar, llevar a cabo, 5
talk conversar, 2
tall alto(a), 1
tape cinta *(f.)*, caset *(m.)*, 5
tasty sabroso(a), 9
taxi taxi *(m.)*, 6
tea té *(m.)*, 3
teacher maestro(a) *(m., f.)*, 7
tear lágrima *(f.)*, 15
tear out arrancar, 13
teaspoon cucharita *(f.)*, 9
teenager adolescente *(m., f.)*, 8
telegram telegrama *(m.)*, 2
telephone teléfono *(m.)*, 5; —— number número de teléfono *(m.)*, LP
television (set) televisión *(f.)*, televisor *(m.)*, 13
tell decir (e > i), 5; —— me dígame, 10
teller cajero(a) *(m., f.)*, 6
temperature temperatura *(f.)*, 11; at low —— a fuego lento, 9
ten diez, LP
tenderloin filete *(m.)*, 14
tenth décimo, 13
terrace terraza *(f.)*, 15
test prueba *(f.)*, LP
than que, 5
thanks gracias, LP
thank you gracias, LP; —— very much muchas gracias, LP
thank goodness menos mal, 8
that que *(rel. pron.)*, 3; aquel, aquella, ese, esa, eso *(adj.) (distant)*, 6; aquello, eso, *(neut. pron.)*, 6; aquél, aquélla, ése, ésa, *(pron.)*, 6

the el *(m. sing.)*, la *(f. sing.)*, los *(m. pl.)*, las *(f. pl.)*, 1
theater teatro *(m.)*, 4
their su(s), 3
theirs *(pron.)* suyo(a), suyos(as), 9
them ellas *(f.)*, ellos *(m.) (obj. of prep.)*, 5; las *(f.)*, los *(m.)*, 6; **(to)** —— les, 7
themselves se, 7
then entonces, 5; después, 3; luego, 3
there allí, 5; —— is (are) hay, 1; —— was (were) hubo, 8
these estos(as) *(adj.)*, 6; éstos(as) *(pron.)*, 6
they ellos(as) *(m., f.)*, 1
thin delgado(a), 1
thing cosa *(f.)*, 8
think pensar (e > ie), 5; creer, 5
thirteen trece, 1
thirty treinta, 1
this este, esta *(adj.)*, 3; esto *(neut. pron.)*, 4; —— one *(pron.)* éste, ésta, 4
thistle cardo *(m.)*, 13
those esos(as), aquellos(as) *(adj.)*, 4; ésos(as), aquéllos(as) *(pron.)*, 4
thousand mil, 3
three tres, LP
three hundred trescientos(as), 3
throat garganta *(f.)*, 11
through por, 9; por medio de, 7
Thursday jueves *(m.)*, LP
ticket billete *(m.)*, 12; pasaje *(m.)*, 12
tie corbata *(f.)*, 7
till menos, 2
time tiempo *(m.)*, 8; época *(f.)*, 11; hora *(f.)*, 13; what —— is it? ¿qué hora es?, 2; at what ——...? ¿a qué hora...?, 2
tip propina *(for service) (f.)*, 9
tired cansado(a), 4
to a, 12; —— taste a gusto, 9; menos, 2
toast pan tostado *(m.)*, 9; tostada *(f.)*, 9
toaster tostadora *(f.)*, 14
today hoy, 2
toe dedo del pie *(m.)*, 10
toilet paper papel higiénico *(m.)*, 8
tomato tomate *(m.)*, 8

tomorrow mañana, LP; **see you** —— hasta mañana, LP; —— **morning** mañana por la mañana, 3
tongue lengua *(f.)*, 10
tonight esta noche, 4
too también, 1; —— **much** demasiado(a), 12
tooth diente *(m.)*, 10
tornado tornado *(m.)*, 9
tour excursión *(f.)*, 12
tourist turista *(m., f.)*, 12
towel toalla *(f.)*, 14
traffic tráfico *(m.)*, 9
tranquilizer calmante *(m.)*, 11
translate traducir, 8
trash basura *(f.)*, 14
travel viajar, 12
travel agency agencia de viajes *(f.)*, 12
traveler viajero(a) *(m., f.)*, 13
traveler's check cheque de viajero *(m.)*, 6
trimester trimestre *(m.)*, 3
trip viaje *(m.)*, 12; **have a nice** —— buen viaje, 12; **on a** —— de viaje, 12
trousers pantalón *(m.)*, 7; pantalones *(m. pl.)*, 7
true verdadero(a), LP; cierto(a), 13; **it's** —— es verdad, 4
trust confiar en, 14
truth verdad *(f.)*, 4
try tratar de, 13; —— **(on)** probar(se) (o > ue), 7
T-shirt camiseta *(f.)*, 7
Tuesday martes *(m.)*, LP
turn on poner, 13
turn over virar, 9
TV set televisor *(m.)*, 13
twelve doce, 1
twenty veinte, 1
twist torcer(se) (o > ue), 10
two dos, LP; **there are** —— **of us** somos dos, 13
two hundred doscientos(as), 3
type tipo *(m.)*, 12

U

umbrella paraguas *(m.)*, 9
uncle tío *(m.)*, 4

under debajo de, 12
undershorts calzoncillos *(m. pl.)*, 7
understand entender (e > ie), 5
underwear ropa interior *(f.)*, 7
unfortunately desgraciadamente, 8
unit unidad *(f.)*, 3
unite mezclar, 13
university universidad *(f.)*, 1
unless a menos que, 13
until hasta, 5; hasta que, 13
us nosotros(as) *(obj. of prep.)*, 5; nos *(dir. obj.)*, 6; nos *(indir. obj.)*, 7
U.S. estadounidense *(m., f.) (used to denote citizenship)*, 1
use usar, 6

V

vacant libre, disponible, 13
vacate desocupar, 13
vacation vacaciones *(f. pl.)*, 9; **to be on ——** estar de vacaciones, 9
vacuum pasar la aspiradora, 14
vacuum cleaner aspiradora *(f.)*, 14
value valor *(m.)*, 6
vanilla vainilla *(f.)*, 8
vase florero *(m.)*, 14
veal ternera *(f.)*, 8
vegetable vegetal *(m.)*, 8; **—— market** verdulería *(f.)*, 8
very muy, LP; **—— well** muy bien, LP
vest chaleco *(m.)*, 7
vet veterinario(a) *(m., f.)*, 4
via por, 9
vinegar vinagre *(m.)*, 14
visa visa *(f.)*, 12
visit visitar, 13
vitamin vitamina *(f.)*, 11

W

wait (for) esperar, 10
waiter camarero(a) *(m., f.)*, 4; mozo *(m.)*, mesero(a) *(m., f.) (Mex.)*, 4
waiting list lista de espera *(f.)*, 12
wake up despertarse (e > ie), 7

walk caminar, 10
wall muro *(m.)*, 15; pared *(f.)*, 5
wallet billetera *(f.)*, 7
want desear, 2; querer (e > ie), 5
war guerra *(f.)*, 2
warm templado(a), 9
warning advertencia *(f.)*, 11
wash (oneself) lavar (se), 7; **—— la cabeza** to wash one's hair, 7; **—— dishes** fregar (e > ie), 14
washing machine lavadora *(f.)*, 14
wastebasket cesto de papeles *(m.)*, 1
watch reloj *(m.)*, 1
water agua (el) *(f.)*, 13; **ice ——** agua con hielo, 3
way modo *(m.)*, 11
we nosotros(as), 1
wear usar, llevar, 7; **—— a certain shoe size** calzar, 7
weather tiempo *(m.)*, 9; **to be good (bad) ——** hacer buen (mal) tiempo, 9
web site sitio web *(m.)*, 3
wedding boda *(f.)*, 15; **—— anniversary** aniversario de bodas *(m.)*, 9
Wednesday miércoles *(m.)*, LP
week semana *(f.)*, 8; **during the ——** entre semana, 12; **in two ——s** dentro de quince días, 12
weekend fin de semana *(m.)*, 4
weight peso *(m.)*, 11
welcome bienvenido(a), 5; **you're ——** de nada, 1; **—— party** fiesta de bienvenida *(f.)*, 5
well bien, LP; **—— -done** bien cocido(a), 14; **very ——** muy bien, 3; **not very ——** no muy bien, 3
west oeste *(m.)*, 13
what? ¿qué?, 2; ¿cuál(es)?, 2; **—— day is today?** ¿qué día es hoy?, 2; **—— for?** ¿para qué?, 9; **—— is . . . like?** ¿cómo es...?, 1; **—— is today's date?** ¿qué fecha es hoy?, 2; **——'s new?** ¿qué hay de nuevo?, LP; **—— is the rate of (monetary) exchange?** ¿a cómo está el cambio de moneda?, 12; **—— is your name?** ¿cómo se llama usted *(form.)*?, ¿cómo te

llamas *(fam.)*?, 1; **—— a pity!** ¡qué lástima!, 7
when cuando, 3; ¿cuándo?, 2
where ¿dónde?, 2; **—— are you from?** ¿de dónde eres?, 1; **—— from?** ¿de dónde?, 2; **—— (to)?** ¿adónde?, 4
which ¿cuál(es)?, 2
while rato *(m.)*, 4; mientras, 7; **a ——** un rato, 4; **a —— later** al rato, 3
white blanco(a), LP
who? ¿quién(es)?, 2
why? ¿por qué?, 2
wide ancho(a), 7
wife esposa *(f.)*, 4
window ventana *(f.)*, 1; **ticket ——** ventanilla *(f.)*, 6
wine vino *(m.)*, 2; **red ——** vino tinto, 2; **rosé ——** vino rosado, 2; **—— glass** copa *(f.)*, 2
winter invierno *(m.)*, 2
wish desear, 2; querer (e > ie), 5
with con, 1; de, 12; **—— me** conmigo, 5; **—— you** contigo, 5; **—— someone else** acompañado(a), 12; **—— whom?** ¿con quién?, 2
woman mujer *(f.)*, 1
wonderful estupendo(a), 15
wood madera *(f.)*, 13
word palabra *(f.)*, LP
work (of art) obra *(f.)*, 14; trabajo *(m.)*, PM; trabajar, 2; funcionar, 14
world mundo *(m.)*, 15
worry preocuparse, 15
worse peor, 5
worst (el, la) peor, 5
wound herida *(f.)*, 10
wounded herido(a), 13
wow! ¡caramba!, 2
wrist muñeca *(f.)*, 10
write escribir, 3; **—— down** anotar, 9; **—— programs** diseñar programas, 3
written escrito(a), 10

X

X-ray radiografía *(f.)*, 10
X-ray room sala de rayos X (equis) *(f.)*, 10

Y

year año *(m.)*, 7
yellow amarillo(a), LP
yes sí, 1
yesterday ayer, 7
yet todavía, 14; **not** —— todavía no, 14
you tú, vosotros(as), usted(es) *(pron.)*, 1; ti, usted(es), vosotros(as) *(obj. of prep.)*, 5; la(s), lo(s), os, te *(dir. obj.)*, 6; le(s), os, se, te *(indir. obj.)*, 7; ——'re welcome de nada, LP
young joven, 5
young lady señorita *(f.)*, 1
young man chico *(m.)*, muchacho *(m.)*, 1
young people jóvenes *(m. pl.)*, 5
young woman chica *(f.)*, muchacha *(f.)*, 1
younger menor, 5
youngest (el, la) menor, 5
your su(s), tu(s), 1; vuestro(s), vuestras(s), 3
yours suyo(a), suyos(as), tuyo(a), tuyos(as), vuestro(a), vuestros(as), 9
yourself se, te, 7
yourselves os, se, 7

Z

zero cero, LP

INDEX

a + **el**, 90–91; omission of personal **a**, 90; personal, 89–90, 160; note, 100

abbreviations, 14

accentuation, 135, 183, 188–189, 192, 236, 275, 296, 314, 332; note, 20, 157, 183, 229; rules, 361

address, forms of, 22

adjectives: agreement of, 25; comparison of, 111–113; demonstrative, 86; formation of, 25; note, 149, 224; past participles used as, 229; possessive, 43–44

adverbs: comparison of, 111–113; formation of, 191–192

affirmative and negative expressions, 138–139

alphabet: Spanish, 6

article, definite: agreement, 25; before the words **próximo** and **sábado,** note, 100, 146; contraction with **el**, 90–91; for the possessive, note, 224; forms, 20; in comparisons of adjectives and adverbs, 112; in expressing time, 47; uses with titles, note, 12; with **ser**, 212

article, indefinite: agreement of, 25; forms of, 21

capitalization, 7, 49; note, 12

-car verbs, 153, 369

cardinal numbers, 8, 26, 67; note, 26; with dates, 49

-cer and **-cir** verbs, 370

cien(-to), 26

colors, 9

commands: familiar, 273–275; first-person plural, 296; formal direct, 235; negative familiar, 275; object pronouns with direct, 236, 273–275, 296; summary of the, 297

comparison: of adjectives, 111–113; of adverbs, 111–113; of equality, 112; of nouns, 111–113

compound tenses, 231–233, 348–353

con: conmigo, contigo, 115

conditional: forms, 317–319, 349–350; irregular forms, 315; uses of, 319, 350

conocer vs. **saber**, 94

consonants, 356

contractions: **a** + **el**, 90–91; **de** + **el**, 90–91

contrary-to-fact sentences, 335

days of the week, 7

de: after a superlative, 112; before a numeral, 112; equivalent to with, note, 99; for than, 112; in expressing time, 48; in prepositional phrases, note, 32; plus **el**, 90–91; possession, 62–63

definite article, *see* article, definite

demonstrative: adjectives, 86; pronouns, 87

diphthongs, 356

direct object, *see* pronouns

division of words into syllables, 360

doler: construction with, note, 226

-ducir verbs, 372

estar: present indicative, 92; uses of, 92, 106–107; with present progressive, 103–104

future: irregular forms, 315; present tense for, 316; tense, 315–316, 348; uses of, 316, 348

-gar verbs, 153, 369

gender of nouns, 18–19, 45

gerund: formation of, 103–104; to express progressive tense, 103–104

-guar verbs, 369

-guir verbs, note, 133, 369

gustar, 9, 159–160

haber: to form perfect tenses, 231–233, 348–353; note, 231

hacer: in time expressions, 140, 210; in weather expressions, 205; meaning ago, 210

hay: conditional of, 318; future of, 315; preterit of, 181; subjunctive of, 249, 333

imperative, *see* commands

imperfect: contrasted with preterit, 207–208; indicative forms, 188–190; irregular forms, 189; subjunctive forms, 332–333; uses of imperfect indicative, 189–190; uses of imperfect subjunctive, 333, 335

impersonal expressions: followed by infinitive, 338; followed by subjunctive, 338

indefinite article, *see* article, indefinite

indicative mood, summary of tenses, 322

indirect object, *see* pronouns

infinitive: after impersonal expressions, 338; after **tener que**, 65; classification, 37; position of object pronouns with, 135, 157, 183

interrogative sentences, 40

intonation, 360

ir a + infinitive, 93

jugar, note, 178

like, 9, 159–160

linking, 37, 359

months, 49

negation: double, 138–139; simple, 41; with object pronouns, 135

nouns: agreement of, 25; comparison of, 111–113; gender of, 18–19, 45; phrases with **de** + noun, note, 32; plural of, 20

numerals: cardinal, 8, 26, 67; note, 26, 67

para: uses of, 202–203

past participle: forms, 229; imperfect tenses, 231–234, 348–353; irregular forms of, 229; used as adjective, 229

personal **a**, 89–90; note, 100; omission of, 90

phrases with **de** + nouns, note, 32

pluperfect: indicative, 233

pluperfect: subjunctive, 353

plural: of adjectives, 25; of nouns, 20

por: uses of, 202–203

position: of adjectives, 25; of object pronouns, 135, 157, 163, 183, 236, 251, 274–275, 296

possession with **de**, 62–63

possessive adjectives: agreement with nouns, 43–44; definite article used for, note, 224; position of, 43

possessive pronouns, 211–212; clarification of **el suyo**, etc., 212

prepositions: uses of **a, de,** and **en,** 276–277; verbs with, 320

present tense: for future, 316; indicative of **ir, dar,** and **estar,** 92; indicative of regular verbs, 37–39, 60–61; indicative of **ser,** 23; indicative of stem-changing verbs, 109, 131–132, 133; irregular first-person singular, notes, 83, 133, 149; of **hacer** in time clauses, 140, 210; perfect indicative, 231–232; perfect subjunctive, 351; subjunctive, 247–249

preterit: contrasted with imperfect, 207–208; irregular forms of, 181; of **ser, ir,** and **dar,** 155; note on orthographic changes, 225; orthographic changes in, 153, 181; regular forms of, 152–153;

stem-changing verbs, 186; uses of, 153

progressive forms of tenses, 103–104; position of objects with, 135, 157, 183

pronouns: demonstrative, 87; direct object, 134–135; direct and indirect used together, 183; indirect object, 156–157, 159; position of object, 135, 157, 163, 183, 236, 251, 274–275, 296; possessive, 211–212; reflexive, 162; subject, 22; summary of uses of the, 165; used as object of prepositions, 114

pronunciation, 18, 37, 60, 86, 103, 131, 152

que: meaning than, 113

¿qué?, 33

questions, 33

reflexive constructions: forms of, 162–163

reflexive pronouns, 162

rhythm, 359

saber vs. **conocer**, 94

se: for **le** and **les,** 183; reflexive pronoun, 162

seasons, 49

ser: forms of, 23; uses of, 106–107

si clauses, 335

stem-changing verbs, 109, 131–133, 186, 248–249, 366

su(s): clarification of, 44

subject pronouns: omission of, 22; uses of, 22

subjunctive: after **a menos que, antes de que, para que,** 294; after conjunctions of time, 293–294; after impersonal expressions, 338; forms in the present,

247–249; imperfect, 332–333; in **si** clauses, 335; pluperfect, 353; present perfect, 351; summary of the, 338–339; to express command in the first-person plural, 296; to express doubt, denial, and disbelief, 289–291; to express emotion, 254; to express indefiniteness and nonexistence, 271; uses of, 249–250; with **aunque,** 294; with verbs of volition, 250–251

superlative construction, 112; irregular, 112; note, 112

suyo(a): clarification of, 212

tener: expressions with, 66; forms, 64; **que** + infinitive, 65

tenses, *see* present, etc.

than, 113

time: of day, 46–48

triphthongs, 356

-uir verbs, note, 268, 370

usted(es), 22

venir: forms, 64

verbs: *see* each separately and table in Appendix B; stem-changing, 109, 131–133, 186; note on orthographic changes, 328; with orthographic changes, 153, 181; with prepositions, 320

vowels, 18, 355

weather expressions, 200, 205

word order: in interrogative sentences, 40; in negative sentences, 41; with **gustar,** 159–160

word stress, 361

-zar verbs, 153, 370

PHOTO CREDITS

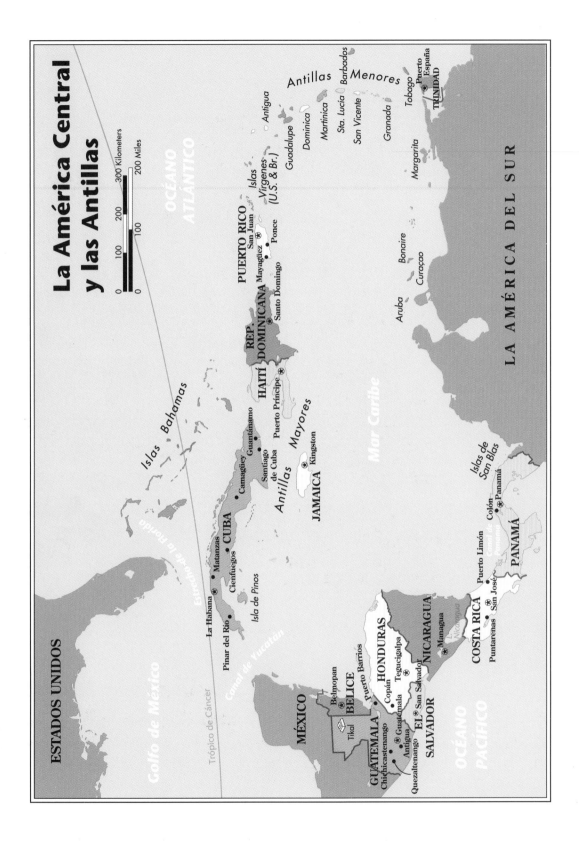

La América Central y las Antillas

ESTADOS UNIDOS

Golfo de México

OCÉANO ATLÁNTICO

Trópico de Cáncer

Islas Bahamas

Estrecho de la Florida

Canal de Yucatán

MÉXICO

La Habana
Pinar del Río
Isla de Pinos
Matanzas
Cienfuegos
CUBA
Camagüey
Santiago de Cuba
Guantánamo

Antillas Mayores

JAMAICA
Kingston

HAITÍ
Puerto Príncipe

REP. DOMINICANA
Santo Domingo
Mayagüez

PUERTO RICO
San Juan
Ponce

Islas Vírgenes (U.S. & Br.)

Antillas Menores

Antigua
Guadalupe
Dominica
Martinica
Sta. Lucía
San Vicente
Granada
Barbados
Tobago
Margarita
TRINIDAD
Puerto España

Mar Caribe

Aruba
Bonaire
Curaçao

Islas de San Blas

BELICE
Belmopan
Tikal
Puerto Barrios
Copán
HONDURAS
Tegucigalpa

GUATEMALA
Guatemala
Chichicastenango
Antigua
Quezaltenango
San Salvador
EL SALVADOR

NICARAGUA
Managua
Lago de Nicaragua

COSTA RICA
Puntarenas
San José
Puerto Limón
Colón
Panamá
PANAMÁ
Canal de Panamá

OCÉANO PACÍFICO

LA AMÉRICA DEL SUR

300 Kilometers
200 Miles
200
100
100
0
0